Hans-Joachim Netzer:
Ein deutscher Prinz in England
Albert von Sachsen-Coburg und Gotha,
Gemahl der Königin Victoria

Mit 18 Abbildungen

Deutscher
Taschenbuch
Verlag

dtv

Ungekürzte Ausgabe
Juni 1992
Deutscher Taschenbuch Verlag GmbH & Co. KG, München

unter dem Titel: Albert von Sachsen-Coburg-Gotha
Ein deutscher Prinz in England
ISBN 3-406-33000-2
Umschlaggestaltung: Celestino Piatti
Umschlagabbildung: Royal Collection, St. James's Palace,
Her Majesty Queen Elizabeth II (Franz Xaver Winterhalter:
The Prince Consort, 1859)
Gesamtherstellung: C. H. Beck'sche Buchdruckerei, Nördlingen
Printed in Germany · ISBN 3-423-30311-5

Inhalt

Erstes Buch

1819–1840

Jugend unter Männern

Zweites Buch

1840–1861

Der heimliche Herrscher

Anhang

Erstes Buch

1819–1840
Jugend unter Männern

1. Kapitel

Die Szenerie

Am 23. März des Jahres 1819, nachmittags um 5 Uhr, betritt der 24jährige Theologiestudent Karl Ludwig Sand aus Wunsiedel in Mannheim die Wohnung des 58jährigen Lustspielschreibers August von Kotzebue, Staatsrat und Agent in russischen Diensten. Mit den Worten «Ich rühme mich Ihrer garnicht – hier, du Verräter des Vaterlandes!» stößt er Kotzebue mehrmals ein langes Messer in den Leib. Sein Versuch, sich danach selbst zu töten, schlägt fehl. Am 20. Mai des folgenden Jahres, morgens um 5 Uhr, wird der Attentäter auf dem Platz vor dem Heidelberger Tor, der seither «Sands Himmelfahrtswiese» genannt wird, vom Scharfrichter Widmann enthauptet, umringt von 1550 Soldaten und sogar von Artillerie bewacht. Der Mord an Kotzebue hatte ein Signal sein sollen. Aber die erhoffte Volkserhebung gegen die feudale Restauration bleibt aus. Der österreichische Staatskanzler Fürst Clemens Metternich schreibt: «Meine Sorge geht dahin, dieser Sache die besten Folgen zu geben.» Die Karlsbader Beschlüsse des Deutschen Bundes stellen die Universitäten unter Polizeiaufsicht, verbieten die Burschenschaften; in Mainz beginnt die «Zentraluntersuchungskommission» zu arbeiten und verfolgt alles, was die Heilige Allianz von Gottes Gnaden mit bürgerlich-liberalem Gedankengut zu bedrohen scheint.

1819 ist das Jahr, in dem Goethes «West-östlicher Divan» erscheint und in Berlin erstmals Szenen des «Faust» aufgeführt werden. Der 70jährige beschäftigt sich mit Schopenhauer und Byron, mit Portugal und Italien, mit aktuellen und theologischen Streitfällen, mit naturwissenschaftlichen Schriften und Werken über die Antike. Er studiert Berichte über die wirtschaftlichen Verhältnisse Amerikas, überwacht eine Grillparzer-Aufführung und wird Ehrenmitglied der «Gesellschaft für ältere deutsche Geschichtskunde».

Am Sonntag den 27. Juni 1819 veröffentlicht die Londoner Wochenzeitung «Bell's Weekly Messenger» auf ihrer Titelseite eine kurze, unscheinbare Notiz. Sie trägt die Überschrift «Ankunft eines Dampfschiffs aus Savannah». Der Text lautet folgendermaßen: «Ein vom 21. Juni datierter Brief aus Liverpool besagt: ‹Wir waren gestern besonders erfreut und erstaunt über den Anblick eines schönen Dampfschiffs unter den Ankünften im hiesigen Hafen. Es lief um halb acht Uhr abends ohne Hilfe eines einzigen Segels in einem Stil ein, der die Kraft und den Vorzug der Verwendung von Dampf bei Schiffen größten Ausmaßes – hier 350 Tonnen – vor Augen führte. Die ‹Savannah› unter Kapitän Rogers hat Savannah am 26. Mai verlassen und den Kanal vor fünf Tagen erreicht. Während der Überfahrt ist die Dampfmaschine achtzehn Tage lang fortwährend gelaufen. Der Schiffskörper ist formschön, die Unterbringung der Passagiere elegant und komfortabel. Es ist das erste Schiff dieser Konstruktionsart, das eine Reise über den Atlantik unternommen hat.›»

Diese Ereignisse des Jahres 1819 markieren die Spannweite der Welt, in die am 26. August Prinz Albert hineingeboren wurde, als zweiter Sohn des regierenden Herzogs von Sachsen-Coburg-Saalfeld.

Wenige Monate zuvor hatte seine Kusine Victoria das Licht der Welt erblickt, die Königin von England und Alberts Frau werden sollte.

Diese Welt, politisch reaktionär, dem Ideal universaler Bildung nacheifernd und noch nicht recht begreifend, was sich da technisch anbahnte – diese Welt befand sich wieder einmal im Umbruch.

2. Kapitel

Deutschland und Europa um 1819

1819: Napoleon saß in sicherem Gewahrsam auf der Insel St. Helena, Europa leckte die Wunden und begann, sich von den Aufregungen der letzten dreißig Jahre zu erholen. Der Pulsschlag hatte sich noch nicht wieder beruhigt nach Napoleons rastlosen Kriegszügen, nach dem schließlich auch formalen Ende des Heiligen Römischen Reiches Deutscher Nation, nach den Verschiebungen von Grenzen und Fürstenhäusern. Man mußte sich mit dem arrangieren, was der Wiener Kongreß 1815 als neue Ordnung geschaffen hatte, und man mußte verdauen, was die Französische Revolution von 1789 an neuen politischen Ideen in die Welt gesetzt hatte. Denn über die dachten nun Intellektuelle in ganz Europa nach, daran hatte auch Napoleons Niederlage nichts geändert.

Aus der Forderung nach Freiheit, Gleichheit und Brüderlichkeit waren drei Bestrebungen erwachsen, die in einem konfliktreichen Wechselspiel das ganze Jahrhundert politisch formen sollten: der liberale, der demokratische und der nationale Gedanke. Die geistigen Väter der Revolution von 1789 hatten an ein Verfassungssystem gedacht, wie es gerade in Amerika entstanden war. Sie dachten an einen vernünftig organisierten und modern verwalteten Nationalstaat, an der Spitze der König, der den Staat repräsentiert; Minister, die einem Parlament, einer Volksvertretung verantwortlich sind; Gleichheit aller vor dem Gesetz, Besteuerung je nach Vermögen, Freiheit in Religion und Meinungsäußerung – kurz, ein Gebilde der Vernunft ohne jeglichen Feudalismus. Klopstock und Schiller, Herder, Hegel, Humboldt – alle begrüßten voller Hoffnung eine neue Zeit; Hölderlin dichtete seine «Hymne an die Freiheit». Es kam dann alles ganz anders. Der Wirbel der Revolution endete im imperialistischen Abenteuer mit Kaiserkrone und allen Wahrzeichen der vergangenen Feudalzeit. Revolutionen und Kriege haben am Ende selten noch etwas mit ihren ursprünglichen Motiven gemein. Aber die Ideen waren nicht mehr auszulöschen. Demokratie, Sozialismus, Nationalismus, Diktatur, Imperialismus, Pazifismus – zu allem war in diesen Jahren der Keim gelegt worden. Menschen waren vertrieben, ermordet, in Massen hingerichtet worden. Kurzlebige Friedensschlüsse, kurzlebige Koalitionen, kurzlebige Staaten wie die Batavische, wie die Zisalpinische Republik oder das Königreich Etrurien. Erzherzog Ferdinand wurde Großherzog von Toskana, dann Kurfürst von Salzburg, dann Kurfürst von Würzburg, dann Großherzog von Würzburg und dann wieder Großherzog von Toskana. Über drei Millionen Tote hatte diese turbulente Zeit gekostet, und weite Teile Europas waren verarmt. Mit erzwungenen oder gekauften Verbündeten hatte Napoleon blutige Eroberungskriege geführt. Der Winterfeldzug nach Rußland hatte schließlich sein Ende eingeleitet.

Doch immerhin hatte Napoleon einige der Ideale von 1789 verwirklicht, als er Europa beherrschte und das Alte Reich aufgelöst und umgestaltet hatte. Da wurden Adelsprivilegien abgeschafft, das Recht reformiert, überschaubare Verwaltungsbezirke gebildet, die Schulen verstaatlicht. In Preußen wie in Bayern oder Sachsen fühlten sich die Reformer ermutigt, reformierten mit deutscher Gründlichkeit; und als die Fürsten während der Befreiungskriege die Unterstützung der Bevölkerung brauchten, als sie Freiwillige und Geld benötigten, da versprachen sie auch Verfassungen und Volksvertretungen – für die Zeit nach dem Krieg; erst aber müsse Napoleon mal besiegt werden.

Schließlich war er besiegt, Europa mußte neu geordnet werden, und zugleich sollte aus der Solidarität der militärischen Allianz ein Friedensbündnis entstehen. Das war noch schwieriger als der Kampf gegen Napoleon, und es gab beim Wiener Kongreß mehrfach Situationen, in denen es beinahe zu neuem Krieg gekommen wäre – unter den Verbündeten. Napoleons Satellitenstaaten wurden beseitigt, der Rheinbund, ein Nachfolger des Heiligen Römischen Reiches, aufgelöst – tabula rasa auf dem europäischen Kontinent. Dann wurde neu verteilt.

Österreich hatte keine Lust mehr, ewig Deutschlands Westgrenzen gegen Frankreich verteidigen zu müssen. Also gab es alle seine Besitzungen vom Breisgau bis nach Belgien auf und baute dafür seine Position in Südost-Europa aus: es handelte sich die Lombardei, Venetien und Dalmatien ein, bekam Tirol und Kärnten zurück. England verlangte aber an seiner Gegenküste einen glaubhaften militärischen Verteidigungswall gegen künftige französische Abenteuer; also wurde aus Belgien und Holland das Königreich der Niederlande gezimmert, und Preußen gelangte – sehr gegen seinen Willen und zum Mißfallen der deutschen Mittelstaaten – in den Besitz des Rheinlands. Preußen wollte dieses Gebiet weit jenseits seiner Landesgrenze gar nicht haben, es wollte lieber das gesamte Sachsen schlucken, das bestraft werden sollte, weil es bis zur Leipziger Völkerschlacht zu Napoleon gehalten hatte. Doch das war für den österreichischen Kaiser ein casus belli. Also bekam Preußen nur den nördlichen Teil von Sachsen und neben dem Rheinland Schwedisch-Pommern und mit Posen, Thorn und Danzig eine Landbrücke nach Ostpreußen. Das bedeutete die vierte Teilung Polens, das eigentlich Rußland ganz hatte annektieren wollen. Das jedoch verhinderte Englands Außenminister Castlereagh, der einflußreichste Diplomat des Wiener Kongresses, unterstützt von seinem französischen Kollegen Talleyrand und von Metternich. Der Zar mußte sich mit einem pro forma unabhängigen Restpolen zufriedengeben, das er in Personalunion über einen russischen Vizekönig regieren konnte; dafür konnte er Finnland behalten, was wiederum England Sorgen machte: Rußland rückte weiter nach Mitteleuropa vor; also wurden Norwegen und Schweden vereinigt und sollten ein weiteres Bollwerk bilden.

England selbst sicherte sich Helgoland, Ceylon, das afrikanische Kapland, Malta und die Ionischen Inseln. Piemont plus Nizza und Genua wurden zum Königreich Sardinien unter dem Haus Savoyen vereint. Parma war der Trostpreis für Marie Louise, die Tochter des österreichischen Kaisers, die den Kaiser Napoleon hatte heiraten und mit habsburgischer Pünktlichkeit einen Thronerben zur Welt bringen müssen. In Toskana und Neapel, in Spanien, Portugal und im Kirchenstaat wurden die alten Regierungen wiederhergestellt, und an die Stelle des früheren Reiches trat der Deutsche Bund. Das Schlüsselwort bei diesem ganzen Kuhhandel hieß «Legitimität». Talleyrand hatte es erfunden. Legitim waren zunächst einmal nur Regierungen, die einen historischen Herrschaftsanspruch besaßen. Den besaß die napoleonische Verwandtschaft natürlich nicht, also wurde sie abgesetzt und überall wurde die Legitimität wiederhergestellt. Mit diesem Kniff gelang es dem schlauen Talleyrand, in Frankreich die Bourbonen wiedereinzusetzen (denen er ebenso zwielichtig diente wie vorher Napoleon, dem Direktorium und der Revolution). Damit rückte Frankreich selbst zumindest nahe an die Gruppe der «befreiten Länder» und nahm nun automatisch bei den Großmächten Platz. Daß es bei der Länderverteilung nicht überall so ganz mit der Legitimität stimmte, etwa in Norditalien oder in Süddeutschland, darüber wurde großzügig hinweggesehen.

Der Legitimitätsbegriff erhielt jedoch noch eine weitere Bedeutung: er bestätigte den Herrschern ihr Gottesgnadentum. Der Schweizer Historiker und Ratsherr Karl Ludwig von Haller unter anderen hatte das in einem sechsbändigen Werk gerechtfertigt, das ab 1816 unter dem Titel erschien «Restauration der Staatswissenschaft oder Theorie des natürlich-geselligen Zustandes, der Chimäre des künstlich-bürgerlichen entgegengesetzt». Hallers Theorie ging von der Fiktion aus, daß in den Zeiten, als Gottes Erdboden noch für alle frei gewesen sei, kräftige und kluge Männer sich durch die Inbesitznahme gewisser Landstriche ein ewiges und ausschließliches Eigentumsrecht daran erworben hätten; wollen sich andere, minder kräftige und kluge auch von diesem Boden nähren, dann müssen sie sich die Bedingungen gefallen lassen, die ihnen die Überlegenen dafür stellen. Mit anderen Worten: Den Fürsten ist die Regierungsgewalt nicht vom Volk übertragen worden, sondern sie besitzen ihre Macht aus eigenem Recht.

Auf solcher Rechtsgrundlage nun entstanden neben der Schlußakte des Wiener Kongresses vom 9. Juni 1815 zwei weitere Verträge, die Europa Ruhe und Ordnung sichern sollten, und das war nach dreißig Jahren Unordnung und Krieg für alle das wichtigste Ziel. Es entstanden die Heilige Allianz und, zwei Monate später, ein Viererbündnis der Sieger. Die Heilige Allianz war eine Idee des russischen Zaren, einer merkwürdigen Persönlichkeit, halb Machtpolitiker, halb Mystiker. Alexander wünsche der ganzen Welt die Freiheit, unter der Bedingung, daß sie dann freiwillig seinen Willen tue – so charakterisierte ihn ein polnischer Diplomat. Halb Bonaparte, halb Narr, lautete das englische Urteil. Jedenfalls beschlossen die Majestäten von Rußland, Österreich und Preußen feierlich, in ihrem Amt «nur die Vorschriften der heiligen Religion zur Regel zu nehmen», sie fühlten sich «nur als die Bevollmächtigten der Vorsehung, um drei Zweige derselben Familie zu regieren» und sie versprachen, «bei allen Gelegenheiten und in allen Fällen» sich gegenseitig Hilfe zu leisten. Zar Alexander hatte eigentlich nur an ein christliches Manifest gedacht – der praktisch denkende Staatskanzler Metternich machte einen Vertrag daraus. Legitimität wurde so eng definiert, daß jede anti-monarchische Veränderung ausgeschlossen war – sie wäre selbst dann nicht anerkannt worden, wenn sie von einem Monarchen freiwillig ausgegangen wäre.

Alle Fürsten, die sich zu solchen Prinzipien bekannten, wurden eingeladen, sich dieser Heiligen Allianz anzuschließen, was sie denn auch taten – außer England, dem Kirchenstaat und der Türkei. Der englische Prinzregent erklärte, das sei mit seiner Verfassung nicht vereinbar. «Man wird uns an unserem Platz finden, wenn das europäische System von einer wirklichen Gefahr bedroht ist», sagte Castlereagh. «Aber dieses Land kann nicht und wird nicht auf abstrakte und spekulative Grundsätze der Vorsicht hin handeln.»

Auch der Papst unterschrieb die Heilige Allianz nicht; er richtete sich ohnehin nach den Regeln der christlichen Religion, und der türkische Herrscher, der Sultan, glaubte nicht daran. England beteiligte sich dagegen kurz darauf an einem Viererbündnis, in dem nicht mehr von Heiligkeit die Rede war, das aber sonst die gleichen Ziele hatte: Erhaltung der Legitimität und des europäischen Gleichgewichts zur Verhinderung neuer revolutionärer Erschütterungen – das Sicherheitsbedürfnis drang immer wieder durch. Dieses Bündnis hielt nicht lange. Zwar wurden österreichische Truppen zur Bekämpfung von Aufständischen nach Italien geschickt (gegen englischen Widerstand) und französische zum selben Zweck nach Spanien. Doch England verweigerte jede Unterstützung des spanischen Monarchen (mit dem der Zar sympathisierte) gegen die Revolutionäre in Südamerika, half dagegen den Griechen gegen den Sultan. Und als in Frankreich 1830 die Bourbonen wieder gestürzt wurden, war von Unterstützung der Legitimität keine Rede mehr. Lord Palmerstons Wort, daß England keine permanenten Freunde, sondern nur permanente Interessen habe, galt für alle.

Der spiritus rector der neuen Ordnung war Metternich, und folgerichtig wurde denn auch fürderhin vom «Metternich'schen System» gesprochen. Metternichs Weltbild wurzelte im feudalistischen 18. Jahrhundert. Was er entworfen hatte und was nach mancherlei Auseinandersetzungen und mit vielen Kompromissen mehr oder weniger auch entstanden war, das war ein ausbalanciertes europäisches Gleichgewicht, das auf dem Legitimitätsprinzip souveräner Fürstenherrschaften beruhte. Es war eine restaurative und eine statische Lösung; aber es gab keine andere, so wie die Machtverhältnisse nun einmal lagen und wie die diplomatischen Fäden gesponnen waren. Die Fürsten wollten im Prinzip ebendies und nichts anderes. Sie hatten den Tod Ludwig XVI. vor Augen, und man kann es ihnen nicht verdenken, daß sie sein Schicksal nicht teilen wollten; sangen doch Studenten und Turner «Zwingherrn den Kopf abgehackt! Freiheitsmesser gezückt! Hurra, den Dolch durch die Kehle gedrückt!» Unter den Völkern gab es dann wohl viel intellektuelle Empörung über dieses magere Resultat, aber es gab vorerst keine Volksbewegungen dagegen. Mager war es in der Tat: Kein verbindendes Ideal – von einem neuen Europa war höchstens gelegentlich und dann rein deklamatorisch die Rede. Ein Wirrwarr von Egoismen hatte entfädelt werden müssen, so daß Talleyrand spotten konnte, die Souveräne hätten an Napoleon offenbar nur seine Erfolge gehaßt. Beschwichtigungsversuche, Halbheiten, Notbehelfe, einfach ausgeklammerte Probleme – so konnte man es auch sehen.

Außer Metternich selbst, England und Frankreich war denn auch keiner recht zufrieden. Für England, das die Hauptlast des Krieges getragen hatte, war das Gleichgewicht auf dem Kontinent das Wichtigste. Es hatte seine wesentlichen Absichten durchgesetzt, war Besitzer eines erneut vergrößerten Kolonialreiches und unbestrittener Beherrscher der Meere. Frankreich war zufrieden, weil es nicht zur Rolle eines europäischen Paria verdammt worden war, sondern dank Talleyrand wieder hoffähig und gleichberechtigt war und im großen und ganzen seinen Besitzstand vor 1792 behalten hatte. Von den anderen hatte jeder etwas am Resultat dieses Kuhhandels auszusetzen, keiner hatte seine Absichten ganz durchsetzen können – was ja angesichts der großen Zahl von Teilnehmern eigentlich für die Weisheit der Lösung spricht. Doch vorläufig hatte jeder von Umwälzungen und Kampf genug – man schaute lieber weit nach rückwärts in die gute alte Zeit. Unter den Völkern allerdings wurde das Metternich'sche System bald ein Gegenstand nationalen Abscheus.

Metternich hat an seine Dauerhaftigkeit selbst nicht geglaubt. «Die Zeit schreitet in Stürmen vorwärts», schrieb er an den badischen Minister von Berstett. «Ihren ungestümen Gang gewaltsam aufhalten zu wollen, wäre ein eitles Unternehmen. Nur durch Festigkeit, Mäßigung und Weisheit... seine verheerenden Wirkungen zu mildern: das allein ist den Beschützern und Freunden der Ordnung noch übrig geblieben... Das Ziel läßt sich sehr einfach bezeichnen, es ist heute nichts mehr und nichts minder als die Erhaltung des Bestehenden... In Zeiten, wie die jetzigen sind, ist der Übergang vom alten zum neuen Bau mit größeren Gefahren verknüpft, als die Rückkehr vom Neuen zu dem bereits erloschenen Alten.» Metternich sah voraus, in welche Wirren der aufkommende Nationalismus den Kontinent, und Österreich voran, eines Tages stürzen würde. Er fürchtete diese Zukunft – verhindern konnte er sie nicht. Er wollte nur das, was er für unvermeidlich hielt, möglichst lange hinauszögern.

Unter den Problemen, die in Wien beiseite geschoben worden waren, befanden sich drei der wichtigsten, die dann das ganze Jahrhundert hindurch für neue Unruhe und neue Unordnung sorgten und die letztlich die Keime für den Ersten Weltkrieg in sich trugen. Das waren die Türkenherrschaft auf dem Balkan, Italien und die «deutsche Frage». Den Vertragsvätern war der äußere Friede wichtiger gewesen. Für den inneren Frieden in Deutschland, so vertrauten sie, würden schon die Souveräne und die neue Institution des Deutschen Bundes sorgen.

Dieser Bund also hatte laut Gründungsakte den Zweck der «Erhaltung der äußeren und inneren Sicherheit Deutschlands und der Unabhängigkeit und Unverletzbarkeit der einzelnen deutschen Staaten». Er bestand aus 35 Fürstenstaaten samt Residenzen und Hofhaltungen sowie aus vier freien Städten und hatte insgesamt rund 30 Millionen Einwohner. Österreich mit 9,5 und Preußen mit knapp 8 Millionen waren die bei weitem größten, Sachsen-Gotha mit 85000 und Sachsen-Coburg mit 40000 zählten zu den kleinsten Fürstentümern. In der Freien Stadt Frankfurt gab es nun eine Bundesversammlung, ein Gremium von Gesandten aller Einzelstaaten unter dem Vorsitz Österreichs. Sie war zuständig für auswärtige und militärische Angelegenheiten, für die inneren Beziehungen, für Handel, Verkehr und Schiffahrt. Doch da Beschlüsse mindestens mit Zwei-Drittel-Mehrheit, in vielen Fällen sogar einstimmig gefaßt werden mußten und da die Bundesversammlung keine Exekutive besaß, blieb es den Souveränen überlassen, was sie mit den Frankfurter Beschlüssen anfangen wollten. Alles war unverbindlich.

Immerhin hatte sich an der staatlichen Organisation gegenüber dem Zustand von zwölf Jahren zuvor Erhebliches geändert. Das alte Reich, das praktisch auf Napoleons Anordnung aufgelöst worden war, hatte über 300 Fürsten und Fürstbischöfe gezählt, über tausend freie Reichsstädte, Reichsabteien und Reichsritterschaften. Die Säkularisation und die Mediatisierung, die Einziehung der geistlichen und die Aufhebung der Reichsunmittelbarkeit vieler weltlicher Güter, waren in Wien nicht rückgängig gemacht worden, und so blieb Deutschland wenigstens eine Wiederkehr der Zwergstaaterei erspart. Es gab auch so noch Lächerlichkeiten, verzettelten Streubesitz genug: wenn etwa Oldenburg noch ein Gütchen an der Nahe erhielt, Preußen ein Ländchen in der Schweiz und selbst Sachsen-Coburg einen Fetzen im Saarland. Bayern behielt Ansbach-Bayreuth, mußte Salzburg, Tirol und das Innviertel Österreich überlassen, bekam dafür Würzburg, Aschaffenburg und die Rheinpfalz zuerkannt. Entschädigungen wurden herüber und hinüber gezahlt, Eitelkeiten befriedigt: Die Herzöge von Weimar, Mecklenburg und Oldenburg wurden Großherzöge (sehr zur

Enttäuschung des Coburgers konnte sich der Weimarer Vetter nun «Königliche Hoheit» nennen lassen), Hannover wurde Königreich, sein König saß ohnehin auf dem englischen Thron. Die vielleicht schwerstwiegende Entscheidung war gewesen, Preußens Gebietswünsche im Osten abzulehnen und es dafür mit dem Rheinland zu entschädigen, dessen wirtschaftliche Potenz damals noch niemand ahnte. Preußen war nun ein Land, das aus zwei beachtlichen, voneinander getrennten Blöcken bestand; es würde zwangsläufig nach einer Verbindung zwischen beiden streben. Ohne Zweifel war Preußen an Bedeutung gewachsen; mit Österreich vergleichbar war es noch lange nicht. Aber der Dualismus der kommenden Jahrzehnte begann sich abzuzeichnen. Die Landkarte ließ deutlich eine Dreiteilung erkennen: Da war Österreich, das seinen Schwerpunkt aus Deutschland heraus nach Süden und Südosten verlagert hatte; da war im Norden Preußen, nun weiter ins Reich hineingewachsen, und da war das übrige Reich, um die Mittelstaaten herum gruppiert. Frankfurt war wohl der Sitz der Bundesversammlung – ein Zentrum, eine Hauptstadt war es nicht.

«Eine Zangen- und Notgeburt, tot ans Licht getreten und gerichtet, ehe sie geboren», schrieb Joseph Görres im «Rheinischen Merkur». Die große Enttäuschung der Patrioten übersah, daß es dem Durchschnittsbürger ziemlich gleichgültig war, ob er nun dem Fürsten von Hessen-Kassel oder dem von Hessen-Darmstadt seine Steuern zu zahlen hatte.

Deutschland war noch immer ein Agrarland. 59 Prozent der Bevölkerung lebten von der Landwirtschaft, 19 Prozent waren im Dienstleistungsgewerbe beschäftigt und 22 Prozent im Handwerk und der langsam entstehenden Industrie. Die weit überwiegende Mehrheit lebte in Dörfern. Zwar wurden etwa viertausend Städte gezählt, aber die hatten selten mehr als 1500 Einwohner. Großstädte waren nur Wien mit rund 300000, Berlin mit 172000, Hamburg mit 130000 und Frankfurt mit 48000 Einwohnern. Am dichtesten besiedelt war das Königreich Sachsen, dort lebten 70 Einwohner auf einem Quadratkilometer, in Nord- und Süddeutschland waren es nicht einmal 30. Landstraßen gab es nur wenige, und die waren nicht gepflastert. Die Wälder waren groß und dicht, der Verkehr war gering und langsam, die Verkehrsmittel unzulänglich und schwerfällig. Die vielen Grenzen, der Zunftzwang, Binnenzölle und Städteordnungen behinderten Handel und Wandel. Die Bauernhöfe lieferten auf den nächstliegenden Markt so ziemlich alles, was man unbedingt zum Leben brauchte. Mißernten allerdings führten schnell zu regionalen Hungersnöten wie 1817. Der Roggenpreis stieg zwischen 1816 und 1818 von 96 auf 142 Taler, bevor er ab 1821 wieder sank. Dabei waren die Preise durch die Zölle und die schlechten Verkehrsverbindungen in den einzelnen Landesteilen sehr unterschiedlich: In Posen kostete 1817 der Scheffel Weizen 96 Silbergroschen, am Rhein jedoch 166. Bürger und Beamte lebten bescheiden, der Fleischverbrauch betrug anno 1800 pro Kopf und Jahr 17 Kilo. Reich waren nur Teile des Hochadels und einige Handelsherren in Bremen, Frankfurt und den anderen Wirtschaftszentren.

Immerhin: Seit der «Franzosenzeit» war allerlei in Bewegung geraten. Zuerst in den Staaten des Rheinbundes, dann in den besetzten preußischen Provinzen wurden Leibeigenschaft und Zunftzwang aufgehoben. In Preußen setzten sich die Reformer um den Freiherrn vom Stein an die Spitze. Die Gewerbefreiheit wurde eingeführt, eine neue Städteordnung beschlossen, die Judenemanzipation verkündet, das Schulwesen ausgebaut. Das alles beschleunigte die Auflösung der feudalen Wirtschaftsstrukturen und ebnete den Weg für industrielle Produktionsmethoden. Das hatte positive wie zunächst auch negative Auswirkungen. Die «Bauernbefreiung» beseitigte zwar die alte Abhängigkeit vom Gutsherrn, hob Dienstleistungen und Abgaben auf; aber abgesehen von der zu zahlenden Entschädigung in Bargeld oder Boden gab es auch keine Sorgepflicht des Gutsherrn für seine Bauern mehr – sie waren, nun vielfach verschuldet, plötzlich marktwirtschaftlicher Konkurrenz ausgesetzt, und das schafften viele nicht. Die Gutsherrn machten den besseren Schnitt. Bei der Aufteilung bisher gemeinsamer Nutzungsrechte an Wald und Weideland profitierten sie beträchtlich, modernisierten sich zu Großbetrieben, während viele kleine Bauern der Konkurrenz nicht gewachsen waren und zu Landarbeitern und Tagelöhnern herabsanken. Die jungen Burschen brauchten nun auch keine Heiratsgenehmigung mehr, was mit eine Ursache der einsetzenden Bevölkerungsexplosion war.

Jedenfalls waren viele veraltete feudale Strukturen in den letzen Jahren aufgebrochen worden. Die neuen Verhältnisse verlangten nach größerer wirtschaftlicher Beweglichkeit, und die war ohne mehr politische Flexibilität nicht zu haben. Besonders wer mit Technik zu tun hatte, drängte darauf. Man hatte begonnen, in den Bergwerken die Dampfkraft zu verwenden. Dadurch konnten auch tiefer liegende Vorkommen noch ausgebeutet, konnte die Produktion erhöht werden, konnte man mehr verkaufen. 1816 waren auf Rhein und Donau die ersten Dampfer erschienen. Grenzen waren hinderlich. Der Leipziger Buchdruckergeselle Friedrich Koenig hatte die Schnellpresse erfunden (die sofort die Londoner TIMES benutzte) und 1817 bei Würzburg eine Fabrik gebaut. Die Fortschritte der Technik, wenn sie sinnvoll genutzt werden sollten, verlangten nach größeren Märkten, nach Abbau von Straßen- und Brückenzöllen, nach mehr Einheitlichkeit, auch der Währungen. Ein neues deutsches Reich, nach Grundsätzen der Vernunft und Gerechtigkeit gelenkt: das war nicht nur das Ziel der Patrioten, sondern auch das der Wirtschaftler.

Das Verhältnis der Völker zum Staat war aus den Fugen geraten. Die Französische Revolution mit ihrer Forderung nach Freiheit, Gleichheit und Brüderlichkeit hatte die gewohnten Bindungen verwirrt. Was immer auch ein intelligenter Mensch darüber denken mochte: er mußte Stellung beziehen. Als die französische Nationalversammlung allgemeingültige Menschenrechte und einen auf der Volkssouveränität beruhenden Rechts- und Verfassungsstaat proklamierte, löste das in der deutschen Geisteswelt Begeisterung aus – schließlich hatte die Aufklärung ja Jahrzehnte lang so etwas gepredigt. Doch vorläufig blieb die Diskussion im Literarischen und Philosophischen stecken. Viele Meinungen änderten sich, als unter der Guillotine Blut zu fließen begann. Direkt berührt von den Ereignissen war Deutschland – anders als England – vorerst nicht. Nach unglücklichen Feldzügen mußte es nur zahlen, Preußens Niederlage von 1806 bot Stoff für ein wenig – preußisches – Heldenepos. Die Reformen im Zuge der französischen Besatzung waren eher wohltätig. Selbst Säkularisation und Mediatisierung gingen ohne große Schwierigkeiten über die Bühne, der Geist der Aufklärung hatte mit kirchlichen Institutionen nicht viel im Sinn. Was eigentlich hatte das Heilige Römische Reich «im innersten» noch zusammengehalten, wie Goethe im «Faust» fragte? Napoleon setzte neue Maßstäbe, auch für Macht und Größe. Deutschland wurde ein gutes Stück moderner.

Doch die Stimmung änderte sich bald. Die Erfahrungen mit den Besatzungstruppen und ihren Kontributionsforderungen führten – wieder vor allem in Preußen – zur Ablehnung der Fremdherrschaft. Die wichtigsten Reformen waren ja eingeleitet, und die aktive Rolle, welche die Reformpartei spielte, ließ weitere liberale Fortschritte für die Zukunft erwarten. Vaterländische Bünde entstanden, in denen sich liberal und national gesinnte Bürger und Offiziere versammelten, und allmählich entwickelte sich da aus Franzosenfeindschaft und Reformeifer wenigstens bei der Intelligenz und im gebildeten Bürgertum ein Gefühl der Zusammengehörigkeit und einer deutschen Eigenständigkeit. Die Befreiungskriege nach Napoleons unglücklichem Rußlandfeldzug waren nun von nationaler Bedeutung: die Jungen kämpften nicht mehr als Untertanen ihrer Landesfürsten, sondern als Deutsche gegen den Feind.

Dann war Napoleon besiegt, und Europa sollte eine neue Ordnung erhalten. Schon die milden Friedensbedingungen für Frankreich hatten Unverständnis und Empörung hervorgerufen, besonders bei den Kriegsteilnehmern natürlich. Das Elsaß, Napoleons Aufmarschgebiet, sollte bei Frankreich bleiben? «Der Rhein, Deutschlands Strom, nicht Deutschlands Grenze», schrieb Ernst Moritz Arndt. (Aber man konnte den wiedereingesetzten Bourbonen keine härteren Friedensbedingungen auferlegen, als man sie Napoleon angeboten hatte: die alten Grenzen vor 1792). Die Patrioten erinnerten die Fürsten an ihre Versprechen. Sie wollten wieder ein großes, starkes Reich deutscher Nation mit einem Kaiser, aber auch mit einer Volksvertretung, einer demokratischen oder wenigstens einer Ständevertretung, denn sie wollten nun in den wichtigen Fragen mitreden, auch in der Politik. Fünfmal hatte der preußische König eine Verfassung versprochen, wurde ihm nachgerechnet.

Doch was die Patrioten wollten, das konnten die Diplomaten nicht schaffen. Nach wie vor waren die Fürsten mit ihrem adeligen Anhang, ihren Eigeninteressen und ihren Armeen die stärkste Macht in Europa. Hinter den Patrioten in Deutschland stand keine Volksbewegung, wie sie 1789 in Frankreich entstanden war. Die öffentliche Meinung war gefühlsbetont, verworren und gestaltlos. Aber es gab auch noch andere Gründe. Ein starkes Reich in der Mitte Europas wollte keiner der Nachbarn sehen, das würde das Gleichgewicht stören. Und ein Nationalstaat war gar nicht machbar, schon weil zu viele fürstliche Interessen jenseits deutscher Grenzen lagen. Der Kaiser von Österreich war in Italien und in Ungarn engagiert, der König von Preußen in Polen, und keiner dachte im Traum daran, zugunsten eines deutschen Nationalstaats darauf zu verzichten. Umgekehrt war der König von England auch deutscher Reichsfürst, in seiner Eigenschaft als König von Hannover, der König von Dänemark als Herzog in Holstein und der König der Niederlande als Großherzog von Luxemburg. Die Herrschafts- und Legitimitätsfragen waren derart miteinander verwoben, daß man von den Diplomaten in Wien keine Antwort auf die Forderung der deutschen Patrioten erwarten konnte. «Den Bürgern ist's nicht gegeben, ihre Fürsten abzuschütteln... Uns ist es nicht gegeben, das Schicksal und seine Launen zu ergründen und ihm entgegenzuwirken», war die Meinung des Großherzogs Carl August von Sachsen-Weimar. «Man hülle sich in ein bißchen Ständigkeit und Vergnügen-Ergreifungsfähigkeit so gut als man kann.»

Im neuen Deutschen Bund zerstörte der Abschluß der Heiligen Allianz alle Zuversicht. Zwar hatte § 13 der Bundesakte, dürftig genug, verfügt: «In allen Bundesstaaten wird eine landständische Verfassung stattfinden». Aber daran hielten sich dann nur Bayern, Baden und Württemberg. In Preußen verbot der König 1818 kurzerhand weitere Bittgesuche um eine verfassungsmäßig festgelegte Beteiligung des Volkes an den Staatsgeschäften.

Das hatte zwei Wirkungen: Die Masse des Volkes fand sich mit den Gegebenheiten ab, es war halt eine vergebliche Hoffnung gewesen; man zog sich ins Privatleben zurück und begründete das Biedermeier. Eine Minderheit, Schriftsteller, die Jugend, die Studentenschaft opponierte und ging schweren Zeiten entgegen.

«Zur Nation euch zu bilden, ihr hofft es, Deutsche, vergebens. Bildet stattdessen, ihr könnt es, freier zu Menschen euch aus», hatte Schiller in den «Xenien» geraten, so wie Wilhelm von Humboldt Bildung gefordert hatte, damit sich der einzelne zu höherem Menschentum entwickeln könne. Rundherum gab es genügend große Vorbilder, denen nachzueifern ein Ansporn war. Nach den Niederlagen gegen Napoleon, in der Flucht aus der kriegerischen und politischen Unruhe war das deutsche Mittelalter wiederentdeckt worden. Das Zeitalter des Rationalismus, der Aufklärung, die ohnehin nur eine Angelegenheit kleiner Kreise gewesen war, ging zu Ende.

Die Romantiker ließen sich vernehmen. Statt Antike und Klassizismus nun Mittelalter und eigenes Volkstum. Nicht mehr der möglichst harmonisch entwickelte Mensch war der Idealtyp – jetzt wurde die Individualität des einzelnen herausgearbeitet. Achim von Arnim gab 1808 in Heidelberg die «Zeitung der Einsiedler» heraus, mit Clemens Brentano zusammen «Des Knaben Wunderhorn». Ihr Freund Joseph Görres ließ die «Deutschen Volksbücher» erscheinen, Ludwig Tieck kramte Minnelieder und alte deutsche Theaterstücke hervor. Carl Maria von Weber erweckte mit dem «Freischütz» die deutsche Oper zum Leben. Die Aufklärung hatte die Kirche bestenfalls für eine nützliche moralische Institution gehalten – jetzt besann man sich wieder auf das Christentum: Schleiermacher hielt «Reden über die Religion», Arndt, der Freiherr vom Stein, Christoph Wilhelm Hufeland, der große Arzt, bekannten sich zur Heiligen Schrift, ebenso Künstler wie Philipp Otto Runge oder Caspar David Friedrich. Die Gotik galt nun als die deutsche Kunst schlechthin. In Rom fanden sich die «Nazarener» um Friedrich Overbeck, Peter Cornelius und Schnorr von Carolsfeld zusammen; Ludwig Richter und Moritz von Schwind porträtierten jenes selbstzufriedene Kleinbürgertum, das nun den Staat Staat sein ließ, sich in den eigenen Lebenskreis einspann und damit, an sich konservativ bis in die Knochen, auch eine Art von Liberalität entwickelte; als «Liberalitas Bavariae» wird sie besonders gern in Bayern zitiert.

Dabei macht das bürgerliche Selbstbewußtsein unzweifelhaft Fortschritte. Die meisten der jungen Genies – der Begriff wurde sehr schnell und häufig verwendet – der letzten Jahrzehnte kommen aus kleinen und kleinsten Verhältnissen: Voß, Lenz, Klinger, die Sturm-und-Drang-Dichter, Herder, Winckelmann, Schiller – auch Goethes Herkunft war gar so patrizisch nicht. Das Bürgertum ist es, das die Technik vorantreibt. Ob Hochöfen oder Schnellpressen entstehen, die erste Setzmaschine oder das erste Dampfschiff gebaut wird – in Deutschland wie anderswo ist es das Bürgertum, aus dem heraus die Erfindungen und der technische Fortschritt erwachsen. Ohne vorerst die gesellschaftlichen Grenzen zu verändern, setzt ein Schub von Verbürgerlichung ein – bis in die Mode hinein. Empire und Klassizismus mit ihrem weiß-goldenen Formalismus machen einfachen, gefälligen Möbeln, bunten Farben, Bändern und Spitzen Platz, die Taille der Damen rutscht wieder an ihre natürliche Stelle. Die Herren aller Schichten gehen zu ruhigeren Farben und unaufhaltsam zum offiziellen Schwarz über. Das Wesen der Eleganz bestehe darin, nicht aufzufallen, lautet das neue Modegebot aus England. Die Lebensformen egalisieren sich. Gemütvolle Weihnachtslieder wie «O Tannenbaum» und «Stille Nacht» werden populär, Schubert komponiert das Forellenquintett. Man ist reiselustig und lesehungrig, die Zahl der Buchhandlungen und der jährlichen Neuerscheinungen steigt. Architektur und Gartengestaltung orientieren sich nicht mehr an den Wünschen des Adels, sondern an den Bedürfnissen der bürgerlichen Gesellschaft.

Positive Entwicklungen, gewiß, doch begünstigt und begleitet von Enthaltsamkeit, Verzicht auf Teilnahme an den öffentlichen Angelegenheiten. «Man übte Entsagung und Bescheidenheit», bemerkte Heinrich Heine, «man beugte sich vor dem Unsichtbaren, haschte nach Schattenküssen und blauen Blumengerüchen, entsagte und flennte.» Egon Friedell schrieb rückblickend: «Das Symbol des Zeitalters ist der Nachtwächter, die Bildungsquelle der Lesezirkel und das Theater... Auf der Bühne herrschen Kotzebue und Iffland.»

Doch so haben sich die jungen Freiheitskrieger von 1813 ihren künftigen Staat natürlich nicht vorgestellt, und so finden sie sich auch nicht ab mit dem, was die Fürsten und ihre Diplomaten da in Wien beschlossen haben. Noch 1815 versammeln sich Studenten in Jena und gründen die erste Deutsche Burschenschaft. Ihre Ziele und Absichten formuliert Heinrich von Gagern, Student der Rechte und nachmaliger Präsident der Deutschen Nationalversammlung, so: «Wir wünschen unter den einzelnen Staaten Deutschlands einen größeren Gemeinsinn, größere Einheit in ihrer Politik und in ihren Staatsmaximen, keine eigene Politik der einzelnen, sondern das engste Bundesverhältnis; überhaupt, wir wünschen, daß Deutschland als ein Land und das deutsche Volk als ein Volk angesehen werden könne. So wie wir dies so sehr als möglich in der Wirklichkeit wünschen, so zeigen wir dies in der Form unseres Burschenlebens. Landsmannschaftliche Parteien sind verbannt, und wir leben in einer deutschen Burschenschaft, im Geist als ein Volk, wie wir es in ganz Deutschland gerne in der Wirklichkeit täten. Wir geben uns die freieste Verfassung, so wie wir sie gerne in Deutschland möglichst frei hätten... Wir wünschen eine Verfassung nach dem Zeitgeiste und nach der Aufklärung desselben, nicht daß jeder Fürst seinem Volke gibt, was er Lust hat und wie es seinem Privatinteresse dienlich ist. Überhaupt wünschen wir, daß die Fürsten davon ausgehen und überzeugt sein möchten, daß sie des Landes wegen, nicht aber das Land ihretwegen existiere. Die bestehende Meinung ist auch, daß überhaupt die Verfassung nicht von den einzelnen Staaten ausgehen solle, sondern daß die eigentlichen Grundzüge der deutschen Verfassung gemeinschaftlich sein sollten, ausgesprochen durch die Deutsche Bundesversammlung.»

Was Gagern an Ideen formulierte, entsprach jedoch mitnichten einem vereinbarten Programm der Burschenschaften – das existierte nicht. Man war viel mehr *gegen* etwas als *für* etwas, weil man sich über Gegnerschaft leichter einigen konnte. Man war gegen die Juden, verachtete die Weiber, haßte Franzosen und Tyrannen, lehnte die absolute Monarchie ab, hielt jedoch auch nichts von demokratischen Verfassungen. Man war national und christlich, erstrebte ein großes gemeinsames Vaterland und idealisierte alles Altdeutsche und was man darunter verstand. «Zufrieden mit dem, was ihnen der Schneider an Deutschheit verlieh», spottete der Dichter Karl Immermann, denn die Hauptsache schien die «Wichs»: schwarzer verschnürter Rock, breiter offener «Schillerkragen», Schärpe, Samtbarett auf langwallenden Haaren und den Dolch im Gürtel. Die Farben waren die des alten Reichs und des Lützow'schen Freikorps: schwarz-rot-gold. Es gab auch einen eigenen Jargon: die Professoren etwa wurden «Lehrburschen» genannt und die Universität «Vernunftturnplatz», und der ganze Betrieb erschöpfte sich bald weitgehend in Kraftmeierei. Im Grunde war es eine ziemlich verworrene Jugendbewegung, eine an sich harmlose frühe Vorläuferin der außerparlamentarischen Opposition unserer Jahrzehnte.

Die Burschenschaften fanden besonders in Nord- und Mitteldeutschland Zulauf. Am 18. Oktober 1817 treffen sich auf Anregung des langbärtigen Turnvaters Jahn 500 Studenten zu einem Fest am Fuß der Wartburg. Gefeiert werden der 300. Jahrestag der Reformation und der vierte der Leipziger Völkerschlacht. «Wer bluten darf für das Vaterland», sagt ein 19jähriger Philosophiestudent in seiner Ansprache, «der darf auch davon reden, wie er ihm am besten diene im Frieden.» Ein Feuer wird entzündet, und feierlich werden ein hessischer Zopf, ein österreichischer Korporalsstock, ein preußisches Ulanenkorsett und ein paar Bücher verbrannt, neben absolutistischen Staatsrechtlern und Philosophen auch Kotzebues «Deutsche Geschichte» und der Code Napoléon. «Mit manchem heiligen und edlen Gefühl ist Spott und Hohn getrieben worden», sagt ein anderer Student in seiner Rede. «Über solchen Ausgang sind viele wackere Männer kleinmütig geworden... ziehen sich zurück vom öffentlichen Leben, das uns so schön zu erblühen versprach, und suchen in stiller Beschäftigung mit der Wissenschaft Entschädigung dafür. Andere sogar ziehen vor, in ferneren Weltteilen, wo neues Leben sich regt, ein neues Vaterland zu suchen. Nun frage ich euch, die ihr dereinst des Volkes Lehrer, Vertreter und Richter sein werdet, auf die das Vaterland seine Hoffnung setzt... ob ihr solcher Gesinnung beistimmt? Nein! Nun und nimmermehr!» August von Platen dichtet:

> Wo ist die Eintracht, die wir heilig schwuren?
> Wo ist des Friedens teur' erkaufte Huld?
> Das Volk ist gut auf allen deutschen Fluren,
> doch ihr, ihr Fürsten, tragt die große Schuld!
>
> Umsonst fiel mancher Held, die Hand am Schwerte,
> Doch was verschlägt dem deutschen Fürsten das?
> Wenn sie nur streiten um ein Stücklein Erde,
> wenn sie nur nähren ihren gift'gen Haß!

Der Student Karl Ludwig Sand verteilt während des Festes einen kleinen Aufsatz, in dem es heißt: «Tugend! Wissenschaft! Vaterland!... Das deutsche Land, unser Vaterland, wollen wir lieben, ihm sei aller Dienst geweiht! In ihm wollen wir leben und weben, mit ihm oder frei in ihm wollen wir sterben, wenn's Gottes großer Ruf gebeut! Die deutsche Sprache erstehe! Das wahre Rittertum erglühe! Das deutsche Land sei frei!»

Viel Pathos, viel Schwärmerei und wenig Substanz. Trotzdem beobachten die Regierungen das mit großem Mißtrauen. Österreich und Preußen protestieren beim Großherzog von Sachsen-Weimar, der das Fest auf der Wartburg erlaubt hat. Aber Carl August verteidigt die Freiheit der Universitäten: «... Anstalten, auf welchen es nicht bloß um Unterricht, sondern um Ausbildung des Jünglings in seiner Gesamtheit, um Begründung des Charakters zur Freiheit und Selbständigkeit zu tun ist, die für das Vaterland von dem höchsten Werte sind.»

Metternich ist unzufrieden und verlangt vom Deutschen Bund schärferes Durchgreifen. Er ist ja kein Despot, er will nur Vernunft und Mäßigung, nicht schon wieder Umsturz und Anarchie. Auf der Wartburg hat sich innerhalb der Burschenschaften ein radikaler «Bund der Unbedingten» um den Privatdozenten Karl Follen gebildet. Der Student Karl Ludwig Sand gehört ihm an. In seinem Tagebuch notiert er: «Wenn ich sinne, so denke ich oft, es sollte doch einer mutig über sich nehmen, dem Kotzebue oder sonst einem solchen Landesverräter das Schwert ins Gekröse zu stoßen.» Er läuft von Jena nach Mannheim und tut es. Kotzebue war im Dienst des Zaren der fleißigste literarische Propagandist der Heiligen Allianz, Ernst Moritz Arndt nannte ihn eine «deutsche Schmeißfliege».

Dieses Attentat ist für Metternich der endgültige Anstoß zum Handeln. Zwar ist trotz eifrigsten Suchens hinter dem Mord keinerlei Verschwörung zu entdecken, doch Metternich reagiert, als drohten sich nun in Deutschland die Pariser Ereignisse von 1789 zu wiederholen. In Karlsbad versammelt er die deutschen Minister. Er setzt seine Absichten durch, und der Bundestag in Frankfurt verabschiedet die «Karlsbader Beschlüsse». Eine Kommission zur Untersuchung staatsgefährdender Umtriebe wird in Mainz gebildet. Alle Burschenschaften und Turnerbünde werden aufgelöst, die Hochschulen überwacht, Druckschriften unterliegen der Zensur. Da die Bundesmitglieder souverän sind, werden die Bestimmungen sehr unterschiedlich angewendet, was bei den nun einsetzenden «Demagogenverfolgungen» manchem Flüchtling ein leichtes Asyl in wenigen Kilometern Entfernung ermöglicht. Besonders die süddeutschen Staaten nehmen es nicht so genau. In anderen jedoch, voran in Preußen, gehen die Behörden mit aller Schärfe vor. Das trifft jeden, der in irgendeiner Beziehung zur deutsch-nationalen Bewegung steht. Der Turnvater Jahn wird sechs Jahre lang von einer Festung in die andere geschleppt. Arndt, ein eingefleischter Monarchist, verliert seine Professur, ebenso der Theologe de Wette, weil er Sands Mutter einen Trostbrief geschrieben hat. Ulrich von Huttens Werke dürfen nicht mehr gedruckt werden, auch Fichtes «Reden an die deutsche Nation» nicht. In Wolfgang Menzels «Geschichte der Deutschen» wird der Satz gestrichen, daß Kaiser Friedrich II. in Sizilien beim Volk beliebt war.

Gegen Arnims Aufsatz über Jacob Grimms «Deutsche Rechtsaltertümer» gibt es Bedenken, weil da erwähnt wird, daß das mündliche und öffentliche Gerichtsverfahren der alten Germanen eine gute Einrichtung gewesen sei – wer oder was sich auf das Volk beruft, riecht nach Rebellion. Wenn Schleiermacher predigt, sitzen «Merker» in der Kirche. Die Bespitzelung geht bis in die allerhöchsten Kreise, selbst Gneisenaus Briefe werden geöffnet. Ein 14jähriger Schüler muß für drei Tage ins Gefängnis, weil er in einem Brief an seinen Bruder eine neue Einteilung des Reichs erörtert hat. Und wer einen Bart trägt, ist von vornherein verdächtig. In Berlin sagt man:

> Wer die Wahrheit kennt und sagt sie frei,
> der kommt in Berlin auf die Hausvogtei.

Deshalb ist auch das Theater lieber still. Große Schauspieler wie Ludwig Devrient versuchen durch Mimik und Geste gelegentlich das auszudrücken, was sie nicht sagen dürfen. «Egmont» und «Wilhelm Tell», die «Räuber» und der «Prinz von Homburg» werden nicht mehr gespielt. Auf dem Spielplan stehen staatstragende Dramen wie Ernst Raupachs «Kaiser Heinrich VI. und Richard Löwenherz» oder Unbedenkliches wie «Nurmahal oder das Rosenfest zu Kaschmir», woraus der Berliner Volksmund «Nu mich mal oder der Hosenrest von Kasimir» macht.

Von dieser geistig-politischen Umwelt, von Fichte und Hegel, Schelling und Pestalozzi, von Haydn und Beethoven sind jene Männer geprägt, die den Prinzen Albert erziehen sollen – seinen um ein Jahr älteren Bruder Ernst und ihn, der in diesem Jahr 1819 zur Welt kommt und geradezu fanatisch lernbegierig werden wird. Der Vater, der regierende Herzog Ernst I. von Sachsen-Coburg und Saalfeld, hat allerdings andere Sorgen als die um Deutschland.

3. Kapitel

Coburg und die Coburger

Coburg, die Haupt- und Residenzstadt des Herzogtums Sachsen-Coburg und Saalfeld, war ein armseliges Nest. Sechs- oder siebentausend Einwohner mögen damals zwischen Spitaltor, Ketschentor und Judentor gelebt haben, in drei Viertelstunden lief man gemütlich um die Mauer herum. Hoch ragte die St. Morizkirche, die sich Mauritius, den Führer der legendären Thebäischen Legion, zum Schutzheiligen erwählt hatte, über Türme und Dächer empor. Der Stolz der Stadt: Dr. Martin Luther war mehrfach hier gewesen; er hatte in der Kirche gepredigt und 1530 fast ein halbes Jahr in der Veste über der Stadt gewohnt. Coburg war stramm protestantisch, und es war stolz darauf, so stolz wie auf sein berühmtes Gymnasium Casimirianum, wo Goethes Vater zur Schule gegangen war.

Denkmalpflege gab es damals noch nicht; das Coburg vor Alberts Geburt haben wir uns weit weniger malerisch vorzustellen als wir es heute kennen mit seinen schönen Fachwerkhäusern, seinen Renaissance- und Barockfassaden, den Türmen und Toren. Das Stadtschloß neben der Morizkirche, in deren Turm dauernd der Blitz einschlug, war äußerlich ein ganz schmuckloser Bau. Es war einst ein Barfüßer-Kloster gewesen; nachdem die Mönche bei Einführung der Reformation abgezogen waren, hatte der Herzog, der oben auf der Veste residierte, sich das Gebäude zu einer Stadtwohnung umbauen lassen. Dann war es abgebrannt, ein bißchen größer wieder aufgebaut worden, aber es war noch immer so beengt, daß der Erbprinz mit seiner Familie lieber nebenan in der Steingasse wohnte. Den anspruchsvollen Namen «Ehrenburg» hatte angeblich Kaiser Karl V. erfunden, der mal dort übernachtet hatte: das Haus sei «in Ehren» erbaut worden, soll er gesagt haben, das heißt, ohne die damals gängigen Frondienste der Bauern. Der jetzt so repräsentative Hof öffnete sich noch nicht auf die großzügige Schloßplatz-Anlage, sondern war mit kleinen Wirtschaftsgebäuden verstellt, hinter denen Wall und Stadtgraben entlangliefen, und rundherum drängten sich die engen Gassen und Häuser. Alles lag dich beieinander. Als Prinz Albert geboren wurde, war sein Vater dabei, die Ehrenburg modernisieren und die Stadt verschönern zu lassen. Einige der Tore und Mauern waren schon um 1800 der Spitzhacke zum Opfer gefallen, die Wallgräben wurden eingeebnet, an ihrer Stelle entstanden neue Grünflächen und Alleen: durchaus nicht immer zur Freude der damaligen Umweltschützer, wie sich bei der Anlage des englischen Parks zeigte, der sich zur Veste hinaufzieht.

Gleich vor den Toren lag der Anger, dort begannen anmutige Wiesen, Hügel und Wald, die nach Norden ins Thüringische, nach Süden an die Itz

Ansicht von Coburg. Stahlstich von L. Rohbock und Joh. G. Poppel

und ins Fränkische hinein führten. Ein Land der Mitte, geographisch wie politisch, eine unheroische Landschaft, gefällig, intim, ohne schroffe Abhänge, ohne große Ströme und Städte, reich an Hügeln und Tälern, an Wiesen, Äckern und kleinen Flüssen. Und das entspricht der Wesensart der Menschen, die dort wohnen; sie gelten als maßvoll und verträglich, mit Kriegen hatten sie nie etwas im Sinn.

Anordnungen und Gesetze gab es zwar schon damals die Menge: etwa daß um ½ 11 Feierabend war und sich niemand mehr im Wirtshaus erwischen lassen durfte; oder daß Mist nur bis neun Uhr morgens und nur mit bedeckten Wagen durch die Stadt gefahren werden durfte. Doch seltsamerweise war nirgendwo festgelegt, wie der Name der Stadt zu schreiben war. Auf einer Darstellung von 1607 wird er sogar abwechselnd mit C und K geschrieben[1], und auf dem dazugehörigen Holzschnitt ist die Veste noch, wie andernorts in Deutschland üblich, als Festung bezeichnet. Die wahrscheinliche Herkunft des Stadtnamens spräche eigentlich für das K: denn die BURG erhebt sich auf der äußersten KOPPE des Festungsbergs, und wenn die Bewohner in ihren Dialekt verfallen, dann klingt das noch immer wie «Koppurg». Aber letzthin wird das C bevorzugt, und so wollen wir es denn einheitlich dabei belassen.

Coburg war das, was der englische Erzähler William Thackeray in seinem «Jahrmarkt der Eitelkeit» respektlos, aber treffend einen «Pumpernickel-Staat» nennt. Das Herzogtum war sozusagen auf dem Wege der Zellteilung entstanden. Zwei Brüder der sächsischen Fürstenfamilie Wettin hatten 1485 damit angefangen. Der ältere Bruder, Kurfürst Ernst, bekam das Wittenberger Land mit der Kurwürde und den größten Teil Thüringens. Albrecht, genannt der Beherzte, erhielt die Mark Meißen, das Gebiet um Leipzig und das nördliche Thüringen: so waren die ernestinische und die albertinische Linie des Hauses Wettin geboren. Die Ernestiner führten die Reformation als erste ein. Kurfürst Friedrich den Weisen, den Beschützer Luthers, hätten viele protestantische Fürsten 1519 gern auf dem Kaiserthron gesehen, den dank besserer Finanzquellen dann der Habsburger Karl V. erhandelte. Friedrichs Nachfolger Johann der Beständige und Johann Friedrich der Großmütige organisierten gemeinsam mit den hessischen Kollegen die Protestanten im Schmalkaldischen Bund, was nach dessen Niederlage der Kaiser sie büßen ließ: Er nahm der ernestinischen Linie die Kurwürde weg und übertrug sie samt dem östlichen Landesteil den Albertinern. Die hatten allerdings auch inzwischen die Reformation eingeführt, und Moritz, nunmehr Kurfürst, vertrat die Sache der Lutheraner nicht weniger energisch als die Vettern. Fast 150 Jahre später trat dann Friedrich August I., genannt August der Starke, wieder zum katholischen Glauben über, um auch noch König von Polen werden zu können. Von nun an blieb der albertinische Familienzweig katholisch, was später in London zu allerlei Mißverständnissen und böswilligen Unterstellungen führen sollte, als bekannt wurde, daß die junge Königin Victoria einen sächsischen Albert heiraten wollte.

Der ernestinischen Linie jedenfalls verblieben damals, nach der unglücklichen Niederlage im Schmalkaldischen Krieg, an Besitz nur noch Thüringen und die sogenannten Ortslande in Franken, und nun machte sich hier wie in keinem anderen deutschen Fürstenhaus die Gewohnheit breit, das Land wie jedes andere beliebige Erbgut unter den Nachkommen aufzuteilen, gelegentlich durch Vergleiche oder Heiraten Teile wieder zusammenzufügen und dann wieder zu zerstückeln: Sachsen-Coburg, Sachsen-Meiningen, Sachsen-Altenburg, Weimar, Hildburghausen, Saalfeld, Gotha und wie sie alle hießen. Es entstand eine geradezu bäuerliche Gemengelage: ein Gütchen hier und ein Ländchen dort, mal zusammengehörig und mal wieder geteilt, bis 1745 Herzog Franz Josias in Coburg an die Regierung kam und endlich für sein Ländchen die Erbfolge der Erstgeborenen, die Primogenitur, einführte, wodurch die weitere Zersplitterung des Besitzes unterbunden wurde. Nun war es Sachsen-Coburg und Saalfeld, und wie ein Großbauer schaute nun jeder umher, ob nicht beim anderen eine Erbschaft zu machen und der eigene Besitz abzurunden wäre.

Die Haupttätigkeit von Serenissimus war es, sich mit Anstand zu langweilen. Die Untertanen waren brave Bürger, allen Neuerungen abhold, die nach alter Väter Sitte einen Tag wie den anderen verlebten, da gab es nicht viel zu regieren. Eine alte Dame erinnerte sich, daß Herzog Ernst Friedrich, der bis 1799 herrschte, fast den ganzen Tag am Fenster der Ehrenburg saß, obwohl es doch nur wenig zu sehen gab. Kam ein Kind vorbei, war das schon eine Unterbrechung der Eintönigkeit. Der Herzog öffnete das Fenster und fragte: «Wo gehst du hin?» – «Zur Tante.» – «Was macht dein Vater?» Sie machte den schuldigen Knicks: «Danke gut.» – «Nun, warte!» Damit warf er einen Biskuit herunter, und mit einem «Schönen Gruß an den Vater!» war das Kind entlassen.[2] Es ging familiär zu. Der herzogliche Bruder wohnte zur Miete im Haus des Postmeisters und spielte abends Schach mit ihm. Die Frau Erbprinzessin war eine tüchtige Hausfrau, während des gelegentlichen Konzerts strickte sie Bettdecken, und in der Pause besprach sie mit den anderen Damen Dinge, über die sich halt Hausfrauen gewöhnlich unterhalten. Die kleinen Prinzen hatten Flicken auf der Hose, und auch Prinzessin Victoire, dereinst die Mutter der Königin Victoria, trug zum morgendlichen Französisch-Unterricht ein ausgewaschenes und geflicktes rosa Kattunkleidchen. Die Bevölkerung hing treu an ihrem Fürstenhaus, und wer dem Herzog eine Freude machen wollte, der schickte ihm ein Stück Braten und Klöße hinüber oder Schweineknöchle und Sauerkraut, was er besonders gern aß.

Abends saß man bei Frau Hofrat oder anderen Honoratioren um den Teetisch, besprach die Neuigkeiten aus dem Wochenblättchen, las Klopstocks «Messias», hörte sich an, was die Töchter im Gesangsunterricht gelernt hatten, unterhielt sich mit allerlei Spielen oder arrangierte ein Tänzchen in Ehren, und die Prinzen und Prinzessinnen ließen sich gern dazu einladen. Durchreisende Musiker, Sänger, Zauberkünstler oder Schauspieler waren gerngesehene Gäste, wenn sie eine Probe ihrer Kunst gaben. Ab und zu wurde eines der beliebten Maskenfeste veranstaltet, oder im Winter eine Schlittenfahrt mit Fackeln und Musik, oder eine wandernde Schauspielertruppe führte in einer dazu hergerichteten Scheune Ifflands «Maitag», Mozarts «Zauberflöte», Kotzebue oder ein Singspiel von Dittersdorf auf.

Üppiger lebten die Bürger anderswo auch nicht, da war Coburg keine Ausnahme. Überall begann der Tag früh, und früh ging man zu Bett. Licht war teuer und gefährlich, Feuersbrünste gehörten zum Alltag. In gewöhnlichen Haushalten wurde Talg oder Öl verwendet, was schrecklich rußte und ständige Wartung brauchte. Hausflure und Treppen waren unbeleuchtet. Wachskerzen gab es nur in der Kirche, bei Hof und in den reichen Häusern. Draußen hingen – in Coburg seit 1806 – vereinzelte Öllampen, an einer eisernen Kette quer über die Straße gespannt, die im Wind melancholisch quietschten. Wer abends ausging, nahm eine Laterne mit oder ließ sie vor sich hertragen. Im Sommer gab es auch keine Öllampe über der Straße, die lange Abenddämmerung und der Mond wurden als ausreichend erachtet.

Auch die Wohnungseinrichtung war im allgemeinen sehr einfach, von Zimmerschmuck wußte man noch nichts, der Stolz der Hausfrau war ein großer, voller Wäscheschrank. Nur die «besseren» Familien hatten neben dem Wohnraum noch eine «gute Stube», in der die «guten Möbel» und ein paar Porzellanvasen oder andere, meist ererbte Prunkstücke standen und die nur für Besuch und an hohen Feiertagen geöffnet wurde. Wasser wurde am Brunnen geholt, Kanalisation gab es ebensowenig wie Straßenpflaster. Der Sinn für Hygiene war noch nicht entwickelt, und so war man sehr von Ungeziefer und von Krankheiten geplagt, die vornehmlich mit Blutegeln und Aderlässen bekämpft wurden.[3]

Man lebte unter Bauern und Handwerkern, Rangunterschiede und Standesdünkel scheinen in Coburg bei weitem keine so große Rolle gespielt zu haben wie in größeren Residenzen, wo das Leben bisweilen von Protokollfragen beherrscht wurde; die finanzielle Spanne zwischen oben und unten war nicht gar so groß. Immerhin: die Titulatur mußte stimmen. In den Familiennachrichten des «Regierungs- und Intelligenzblattes» wird sorgfältig zwischen dem «Bürger und Weiß- und Küchelbäcker» und dem niederer stehenden «Gold- und Silberarbeiter» unterschieden, und Alberts Vater hat viele Jahre – vergeblich – darum gekämpft, «Hoheit» und nicht nur «Durchlaucht» tituliert zu werden.[4] Jean Paul allerdings hat es trotz des guten Bieres nicht länger als ein gutes Jahr in Coburg ausgehalten – 1803, während er an den «Flegeljahren» arbeitete. Die Bürgerlichen waren ihm zu «öde», der adelige Umgang «zur rechten Gemeinschaft des Lebens und Treibens wenig geeignet», und so zog er weiter nach Bayreuth.[5]

Herzog Ernst Friedrich war ein gutmütiger und wohlmeinender Mann, der seine Behaglichkeit liebte. Doch er hatte ein schweres Kreuz zu tragen: sein Ländchen war bankrott, und er hatte eine herrschsüchtige Frau, vor der er eine «förmliche Angst» hatte – der Enkel Leopold, der spätere König der Belgier, hat sie so beschrieben,[6] und die Coburger hatten nicht weniger Angst vor ihr. Sophia-Antoinette, Alberts Urgroßmutter, war eine Prinzessin von Braunschweig-Wolfenbüttel, die offenbar Coburg mit dem Hof des Sonnenkönigs verwechselt hatte. «Sie hätte in einem großen Staate gewiß eine große, wenn auch nicht eben sanfte Rolle gespielt. In Coburg beherrschte sie alles und wirtschaftete in dem kleinen Land, als wär's ein Kaisertum. In Wahrheit war sie für ein kleines Fürstentum zu groß, aber sie brachte Energie in die Familie und bedeutende Eigenschaften, die über den kleinlichen Kram so beschränkter Wirkungskreise hinausreichten.» Durch die ewigen Erbteilungen und finanziellen Vergleiche waren die Schulden ständig gewachsen, und Sophia-Antoinettes Großzügigkeit verschlimmerte die Lage weiter. Als Ernst Friedrich die Regierung übernahm, betrug die Staatsschuld 1075068 Taler. 70000 nahm er jährlich ein, und davon ging mehr als die Hälfte für die notwendigen Staatsausgaben drauf.[7]

Viel besser ging es den anderen Duodez-Fürsten auch nicht. An Kapital besaßen sie meistens nur ihre Bauern, aus denen war nicht viel herauszuholen, und so waren die Einnahmen kärglich. Die einen verlegten sich auf den Soldatenhandel – sie verkauften ihre Landeskinder an ausländische Kriegsparteien, vornehmlich an England, und je mehr auf dem Schlachtfeld umkamen, desto höher wurden die Einnahmen, denn bei Tod und Verwundung gab es Prämien, an denen der Landesherr auch noch partizipierte. An dieser Art Geschäft waren viele deutsche Fürsten beteiligt, besonders schlimm trieb es der Landgraf von Hessen-Kassel – dessen Werbern fiel auch Johann Gottfried Seume, der berühmte Spaziergänger nach Syrakus, in die Hände; er mußte auf englischer Seite in Nordamerika kämpfen; als er endlich heimkehren durfte, desertierte er und wurde von preußischen Werbern erneut ergriffen. Andere Fürsten entkamen der Misere, indem sie ihren Besitz aufgaben: Der Markgraf von Ansbach verkaufte sein Land an Preußen und lebte dann mit seiner Geliebten, der Lady Craven, in London. Der Fürst Wallerstein war bei Ausbruch der Französischen Revolution ohnehin überzeugt, daß sich das Feudalsystem auch in Deutschland nicht mehr lange halten könne, er nahm noch ein paar kräftige Kredite auf und transferierte alles in die Schweiz.

Der Herzog von Coburg war nicht so skrupellos, er machte lieber ehrliche Schulden, bis es nicht mehr weiterging. 1773 mußte Ernst Friedrich sich einer kaiserlichen Finanzkommission fügen, die von nun an 29 Jahre lang den Etat überwachte, alle größeren Pläne und Ausgaben genehmigen mußte und dem Herzog ein Taschengeld für seinen Haushalt zuwies: 12000 Taler bei 38000 Taler Jahreseinnahmen. Bald kamen die ersten französischen Emigranten ins Land. Die Freigebigkeit der Herzogin und die altfränkische Verwaltung des Ministers von Wangenheim boten ihnen großzügige Gastfreundschaft: die Staatsschuld wollte nicht weniger werden. Als 1799 Franz Friedrich Anton die Herrschaft übernahm, betrug sie 1,261 Millionen Taler.

So ärmlich es auch bei Hofe zuging und so politisch ohnmächtig diese thüringischen Fürsten alle waren: Kunst und Wissenschaft haben sie fleißig gefördert. Der Meininger hatte sein Theater, der Schwarzburger engagierte sich für die Musik. Der Herzog in Weimar sammelte Geistesgrößen (allerdings fehlte dann für sein Mäzenatentum das nötige Geld, weder Schiller noch Hegel bekamen als Professoren in Jena ein Gehalt und mußten mit ihren spärlichen Kolleggeldern auskommen). Der Herzog in Gotha besaß neben Handschriften eine der vollständigsten Münzsammlungen Europas, und Franz Friedrich Anton in Coburg sammelte Kupferstiche. Das war damals noch ein billiges Vergnügen, dafür borgte er sich auch schon mal ein paar Taler bei dem befreundeten Rechtsanwalt Stockmar, und damit legte er den Grundstock zu einer der bedeutendsten graphischen Sammlungen Europas.

Die Staatsschulden standen auf einem anderen Blatt, und da traf Franz Friedrich Anton eine schwerwiegende Entscheidung: er holte 1801 den

39jährigen Theodor Konrad Kretschmann aus Bayreuth, einen Verwaltungsfachmann, der dort preußischer Kammerdirektor war. Kretschmann wurde in den Adelsstand erhoben und sollte nun nach dem Vorbild der großen Reformer in Preußen die Regierung des Herzogtums und seine Finanzen reorganisieren. Sein Konzept war so einleuchtend, daß schon im Jahr darauf die kaiserliche Finanzkommission abreiste, voller Vertrauen in die Haushaltsführung dieses Ministers.

Minister von Kretschmann machte kurzen Prozeß. Er verkaufte erst einmal alles, was ihm entbehrlich schien, zum Beispiel 19 Kanonen der Veste.[8] Mehr Einnahmen waren nötig: ab 1806 betrug die Einkommensteuer durchschnittlich fünf Prozent, nur Dienstboten und Fabrikarbeiter zahlten nichts. Chausseegeld wurde erhoben, eine Hundesteuer wurde eingeführt, weil es angeblich zu viele Hunde im Land gab. Die Beamtengehälter wurden gekürzt, Planstellen gestrichen: ein «Kammer-, Schul- und Konsistorialrat» mußte zusätzlich den Posten des Forstmeisters übernehmen, obwohl er von Forstwirtschaft nicht die geringste Ahnung hatte. Der Strafvollzug wurde nutzbringender gestaltet: Deserteure vom Coburgischen Kontingent zur Reichsarmee (1795 waren es 125 Mann und drei Offiziere) kamen nicht ins Gefängnis, sondern wurden mit vier Wochen Straßenarbeit bestraft. Eine Lawine neuer, aber durchaus nützlicher Verordnungen ging auf das Ländchen hernieder: über die Reinhaltung der Straßen, gegen die Übervorteilung der Kunden durch die Müller, gegen das «Rauchen, Betteln, Tanzen und jugendlichen Unfug auf öffentlichen Plätzen», gegen den Verkauf von Fleisch kranker Tiere oder über die Numerierung der Häuser – die von den Bürgern mit höchstem Mißtrauen begleitet wurde. In Coburg rumorte es, es kam zu einem Verfassungskonflikt (wir kommen darauf noch zurück). Der Herzog ersuchte den Kurfürsten von Sachsen vorsichtshalber um militärische Hilfe, denn die eigene Vollzugsgewalt bestand nur aus einem Dutzend Gendarmen. So lagen im März 1803 zehn Tage lang 175 Dragoner in der Stadt. Die Bürger verteidigten sich in einer geharnischten Denkschrift an den Herzog: von Rebellion könne keine Rede sein. Sie zählten die angeblichen Missetaten des Ministers von Kretschmann auf, verklagten ihn, er habe eines seiner Güter dem Herzog viel zu teuer verkauft, vermerkten, daß der Staat trotz der Einsparungsmaßnahmen «mehr Landesregierungsräte bekam als er Quadratmeilen hat» und baten Serenissimus, Herrn von Kretschmann zu entlassen.[9] Auch Prinz Leopold vermerkte später in seiner schon zitierten Denkschrift, der Minister habe sich nebenbei gut auf sein eigenes Interesse verstanden und habe Zwist in die herzogliche Familie getragen.[6] Vorerst war jedoch von Entlassung nicht die Rede, die sächsischen Dragoner zogen wieder ab, und erst fünf Jahre später trennte sich der nächste Herzog von Kretschmann.

Herzog Franz Friedrich Anton war ein liebenswürdiger, gutherziger Mann, ein Kunstsammler und Kunstliebhaber ohne Sinn für das politische

Geschehen, das sich auf der Weltbühne abspielte. Die Familiengeschicke lenkte mit großer Energie seine zweite Frau, Herzogin Auguste, ein Coburger Glücksfall. Auguste war die älteste Tochter Heinrich XXIV., Graf von Reuss-Ebersdorff, sie war somit nicht ganz standesgemäß gewesen, aber große Ansprüche hatten die verschuldeten Coburger nicht stellen können. Sie kam aus einer Herrnhuter Familie, mit dem Grafen Zinzendorf verwandt, sie war fromm und hatte außerordentlich strikte Vorstellungen von Moral – bei Albert waren sie später wiederzufinden. Das Herzogspaar hatte neun Kinder, zwei starben jung, und wie eine gute Hausmutter bemühte sich Auguste, vor allem die Töchter unter die Haube zu bringen; sie war die erste begabte Ehestifterin unter den Coburgern. 1795 suchte Katharina die Große für den Großfürsten Konstantin eine Frau, und da sie selbst als Prinzessin von Anhalt-Zerbst in Stettin geboren war, bat sie Auguste, ihre ältesten drei Töchter auf Besuch nach St. Petersburg zu schicken. Die jüngste von ihnen, Julie, wurde auserwählt, sie war gerade 15. Die Ehe wurde zwar nicht glücklich, aber sie hat in den folgenden Jahren Coburgs Schicksal in mancher Hinsicht erleichtert. Die älteste Tochter Sophie verheiratete Auguste mit einem österreichischen General, Emmanuel von Mensdorff-Pouilly, deren Sohn Alexander wurde 1864 österreichischer Außenminister. Die zweitälteste, Antoinette, bekam den Herzog von Württemberg, die letzte, Victoria oder Victoire, wie sie sich lieber nennen hörte, verwitwete jung nach einer kurzen Ehe mit dem Fürsten zu Leiningen und nahm in zweiter Ehe den Herzog von Kent – ihr werden wir nun häufig begegnen, denn sie wurde die Mutter der Königin Victoria.

Bleiben die drei Söhne: Ernst, der Erbprinz; Ferdinand wurde österreichischer General, heiratete die reiche ungarische Gräfin Antoinette Kohary, die zur Fürstin erhoben wurde, ihre Güter wurden als coburgischer Fideikommiß und selbständiges Fürstentum anerkannt. Schließlich Leopold, Mutters Liebling, der ihre Heiratsvermittlung noch weit erfolgreicher fortsetzte. Auch ihm werden wir ständig begegnen; er heiratete die englische Thronfolgerin, die im Kindbett starb, danach, als er König der Belgier geworden war, die Tochter des französischen Königs und hat in Alberts und Victorias Leben eine wichtige Rolle gespielt.

So machten alle Kinder Augustas gute Partien; auf Ernst, Alberts Vater, werden wir gleich ausführlicher eingehen. «Eine höchst bemerkenswerte Frau», beschrieb Königin Victoria ihre Großmutter, die auch ihre Patin war, «mit einem sehr kraftvollen, energischen, fast männlichen Charakter, begleitet von großer Herzensgüte und ungewöhnlicher Naturliebe.» Und Christian von Stockmar, ein Vertrauter der Familie und eine der wichtigsten Personen unserer Erzählung, nennt sie eine geistreiche und launige Großmutter.

Außer französischen Flüchtlingen, die gastfreundlich in Coburg aufgenommen wurden, hatte das Land von den politischen Umwälzungen bisher nichts wahrgenommen. Im benachbarten Weimar sagt selbst der Minister von Goethe, der Streit seines Kutschers mit dem Diener auf dem Kutschbock habe ihn mehr interessiert als das Ende des Heiligen Römischen Reiches Deutscher Nation. Die Idylle wird radikal zerstört, als die Weltgeschichte näher rückt und Thüringen zum Kampfplatz des Krieges zwischen Napoleon und Preußen wird. Vieles trifft zusammen, und auf Coburg prasselt das Unheil nieder.

Die kleinen Fürsten in Mitteldeutschland sind in einer fatalen Lage, nachdem Kaiser Franz die römisch-deutsche Kaiserkrone niedergelegt hat. Wo sollen sie Anlehnung und Schutz suchen, in welcher Koalition hat ihr Land am wenigsten zu fürchten? Der Krieg rückt näher. Napoleon hat Österreicher und Russen bei Austerlitz besiegt. Die ersten Soldaten kommen durch Coburg. Französische Truppen haben Ansbach und Bayreuth besetzt. Jetzt erklärt Berlin den Krieg. Erbprinz Ernst geht zum König nach Preußen, das Herzogspaar mit dem 16jährigen Leopold nach Saalfeld. «Wir hofften, mitten in den Bergen eine ruhige Stätte zu finden», erinnert sich Leopold in seiner Denkschrift. «Aber der unglückliche Prinz Louis Ferdinand von Preußen nahm eine törichte Stellung bei Saalfeld, die bei der großen Überzahl der Franzosen offenbar zu seinem Verderben führen mußte. So gerieten wir, statt in Ruhe zu kommen, mitten in die Schlacht hinein, während Coburg nur vom Durchzug der Franzosen zu leiden hatte. Wohl oder übel kehrten wir nach Coburg zurück.»

Schließlich entscheidet sich der Herzog für den Beitritt zu Napoleons Rheinbund – zu spät. Die Verhandlungen sind noch im Gang, da wird die preußische Armee, auf den Lorbeeren Friedrich des Großen eingeschlafen, bei Jena und Auerstedt ihres Glorienscheins entledigt. Coburg bekommt die ersten Kontributionen auferlegt. Im Dezember stirbt Herzog Franz Friedrich Anton, 56 Jahre alt. Und der Erbe ist nicht da.

Der Erbprinz und neue Herzog, der 22jährige Ernst, war schon als Kind in das Ismailowsche Garderegiment aufgenommen worden, nachdem seine Schwester Julia den russischen Großfürsten geheiratet hatte; mit 17 wurde er gar zum General befördert. Doch sein Herz gehört Preußen. Er hatte sich im September 1806 ohne Kommando dem preußischen Hauptquartier angeschlossen, von wo aus er der Mutter eindrucksvoll dramatische Briefe über den Verlauf der Kampfhandlungen schickt, und als König Friedrich Wilhelm nach Ostpreußen fliehen muß, folgt er ihm.[10]

Bereits am 7. November hatte das französische Hauptquartier in Naumburg angeordnet: «Im Namen Sr. Majestät des Kaisers der Franzosen, Königs von Italien. Sachsen-Coburg bezahlt eine Contribution von 885000 Franken. gez. Villain, Inspections-Commandant». (Zwei Drittel davon wurden später erlassen.)[11] In den Augen Napoleons steht der Erbe des Herzogtums im Dienst des Feindes, er erkennt die bekundete Beitrittsabsicht zum Rheinbund nicht an und unterstellt das Land zunächst einem

Gouverneur, über sein endgültiges Schicksal wird man später entscheiden.

Die Angst ist groß in der Bevölkerung, wilde Gerüchte werden verbreitet. Coburgs Glück in dieser Lage ist die resolute Auguste, nun Herzogin-Witwe, die den Bürgern Mut und Hoffnung macht, und der alte Prinz Friedrich Josias, der letzte Generalfeldmarschall des vergangenen deutschen Reiches, des verstorbenen Herzogs Onkel. Ihm gelingt es, die Plünderung Coburgs zu verhindern. Als das Armeekorps des Marschalls Augereau anrückt, begibt sich der Prinz in dessen Hauptquartier und erinnert den Marschall, daß er, Friedrich Josias, zwei Jahre lang mit hunderttausend Mann auf französischem Boden gestanden habe, und kein einziges Dorf sei geplündert worden; nun erwarte er mit gleicher Manneszucht die Schonung seiner Vaterstadt. Der Prinz hat Erfolg: im Unterschied zu Weimar bleibt Coburg von Plünderung verschont.

Doch auch ohne Plünderung wird das Leben sauer genug. Seit Dezember 1805 sind ständig Soldaten in der Stadt. Die meisten ziehen nur durch oder bald wieder ab, doch immer gibt es Einquartierung. Am Anfang vier Wochen lang preußische Husaren, dann die ersten zwei französischen Regimenter, das Lanner'sche Corps, die Armee Augereau. Zu 40 und 60 Mann werden sie in die Häuser einquartiert, und wer nicht unterkommt, lagert an Wachtfeuern auf dem Marktplatz, wofür zum Kummer Augustes die jungen Bäume gefällt werden, die ihr verstorbener Mann hatte pflanzen lassen; größer jedoch ist ihr Kummer um den Sohn in Preußen, von dem sie nichts hört.

Mal kommen Franzosen, mal ihre Hilfstruppen, Hessen-Darmstädter, Nassauer, und die sind auch nicht rücksichtsvoller. Eintausend Spanier ziehen durch, die Hannover besetzen sollen (und dann zum größten Teil über Dänemark nach England fliehen). Ungeduldig, herrisch, fordernd sind sie alle. Die einen verlangen Lebensmittel, die anderen Brennholz, Heu und Stroh, eine französische Einheit fordert 445 Paar Schuhe. Die Bagage zieht hinterher, ganze Schafherden werden ihnen nachgetrieben. Nachts müssen die Bewohner Licht in die Fenster stellen, damit die Straßen ein wenig beleuchtet sind. Verwundete treffen ein und wollen versorgt werden, und nebenher muß das letzte Geld zusammengekratzt werden, um die Kontribution zu bezahlen. Beamte werden verhaftet, auch Bauern, die Häftlinge werden auf der Veste eingesperrt. «Die Not war so groß, daß es selbst der Herzoglichen Familie an Lebensmitteln fehlte und die Dienerschaft sich kaum mit Brot zu sättigen vermochte», berichtet ein Chronist.[7] Auguste verheizte Möbel, um den besonders strengen Winter zu überstehen, und Leopold vermerkt: «Meine gute Mutter und wir alle waren ohne alle Existenzmittel und hatten nur, was uns heimlich von den Beamten gegeben wurde, wobei der Intendant wohl ein Auge zudrückte.» Auguste will bei Napoleon persönlich vorsprechen. Aber Napoleon liebt solche Besuche nicht. Sie kommt nur bis Berlin und muß unverrichteter Dinge umkehren.

Der Friede von Tilsit verändert Coburgs Lage erneut, er schafft zumindest rechtlich wieder klare Verhältnisse. Ernst, der dem preußischen König gefolgt war, hatte schwer krank in Rußland gelegen. Am 30. Mai 1807 kommt er aus Galizien heimlich nach Hause, nach acht Monaten Abwesenheit. Er traut sich aber nicht in die Stadt, bleibt nur drei Nächte bei seiner Mutter in Ketschendorf, einem nahen Dorf mit einem bescheidenen Schlößchen, das sich Augusta als Witwensitz gewählt hatte. Ernst reist nach Karlsbad weiter. Doch inzwischen ist der Friede in Tilsit unterzeichnet worden, die Russen sind plötzlich Napoleons Verbündete, und es gelingt der russischen Verwandtschaft, bei Napoleon durchzusetzen, daß Ernst wieder in seine landesherrlichen Rechte eingesetzt wird. Am 1. Juli schickt Marschall Berthier dem Landeskommandanten von Sachsen-Coburg, Parigot, einen Befehl Napoleons, der am 24. Juli im Lande bekannt gemacht wird: «Auf Befehl des Kaisers haben Sie, mein Herr, sogleich nach Empfang des Gegenwärtigen den Herzog von Sachsen-Coburg in seine Staaten wieder einzusetzen. Sie werden den Sequester aufheben, der auf seine Güter oder sein Eigentum oder auf das seiner Untertanen gelegt sein könnte. Veranlassen Sie den Intendanten, den Platzkommandanten und jeden anderen Zivil- oder Militärbeamten, ihre bisherige Funktionen im S. Coburgischen Gebiete niederzulegen. Der Wille des Kaisers ist, daß dieser Fürst in den vollständigen und gänzlichen Besitz seiner Staaten wieder eintrete und für die Zukunft als ein Souverän beachtet werde, für welchen der Kaiser ein besonderes Interesse hegt. Unterzeichnet: Der Fürst von Neufchatel, Major-General, Marschall Alexander Berthier».

Schon vier Tage später zieht Herzog Ernst I. in seine Residenzstadt ein, wovon ein ausführlicher Bericht in dem nun sofort wieder erscheinenden «Herzoglich Sachsen-Coburg-Saalfeldisches Regierungs- und Intelligenzblatt» eine bewegte Darstellung gibt: «Allgemeines Glockengeläute, sowie Trompeten- und Paukenschall von dem Morizturme und einem vor dem Rathause errichteten Balkon verkündeten den 28. Jul. Mittags 12 Uhr die Annäherung der festlichen Stunde. Froh sprachen sich die biedern Einwohner in traulichen Gruppen die schöne Hoffnung aus, den längst Gehofften noch heute in ihrer Mitte zu sehen. Um 4 Uhr begann der Einzug vom Ketschentor unter dem Geläute der Glocken und unter Trompeten- und Paukenschall von dem St. Morizturme. An einer zur Bequemlichkeit auf Befehl des Magistrats neuerbauten Brücke, welche zu dem Schießplatze leitete, hatte sich die stattlich berittene Schützenkompanie von Coburg und Neustadt aufgestellt. Unter dem Schalle ihrer Musik und dem anhaltenden Freudenfeuer ihres Geschützes wurde hier der Herzog von dem ehrwürdigen, in der Geschichte stets fortlebenden Helden, dem Feldmarschall Prinzen Friedrich Josias unter Begleitung des Obermarschalls von Wangenheim, Obristleutnant von Hardenbrock und Major von Speßhard empfangen. Sogleich verließ der Herzog seinen Wagen, um sich unter die Menge seiner treuen Untertanen zu begeben. Sechzig Jungfrauen, Coburgs schöne Töchter, einfach in dem Gewande der Unschuld mit grünen Girlanden geschmückt, bildeten hier mit ihren Reihen ein schön gewundenes VIVAT. Sie überreichten dem heitern Fürsten im Namen der Stadt einen Blumenkranz und ein Gedicht, während welcher Handlung zwei als Genien gekleidete Kinder aus ihren Füllhörnern Blumen auf die Pfade des Ersehnten streuten. Rührung sprach bei dieser überraschenden Szene aus Seinen Blicken, huldvoll nahm Er Kranz und Gedicht an, welche hierauf von den Jungfrauen, die Ihm in die Residenz folgten, dort abgegeben wurden.»

Ernst machte eine gute Figur, war ein Frauenliebling «mit leichtem Herz und leichtem Sinn».[12] Er bleibt nicht lange. Nach wenigen Tagen ist er im kaiserlichen Hoflager in Dresden, um Napoleon seine Aufwartung zu machen und zu hören, was von ihm erwartet wird. Napoleon ist offenbar in Geberlaune, er verspricht Coburg als Entschädigung für die Besatzungszeit eine Gebietsvergrößerung.

Hier müssen wir ein wenig vorgreifen, denn an dieses Versprechen klammerte sich Ernst nun jahrelang, es nahm einen großen Teil seiner Tätigkeit in Anspruch und hatte indirekt Auswirkungen bis in sein Familienleben hinein, worunter wiederum seine beiden Söhne leiden mußten.

Ernst hat nach diesem Kaiserwort sofort ein Auge auf Ansbach-Bayreuth geworfen, er möchte «Großherzog» werden. Preußen hat Ansbach-Bayreuth im Frieden von Tilsit abtreten müssen. An sich sollte es Bayern zugesprochen werden, doch vorerst steht es noch unter französischer Verwaltung. Die deutschen Angelegenheiten will Napoleon «demnächst» regeln. So fährt Ernst noch im September mit seinem Bruder Leopold nach Paris, um seine «Angelegenheit» in Fluß zu bringen. «Es wimmelt von deutschen Fürsten hier», schreibt er am 4. Oktober an seine Mutter, «die aber alle noch nichts Bestimmtes über ihr Schicksal wissen... und sich auf das Unschicklichste umhertreiben.[13] Viel Besseres kann er allerdings auch nicht tun. Am 17. Oktober wird er endlich nach Fontainebleau bestellt, wird zum Essen eingeladen und erhält auch eine Audienz. Er erinnert an des Kaisers Versprechen, aber er macht keine Fortschritte. Napoleons Deutschlandpolitik tendiert dazu, nicht die deutsche Kleinstaaterei zu unterstützen, sondern kraftvolle Mittelstaaten zu schaffen und an Frankreich zu binden – das richtete sich vor allem gegen Östereich. «Ich habe darüber meine schöne Zeit und mein Geld verschwendet», schreibt er der Mutter, «welches ich beides viel besser zu Hause hätte verwenden können.» Trotzdem beschließt er, zu bleiben, während Bruder Leopold heimfährt. Wenn die große Gebietsverteilung beginnt, will er nicht leer ausgehen, also muß er weiter antichambrieren. Allerdings ist das nicht der einzige Grund. Er hat eine junge Schauspielerin kennengelernt, Pauline Panam, «La belle Grecque», eine Französin griechischer Abstammung. Sie erblickt in diesem Verhältnis große Chancen und wird ihm sehr bald, nachdem ein Sohn geboren ist, in

Coburg die größten Schwierigkeiten machen. Anfang Januar ist Ernst noch einmal bei Napoleon, im Februar berichtet er, die deutschen Angelegenheiten seien zurückgestellt, im April 1808 macht er sich nach sieben Monaten in Paris schließlich auf die Heimreise. Allerdings nur, um gleich nach St. Petersburg weiterzufahren und dort um die Unterstützung des Schwagers bei der bevorstehenden Erfurter Gipfelkonferenz zu werben, Leopold soll dort die Coburger Interessen vertreten. «So viel will Ernst?» fragt Großfürst Konstantin verwundert, als dort Coburgs endgültige Forderungen formuliert sind. Nicht nur Ansbach und Bayreuth, sondern auch noch eine geographische Verbindung zwischen Alt- und Neubesitz. Es wird denn auch nichts daraus, Napoleon hat beim Erfurter Fürstentag andere Sorgen: mit dem Zaren ist keine Einigung über die Verteilung der Welt zu erzielen und Spanien ist in Aufruhr. 1811 muß Leopold noch einmal nach Paris, er wird vertröstet. Im Jahr darauf versucht es Ernst erneut – ohne Erfolg. Nach Napoleons Niederlage drängt er den Wiener Kongreß: ebenfalls ohne Ergebnis. Als Trostpreis wird ihm schließlich ein zwölf Quadratmeilen großer Fleckerlteppich im heutigen Saarland überlassen, der sich Fürstentum Lichtenberg nennen darf. Die neuen Untertanen sind störrisch. 1834 verkauft der Herzog diesen Besitz für 2,2 Millionen Taler an Preußen.

Doch damit haben wir weit vorgegriffen. Napoleon stellt natürlich Forderungen, als Ernst ihm in Dresden Dank sagt für die Rückgabe seines Herzogtums. Coburg muß sich dem Rheinbund anschließen und zusammen mit den thüringischen Vettern das «Regiment der Herzöge von Sachsen» aufstellen, 2800 Mann, die der Division Rouger zugeteilt werden.[14] 1809 müssen sie gegen Tirol ziehen und werden im Eisacktal schrecklich dezimiert.

«Zwölfhundert Sachsen wurden hier erschlagen,
müd ward der Strom, die Leichen all zu tragen...»

renommierten stolz die Bergbauern. Die Coburger Einheit wird immer wieder aufgefüllt. 1810/11 müssen 470 Mann mit nach Spanien, nur 31 kommen zurück. 1812 ziehen 476 in den Winterkrieg mit Rußland, ein Offizier, drei Unteroffiziere und neun Mann kehren heim. «Bei Wilna gingen sie zugrunde», berichtet die Chronik.[8]

Zu Haus in Coburg gehen die Einquartierungen weiter, allein zwischen dem 15. und dem 31. März 1809 laut Bericht des Polizei-Inspektors 29138 Mann. Das Armeekorps Davoust zieht durch: 30000 Mann. Als Napoleon die Kontinentalsperre verhängt, finden bei allen Kaufleuten Haussuchungen statt; was an englischen Waren entdeckt wird, muß auf dem Anger zusammengetragen werden und wird ohne Entschädigung öffentlich verbrannt. Dankfeste für die französischen Siege müssen gefeiert werden, zu Napoleons Geburtstag, zu dem seines Sohnes, für die Eroberung Moskaus. Die Zeiten sind kläglich für die Deutschen, sie müssen sich ducken; aber das sind sie gewohnt. Doch neben all dem Verdruß, neben Krieg und Politik gibt es auch den Alltag, wie man im «Regierungs- und Intelligenzblatt» feststellen kann. Es erscheint wöchentlich mit vier Seiten, die Redaktion «nimmt nützliche Beiträge von Vaterlandsfreunden mit Vergnügen an». Da werden Geburten und Todesfälle mitgeteilt, Ernennungen, Steuern, die Ankunft von Fremden. Da will jemand alte Jahrgänge der Salzburger medizinischen Zeitung verkaufen, ein Bauer eine Wiese verpachten, die Leihbücherei kündigt ihre Neuzugänge an, und Zahlenlotto wird auch schon gespielt. Auf dem Anger soll wieder das beliebte «Vogelschießen» stattfinden, wo von einem hohen Mast mit der Armbrust ein hölzerner Vogel heruntergeschossen werden muß. «Meister Friese Nr. 562 und Meister Langguth Nr. 769 haben auf den morgenden Sonntag das Frischbakken», wird angezeigt, und in der Beilage sind die 25 Paragraphen der Verordnung über den Fleischverkauf abgedruckt. Den spannendsten Gesprächsstoff für die Teecircles der Frau Hofrat dürfte die Fahndung nach einer Räuberbande abgegeben haben, deren Mitglieder über Wochen hinweg beschrieben werden: da wird der «krausköpfigte Schuster» gesucht, der «sogenannte Pöpelfresser», der «Blattpfeifer», das «dürre Jörglein» und der «schwarze Johann», von dem gesagt wird: «Auffallend sollen seine pechschwarzen Haare und Augenbrauen sein; außerdem soll er eine reguläre Nase, dagegen aber ein dickes glattes Gesicht und ein aufgelaufenes Maul haben.»[15] Schwere Verbrechen gibt es in Coburg selten. 1813 wird eine Frau mit dem Schwert hingerichtet, die ihren Mann mit Schierling vergiftet hat. Der Pranger ist 1812 zum letzten Mal benutzt worden. «Ein fremder Gesell» muß «wegen Tabakrauchen auf der Gasse 20 Groschen Strafe zahlen», ein «Schafjunge» wegen Beschädigung junger Bäume auf öffentlichen Plätzen. Schlechter ergeht es einem 19jährigen Schuhmacherssohn, der Nachtigallen gefangen hat, mit drei Tagen Arrest, «gehöriger körperlicher Züchtigung mit der Peitsche» bestraft und dann aus der Stadt ausgewiesen wird.[16]

In Krieg und Politik geht es mit einem Mal andersherum: Nun werden Siegesfeste für die Verbündeten gefeiert. Die Reste der geschlagenen französischen Armee ziehen nach Westen, und wieder liegt Coburg an einer Hauptstraße. Die Franzosen werden nirgendwo behelligt, sie werden eher bemitleidet. Kein «Volk steht auf», wie es die Legende später wahrhaben will. Preußen, Österreicher, Italiener, Russen folgen ihnen, und die nunmehr Verbündeten – denn natürlich hat auch der Herzog rasch wieder die Seiten gewechselt – führen sich nicht besser auf als vorher die Feinde. Ein russischer Soldat benutzt die steinernen Figuren auf dem Stadthaus als Zielscheiben für seine Schießübungen. Coburg bekommt einen russischen Platzkommandanten, Oberst Okuneff, einen gutmütigen, jedoch trinkfreudigen Mann, der im Rausch seine ganze Wohnung demoliert und nicht mit Geld umgehen kann. Er liefert seinen gesamten Sold dem Stadtdirektor Bergner ab und läßt sich jeden Tag eine Rate auszahlen. Meistens erscheint er jedoch schon gegen Mittag und verlangt Vorschuß für den nächsten Tag. Doch der Stadtdirektor bleibt vereinbarungsgemäß hart, und Okuneff zieht laut fluchend ab.[2] Als er nach einigen Monaten abgelöst wird, nimmt er mit einem langen Tagesbefehl tränenreichen Abschied.

Im Jahr 1813 waren in Coburg einquartiert 92 Generale, 3987 Offiziere und 83568 Gemeine – es wurde genau Buch geführt. 1814 waren es insgesamt 53599 Mann und 1815 noch 35775. Erst dann, nach zehn Jahren, waren Stadt und Land von ungebetenen Gästen befreit. Herzog Ernst befehligte in diesen letzten Feldzügen das 5. deutsche Armeekorps, das Mainz zurückeroberte, dann ein Korps im Elsaß. Das durch Rekrutierungen ausgepowerte Coburg hatte für die Befreiungskriege noch einmal 25000 Gulden zusammengekratzt und tausend Mann gestellt, meist Freiwillige, und mancher kehrte «barfuß ohne Rock und Weste zurück», berichtet der Chronist.[8] Die Kriegskosten sind nur unvollständig registriert, auch ist kein überzeugender Vergleich zu heutigen Lebenshaltungskosten zu finden. Die Chronik verzeichnet jedenfalls, daß die Kriegsentschädigungskasse der Stadt Coburg von 1806 bis 1816 Ausgaben von 210230 Gulden und 30 Kreuzern hatte.

Der erste Jahrestag der Leipziger Völkerschlacht wurde feierlich begangen. Am 18. Oktober, abends um sieben, erschallte Kanonendonner von der Veste, so ist in den Akten der Polizeidirektion zu lesen. Alle Glocken begannen zu läuten, auf jedem Hügel wurde, wie überall in Deutschland, ein Feuer entzündet – eine Anregung von Ernst Moritz Arndt, von den mißtrauischen Fürsten schnell wieder verboten. Auf dem Marktplatz intonierte die Blasmusik «Ein feste Burg ist unser Gott», der alte Prinz Friedrich Josias stand mitten in der singenden Menge. Am nächsten Morgen dann Gottesdienst, Reden auf dem Marktplatz, man sang «Großer Gott wir loben dich», die Kanonen schossen Ehrensalven, es gab ein Festessen und eine Armenspeisung, und zum Schluß wurde «Nun danket alle Gott» angestimmt.[17]

Doch die Notzeiten sind noch nicht zu Ende. Das Jahr 1816 bringt überall schwere Regenfälle, Hagel und Gewitter. Die sonst so friedliche Itz tritt über die Ufer und überschwemmt das Gelände fast bis zum Judentor. Die Ernte ist vernichtet – das Totengerippe, das beim Umbau der Ehrenburg in einer Mauer entdeckt wurde, hatte offenbar doch eine schlimme Vorbedeutung. Hungersnot. Wer irgendwelche Nahrungsmittel liefern kann, nutzt die Lage: Erbitterung herrscht über die Bamberger und die Neuburger, die ihr Kraut fünfmal teurer als sonst verkaufen; für eine Metze unreifer Zwetschen muß man 18 Kreuzer zahlen, und die Maß Bier steigt von acht auf 16 und 17 Pfennige. Als im Jahr darauf endlich neues Getreide geerntet werden kann, werden die ersten Wagen mit Blumen bekränzt, im Festzug durch das Ketschentor eingefahren und mit Glockenläuten und Musik auf dem Marktplatz vom Pfarrer empfangen, und wieder stimmt man den Choral an «Nun danket alle Gott».[18]

Während sich nun allerorten im neuen Deutschen Bund die Enttäuschung der Patrioten über die mageren Ergebnisse des Wiener Kongresses, über die neue Ordnung, Luft zu machen begann, während nebenan in Eisenach beim Wartburgfest sich die Burschenschaften zusammenschlossen, sank Coburg rasch wieder in die alte Kleinstaat-Idylle zurück. Niemand stellte liberale oder gar revolutionäre Forderungen, und das mag den Herzog bewogen haben, die Bestimmungen der Verfassung, die er gemäß der Wiener Schlußakte seinem Land gab, nicht ganz so eng zu fassen, wie das seinem Freund Metternich in Wien vorschwebte. In den folgenden Jahren hat er das wohl oft genug bedauert.

Die Verfassungsüberlegungen hatten in Coburg schon 1804 begonnen. Bis dahin hatte es mit der Coburger «Landschaft», den Ständen, nie grundsätzliche Auseinandersetzungen gegeben. Im Grunde gab es nur zwei: die adeligen Gutsbesitzer, die kraft Geburt einen Stand bildeten, und die Räte, welche die Städte entsenden durften – wenn der Herzog die Entsendung genehmigte. Zu melden hatten die Stände nichts; seit 1695 war kein ordentlicher Landtag mehr einberufen worden, und solange die kaiserliche Finanzkommission das letzte Wort hatte, schon gar nicht. Doch hatte sich da – wenn auch in sehr kleinem Rahmen – eine Art Feudalaristokratie entwickelt, die mit der Zeit undefinierte Gewohnheitsrechte gegenüber dem leitenden Minister in Anspruch nahm, und die Herzöge, politisch uninteressiert, hatten das hingehen lassen. Als der Minister von Kretschmann sein Reformprogramm begann, war ein Konflikt entstanden. Kretschmann setzte sich durch, da der Herzog auf seiner Seite war. Doch er wollte solche Auseinandersetzungen in Zukunft vermeiden und arbeitete 1804 einen ersten Verfassungsentwurf aus, der an die Stelle von Gewohnheitsrechten und -pflichten durch gütliche Übereinkunft die Kompetenzen genau festlegen sollte. Das scheiterte am Widerstand der «Landschaft». Kurz darauf, unter der französischen Vorherrschaft, eröffnete der Code Napoléon ganz andere Möglichkeiten: Kretschmann dachte nun an die Aufhebung der Adelsprivilegien, an gleiche Besteuerung und an eine Volksvertretung. Doch dann setzte der Kaiser 1807 den jungen Herzog wieder in Amt und Würden, und Ernst hatte eine tiefe Abneigung gegen diese Neuerungen seines Ministers, der inzwischen allzu einflußreich geworden war. Ernst wollte seine Herrschaftsrechte voll ausüben, und so entließ er Kretschmann.

Der Wiener Kongreß bestimmte dann im Artikel 13 der Bundesakte, daß überall binnen Jahresfrist landständische Verfassungen erlassen werden sollten, wobei aber die Artikel 57 und 59 das Gerüst genau festlegten: Die gesamte Staatsgewalt sollte beim Souverän bleiben, die Stände sollten bei der Ausübung bestimmter Rechte zwar mitwirken, aber nicht beteiligt werden: hier wurden sehr feine sprachliche Unterschiede gemacht. Herzog Ernst konnte nun aber die verschiedenen Entwürfe, die seit 1804 in Coburg diskutiert worden waren, nicht völlig außer acht lassen. So entstand eine Verfassung, die zwar weit entfernt von Demokratie war, die aber doch ein wenig über das hinaus ging, was Metternich für klug hielt. Wiederum bildeten die Landstände die Grundlage. Aber die Abgeordneten wurden nun indirekt gewählt und waren dann theoretisch nicht mehr die Vertreter bestimmter Interessengruppen, sondern sämtlicher Untertanen, die künftig vor dem Gesetz alle gleich waren. Verfassungsänderungen konnten nur in Kraft treten, wenn die Landstände zustimmten. Der Fürst, der zahlreiche Einspruchsrechte behielt, konnte allerdings den Landtag jederzeit auflösen, was Ernst denn auch mehrfach tat.[19] Metternich erblickte in diesen Bestimmungen bereits die ersten Ansätze zu einer repräsentativen Volksvertretung, die er für gefährlich hielt.

Die treuen Untertanen interessierte das im allgemeinen herzlich wenig. Was sie viel mehr beschäftigte, war im Jahre 1817 die Hochzeit ihres Herzogs mit der Prinzessin Louise von Sachsen-Gotha und Altenburg, der 1818 und 1819 prompt die Geburt zweier Söhne folgte: Ernst und Albert.

4. Kapitel

Vorspiel: Eine Fürstenehe

Die wechselnden Liebschaften des Herrn Herzogs waren Coburger Stadtgespräch. Ernst war als einziges der Geschwister noch ledig. Doch er brauchte nun Erben, sollte sein Herzogtum nicht eines Tages den katholischen Coburg-Koharys anheimfallen, deren Linie sein jüngerer Bruder Ferdinand in Ungarn begründet hatte.

Ernst war ein gutaussehender Mann: ein langer, schmaler Kopf mit dichtem, gewellten Haar und den modischen Koteletten, ein bartloses, energisches Gesicht mit einer langen, geraden Nase – er wirkt überaus selbstbewußt auf der Miniatur, die sich in der Royal Collection in London befindet. Er war ein zäher Verhandler und geschickter Geschäftsmann, der endlich die Finanzen seines Landes in Ordnung brachte, nach den Maßstäben der Zeit ein durchaus fortschrittlicher und erfolgreicher Fürst. Die Schauspielerin Karoline Bauer, die zur herzoglichen Familie einen näheren Kontakt hatte, schildert ihn als leichtherzig, oft leichtsinnig, immer fröhlich und offenherzig, ein Jäger und Schlösserbauer aus Leidenschaft.[1]

Man sollte meinen, die heiratsfähigen Prinzessinnen wären ihm nachgelaufen. Doch dem war nicht so. Die Verlobung mit der russischen Großfürstin Anna Paulowna, die ihm schon in seiner Jugend versprochen worden war, wurde von der Familie des Zaren gelöst; eine Ehe mit Hermine von Anhalt-Schaumburg kam nicht zustande – ob die Aussicht auf vorteilhaftere Verbindungen der Grund war oder eher die Tatsache, daß der Skandal um Ernsts Liaison mit «la belle Grecque» langsam europäische Ausmaße anzunehmen begann, das kann man nur vermuten. Immerhin gelang Ernst eine tatsächlich vorteilhaftere Verbindung als mit Anhalt-Schaumburg: es gelang ihm, wie sein Bruder Leopold schreibt, «nach einigen Schwierigkeiten, den letzten Sproß des Hauses Gotha, die Prinzessin Louise heimzuführen.»[2] Ernst war 33, Louise 16.

Sachsen-Gotha-Altenburg war größer und wohlhabender als Coburg. Gotha, die Residenzstadt, hatte kulturelles Niveau. Emil August, Louises Vater, hing dem französischen Geschmack an, er bewunderte Napoleon; davon abgesehen war er ein gutmütiger, geistreicher Herr voller barocker Schrullen. Man stand in engem Kontakt mit dem Weimar Goethes und Schillers, Justus Perthes hatte seine Geographische Anstalt gegründet, schon seit 1763 erschien der Almanach de Gotha, der auf keinem deutschen Adels-Nachttisch fehlte. Im Residenzschloß Friedenstein hatten Gothas Herzöge eine beachtliche Sammlung von Inkunabeln, Manuskripten, Münzen, Bil-

Der Vater: Herzog Ernst I. von Sachsen-Coburg und Gotha. Zeichnung von Franz Hanfstaengl, 1841

dern und allerlei anderen Kunstgegenständen zusammengetragen, und seit neuestem beherbergte die Stadt neben dem ersten Lehrerseminar auch die erste deutsche Handelsakademie. Und dieses Herzogtum würde Prinzessin Louise eines Tages erben.

Auch von ihr besitzt die Royal Collection eine Miniatur. Sie zeigt ein kleines, ebenmäßiges Gesicht, das voller naiver Unschuld in die Welt blickt. Das Festgewand und der üppige Kopfschmuck wollen nicht recht zu ihr passen. Sie war ein Backfisch voller Sentimentalität und Fröhlichkeit, voller Schwärmerei und Klatsch. Die Mutter war wenige Tage nach der Geburt gestorben, doch in Caroline Amelia von Hessen-Kassel hatte Louise eine liebevolle Stiefmutter bekommen – einen Engel auf Erden, nannte ihr Enkel sie später –, und in Augusta von Studnitz, der Tochter eines Hofbeamten, hatte sie eine Busenfreundin gefunden, der sie alle ihre Jungmädchengeheimnisse anvertrauen konnte – wenigstens in den ersten Jahren ihrer Freundschaft. Von der Welt draußen wußte sie nichts. Caroline Bauer nennt sie attraktiv und elegant, mit hellen Locken und blauen Augen.

Louise schwärmte von ihrem Herrn Zukünftigen, als er drei Wochen

Herzogin Louise von Sachsen-Coburg und Gotha.
Ölgemälde von A. Delf, signiert 1812

nach der Konfirmation um ihre Hand anhielt und drei Monate später die Verlobung gefeiert wurde – da war sie 14. Gothas Glocken läuteten, Hunderte von Kerzen brannten, an die Armen wurden tausend Laibe Brot verteilt. Bälle, Jagden und Theateraufführungen wurden veranstaltet, die Welt war voller Musik und Fröhlichkeit, und der Bräutigam mit seinen dunklen Locken sah aus wie Lord Byron. «Möge Gottes Segen Ernst in seinen Ehestand begleiten», schrieb seine Mutter Auguste, die aus ihrer Meinung über seine französische Mätresse keinen Hehl gemacht hatte, am 27. Juli 1817 in ihr Tagebuch. «Mir zieht so manche Erfahrung meines langen Lebens bei jedem Ehebündnis die Brust zusammen.»[3]

Am 31. Juli fand auf Schloß Friedenstein die Hochzeit statt. Als vor dem Altar die Ringe gewechselt wurden, böllerten 36 Salutschüsse über Gothas Dächer. Der Rathausturm war illuminiert, in der Orangerie fand ein Ball für die Honoratioren statt, in den Bäumen hingen Lampions, auf zwei langen Tischen standen Getränke nebst Mengen von Kuchen, und vier Chöre sangen zur Unterhaltung.

Die Reise nach Coburg mußte in jedem Städtchen unterbrochen werden.

In Ohrdruf standen zwei Reihen weißgekleideter Töchter der Stadt mit Blumenkörben, überall Musik, Ansprachen, Gedichte.

»... Bald reicht die holdeste Louise
die Hand der Zärtlichkeit Dir dar.
Ihr Blick verkündet Paradiese,
ihr Herz den heiligsten Altar.»[4]

Der Superintendent in Rodach notierte nach der Begegnung: «Ein außerordentlich natürliches und liebenswürdiges Geschöpf», auch ein ganz seltenes, denn es sei sicher, daß noch keine Hofintrige ihr Herz korrumpiert habe; doch in Coburg, fürchtete er, werde man schon so lange an ihr herumpolieren, bis sie genau so glatt und weich sei wie der ganze Rest.[5]

Nach der Ankunft in Coburg begann Louise nun, die vielen Briefe an ihre Freundin Augusta von Studnitz zu schreiben, denen wir zu einem großen Teil die Kenntnis über die Vorgänge der folgenden Jahre verdanken.[3]

«Die ganze Nacht brachte ich mit Weinen zu», schreibt sie am 8. August, «und mein Engel hatte viele Mühe, mich zu trösten.» Doch der Trennungsschmerz ist mit erster Glückseligkeit vermischt. «Ich bin unendlich glücklich und froh, und täglich sehe ich mehr ein, daß das, was man Glück nennt, in der Liebe desjenigen, dem man frei und liebend die Hand reicht, und in der Achtung und Freundschaft der übrigen Menschen besteht... Wenn Tränen meine Augen erfüllten, sah ich nach den schönen braunen Augen, die neben mir so hell leuchteten und alles Trübe machte nur der Freude Platz.» (11. August).

Auch in Coburg festliche Fröhlichkeit. Die Leute spannen die Pferde aus und ziehen den Wagen vor das Schloß. Konzerte, Sprechchöre «Hoch lebe der Herzog, ein Hoch der Herzogin!» Ansprachen: «Mögen Sie bald einen Prinzen in Ihrem Schoß wiegen.» – «Ist das nicht komisch?» schreibt Louise an Augusta. «Ich mußte unwillkürlich an die Heilige Dreifaltigkeit denken.»

Louise wurde überall herzlich aufgenommen. Besonders angetan war sie von zwei Frauen: ihrer Schwiegermutter Auguste, die sie als «einen wahren Engel... die Güte und Höflichkeit in Person» beschreibt. Die andere war ihre Schwägerin Victoire, die Witwe des Fürsten zu Leiningen. «Sehr schön», schreibt Louise, «groß und stark, sehr weiß, schwarze Augen und schwarze Haare, sie ist höchst liebenswürdig und natürlich.» Sie schenkte Louise ein kostbares Armband mit ihrem in Diamanten eingelegten Namen.

Louise fand einfach alles in Coburg wundervoll: die Tapeten und die Bronzetische, die Wohnräume und die Hofbälle, die Leute waren nett, die Dekorationen elegant – nur die Predigt in der Hofkapelle schien ihr nicht angemessen, weil sie viel Lobpreis des Herzogs, aber keinen einzigen religiösen Gedanken enthielt.

Auch Auguste hat ihren Eindruck von der neuen Schwiegertochter festgehalten. «Die arme kleine Frau war, wie sie ins Zimmer trat, so erschüttert und angegriffen, daß sie vor Weinen nicht sprechen konnte. Sie ist ein liebliches, kleines Wesen, nicht schön, aber sehr hübsch durch Anmut und Lebhaftigkeit. Jeder Zug ihres Gesichtchens hat Ausdruck; oft sehen ihre großen blauen Augen so wehmütig unter den langen schwarzen Wimpern vor, und dann ist sie wieder ein fröhliches, wildes Kind. Sie hat ein angenehmes son de voix, spricht gut und ist dabei so freundlich, gescheit, daß man ihr gut sein muß. Ich hoffe, sie wächst noch, denn sie ist sehr klein.»

Als Ernst seine junge Frau in das Rosenau-Schlößchen hinausführte, kannte ihr Jubel kaum noch Grenzen. Das Gut Rosenau, sechs Kilometer vor den Toren der Stadt, hatte der Vater 1805 im Tausch vom Vetter in Gotha erworben, und Ernst hatte nach dem Krieg mit einem Kredit der Frankfurter Rothschilds an der Itz in Wiesen und in den Park hinein ein gelbes, pseudogotisches Jagdschlößchen mit Turm und Zinnen gebaut. Da ließ er nun für Louise ein großes Spectaculum aufführen: Chinesische Tänzer, eine Nymphe in der Grotte, die ein Huldigungsgedicht rezitierte, ein Eremit, der die Harfe schlug, ein Sonnengott mit Gefolge, noch mehr Gedichte; Tanz, Souper, Amoretten, die Blumen streuten, ein Ball – und das sechs Tage lang, bis Louise so erschöpft war, daß sie morgens im Bett bleiben mußte.

Ihrer Freundin Augusta beschreibt sie jedes Detail: die Farben der Räume in Rosenau: grau, dunkelblau und gold die Wohnzimmer, dunkelgrün mit gemalten Säulen das Schlafzimmer, Blau mit Silber, Braun mit Silber, Hellblau – noch beim Nachlesen schwelgt man mit. Und Louise hat eine Vorliebe für alles Pariserische. Sie schickt ihrer Freundin einen Schal und gibt genaue Anweisung, wie er nach letzter Pariser Mode zu tragen sei. Sie bittet Augusta, ihr ein paar französische Lieder abzuschreiben.

Hatte sie eine Vorstellung davon, daß eine Herzogin von Sachsen-Coburg auch Aufgaben, Pflichten, Verantwortlichkeit hätte? Ernst hat ihr das offenbar nicht vermittelt. Hat sie sich Gedanken gemacht, wie all das bezahlt wurde, womit ihr Mann sie vergnügte? Hat sie sich für das Leben der Bauern interessiert, die den Hut zogen, wenn sie vorbeifuhr? In ihren Briefen ist keine Andeutung dieser Art zu finden, sie bewegen sich zwischen Empfängen und Ausflügen, Ritterturnier und Ball, Klatsch und Mode. War von einer knapp 17jährigen, die zu nichts anderem angehalten wird, anderes zu erwarten? «Wir fahren täglich in der Gegend umher und besehen die schönen Aussichten von den Bergen... Unser Leben ist das anmutigste auf der Welt», schrieb sie Augusta, und etwas anderes konnte sie sich gar nicht vorstellen. Und ihre Untertanen erwarteten offenbar auch gar nichts anderes. Sie war in der Bevölkerung überaus beliebt.

Sehr bald erschien das erste Menetekel an der Wand. Eines Tages nahm Ernst sie mit zur Festung Lauterburg nahe Coburg, wo Urahn Johann Casimir die Dynastie begründet hatte. Seine Frau war ihm untreu geworden, er hatte sich von ihr scheiden lassen und hatte sie eingesperrt, sie starb

1613 in Coburg. In Lauterburg hing ein großes Ölbild, das die traurige Geschichte darstellte, und Louise schrieb nach dem Besuch an ihre Freundin: «Ordentlich ängstlich faßte ich des Herzogs Arm und suchte, ob in seinen schönen dunkelbraunen Augen nicht vielleicht eine Ähnlichkeit mit seinem erschrecklichen Ahnherrn zu finden wäre, doch ich glaube es nicht, Anna war ja nur unglücklich, weil sie treulos war, von mir soll aber die Nachwelt solches nicht sagen.»

Louise erzählt der Freundin von den Jagden, bei denen sie zuschaut. «Täglich sehe ich dadurch neue reizende Gegenden und gehe alle Nachmittage mit ihm in den Wald, um das zärtliche Rufen der Hirsche zu vernehmen. Sie schreien und brüllen bis ihre Frauen kommen, dann ziehen sie stolz mit ihnen von dannen. Kommt ein anderer Hirsch, so kämpfen sie miteinander bis einer stirbt oder bloß unterliegt. Dem Sieger folgen dann die Weibchen freiwillig. Ein recht schlechter Zug unseres Geschlechtes.»

Eine scheinbar bezugslose Schilderung. Doch nach einigen Monaten Ehe verlieren Louises Briefe ihre kindliche Unbekümmertheit. Ihr Klatsch über Menschen, denen sie begegnet, nimmt einen kritischen Ton an, wird amüsanter, aber unfreundlicher. Die Herzogin von Hildburghausen ist gelb wie eine Quitte und samt ihrer Entourage so mager, daß man sie allesamt in eine Karosse stecken und bis Rom fahren könnte. Viel tiefer gingen ihre Gedanken nicht, und ihre Interessen reichten selten über Coburgs Stadtmauern hinaus. Ein paar Tränen gab es nur, als im November 1817 in England Prinzessin Charlotte im Kindbett starb, die Thronfolgerin und Frau des Schwagers Leopold, den man als künftigen Prinzgemahl in London gesehen hatte. Doch das war mehr ein Kummer der Schwiegermutter Auguste; Leopold kam nicht zurück nach Coburg, sondern blieb in England.

Am 31. Dezember wurde Louise 17 Jahre alt und ihre Schwiegermutter notierte seufzend: «Gott gebe, daß sie den 18ten ebenso glücklich und froh feiern möge, ihre große Jugend und ihr zarter Körper machen mir bei ihren Umständen recht bang auf die Stunde des Mutterwerdens. Ach, Charlottens Verlust macht mich so kleinmütig, ich traue keinem Glück, und die arme Kleine kommt mir nur wie eine holde Erscheinung vor. Oft kann das frohe, sorglose Kind so sinnig und trüb dasitzen, und in den großen Augen ist ein so trüber, gedankenvoller Blick, wie bange Ahnung... Sie kann mich recht oft dauern, so früh, ach, kaum der Kindheit entwachsen, schon aus dem frohen Mädchenstand in die engsten Verhältnisse der Frau getreten zu sein... Allmächtiger, Du gabst mir eine neue Tochter dieses Jahr, erhalte sie uns in der schmerzlichen Epoche, durch die sie in wenigen Monaten gehen muß.»

Auguste war in der Tat eine außerordentlich kluge und scharfsichtige Beobachterin. Es war keine Einbildung: Louises Briefe nach Gotha drücken plötzlich Einsamkeit und Angst aus. Sie bettelte, ihre Freundin möge doch für ein paar Monate nach Coburg kommen, zu ihrem Geburtstag, oder zu Weihnachten, sie würde auch viele Geschenke erhalten – ohne Erfolg. Leider sind Augustas Briefe (sie starb 1854) an Louise verschollen. Sie bat ihren Vater, er solle doch Augusta für ein paar Monate zu ihr schicken, «nur sie kann mich ein bißchen aufheitern» – vergebens. So reiste Louise schließlich selbst nach Gotha – und kam drei Wochen später deprimierter als zuvor nach Coburg zurück. «Ich vermisse Dich überall», schrieb sie Augusta, «ich suche Dich in jedem Raum und finde Dich nur hier in meinem Herzen.»

Anfang 1818 gibt es eine aufregende Abwechslung am Hof, denn der englische Herzog von Kent meldet seine Absicht, die 32jährige verwitwete Fürstin Victoria zu Leiningen (oder Victoire, wie sie sich lieber nannte) zu heiraten. «Victoria wird die Frau eines Mannes, den sie kaum kennt», notiert Mutter Auguste. Doch die Verbindung zwischen Coburg und England, die durch den Tod der Prinzessin Charlotte abgerissen war, wird dadurch wiederhergestellt – Leopold hat das eingefädelt. «Wir harrten mit gespannter Neugierde», notiert Auguste, «und die arme Victoire mit pochendem Herzen; sie hatte ihn nur einmal gesehen... Im ersten Augenblick war Kent, so sehr er Weltmann ist, doch ein wenig verlegen, wie eine Bombe in eine so große Familie zu fallen.» Im ganzen ist Auguste mit dem neuen Schwiegersohn zufrieden. «Er ist ein schöner Mann für sein Alter, ein sehr einnehmendes Gesicht, freundlich und einen sehr anziehenden Ausdruck von Gutmütigkeit um den Mund. Seine hohe Gestalt hat etwas Edles und das einfache, schlichte Benehmen des Kriegers mit dem feinen Weltton vereint, macht seinen Umgang sehr angenehm.» Am 30. Mai 1818 wird in dem schön erleuchteten Riesensaal der Ehrenburg die Ehe geschlossen. Er trägt die Uniform eines englischen Feldmarschalls, sie ein helles Kleid mit weißen Rosen und Orangenblüten besetzt.

Louise nimmt in ihren Briefen von dieser Hochzeit kaum Notiz, wenngleich ihr nun eine der wenigen Frauen verlorengeht, zu denen ein intimeres Verhältnis entstanden war. Sie beginnt sich nun darüber zu beklagen, daß ihr Mann sie so viel allein läßt und lieber auf die Jagd geht. Mit ihren Hofdamen könne sie wohl über Kleider oder über das Wetter reden, doch über mehr auch nicht. Wieder bettelt sie: «Du schwurst, Du wolltest kommen, sobald der Lenz die Wälder grünt; alle Hecken, die Gebüsche von Silberblüten grünen auf der Rosenau, aber mein Engel kömmt nicht... Du lachst mich vielleicht aus, daß ich Dir so schwermütig schreibe, aber Du weißt, es ist ein alter Fehler von mir, daß, wen ich einmal liebe, ich immer liebe.»

Am 21. Juni 1818 notiert Schwiegermutter Auguste: «Gott sei Lob und Dank! Louise ist glücklich entbunden von einem gesunden Knaben... Um 10 Uhr war Dankfest in der Stadtkirche mit Kanonendonner. Nach dem Mittagessen flüchtete ich, um ein wenig zu schlafen, denn die Freude der Coburger äußerte sich in einem so unbändigen Schießen, daß in meinem

Hause nicht auszuhalten war. Ich ging noch einmal in die Stadt Louisen zu besuchen, die mit ihrem Bübchen so wohl ist, wie man es nur wünschen kann.»

Augusta von Studnitz erhält nach drei Wochen die Beschreibung. «Das Kindchen sollte meine geliebte Auguste sehen, es hat große Augen, die bis jetzt noch dunkelblau sind, doch hoffe ich stets, daß sie noch braun werden, der Mund ist klein und hübsch, und es hat eine niedliche Form das Gesicht, von der Nase spreche ich nicht, sie ist etwas häßlich, doch tröstete man mich mit der Versicherung, daß sie sich noch heben würde. Du kannst garnicht begreifen, welchen sonderbaren Eindruck es mir macht, eine respectable Mama zu sein, ich liebe mein Kindchen sehr, doch kann ich noch nicht begreifen, daß es mir gehören soll.»

Für den Augenblick hat Louise Leid und Einsamkeit vergessen, sie verlebt einen schläfrig-glücklichen Sommer auf Schloß Rosenau. An ihrem ersten Hochzeitstag versichert sie Augusta, daß sie ihren Mann jetzt noch mehr liebe als am Anfang. Der kleine Ernst gedeiht prächtig. «Mein Kindchen wird allerliebst, neulich hielt es eine ganze Viertelstunde einen schweren Stock in der Hand und spielte damit, das ist doch viel für zehn Wochen», schreibt sie voller mütterlichem Stolz. Als sie sich vom Wochenbett erholt hat, nimmt ihr Mann sie mit auf Besuche zu den Nachbarn, auf Reisen durch Thüringen, zu Messen und Ausstellungen. Louise vermerkt, daß sie einmal in einem Haus essen, das ganz aus Moos gebaut und mit bunten Glasperlen verziert ist. Im Wald werden sie von Köhlern begrüßt, sie rasten in einem gläsernen Zelt, das extra für sie angefertigt worden ist, und Louise bekommt einen Leuchter und einen hübschen Korb geschenkt. Tiefere Eindrücke bringt sie von solchen kleinen Reisen nicht heim, keinerlei Andeutung, daß sie sich langsam in die Rolle einer Landesmutter hineinzudenken bemüht. Doch schließlich ist sie noch nicht einmal achtzehn.

Im Herbst gibt es einen zweiten, merkwürdigen Hinweis auf die kommende Tragödie. Im September trifft sie in Weimar den russischen Zaren Alexander, was sie mit «kindischer» Aufregung erwartet hatte, weil sie der Name Alexander seit jeher fasziniert. «Ein Kaiser, der Alexander heißt, ist für mich das Ideal aller Vollkommenheit», gesteht sie Augusta. «Du weißt ja, daß mein Held Alexander von Mazedonien ist und stets war...» Sie findet den Zaren «noch schöner und liebenswürdiger, als meine Einbildungskraft einen griechischen Kaiser Alexander vorgestellt hatte.» Der Mann, der ihr sechs Jahre später zum Schicksal werden sollte, hieß Alexander.

Im Spätherbst kam Alexanders Frau Elisabeth, eine badische Prinzessin, zu Besuch nach Coburg. Louise lag mit Windpocken im Bett. Dann erschien ihr verwitweter Schwager Leopold zu Besuch aus England, auch einer der weiblichen Traumhelden der Romantik. «Er ist ein sehr berühmter großer Mann», beschreibt sie ihn ihrer Freundin, «schön von Gestalt und Gesichtszügen... Er ist sehr gütig gegen mich und nimmt viel Anteil an meinem Glück.»

Herzog Ernst war, wie gesagt, sechzehn Jahre älter als seine Frau, sie schien auch durch das Kind noch nicht erwachsener geworden zu sein. Ernst war in den gefährlichen Jahren der französischen Kriege aufgewachsen, war in Wien und Berlin, in Paris und St. Petersburg gewesen, hatte mit 22 die Verantwortung für ein heruntergewirtschaftetes Herzogtum übernommen.

Natürlich war die Verbindung mit Louise von vornherein eine kühl kalkulierte Vernunftheirat gewesen, aber das waren schließlich die meisten Fürstenehen. Es hätte sich ja immerhin auf irgendeiner Ebene eine Interessengemeinschaft ergeben oder entwickeln können. Aber der Herzog, der nie eine solide Ausbildung genossen hatte, besaß nicht die Fähigkeit, ein junges Mädchen an die Aufgaben und Wirkungsmöglichkeiten einer Fürstin heranzuführen, und Louise wiederum war zu unerfahren, um ihren Mann an feinsinnigeren Beschäftigungen zu interessieren. Ihre backfischige Flatterhaftigkeit begann den welterfahrenen Ernst zu langweilen. Er blieb dem häuslichen Herd immer öfter fern. Eine erste Andeutung machte seine Mutter Anfang 1819. «Ernst sehe ich nur abends in Gesellschaft.» Louise kann nicht mehr mit zur Jagd reiten, sie erwartet ihr zweites Kind, und die Jagd ist Ernsts große Leidenschaft. Wieder fühlt sie sich einsam, leidet unter Depressionen und schüttet der Freundin in Gotha ihr Herz aus. Doch die Briefe werden seltener. Besucher, Verwandte reisen ab. «So werde ich denn von allen verlassen.» Wenig später: «Jetzt ist alles öde und leer.» Ernst reist nach Karlsbad, nicht nur zu einem kleinen Familientreffen, sondern auch um Metternich zu sehen, der dort von den leitenden deutschen Ministern die Karlsbader Beschlüsse verabschieden läßt. Ernst ist in Coburg zurück, als Louises Stunde naht. Die Hebamme wird geholt, Dr. Charlotte von Siebold, eine der seltenen promovierten Ärztinnen in Deutschland. Frau von Siebold hatte schon im vergangenen Jahr bei der Geburt des Erbprinzen Ernst beigestanden, sie war mit den Kents nach London gereist und hatte dort vor einem halben Jahr Louises Schwägerin Victoire von einer Tochter entbunden. Am 26. August 1819 um acht Uhr morgens verkündet Kanonendonner von der Veste die um 6 Uhr erfolgte Geburt des Prinzen Albert.

5. Kapitel

Kindheit unter Männern

«Erst um drei Uhr war die Hebamme herbeigeholt, und schon um sechs tat der Kleine seinen ersten Schrei auf der Welt und guckte wie ein Eichhörnchen mit großen Augen um sich», schrieb Großmutter Auguste von Louises Bettrand an ihre Tochter Victoire nach London. «Du solltest ihn nur sehen!» schwärmte kurz darauf Louise ihrer Freundin in Gotha vor. «Er ist wie ein Engel, mit blauen Augen, einer schönen Nase, einem kleinen Mund und Grübchen in den Wangen. Er ist freundlich, lacht immerzu...» Albert war von Anfang an Mamas Liebling, Bruder Ernst erwähnte das noch in seinen Memoiren mit spürbarer Verletztheit. Nach vier Wochen wurde Albert in der Hofkirche der Ehrenburg getauft, von demselben Superintendenten Genzler, der im Jahr zuvor Victoire und den Herzog von Kent getraut hatte. In seiner Predigt finden sich ein paar geradezu prophetische Sätze: «Die guten Wünsche... werden umso bedeutungsvoller, wenn wir hinblicken auf die hohe Lebensstellung, in die er einmal treten wird, und auf den Wirkungskreis, zu dem ihn Gottes Wille berufen kann, damit er an seinem Teil mitarbeite an der Beförderung von Wahrheit und Tugend...»[1]

Doch vorerst war er nur der zweite Sohn eines Duodez-Fürsten und wurde mit Itz-Wasser aus einer einfachen Silberschüssel des Haushalts getauft; die Einfachheit, mit der die ganze Zeremonie vonstatten ging, wurde typisch für Alberts ganzes Leben. Dabei hatte er hohe Paten: den Kaiser Franz von Österreich, dessen Onkel, den Herzog Albert von Sachsen-Teschen, den angeheirateten Onkel Mensdorff-Pouilly, der in Österreichs diplomatischem Dienst stand, den Großvater in Gotha, und schließlich eine Patin, die als einzige von Bedeutung war: die Großmutter Auguste. Die anderen hat Albert nie bewußt erlebt, sie haben sich auch nie um ihn gekümmert – Paten waren eine Frage des Protokolls, der elterlichen Selbstdarstellung, sie zeugten eher von den Ambitionen des Vaters als von praktischen oder gar christlichen Überlegungen. Tatsächlich wurde der Junge auf den Namen Albrecht getauft, Franz August Carl Albrecht Emanuel.[2] Aber von Anfang an nannte ihn alle Welt Albert (Ernst und Albrecht/Albert: das waren, wie erinnerlich, die Begründer der beiden sächsischen Familienzweige gewesen), und er hat den Namen beibehalten.

Louise blieb in Rosenau, Schwiegermutter Auguste meinte, sie habe in dem kleinen Schlößchen viel mehr Bequemlichkeit als in der Ehrenburg: «Die Stille in diesem Haus, die nur vom Plätschern des Wassers unterbrochen wird, ist so wohltuend», schrieb sie nach England, «während um das Coburger Schloß herum die Kinder schreien und Wagen durch die Straßen

Schloß Rosenau. Aquarell eines unbekannten Künstlers, Anf. d. 19. Jh.

rattern.» Ernst I. hatte die Rosenau mit viel Geschmack eingerichtet; er habe am besten gebaut, wenn er knapp bei Kasse war, urteilt der englische Kunstkritiker Winslow Ames.[3] Alle englischen Besucher, die später herkamen, schwärmten ebenso wie Louise von der Umgebung, besonders von dem Blick ins Itztal, den man von der Terrasse aus hat; damals gab es da auch noch eine alte Wassermühle, die Albert sehr liebte.

Alles schien sich gut anzulassen. «Albert est superbe, d'une beauté extraordinaire», schrieb Louise stolz, und wenig später: «Albert ist immer schön, munter und gut, geht auch schon bisweilen allein und kann Papa und Mama sagen.» Er war zehn Monate alt; zwei Jahre, als Onkel Leopold zu Besuch kam, und da entwickelte sich eine Liebe auf den ersten Blick, die von einiger Bedeutung werden sollte. «Albert adore son oncle Leopold», berichtete Louise, «verläßt ihn keine Minute, ist zärtlich mit ihm, umarmt ihn alle Augenblicke und fühlt sich nur wohl, wenn er bei ihm sein kann.» Offensichtlich ein liebebedürftiges Kind. Einige Monate später: «Meine Kinder sind das Entzücken ihrer Verwandten. Sie wachsen tüchtig und werden sehr amüsant.»

Großmutter Auguste notierte am 11. Juli 1821: «Klein Albertinchen mit seinen großen blauen Augen und Grübchen in den Wangen ist bezaubernd, ausgelassen und flink wie ein Wiesel. Er kann schon fast alles sagen. Ernst ist lange nicht so hübsch, nur seine klugen braunen Augen sind sehr schön, aber er ist groß, lebhaft und für sein Alter sehr klug.» Und einen Monat später die erste gedankliche Verbindung zu Victoria: «Der kleine Bursch (Albert) ist das Seitenstück zu seiner hübschen Cousine, sehr hübsch, aber für einen Knaben zu zart, sehr lebhaft und komisch, gutmütig und voll Schelmerei.» Großmutter Auguste berichtet jede Kleinigkeit an ihre Tochter in England, über Alberts Zahnen, Fieber und sonstiges Unwohlsein. «Ernst kommt viel leichter drüber weg, weil er lebhafter ist.»[1]

1822 waren Herzog und Herzogin zu einem Besuch in Wien, auch Großmutter Auguste war verreist, so kamen die Kinder in die Obhut der Großmutter (oder genauer: Stiefgroßmutter) Caroline nach Gotha, die ihre Enkel auch gern mal bei sich haben wollte. Als sie nach Coburg zurückkehrten, notierte Großmutter Auguste: «Gestern Morgen kamen meine lieben Kleinen von Gotha zurück und ich war überglücklich. Ernst ist sehr gewachsen. So hübsch wie sein Vater ist er nicht, aber er bekommt dessen gute Figur. Albert ist viel kleiner als sein Bruder und mit seinen blonden Locken reizend wie ein Engel.» Genauso hat sie denn auch Leopold Döll gemalt, in Ludwig Richter-Manier, ein Kaninchen auf dem Schoß; das Bild gehört zur Königlichen Sammlung in London.

Doch der Engel wurde größer. «Es sind im Ganzen sehr gute Jungen, sehr gehorsam und leicht zu lenken», schrieb die Großmutter nach London. «Albert war wohl manchmal etwas widerspenstig, aber ein ernstes Gesicht bringt den kleinen Mann zur Raison... Vor einigen Wochen erschreckte er uns durch einen Anfall von Keuchhusten, aber Blutegel und ein Zugpflaster brachten rasch Linderung. Seitdem, wenn einer klagt, sagt er ganz altklug: Mußt ein Zugpflaster auflegen!»

Anders als bei der besorgten und leicht eifersüchtigen Großmutter wurden die Kinder in den Briefen der Mutter an ihre Freundin Augusta nur noch knapp erwähnt. Nach den üblichen Schilderungen von Spazierfahrten und Besuchen – «Wir leben hier sehr lustig» – heißt es etwa: «Meine Kleinen sind wohl und lustig. Ernst wird täglich niedlicher und macht l'amusement de nos soirées aus.» Das wurde allmählich zu einer stereotypen Formulierung: «Meine Kleinen sind wohl und lustig.»

Ernst war gerade fünf, Albert noch nicht vier, als der Vater beschloß, sie aus den Händen der Kinderfrau in die eines Erziehers zu übergeben. Der Großmutter in Gotha schien das zu früh, sie war besorgt über diesen Wechsel; Louise war dagegen, aber ihr Wort galt zu dieser Zeit nicht mehr viel und in Erziehungsfragen schon gar nicht. Gewichtiger war, daß Großmutter Auguste dem Beschluß ihres Sohnes zustimmte. Sie muß gute

Gründe gehabt haben. Am 4. Mai 1823 wurde der Kandidat Christoph Florschütz zum «Herzoglichen Rat und Prinzen-Instructor» ernannt.

Zwei Söhne waren geboren, beider Konstitution schien hinreichend robust, die Erbfolge im Herzogtum durfte als gesichert gelten. Herzog Ernst war zufrieden, und auch Herzogin Louise schien nun der Ansicht zuzuneigen, daß sie ihre Pflicht getan habe. Der Herzog vergnügte sich anderswo. Die Jagd, die Leidenschaft und das sorgsam gehütete Vorrecht aller Fürsten, blieb auch seine Lieblingsbeschäftigung. Galante Abenteuer zu haben, war den Herren der Schöpfung erlaubt, den Frauen nicht. Der Kammerherr Maximilian von Szymborski, die Graue Eminenz hinter dem Thron, war des Herzogs ständiger Begleiter – Louise verabscheute ihn, und er brachte ihr bestenfalls das Mindestmaß an erforderlichem Respekt entgegen. Es war keine Zeit hoher Moral.

Doch Louise war erst 19, als Albert zur Welt kam, da hat eine Frau leicht das Gefühl, ihr Leben habe noch gar nicht richtig begonnen, und das wohl um so mehr, wenn sie bereits Mutter zweier Söhne ist. Ihr romantisches Gemüt lebte lange in der Märchenwelt junger Mädchen, in der Prinzessinnen von ihren Prinzen träumen, in der es trotz böser Feen oder giftiger Äpfel zum Schluß unweigerlich zum Happy-End kommt. Doch allmählich begann sie ihre Illusionen zu verlieren. Gelegentlich brach die Verzweiflung durch, mit der sie sich an ihren Märchenprinzen klammerte. «Ist es denn ein Verbrechen, seinen Mann lieb zu haben und ihn nicht verlassen zu wollen? An den Vergnügungen lag mir nichts, nur Ihn wollte ich begleiten», schrieb sie 1820 aus Wien.

Louise war vielen Versuchungen ausgesetzt. Sie war jung, attraktiv und unglücklich – eine Kombination, der kein galanter Mann widerstehen kann; und sie gab den Versuchungen nach, in aller Naivität und ohne jedes Bemühen, etwas verheimlichen zu wollen. Ernst kümmerte sich nicht mehr um sie, er war ihr untreu, und der Skandal um «La belle Grecque» war immer peinlicher geworden.

Pauline Panams «Memoiren einer jungen Griechin» sind eine Schmähschrift. «La belle Grecque» hat mit der Drohung, alle Intimitäten zu veröffentlichen, Herzog Ernst I. jahrelang erpreßt. 1823 erschienen sie dann in französischer und englischer Sprache. Ernst versuchte vergeblich, sie unter Hinweis auf die Karlsbader Beschlüsse in Deutschland konfiszieren zu lassen. Selbst der Vetter in Weimar lehnte das ab: das sei mit seiner Pressefreiheit unvereinbar. Sein Minister Goethe kündigte in einem Weimarischen Kulturjournal die beabsichtigte Veröffentlichung an.[4] Die erste deutsche Übersetzung erschien dann allerdings erst 1869, die letzte kritische deutsche Ausgabe 1915 – ein Kassenschlager.[5] In der gebildeten, französisch sprechenden Gesellschaft war das Buch natürlich bald nach dem ersten Erscheinen in aller Munde, in Leipzig wurde es auf der Messe öffentlich angeboten, und Coburg wird da kaum eine Ausnahme gewesen sein.

Pauline Panam wollte Rache nehmen. So sind viele ihrer Schilderungen fragwürdig; doch auch die Darstellung des Herzogs – in einer vertraulichen Note – muß wohl mit Vorbehalt betrachtet werden. Ohne in die oft dubiosen Einzelheiten zu gehen, kann man feststellen, daß sie die Tochter eines griechischen Wollfärbers aus Smyrna war, der vor den Türken nach Frankreich geflüchtet war. Ernst lernte sie während seines Pariser Aufenthalts als Theaterstatistin kennen, da war sie 14 Jahre alt. Angeblich hat er versprochen, sie als Hofdame bei seiner Schwester unterzubringen. Er nahm sie mit nach Coburg, mußte sie aber, als Junge verkleidet, verstecken: Mutter Auguste verabscheute nicht nur die Affären ihres Ältesten, sie hatte auch nach diesen napoleonischen Jahren mit Franzosen nichts mehr im Sinn.

Am 4. März 1809 gebar Pauline, 16 Jahre alt, einen Sohn und nannte ihn Ernst. Unterhaltsverträge wurden geschlossen, eingegangene Verpflichtungen nicht eingehalten. Pauline drang bis zu Auguste vor, die riet ihr, nach Frankreich zurückzukehren, dann sollte für sie und ihr Kind gesorgt werden. Statt dessen ließ Pauline, die ehrgeizigere Absichten hatte, ihre Familie aus Frankreich nach Wien kommen. Sie bat Großfürst Konstantin um Hilfe, auch Metternich. Leopold schaltete sich ein. Man schickte Pauline kleine Abfindungen, sie lebte mal in Dresden, mal in Frankfurt, tauchte unversehens in Coburg auf und kehrte schließlich doch nach Frankreich zurück. Der Herzog von Richelieu bemühte sich vergeblich, einen neuen Unterhaltsvertrag auszuhandeln, Pauline war bockig, ließ ihr Buch erscheinen und kündigte weitere Memoiren an. Dann verlieren sich ihre Spuren, ihr Sohn – ein Halbbruder von Ernst und Albert also – galt bis zu seinem Tod Anfang der dreißiger Jahre als unehelicher «Prinz von Coburg».[4]

Paulines Rache, die Memoiren, wirkten wie ein schleichendes Gift. Es findet sich zwar nirgendwo ein entsprechender Hinweis, aber es ist unvorstellbar, daß die Herzogin Louise in Coburg nichts davon erfahren hätte, schließlich sprach und las auch sie französisch. An die Freundin schrieb sie, daß «nirgends so schnell wie hier in Coburg ein Gerücht von Leidenschaften hoher Herrschaften sich verbreitet». Ebenso unvorstellbar ist es, daß später Ernst und Albert nichts von dieser Affäre ihres Vaters erfahren hätten. Louise jedenfalls begann nun, ihre ehelichen Pflichten nicht mehr ganz so streng zu sehen. Da ist plötzlich von einem Grafen Solms die Rede; der Freundin gegenüber versucht sie das ins Lächerliche zu ziehen, aber der Herzog ist ärgerlich, es fließen Tränen. Sie verbringt viel Zeit mit Herrn von Münchhausen, der sei hoffnungslos verliebt, schreibt sie Augusta, doch vierzig Jahre älter. Ein 17jähriger, gut aussehender Baron Stillfried taucht auf: «Er liegt mir zu Füßen», berichtet sie. Er steigt auf Apfelbäume, um in die Fenster zu schauen, und verrichtet «tausend nette Liebesdienste». Von einem österreichischen Rittmeister ist die Rede. Das klingt alles herzlich harmlos – kokette kleine Flirts. «Ein sehr schöner Herr von Bülow ist hier angestellt und eben angekommen.» Das scheint zum ersten Mal eine ernstere Affäre gewesen zu sein; der Kammerjunker Gottfried von Bülow wird vom Herzog vor eine Untersuchungskommission zitiert und gibt in einem drei Seiten langen Protokoll zu, es sei «zu solchen Vertraulichkeiten gekommen, zu denen nur die Ehe berechtigt». Nähere Umstände anzugeben weigert er sich.[6] «Sollte ich gefehlt haben», schreibt Louise, um Verzeihung bittend, an Ernst, «so lag es am Kopf, nie am Herzen, und dieser wird ja auch kälter mit der Zeit und vernünftiger.»

Doch offenbar nicht so rasch. Ein junger, gutaussehender, energischer Offizier mit schwarzen Locken und strahlenden Augen erscheint auf der Bildfläche, Alexander von Hanstein. Für Männer, die Alexander heißen, hat Louise schon immer geschwärmt, und dieser wird zum Trennungsgrund. Der Herzog zieht den Schlußstrich. Vorerst keine Scheidung, nur Trennung – offenbar will Ernst das Erbe des Herzogtums Gotha nicht aufs Spiel setzen, der Herzog dort wird nicht mehr lange leben, und über die künftige Verteilung des ernestinischen Erbes wird bereits seit Jahren verhandelt. Die Berater sind besorgt: In der Trennungsakte soll Gotha als Louises Erbe den Kindern zugeschrieben werden – was aber, wenn sie sterben und Louise sich wieder verheiratet? «So sind die Männer», schreibt sie an die Freundin. «Wir sollen treu sein, sie wollen gefallen, sie wollen erobern oder sterben, und können sie am Ende beides nicht, dann trösten sie sich.»

Doch die Briefe an Augusta wurden seltener. Wenn es mehr gab, so sind sie verlorengegangen oder vernichtet worden (wie sämtliche Briefe in umgekehrter Richtung). So wissen wir nichts über das Datum, den unmittelbaren Anlaß und die Auseinandersetzung zwischen den Eheleuten, die zum Entschluß der Trennung geführt hat und die ja wohl stattgefunden haben wird, bevor Ernst seinen Herrn von Szymborski mit einem fertigen Vorschlag zu Louise schickte. Die Ehegatten verkehrten von nun an nur noch schriftlich miteinander, und der Schriftwechsel der folgenden Jahre erweckt den Eindruck, als habe sich Louise verhältnismäßig rasch und leicht mit ihrem Schicksal – und mit dem Verlust ihrer Kinder abgefunden, was wohl auch deren Empfinden später beeinflußt haben muß.

Jedenfalls schrieb Ernst seiner Frau im Herbst 1824 einen langen (undatierten) Brief voller Pathos und geheucheltem Schmerz. «Der tief gekränkte Gatte, der beleidigte Landesherr spricht zu Dir: Du hast mich schrecklich hintergangen, Du hast meine aufrichtige Liebe, ich kann vor Gott versichern, nur Dir gewidmete Zuneigung mit dem schwärzesten Verrat und Undank gelohnt... Du wirst selbst fühlen, daß von nun an keine Gemeinschaft zwischen uns mehr sein kann... Um Aufsehen zu vermeiden, bleibst Du auf der Rosenau und gehst, sobald Du die Einladung Deiner Mutter erhältst, nach Gotha oder wo sie Dich sonst hinbescheiden wird... Und nun lebe wohl, ich fühle mich zu angegriffen, um weiter schreiben zu können. Wir werden uns schwerlich wiedersehen, möchtest Du nicht so unglücklich werden als Du mich gemacht hast. Ernst.»[7]

Der Herzog schickte also Szymborski mit einem Vertragsentwurf nach der Rosenau und erhielt einen kühlen Brief zurück, der einen Ratgeber vermuten läßt. Louise nahm die Trennung an, aber sie «verzichte keineswegs auf die freie Disposition der Wahl über meinen künftigen Wohnort». Ernst solle von Schritten, die ihre Ehre beleidigen würden, absehen. «Sollte es aber doch der Fall sein, dann... würde ich mich genötigt sehen... auf eine gerichtliche Erörterung der Sache anzutragen.» Will sie Pauline Panams Memoiren, andere Affären gegen ihn ins Feld führen?

Doch so leicht lassen die Coburger ihre Herzogin nicht ziehen. Volkstümlich ist sie vielleicht nicht, aber beliebt. Es kommt zu einem tragikomischen Zwischenfall, und dadurch begegnen sich die Eheleute doch noch einmal. Die bevorstehende Trennung hat sich natürlich in der Stadt herumgesprochen. Unbemerkt versammeln sich nachts Coburger Bürger und verstecken sich im Gebüsch der Rosenau (Louise berichtet von «Tausenden»). Als sie bei Dunkelheit in die Kutsche steigt, um abzureisen, brechen sie hervor, spannen die Pferde aus, entzünden Fackeln und ziehen die Kutsche die sechs Kilometer bis in die Stadt. In jedem Dorf stoßen mehr Menschen dazu. In der Ehrenburg muß die Herzogin auf dem Balkon erscheinen, die Menge jubelt, singt «Nun danket alle Gott», will eine Leibgarde bilden, wenn sich die Fürstin nicht sicher fühlt. Die Stimmung wird militant. Szymborski soll herauskommen, der aber flüchtet mit einem Trick durch die Hintertür, der Pöbel zieht am nächsten Morgen vor sein Haus, demoliert es und bewirft die Angehörigen mit Steinen. Der Herzog soll sich zeigen. Aber der ist mit den Kindern bei seiner Mutter in Ketschendorf, auf der anderen Seite von Coburg. Eine Delegation erscheint. Nach langem Hin und Her gibt Ernst nach. Aber er will sich nicht in die Stadt ziehen lassen, er fährt selbst und nimmt die Kinder mit. Dort angekommen, befiehlt er dem Major von Wangenheim, die Soldaten gegen die Menge zu mobilisieren. Aber der weigert sich. Nur die Eingänge werden von der Burgwache und der Feuerwehr gesichert. Die Pfarrer reden der Menge gut zu, doch das hilft auch nichts. Es wird wieder Abend, bevor schließlich Ernst und Louise gemeinsam auf dem Balkon erscheinen. Die Menge schreit Hurra, glaubt, nun sei alles wieder im Lot, und zerstreut sich. Coburg ist wieder so friedlich wie vorher.

Ernst ist wütend. Er beruft sich auf die Heilige Allianz, als er am nächsten Tag Metternich über Aufruhr in der Stadt und Einmischung in seine Privatangelegenheiten berichtet. Der Kaiser möge ein Jägerbataillon zur Wiederherstellung der öffentlichen Ordnung und geeignete Beamte für eine kriminelle Untersuchung schicken. Metternich reagiert nüchtern. «Ich untersuche nicht, welches die veranlassende Ursache des Bruches zwischen Ihnen und der Herzogin gewesen sein kann... Ob eine revolutionäre Partei ihre Hand im Spiele hatte, nehme ich ohne nähere Beweise nicht a priori an... Aus Ihrem Schreiben, gnädigster Herr, kann ich mir unmöglich ein

Bild der Sache machen.» Ernst läßt seine Forderung fallen, aber am Entschluß zur Trennung hat sich nichts geändert, und nun kommt bei Louise der Katzenjammer. Sie schickt Ernst in den folgenden Tagen Zettelchen: «Nochmals ein Lebewohl, mein teurer Freund, ach Gott leider Lebewohl!» Und: «Erhalte mir Deine Freundschaft, das Recht, daß ich Dir einst nahe war, laß ich mir nicht nehmen.» Überraschend ist die Haltung ihrer Stiefmutter Caroline in Gotha. Sie schreibt dem Schwiegersohn: «Daß Sie, mein bester Herzog, nach allem, was geschehen ist, nicht anders handeln konnten, davon bin ich überzeugt.» Und dann kanzelt sie Louise auf vier eng beschriebenen Seiten mit ungewöhnlicher Schärfe ab: «Du hast Deinen Mann auf die allerschrecklichste Weise beleidigt und gekränkt, Deine Engelskinder verlassen, die Du nie geliebt hast, unnatürliche Mutter!... Es stand nicht mehr in meiner Macht, Deine Schuld zu decken...» Louise antwortet völlig zerknirscht: «Ich werde stets, auch wenn Du mich verstößt, nie aufhören, Dich zu lieben... Die zu große Lebhaftigkeit meiner Einbildungskraft, mein rasches Blut, die Lust nach Zertreuungen, Eitelkeit, das sind meine Fehler.» Man droht bisweilen zu vergessen, daß hier nicht mehr geschehen ist, als daß die vernachlässigte, allzu junge Frau eines untreuen Ehemanns heftig geflirtet und schlimmstenfalls einen «Fehltritt» begangen hat. «Was hier zu meiner Entschuldigung dienen kann, führe ich nicht an, da ich die Strenge Deiner Grundsätze kenne», schreibt sie ihrer Stiefmutter. «Ich war zu leichtsinnig, mich viel (mit den Kindern) zu beschäftigen, geliebt habe ich sie immer, glücklicher werden sie sein, wenn sie den Zwist der Eltern nicht gewahren.» Was Ernsts Mutter Auguste über die ganze Geschichte gedacht oder notiert hat, darüber gibt es leider keine Dokumente mehr.

Louise unterschreibt die Trennungsakte. Die Bedingungen sind schmachvoll. Sie muß allen Schmuck zurückgeben, auch Mobiliar und Geschirr in der Rosenau zurücklassen, das ihr gehört; es soll später verrechnet werden. «Die große Matratze ist Schloß-Inventarium, kann also nicht als Eigentum Ihrer Durchl. der Frau Herzogin angesprochen werden», entscheidet ein Bürokrat. Am 4. September um Mitternacht verläßt Louise Coburg und verbringt kurze Zeit in Bad Brückenau. «Der Abschied von meinen Kindern war das schmerzlichste», schreibt sie Augusta nach Gotha. «Sie haben den Keuchhusten und sagten ‹Mama weint, weil sie gehen muß, da wir krank sind›. Die armen Mäuschen, Gott segne sie.» Dieser letzte – wenigstens der letzte bekannte – Brief an Augusta schließt: «Nun Lebewohl, meine süße treue Freundin, meine liebste Augusta. In jeder Lage, unter jedem Himmelsstrich immerdar Deine treue Freundin Louise, Herzogin von Sachsen.»[8]

Wir greifen wieder ein wenig vor, um dieses Seitenthema abzuschließen – ein Seitenthema, gewiß, doch für die geistige Entwicklung der beiden Kinder sicher von erheblicher Bedeutung. Louise übersiedelte in das Fürstentum Lichtenberg jenseits des Rheins, das Sachsen-Coburg beim Wiener Kongreß zugesprochen worden war. Alexander von Hanstein folgte ihr und wurde von ihrem Onkel zum Grafen von Poelzig erhoben. «Ich lebe hier ganz still und einsam, ein Tag gleicht dem anderen, sodaß ich das Datum oft nicht weiß», schrieb sie der Schwägerin Sophie, Ernsts älterer Schwester. Die Wohnung war nicht instand gesetzt, wie es der Herzog angeordnet hatte, es regnete durchs Dach und gab eine Überschwemmung; Louise wurde krank. «Etwas karg ist das tägliche Brot und Einschränkungen aller Art sehe ich mich genötigt zu machen, wovon ich früher nichts verstand, doch setze ich meinen Stolz darauf, auszukommen, damit man sieht, daß ich sogar in Geldsachen ordentlich geworden bin.» Dabei besaß sie noch Hoheitsrechte, noch war Gotha nicht in Ernsts Besitz, über die Neuaufteilung der Herzogtümer wurde noch immer gefeilscht. Hätte sie mehr und besseres mit ihren Möglichkeiten anfangen, hätte sie Ernst Bedingungen stellen können? Sie war solchen Fragen gegenüber gleichgültig, sie suchte nur persönliches Glück. «Willst Du die Scheidung haben», schrieb sie Ernst, «so werde ich meine Einwilligung nicht versagen, allein verlange nicht, daß ich den Wunsch zur gänzlichen Trennung selbst aussprechen soll.» Fünf Wochen später war sie auch dazu bereit, wenn er vier Bedingungen bewilligen würde: die ersten drei finanzieller Art, und dann wollte sie alle zwei Jahre für ein paar Tage die Kinder sehen, wo auch immer. Ernst ging darauf nicht ein. Er ließ sie auf die Scheidung warten, bis 1826, nachdem Louises Vater und Onkel gestorben waren und unter dem Vorsitz des Königs von Sachsen die Neuaufteilung der Herzogtümer geregelt war. Coburg mußte Saalfeld an Sachsen-Meiningen abtreten und erhielt dafür Gotha, das in Personalunion regiert wurde – territorial und verwaltungsmäßig getrennt. Von nun an hieß das Herzogtum Sachsen-Coburg und Gotha. Es erwies sich mit der Zeit als eine wenig glückliche Verbindung.[9] Herzog Ernst fuhr mit den beiden Söhnen nach Gotha, um den neuen Besitz formell zu übernehmen. Als alles unter Dach und Fach war, wurde die Ehe geschieden, und Louise heiratete den Grafen Poelzig. Bald darauf wurde sie krank. Im Juli 1831 schrieb Caroline aus Gotha an ihren vormaligen Schwiegersohn: «Der traurige Zustand meiner armen Louise besorgt mich tief... Der Gedanke, ihre Kinder hätten sie ganz vergessen, quälte sie sehr. Sie wollte wissen, ob sie je von ihr sprächen. Ich bejahte das, ihre Mutter zu vergessen seien sie viel zu gut.» Kurz darauf, am 30. August, starb Louise in Paris an Gebärmutterkrebs. Sie war noch nicht 31 Jahre alt.

Haben die beiden Jungen ihre Mutter tatsächlich nicht vergessen? Oder haben sie die Mutter gar vergessen sollen oder wollen? Wir besitzen keine zuverlässigen Anhaltspunkte, können nur versuchen, mit Hilfe der Psychologie eine Erklärung für Alberts charakterliche Entwicklung zu finden. Der Konflikt der Eltern stört die natürliche Symmetrie einer Familie. Ein Kind empfindet die Disharmonie, kann sie aber nicht auflösen. Es fühlt sich nicht mehr geborgen, entzieht sich; es unterdrückt seine Gefühle, alles Spontane, wird ernst, still und folgsam, bildet vom Kopf her den Sinn für das Formale und einen Hang zum Positivismus aus. Es paßt sich an. Es spielt wohl gelegentlich den Clown, weil es ja von seiner Umgebung akzeptiert werden, kein Außenseiter sein möchte; und im Heranwachsen sucht es vor allem nach Harmonie und Schönheit. Bruder Ernst war weit weniger sensibel, er hatte mehr vom Vater geerbt, und so entwickeln sich die beiden Jungen, obgleich sie bis zu ihrem 18. Jahr zusammenleben, vom selben Lehrer erzogen werden, völlig verschieden. Hat Albert nie nach seiner Mutter gefragt? Er war oft in Gotha – hat die Großmutter nie etwas erwähnt? Kinder fragen doch: Warum hat der eine Mutter und ich nicht? Was hat man ihm erzählt? Hat die Familie eine bestimmte Formulierung verabredet? Hat er keine Bemerkung der Dienstboten oder von Coburger Bürgern aufgeschnappt? Wir wissen es nicht. Wir wissen heute, daß Kinder aus geschiedenen Ehen einen Schock erleiden, daß über ein Drittel verhaltensgestört ist und davon wieder die Hälfte ärztliche Behandlung braucht. Der Mutter-Verlust kann nicht spurlos an den Brüdern vorübergegangen sein.

Doch in ihrem umfangreichen Schriftwechsel der späteren Jahre findet sich selten und dann nur eine recht belanglose Erwähnung «unserer seligen Mutter». Hat sich Albert der Eskapaden seiner Mutter geschämt, oder der Amouren des Vaters? Viele Charakterzüge bei Albert, besonders seine strenge Moral, sind ohne Zweifel auf jene Jahre zurückzuführen, darauf, wie er als junger Mensch mit dieser Familienkrise fertig geworden ist: die Gleichgültigkeit gegenüber Frauen, die von scheinbar liebevollen Förmlichkeiten überdeckte Kühle dem Vater gegenüber, sein ausgeprägter Familiensinn, die – an seinen Grundsätzen gemessen – mißglückte Erziehung seines ältesten Sohnes. Deshalb war es notwendig, auf die Geschichte der Eltern näher einzugehen. Die verschiedenen Erinnerungen an Albert, die vierzig Jahre später auf Wunsch der Königin Victoria aufgeschrieben wurden, erschöpfen sich in liebendem Gedenken und widersprechen dabei oft der psychologischen Wahrscheinlichkeit; wenn etwa der Rat Florschütz, der erste Erzieher, mit Befriedigung feststellt, die traurigen Ereignisse hätten «keinen anhaltenden Einfluß auf das Glück» seiner Schüler gehabt, und dadurch, zusammen mit der Heiterkeit und der kindlichen Unschuld hätten sie «die respektvolle und gehorsame Liebe zu ihren Eltern erhalten.»

Das dürfte das Verhältnis treffend charakterisieren: respektvoll und gehorsam. Man verstieß nicht gegen das vierte Gebot, Vater und Mutter zu ehren. So ist wohl auch später das Pathos beim Tod des Vaters zu verstehen. Bruder Ernst notiert in seinen Erinnerungen an das Jahr 1831: «Im Spätsommer Nachricht vom Tode unserer Mutter... Im Dezember Ableben unserer Großmutter Auguste. Erster großer Schmerz.»[10] Königin Victoria schrieb nach Alberts Tod: «Der Prinz vergaß seine Mutter nie, sprach immer mit vieler Liebe und Betrübnis von ihr und war tief ergriffen, als er in späteren Jahren die Geschichte ihrer letzten Krankheit und ihres Todes las.»[1] Es gibt keinen anderen Beleg dafür; und wenn Victoria mitteilt, Albert habe oft von seiner Jugend als der glücklichsten Zeit seines ganzen Lebens gesprochen, so hat er dabei sicher an die Rosenau gedacht, aber wohl kaum an seine Eltern. Seine Lieblingstochter Vicky, zu der er ein ganz besonders vertrautes Verhältnis hatte, erinnerte sich: «Papa sagte stets, er könne die Erinnerung an seine Kindheit nicht ertragen, er sei so unglücklich und elend gewesen, und er habe sich oft aus dieser Welt fortgewünscht.»[11]

Ist die Behauptung von Florschütz, der Tag und Nacht mit den Jungen zusammenlebte, überzeugend? Ein hochsensibler fünfjähriger Junge wächst ohne Mutter auf und sollte nicht mütterliche Wärme, Liebe, Nachsicht vermissen? Er sollte nicht fragen, Erklärungen verlangen, Klatsch und Gerüchte hören, nach Gründen forschen? In seinen Tagebüchern, den unzähligen Briefen keine nachdenkliche Zeile über die Mutter schreiben?

Nach Louises Tod heiratete der Vater seine eigene, 15 Jahre jüngere Nichte. Auch vom Gerede darüber können die Brüder nicht verschont geblieben sein. Albert hielt lange Zeit höfliche Distanz zu seiner Stiefmutter. Auch Louises Tod war noch jahrelang Thema des Gesellschaftsklatschs in Deutschland.[12] Sie war am 30. August 1831 in Paris gestorben und erst am 19. Dezember 1832 in der Kirche von Pfeffelbach bei St. Wendel beigesetzt worden. Der Verbleib ihres Testaments ebenso wie der Verbleib ihrer einbalsamierten Leiche über 16 Monate hinweg ist ein Rätsel bis heute. Es gibt darüber nur unbestätigte lokale Legenden, aber keinerlei konkrete Antworten auf diese wie auf all die anderen Fragen. Wenn Hinweise, Dokumente existiert haben, so sind sie verschwunden, vernichtet worden oder werden im Königlichen Archiv in Schloß Windsor unzugänglich unter Verschluß gehalten. Auch Bruder Ernst findet später in seinen dreibändigen Memoiren nur einen kurzen, formellen Absatz für die Erinnerung an seine Mutter: «Man weiß, ... wie kurz uns die Wohltat zu Teil wurde, unter den Augen der Mutter heranzuwachsen und wie rasch ein häusliches Glück sich trübte, das unvergänglich zu sein schien. Ich unterlasse es daher, auf diese Dinge hier nochmals einzugehen. Für die Welt, welche man mit dem vielsagenden Worte der historischen zu bezeichnen pflegt, können diese persönlichsten Dinge des Menschenlebens nicht für vollwertig betrachtet werden und sie sinken in das Meer der Vergessenheit, mit allen den Tränen, die daran hingen.»[13]

Eine gewiß noble Auffassung und eine dem Sohn angemessene Diskretion in einer solchen Veröffentlichung. Für die Biographie, für das Verständnis späterer Verhaltensweisen sowohl Ernsts als auch Alberts ist die Erörterung aber eben doch notwendig und «vollwertig», denn wir werden noch sehen, welche – und welch verschiedenartige – Konsequenzen die beiden Brüder aus ihren Kindheitserfahrungen gezogen haben.

In ihrem Briefwechsel ist die Mutter später nur einmal ein Thema, aber eher ein technisches und protokollarisches. Nach dem Tod Herzog Ernst I. wird ein Arzt aus Cusel in der Pfalz bei Albert in England vorstellig, er weist auf den verwahrlosten Zustand von Louises Grab in Pfeffelbach hin. Doch er findet kein Gehör. Am 19. März 1846 schreibt Herzog Ernst II. an seinen Bruder Albert, er sei informiert worden, daß die kleine Dorfkirche in Pfeffelbach einzustürzen drohe und die Gemeinde den Sarg der Mutter auf dem Friedhof eingraben wolle. Man müsse nun die weitere Sorge entweder Louises Witwer, dem inzwischen wiederverheirateten Grafen Poelzig überlassen, oder selbst etwas unternehmen. Nach einigem Schriftwechsel zwischen den Kanzleien wird beschlossen, den Sarg in der Coburger Morizkirche beizusetzen. Die Begleitumstände sind makaber: Ein Oberst und ein Justizrat werden nach Pfeffelbach geschickt, übernehmen mit einem pfarramtlichen Attest einen Behälter mit der Leiche, eilen zurück und setzen ihn des Nachts in der herzoglichen Gruft der Morizkirche bei – dem Grafen Poelzig war die Anwesenheit ausdrücklich untersagt worden. Am nächsten Tag müssen die beiden Herren vor dem herzoglichen Justizcollegium erscheinen und beeiden, daß sie den Behälter während der «Translocation» nicht verlassen haben. Der Pfarrer von Pfeffelbach erhält das Ritterkreuz des Ernestinischen Hausordens, der Arzt aus Cusel nach allerlei Schriftwechsel hundert Gulden aus Ernsts Privatschatulle.[14] Noch einmal wird Louises letzte Ruhe gestört: die Brüder haben auf dem Coburger Friedhof ein Mausoleum für die Familie errichten lassen, und dort ruht Louise noch heute – entgegen ihrem Wunsch – neben ihrem ersten Mann inmitten der Coburger Familie; sie hatte auch im Tode bei ihrem zweiten bleiben wollen.

Damit sind wir der Zeit weit vorausgeeilt. Wir haben im Jahr 1824 einen sechs- und einen fünfjährigen Knaben verlassen, die mit Keuchhusten im Bett liegen, als die Mutter auf Nimmerwiedersehen abreist. Der ältere «war ein kerngesunder, kräftiger und feuriger Knabe, offenen Blicks, rasch im Urteil, entschieden im Ausdruck. Er trug, wie man zu sagen pflegt, das Herz auf der Zunge...», brauste leicht auf, beruhigte sich aber ebenso schnell wieder und war dann um so liebenswürdiger – «ein grundgutes Herz». So der Rat Florschütz.[15] Vom Jüngeren schwärmte er vierzig Jahre später, als Königin Victoria ihn um seine Erinnerungen bat: «Alle Grazie war von der Natur über dieses reizende Kind ausgegossen, jedes Auge mußte mit Entzücken auf ihm ruhen, und mit seinem Blick gewann er alle Herzen.»[16] So schwärmen sie alle, Großmutter, Freunde, Verwandte, und so hat ihn auch Leopold Döll auf dem Kinderbild in der Royal Collection gemalt. Nicht sehr kräftig, zart, kränklich, sanft, still, schüchtern, sehr empfindsam, abends so müde, daß er im Sitzen einschläft und vom Stuhl fällt, dabei drollig und von unwiderstehlichem Charme – so wird er charakterisiert. «Wir waren von Natur aus weder körperlich noch geistig sehr gleichartig angelegt», berichtet Bruder Ernst. «Mein Bruder war von frühester Kindheit der geliebtere und erfreute sich der Gunst der Menschen in dem Maße, in welchem seine größere Schwächlichkeit derselben mehr zu bedürfen schien. Seine körperliche Entwicklung hielt mit der energischen Entfaltung seiner bedeutenden geistigen Anlagen nicht Schritt; er hatte das Bedürfnis des Schutzes und der physischen Anlehnung an den Stärkeren. Solange wir beisammen waren, gab er sich mir gegenüber gerne als der Hilfsbedürftige, was aber nicht ausschloß, daß er seinen eigenen sehr bestimmten Willen durchzusetzen wußte.»[13] Noch mit vier Jahren wird Albert die Treppen hinauf- und heruntergetragen. Trotzdem klagt Großmutter Auguste bisweilen: «Die Knaben sind sehr wild.»

Rat Florschütz, der mit den Jungen zusammen in der Rosenau lebte, hielt sie früh dazu an, ein Tagebuch zu schreiben oder ihm zu diktieren. Leider hat Albert das später auf einen Notiz-Kalender reduziert und auch in seinem umfangreichen Schriftwechsel nichts Reflektierendes über sich selbst mitgeteilt. In den kindlichen Tagebüchern findet sich nichts, was nicht jedes andere aufgeweckte Kind im Alter von fünf Jahren auch gesagt oder geschrieben haben könnte. Doch ein paar Zitate aus der Zeit nach dem Verschwinden der Mutter sind bezeichnend. 23. Januar 1825: «Als ich aufwachte, war ich krank. Ich hatte wieder den Husten stärker. Es war mir so bange, daß ich weinte...» Dann berichtet er über den Tagesablauf und seine Spiele. 26. Januar: «Wir deklamierten, dabei habe ich geweint, weil ich nicht deklamieren konnte, denn ich habe nicht aufgepaßt... Nach dem Essen durfte ich nicht spielen, weil ich bei dem Deklamieren geweint hatte...» 11. Februar: «Ich sollte etwas deklamieren, aber ich mochte nicht, das war nicht schön, garstig!» 20. Februar: «Ich hatte meine Arbeitssachen alle im Zimmer liegen lassen und mußte sie zusammenlesen, da weinte ich.» 28. Februar: «Bei dem Lernen weinte ich, weil ich gar kein Zeitwort finden konnte und mich der Herr Rat gezwickt hat, um mir zu zeigen, was ein Zeitwort wäre, und darüber weinte ich.» 26. März: «Zu Hause schrieb ich einen Brief. Aber weil ich so viele Fehler darin machte, zerriß ihn der Herr Rat und warf ihn in den Ofen, darüber weinte ich...» Albert war noch keine sechs Jahre alt.

Johann Christoph Florschütz war die wichtigste Bezugsperson der beiden. Der Herzog frühstückte zwar häufig mit ihnen, zeigte ihnen Pferde, nahm sie gelegentlich auf die Jagd mit, holte auch mal den Rohrstock hervor, wollte «Männer» aus ihnen machen. Aber viel Unterweisung gab es da nicht, von Gefühlen, von Herzlichkeit ist nichts zu entdecken. «Man kann nicht sagen, daß er sich Gelehrsamkeit angeeignet hätte», entschuldigte ihn Ernst später, «durften doch Prinzen der damaligen Zeit fast nie Universitäten besuchen und waren ihre Lehrer in den kleinen Fürstentümern meist nur mittelmäßig.»[13] Florschütz war mehr als ein Lehrer, er wurde den Jungen ein zweiter Vater, denn er war 15 Jahre lang ständig um sie, daheim, auf Reisen, auf der Universität. Mit ihm hatte Vater Ernst eine glückliche Wahl getroffen, wie er überhaupt die Ausbildung der Söhne sehr sorgfältig plante. Florschütz, 1794 geboren, war der Sohn eines Coburger Gymnasiallehrers. Er hatte in Jena Philosophie und Theologie studiert, war im Geist der Aufklärung und der Liberalität aufgewachsen und hatte 1815 in Coburg die sehr schwierige schriftliche und mündliche Prüfung als Predigtamtskandidat bestanden.[17] Nach kurzer Tätigkeit als Hauslehrer bei Ernsts Schwager, dem Grafen Mensdorff-Pouilly, war er dann 1823 zum Prinzenerzieher ernannt worden mit einem Gehalt von 600 Gulden jährlich (was der Hauptkammerkasse, die das auszahlen sollte, Sorgen bereitete, weil sie bereits ein Defizit verwaltete).[18]

Florschütz sorgte nun in der Rosenau für wenigstens ein Minimum an Nestwärme und einen geregelten Tagesablauf – wenn er nicht, sehr zu Florschützens Unmut, vom Herzog gestört wurde, der mit seinen Söhnen mal in diesem, mal in jenem Schloß frühstücken wollte. Immerhin verlief das Leben der Prinzen allmählich in einigermaßen normalen Bahnen (das Erziehungsprogramm entsprach völlig dem damals Üblichen), und so kam denn auch in Alberts Tagebuch durchaus gelegentlich eine Eintragung vor wie «Ich stand fröhlich und gesund auf, nachher schlug ich mich mit dem Bruder» und «Ich schlug mich wieder mit dem Bruder, das war nicht recht.»

Bis zu Alberts zehntem Jahr erteilt Florschütz allen Unterricht selbst, außer Schreiben (er hat keine sehr leserliche Handschrift), Zeichnen und Musik. Von da ab unterrichtet er Religion, Geschichte, Geographie, Philosophie und Latein; für Deutsch, Französisch und Englisch, Mathematik und Naturgeschichte zieht er andere Lehrer hinzu. Als Albert acht ist, erhalten die Jungen auch Reitstunden. Schönschreibübungen in deutscher und lateinischer Schrift werden mit Gedichten, Rätseln und Sinnsprüchen absolviert:

«Wohl dem Menschen, dem das Blut
in den Adern hüpfet,
der mit immerfrohem Mut
durch das Leben schlüpfet.»

Albert entwickelt eine flinke, energische und deutliche Handschrift. In den englischen Übungsheften finden sich Briefentwürfe, Übersetzungen: «He is descented from good family – er stammt aus guter Familie», mit roter Tinte korrigiert, an die Heftränder hat ein gelangweilter Schüler Luftballons und Orden, Wappen und Männlein gekritzelt.[19]

Im Sommer wird zwischen sechs und sieben aufgestanden, im Winter eine Stunde später. Zwischen neun und zehn gibt es Frühstück. Verlangt der Vater die Söhne zu sehen, ist der Vormittag dahin. Der Stundenplan, den Albert mit elf Jahren aufgestellt hat, ist auch sonst kaum einzuhalten – er verlangt zuviel. In seinem Tagebuch steht jedoch: «Ich will an mir arbeiten, um ein guter und nützlicher Mann zu werden.» Um 13 Uhr gibt es

	Montag	Dienstag	Mittwoch	Donnerstag	Freitag	Sonnabend
6–7	Übersetzungen aus dem Französischen	Musikübungen	Lesen	Gedächtnis-übungen	Musikübungen	Correspondenz
7–8	Geschichte Wiederholung und Vorbereitung	Vorbereitung zur Religionsstunde	Reiten	Wie Montag	Gedächtnis-übungen	Reiten
8–9	Neuere Geschichte	Religion	Deutsche Aufsätze	Religion	Alte Geschichte	Deutsche Aufsätze
10–11	Ovid	Ovid	Musik	Neuere Geschichte	Lateinische Exercitien	Musik
11–12	Englisch	Logik	Englisch	Englisch	Naturgeschichte	Englisch
12–1	Mathematik	Geographie	Französisch	Cicero	Logik	Französisch
1–2			Zeichnen			Zeichnen
6–7	Französisch	Englische Exercitien	Französisch	Englische Exercitien	Französisch	Geographie
7–8	Lateinische Aufsätze	Schriftliche Übersetzung des Sallust	Mathematik	Mathematik	Lateinische Exercitien, Sallust	Correspondenz

Wie der 11jährige Albert seinen Tag einteilen wollte

Mittagessen. Müssen die Prinzen an der Hoftafel teilnehmen, ist anschließend ihr Erscheinen in der Gesellschaft erwünscht und ein Besuch bei der Großmama die Pflicht. Um 19 Uhr ist Souper, und dann geht es möglichst bald ins Bett; wenn Albert, größer geworden, bei den Soireen zu erscheinen hat, verschwindet er oft ganz plötzlich, um in irgendeiner Fensternische eine Viertelstunde zu schlafen.

Gespielt haben die Jungen auch, wenn man das so nennen kann: im Winter sonntags von zwei bis sechs. «1825 im Winter wurde zum ersten Mal der Versuch gemacht, uns Gespielen zu geben», erinnerte sich Ernst. «12 bis 13 Knaben kommen von da ab jeden Sonntag zu uns. Wir durften uns von 2 bis 6 Uhr nach Belieben amüsieren. Von 6–7 mußte ein jeder der Knaben irgendetwas rezitieren, auch wurde später in fremden Sprachen disputiert. Acht Jahre lang dauerten diese Zusammenkünfte vom November bis zum Frühjahr.»[20] Zum Geburtstag gibt es auf der Wiese ein Schulfest mit 1300 Kindern. «Sie müssen gute Sitte gelernt haben», berichtet Großmutter Auguste an ihre Tochter in London, «denn sie führten sich musterhaft auf, schrieen nicht und tollten nicht.» So musterhaft ist Albert durchaus nicht immer. Seiner älteren Kusine steckt er schon mal weichen Käse in die Taschen ihres Abendmantels oder wirft im Hoftheater Stinkbomben, und dann gibt es Stubenarrest.

Es ist diese kleine Idylle, nach der sich Albert später in England zurücksehnen wird: Thüringens Wälder, die langen Wanderungen, auf denen die

Brüder Schmetterlinge, seltene Steine und Muscheln sammelten. Es ist vor allem die Rosenau, nach der Albert immer Heimweh haben wird, dieses anspruchslose Schlößchen über dem Itztal inmitten von Wäldern und Wiesen mit dem weiten Blick in die anmutige Landschaft; der kleine Garten, den er angelegt hat; das kleine, bescheiden eingerichtete Studierzimmer unter dem Dach, links und rechts zwei noch kleinere Räume, in denen die Brüder und Florschütz schliefen. Ein alter Kammerdiener und ein Stubenmädchen vervollständigten den Haushalt. An Feiertagen spazierten die Coburger über die Parkwege zum nahen Wirtshaus. Das ist die Jugend – oder richtiger: der Teil der Jugend, an den sich Albert später so wehmütig erinnern wird.

Denn das übrige ist ein unruhiges Leben. Eine Woche sind sie bei der Großmutter Auguste in Ketschendorf, dann bei Großmutter Caroline in Gotha; ab 1826, wo Gotha mit Coburg vereinigt wird, verbringen sie jedes Jahr zwei Monate dort und im Sommerschloß Reinhardtsbrunn. Florschütz begleitet sie überallhin. 1828 machen sie eine große Fußwanderung durch Thüringen (zum ersten Mal dürfen sie schießen, an seinem 12. Geburtstag erlegt Albert seinen ersten Hirsch), 1829 reisen sie mit der Großmutter zur Verwandtschaft nach Mainz. Dann müssen sie Briefe an den Vater schreiben. Nichts Spontanes, Kindliches findet sich darin, alles ist wohl formuliert, ehrerbietige Pflicht, «Dein treuer Sohn Albert» lautet die Unterschrift – man sieht förmlich den Lehrer, der ihm über die Schulter schaut.

Doch er lernt gehorchen, wird ein nachdenklicher, im Kreis der Familie stiller und schüchterner Junge. So erkennt wohl niemand, was in ihm vorgeht, wie sehr er verletzt ist. Er entwickelt eine ungewöhnliche Faszination für den Tod, glaubt bei jeder geringfügigen Krankheit, sterben zu müssen – in England spottete man später viel über die «Coburger Melancholie». Nur wenn er Unehrlichkeit und Ungerechtigkeit zu spüren vermeint, kann er heftig werden. «Schon als ganz kleiner Knabe empfand er lebhafte Teilnahme für die Leiden der Armen», erinnerte sich später sein Vetter Arthur Mensdorff-Pouilly, der mit seinem Bruder Alexander oft in der Rosenau zu Besuch war und dann von Florschütz gleich mit unterrichtet wurde. «Als Sechsjähriger sammelte er Geld für einen armen Mann, der durch einen Brand alles verloren hatte.»[1] Doch ermahnte er den Vetter: «Sag nichts davon, denn wenn man den Armen etwas gibt, muß man trachten, daß es niemand erfährt.»

Er sei verklemmt gewesen, habe jedoch dazu geneigt, seine Meinung doktrinär durchzusetzen, schrieb Florschütz, als Königin Victoria ihn wie einige andere Jugendgefährten nach Alberts Tod um seine Erinnerungen bat. Das sind die einzigen kritischen Anmerkungen, alle anderen waren nur des Lobes voll. Albert sei nachdenklich, naturliebend, musikalisch, für alles aufgeschlossen gewesen. Er turnte, schwamm, ritt, kegelte, spielte gern

Schach, wirkte gern im Amateurtheater mit, hatte eine Begabung zur Imitation. Seine Willensstärke und Selbstdisziplin werden gepriesen, Umsicht, schnelle Auffassungsgabe, praktische Veranlagung, sein gesunder Menschenverstand, sein leidenschaftsloses Urteil, seine Überzeugungskraft durch Logik, Wissensdurst, Arbeitsfreude, Pflichtgefühl, sein vorzügliches Gedächtnis wird erwähnt, sein methodischer Ordnungssinn. Ein Übermensch. Sicherlich, man wollte der trauernden Witwe nur Gutes berichten – de mortuis nil nisi bene. Doch wir werden sehen, daß Albert all diese Eigenschaften tatsächlich besaß – daß sie aber auch ihre Kehrseiten hatten.

Nachdem Großmutter Auguste und Mutter Louise 1831 gestorben sind, heiratet, wie erwähnt, der Vater im Jahr darauf wieder, ohne Neigung. Albert ist zwölf, seine Stiefmutter Marie von Württemberg ist gleichzeitig seine Kusine. Kein Wort von ihm ist überliefert, seine Gefühle gibt er nicht mehr preis. Die Untertanen jubeln pflichtgemäß, Louise ist vergessen, die Dienerschaft begrüßt das hohe Paar mit dem üblichen, schier endlosen Festgedicht:

> «Im reinsten Hochgefühl dankvoller Freude
> naht euch vereint der treuen Diener Chor,
> und zu des Himmels lichten Höh'n dringt heute
> aus aller Brust ein Jubellied empor:
> Heil! Es verknüpft, durch des Ewigen Hand
> Ernst und Marien ein seliges Band.»[21]

Die Ehe geht nicht besser als die erste und bleibt kinderlos. Aber Marie ist 32 und reifer als damals Louise. Bald beklagt sie sich bei Albert, er denke nicht an sie, liebe sie nicht gehörig und mißtraue ihren Ratschlägen. Albert antwortet so gestelzt, daß man es fast für Ironie halten möchte: «Dieser Zweifel an unserer grenzenlosen Liebe für Dich und an unserer Dankbarkeit, Zuneigung und Fürsorge kann nichts anderes als uns beunruhigen. Ich kann mir nicht vorstellen, womit wir das verdient haben.» Auch Marie überzeugt das offenbar nicht. Als Ernst und Albert am Palmsonntag 1835 konfirmiert werden, bleibt Marie in Gotha, die Jahreszeit sei «zu rauh» für die Reise nach Coburg. «Aber zweifellos sind ihre besten Wünsche bei den Stiefsöhnen», kommentiert die Gothaische Zeitung trocken. Alberts Verhältnis zu seiner Stiefmutter sollte sich erst allmählich, aber dafür grundlegend ändern.

Die Konfirmation des Erbprinzen und seines Bruders war bei Coburgs Luther-Tradition eine öffentliche Angelegenheit von einiger Bedeutung. Gedenkmedaillen wurden geprägt, der Herzog verteilte Gunstbeweise an die Lehrer, Florschütz erhielt dazu von der Stadt einen Diamantring geschenkt. Am Tage zuvor versammelten sich im Riesensaal der Ehrenburg Familie und Hof, das Ministerium und Vertreter der Bevölkerung, um einer einstündigen Prüfung beizuwohnen, an deren Schluß Albert – für seinen überraschten Bruder gleich mit – ein Treuegelöbnis zur evangelischen Kirche abgab, das im Ritual gar nicht vorgesehen war. Er antwortete nicht einfach «Ja», sondern erklärte «Ich und mein Bruder sind fest entschlossen, der erkannten Wahrheit unverbrüchlich treu zu bleiben.» Am nächsten Tag fand in der Kapelle der Ehrenburg die Einsegnung statt, am Nachmittag ging eine Prozession zum Gottesdienst in die Morizkirche, und abends beendete ein Festbankett im Riesensaal den Tag.

Der Tag war für die beiden Jungen einschneidender, als das gewöhnlich der Fall ist. Der Vater hatte schon 1824 für den Fall seines Todes seinen Bruder Leopold zum Vormund der Söhne bestellt.[22] Leopold war inzwischen König der Belgier geworden und schickte nun seinen Freund und Berater Stockmar zu einer diskreten Erkundung nach Coburg. Dessen Bericht fiel so aus, daß es Leopold geraten schien, die Neffen dem Einfluß des Coburger Hofes allmählich zu entziehen[23] und sich selbst etwas mehr um die beiden zu kümmern. «Nützlich wäre es für Euch», schrieb er Albert am 11. August 1835, «wenn Ihr für einige Zeit aus Euren gewohnten Verhältnissen herausgerissen würdet; man überschätzt und unterschätzt sonst so manches, weil man es ausschließlich nach dem Gesichtskreis beurteilt, in dem man lebt. Am klügsten wäre es, Euch einmal eine Zeit lang zu mir zu schicken, auch damit Französisch und Englisch praktisch könnte betrieben werden.»[24] Onkel Leopold hatte mit Albert gewisse Pläne.

6. Kapitel

König Leopold und Stockmar

«Albert adore son oncle Leopold», hatte Herzogin Louise ihrer Freundin Augusta geschrieben, als der Prinz 1821 zu Besuch in Coburg war. «Ein sehr berühmter großer Mann, schön von Gestalt und Gesichtszügen, freundlich, geistreich und liebreich im Gespräch», schwärmte sie, «fromm, edel, von einem zuverlässigen Charakter.»[1] Leopold wurde neben Florschütz ein zweiter Ziehvater für Albert. Er wiederum sah in diesem Neffen die Chance, die Stellung des Prinzgemahls, die das Schicksal ihm selbst verwehrt hatte, wenigstens in Coburger Besitz zu halten. Sein Neffe Albert und seine Nichte Victoria, für die er noch früher und sehr viel unmittelbarer zum Vater-Ersatz geworden war – das mußte ihm außerdem einen beträchtlichen Einfluß auf den Gang der politischen Ereignisse verschaffen, zum Wohle Belgiens und zum Wohle Coburgs.

Leopold ist sicherlich eine der farbigsten europäischen Herrschergestalten des 19. Jahrhunderts. Er hat 60 Jahre wechselvoller Geschichte unmittelbar erlebt und mitgestaltet: als Coburger Prinz, russischer Generalmajor, englischer General, belgischer General, Gatte der englischen Thronfolgerin, griechischer Thronkandidat und belgischer König. Auch Leopold verstand Europa als einen monarchischen Staatenverein. Von Nationalismus wußte man in diesen Jahren noch nicht viel. Der spätere griechische Regent, Graf Kapodistrias, stand in russischen Diensten ebenso wie der Rheinländer Nesselrode; Friedrich Gentz wechselte vom preußischen in den österreichischen Staatsdienst, der Schwabe Reinhard war französischer Außenminister, der französische Advokatensohn Bernadotte wurde König von Schweden – es gibt Dutzende prominenter Beispiele; man ging dorthin, wo man ein günstiges Angebot und einen interessanten Wirkungskreis fand. Napoleon hätte Leopold gern in französischen Diensten gesehen; das sei der schönste junge Mann gewesen, dem er je in den Tuilerien begegnet sei, erinnerte sich der Kaiser auf St. Helena. Doch Coburg war mit Rußland und Österreich verschwägert, und seit der Besatzungszeit hatte man mit den Franzosen schon gar nichts mehr im Sinn.

Leopold, 1790 geboren, war das jüngste und begabteste Kind des Herzogs Franz Friedrich Anton und der Liebling seiner Mutter Auguste. Seine Kindheitseindrücke waren geprägt vom grauen Gemäuer des Erbprinzenpalais in der Steingasse, von Flüchtlingen und französischen Emigranten, die in Coburg gastfreundlich aufgenommen wurden – für die Coburger Finanzverhältnisse war der herzogliche Hof sogar allzu großzügig. Bereits als Fünfjähriger gehörte Leopold zum Kadettenkorps des russischen Gardekürassier-Regiments – Kaiserin Katharina II. hatte ihn, den kleinen Bruder der Schwiegertochter Julia, persönlich in die Liste eintragen lassen. Das war zunächst nicht mehr als eine unter fürstlichen Verwandten übliche Geste. Doch dann kamen die französischen Besatzer, mit dem Gottesgnadentum war es vorerst aus, Coburg suchte nach rettenden Strohhalmen. Der 15jährige Leopold meldete sich im Hauptquartier des Zaren Alexander zum Dienst. Doch er mußte daheim bleiben. Napoleon hatte Österreicher und Russen bei Austerlitz besiegt, die Preußen bei Jena und Auerstedt; Leopolds Vater war gestorben, der älteste Bruder Ernst in Berlin, die anderen Brüder bei den Österreichern – die Mutter brauchte eine Stütze in den schweren Besatzungszeiten.

Als Napoleon den Zaren als Verbündeten benötigt, ist die russische Verwandtschaft nützlich, und der Kaiser ist gnädig. 17jährig ist Leopold mit dem Bruder in Paris. Die Damen sind für männliche Schönheit nicht unempfänglich, weder die Kaiserin Josephine noch ihre Tochter Hortense, die mit Louis, dem König von Holland, unglücklich verheiratet ist. Leopold ist jung und unerfahren, einem lebenslustigen, hübschen und intelligenten, durch keinen festen Wirkungskreis gebundenen kleinen Prinzen steht die Welt offen.

Mit 18 vertritt Leopold das heimatliche Herzogtum auf dem Fürstentag in Erfurt, wo ihn der Zar mit Auszeichnung behandelt; mit 21 schließt er in München einen Grenzvertrag mit Bayern und kommt dabei in näheren Kontakt mit Kronprinz Ludwig. Als nach Napoleons Desaster im russischen Winter die preußisch-russische Allianz geschlossen wird, eilt Leopold sofort ins russische Hauptquartier und wird dem Generalstab des Gardekorps attachiert. An zwei Schlachten nimmt er als Kavalleriekorps-Kommandeur teil, (der Brauch, Prinzen ein hohes Kommando zu übertragen – wobei jedermann wußte, daß im Felde erfahrene Truppenführer die Entscheidungen trafen – entsprach alter Tradition aus Zeiten, in denen der Stammesfürst auch der Heerführer war; in diesen ungewissen Zeiten war es den Fürsten besonders wichtig, die Präsenz ihrer Dynastie auch im Felde zu zeigen). Aber in die Schlacht von Kulm und die Leipziger Völkerschlacht greift er persönlich ein und erhält für seine Tapferkeit höchste Auszeichnungen. An der Spitze der russischen Gardekürassiere zieht er neben seinem Schwager, dem Großfürsten Konstantin, in Paris ein, und nun deutet alles darauf hin, daß Leopold Karriere am russischen Hof machen wird.

Die Wende tritt ein, als er 1814 im Gefolge des Zaren nach London kommt und dort Prinzessin Charlotte kennenlernt, die einzige Tochter des Prinzregenten und künftige Thronerbin. Charlotte war in traurigsten Familienverhältnissen aufgewachsen. Der Vater, ein liederlicher Tyrann, lebte seit Jahren von der Mutter getrennt – wir werden darauf bei der Betrachtung von Alberts neuer Heimat noch zurückkommen. Der Prinzregent hatte bereits beschlossen, wen seine Tochter heiraten sollte: den Erbprinzen von Oranien. Ein neuer Staat, die Vereinigten Niederlande, war so gut wie beschlossen, die Oranier würden ihn regieren, England brauchte an seiner Gegenküste und an der Rheinmündung einen verläßlichen Alliierten. So war Charlotte mit dem Erbprinzen verlobt worden. Die Mutter war dagegen, die Politiker waren auch nicht glücklich darüber, sie fürchteten, England könnte zu leicht in kontinentale Querelen verwickelt werden.

Dennoch: es wird über die letzten Einzelheiten des Ehevertrags verhandelt, als Leopold in London auftaucht. Liebe auf den ersten Blick. Charlotte hat eine ganze Portion Impulsivität und Heftigkeit von ihrem Vater geerbt: sie gibt dem Oranier den Laufpaß. Er möge wohl geeignet gewesen sein, ein Kavallerie-Regiment zu kommandieren, äußert sie später, nicht aber, ihren Gemahl abzugeben. Ihr Vater schäumt. Er entläßt ihr gesamtes Hauspersonal und verordnet der Tochter Hausarrest. Charlotte packt ihre Sachen und flieht zur Mutter. Der Herzog von York holt sie zurück. Der Prinzregent verbietet jeden Briefverkehr. Doch sein Bruder, der Herzog von Kent, ist ein williger Postillon d'amour, was ihm sehr bald gedankt werden wird. Charlotte erklärt, sie werde keinen anderen als Leopold heiraten, und nachdem der Prinzregent selbst den Zaren vergeblich als Vermittler bemüht hat, findet er sich in das Unabänderliche.

Doch er hat seinen Schwiegersohn gehaßt. Leopold vertrat derweil mit seinem Bruder zusammen das Coburger Herzogtum beim Wiener Kongreß und durchkreuzte hinter den Kulissen nach bestem Vermögen Preußens Bemühungen, sich ganz Sachsen einzuverleiben – ganz im Sinne Metternichs, der Preußen auch nicht zu groß sehen wollte. Die Interessen der Coburger waren handgreiflicher: Auch ihr Herzogtum gehörte schließlich zur sächsischen Familie. Zudem war Preußen nicht bereit, Coburg entgegenzukommen und ein paar Güter in Thüringen gegen Coburgs Fürstentum Lichtenberg in der Rheinpfalz herzugeben. Leopolds Abneigung gegen Preußen blieb lebenslang, im Gegensatz zu seinem Bruder, dem Herzog Ernst. Dagegen entstand in Wien eine ebenso lebenslange Freundschaft mit Erzherzog Johann, dem Bruder des Kaisers und späteren Reichsverweser von 1848.

Derweil war Napoleon von Elba geflohen. Leopold ging sofort wieder zur Armee und erhielt das Kommando über eine russische Kavallerie-Division, kam aber nicht mehr zum Einsatz.

Am 2. Mai 1816 fand in London die Hochzeit mit Prinzessin Charlotte statt. Leopold wurde englischer Staatsbürger, Herzog von Kendal und englischer General. Er brachte aus Coburg einen Leibarzt mit, den wir nun vorstellen müssen. Denn dieser Dr. Christian Friedrich Stockmar, später in den Freiherrnstand erhoben, wurde für Albert der dritte und gewichtigste Ziehvater. In vieler Hinsicht blieb Albert bis an sein Lebensende von Stockmar und seinem Rat abhängig, und wenn er später allerstärksten

Einfluß auf Königin Victoria ausübte, so übte jetzt zunächst Stockmar auf Albert solchen Einfluß aus.

Stockmar, 1787 in Coburg geboren, entstammte einer angesehenen und wohlhabenden Familie, deren Vorfahren es im Gefolge des schwedischen Königs Gustav Adolf nach Sachsen verschlagen hatte. Der Vater, ein Jurist mit schöngeistigen Neigungen, starb am Herzschlag, als er zuschauen mußte, wie seine wertvolle Bibliothek abbrannte. Der junge Christian wuchs auf dem nahen Rittergut der Familie auf, studierte von 1805 bis 1810 in Würzburg, Erlangen und Jena Medizin, wollte sich eigentlich habilitieren, aber er scheiterte an der Unruhe der Zeit. Sein Onkel hatte eine gutgehende Praxis, in die trat er ein, der prominenteste Patient war der greise Feldmarschall Prinz Friedrich Josias. 1812 erhielt Stockmar die offizielle Bestallung als «Stadt- und Landphysikus» mit dem Auftrag, ein Hospital einzurichten. Da galt er in Coburg bereits als ein Genie, das es schaffte, Kranke auch «gegen alle Regeln der Kunst» zu heilen.[2] Oft gelang ihm das wohl einfach dadurch, daß er als einer der ersten erkannt hatte, wie wichtig Sauberkeit und frische Luft in Krankenzimmern sind. In sein Hospital kamen vorwiegend die Typhuskranken der jeweils durchziehenden Armeen, niemand hatte die Courage, sie zu behandeln, nur Stockmar und ein alter Kollege, der das Leben fast hinter sich hatte, blieben im Dienst. Auch Stockmar bekam Typhus und überstand ihn. Derweil hatten die Befreiungskriege begonnen, Stockmar wurde als Oberarzt dem Herzoglich-Sächsischen Kontingent zugeteilt und avancierte in Mainz zum Stabsarzt des 5. Armeekorps.

Wieder daheim in Coburg, sah er einem Leben als Kleinstadt-Doktor entgegen. Da bot ihm Prinz Leopold an, als sein Leibarzt mit an den Hof nach England zu kommen. Stockmar sagte zu – Coburg war zu eng für ihn, in seinem Kopf steckte mehr als Medizin. Auch er war ein Kind der Aufklärung, in liberalen Studentenkreisen daheim gewesen, die den Sturz der Tyrannen geplant hatten, war mit dem Dichter Friedrich Rückert befreundet. Im Deutschland preußisch-Metternichscher Prägung konnte er seine Fähigkeiten nicht entfalten – vielleicht konnte er sie in England besser nützen; dazu fand er in Leopold «einen menschlichen Fürsten und fürstlichen Menschen».

Nachdem das Zeremoniell der Hochzeit ausgestanden war, zogen sich Leopold und Charlotte nach Claremont zurück, ein Landsitz mit einem zauberhaften Park südlich von London, wo der ganze Hofstaat aus einer Hofdame, zwei Kammerfrauen, zwei Kammerdienern und einem Sekretär bestand – und eben dem nun 31jährigen Stockmar, mit dem sich Charlotte schnell anfreundete, sie nannte ihn «Stocky». Charlotte war keine Schönheit, dafür eine vielseitig talentierte, wißbegierige Frau, die nicht nur lernte, sondern ernsthaft studierte. Nach ihrer dank den Eltern ruinierten Kindheit und Jugend verlebte sie nun die erste glückliche Zeit ihres Lebens. «Meine

Mutter war schlimm», erzählte sie Stockmar, «aber sie wäre nie so schlimm geworden, wenn mein Vater nicht noch viel schlimmer gewesen wäre.» Jetzt nannte sie sich die glücklichste Frau im ganzen Königreich, und Stockmar schrieb nach Hause, die Größe ihrer Liebe zu Leopold sei nur mit der Höhe der englischen Staatsschuld zu vergleichen.[3] «Unsere Lebensart wird nach sehr moderaten Ansichten von uns selbst bestimmt», berichtete Leopold seinem Freund, dem Erzherzog Johann, «unter anderem unser Nichtbesuchen aller Stadtgesellschaften.»[4]

Die Idylle sollte nicht von langer Dauer sein. Stockmar betreute als Arzt beide Ehegatten, doch als die Thronfolgerin schwanger war, brach er ihre Behandlung sofort ab. Leopold war zwar verstimmt, aber Stockmars Entschluß war weise. Es mußte Englands ganze medizinische Profession, ja die gesamte Nation brüskieren, wenn ein ausländischer Arzt das Wochenbett der künftigen Königin überwachte; und sollte gar etwas schiefgehen, dann war es klar, wem alle Schuld zugeschrieben werden würde. Es wurden also zwei englische Ärzte bestellt, Sir Richard Croft und Dr. Baillie. Ihre Behandlungsmethode mißfiel Stockmar auf das Äußerste, Croft habe «mehr Erfahrung als Wissen und Urteil», meinte er mißbilligend zu Leopold, aber er hielt sich betont abseits. Als es soweit war, lag Charlotte 52 Stunden lang in Wehen, ohne daß die beiden Ärzte andere Eingriffe als Aderlässe vorgenommen hätten, die damals als Allheilmittel galten. Die ohnehin anämische Charlotte blutete sich zu Tode. Sie gebar ein totes Kind, bekam Wein zur Kräftigung, der sie nur betrunken machte, rief Stockmar an ihr Bett und starb fünf Stunden nach der Geburt. Sir Richard Croft erschoß sich.

Es war ein furchtbarer Schlag, unter allen Aspekten: für Leopold persönlich, für die englische Thronfolge, für die eben noch so glänzenden Zukunftsaussichten des Hauses Coburg. Leopold war verzweifelt. Noch an Charlottes Totenbett mußte Stockmar ihm versprechen, ihn nicht mehr zu verlassen.

Stockmar war dem um drei Jahre Jüngeren an Klugheit und Wissen, an Scharfblick und Gedankenreichtum überlegen. Er wurde Leopolds Privatsekretär, Kanzleichef, Ratgeber und sein Freund. Leopold erwartete von der Zukunft nicht mehr viel für sich, er wollte nach Hause. Stockmar überredete ihn, in England zu bleiben: wenn es noch Zukunftschancen gebe, dann am ehesten von hier aus. Leopold sah das ein; von einigen Reisen auf dem Kontinent abgesehen, blieb er im Lande. Das kam auch seiner sehr bald ebenfalls verwitweten Schwester Victoire und der kleinen Victoria zugute, die in Claremont die schönsten Tage ihrer Jugend verlebte, wie sie oft sagte. Stockmar vertiefte in diesen Jahren sein Interesse am Zeitgeschehen, für ihn wurde diese Zeit zur Hohen Schule der Politik. Er studierte vor allem England, seine sozialen Einrichtungen, seine Verfassungsprobleme; die über Jahre andauernde Diskussion um die Parlamentsreform war ein vorzüglicher Anschauungsunterricht. Aufmerksam verfolgte er auch die Vorgänge auf dem Kontinent, und seine liberalen Überzeugungen rundeten sich ab. Warum er 1821 seine ungeliebte Kusine Fanny Sommer heiratete und in Coburg einen Hausstand gründete, ist nicht recht verständlich. Seine Frau hat ihn oft jahrelang nicht gesehen, sein Sohn hat ihn kaum gekannt. Immerhin verstärkte die Heirat seine finanzielle Unabhängigkeit.

Stockmar war eine seltene Kategorie von Mensch. Elizabeth Longford charakterisiert ihn in ihrer Victoria-Biographie als eine Mischung aus Merlin und Puck. Die Malerin Louise Seidler, eine Freundin aus Jenaer Studententagen, beschrieb ihn so: «Seine Statur war klein und mager, seine Gesichtsfarbe blaß, beinahe tot, aber durchdringende schwarze Augen belebten seine Züge. Er sprach wenig, allein was er sagte, war gediegen und voller Gewicht. Zu Zeiten konnte er auch ausgelassen lustig sein.» Sein Freund, der spätere General von Alvensleben, schrieb ihm einmal: «Es ist nur gut, daß Du so oft krank bist, sonst wäre es mit Deinem Übermut gar nicht auszuhalten.»[5] Der Dr. Stockmar war nämlich bei aller Lustigkeit ein Hypochonder, der dauernd an tatsächlichen oder eingebildeten Augen- und Unterleibsbeschwerden herumkränkelte und mit zunehmendem Alter griesgrämig wurde. Gustav Freytag, ein anderer Freund, erwähnt weitere Eigenschaften: «Wenn Stockmar im Umgang sehr anziehend war, so war er andererseits in der Form durchaus nicht höfisch... sehr geradezu, ein wenig tadelsüchtig, ein wenig schwarzsichtig, von rücksichts-, oft schonungsloser Offenheit... sehr fest und entschieden in seinen Ansichten, von großer Selbständigkeit und eigener Initiative... Er war also für einen Fürsten kein bequemer Umgang, wenn dieser nicht eigenen Wert und Kraft genug fühlte, sich über die künstlichen Scheidewände und Formen hinwegzusetzen, die sich zwischen Fürsten und gewöhnliche Sterbliche stellen.»[6]

England behagte Stockmar über die Maßen. Hier fühlte er sich nicht nur freier, sondern sogar gesünder. Er war ein kühler Beobachter. Mit der unverbindlich berufsmäßigen Akkuratesse eines Anatomen studierte und beschrieb er seine Umgebung, den Großfürsten Nikolaus ebenso wie die Hofdamen: Wie sie aussehen, wie und was sie essen, reden, wie sie sich bewegen, gestikulieren, mit anderen Menschen umgehen. Mit Hilfe solcher Charakterskizzen versuchte er, aus Einzelerscheinungen das Grundsätzliche herauszufiltern, er suchte überall nach dem Gesetz einer Entwicklung. Und darin lag ein Teil seines politischen Erfolgsgeheimnisses: in sorgfältiger Diagnose und kluger Therapie, in der Übereinstimmung seiner Ratschläge mit den Gegebenheiten, in der Harmonie seiner liberalen Ideen mit dem konstitutionellen System. Dazu war er hilfsbereit und uneigennützig – darauf beruhte die Achtung, die er sich allerorten erwarb, auf dieser Achtung beruhte seine Autorität, und daraus entstand Macht – und diese Art von Macht befriedigte ihn mehr als alles andere. Damit machte er sich unentbehrlich, auch wenn er es gar nicht beabsichtigte. Häufig wurde er dadurch jedoch verführt, zu bevormunden, zu überwachen, ja zu beherr-

Leopold I., König der Belgier. Stich von Maurin, 1832

schen. «Ich scheine mehr da zu sein, für andere, als für mich selbst zu sorgen», schrieb er an seine Schwester, «und bin mit dieser Bestimmung gar wohl zufrieden.»

Was war die Funktion eines Privatsekretärs, Bürochefs – wie immer die offizielle Bezeichnung lautet? Genau und allgemein verbindlich ist sie nicht zu definieren. Fürsten jener Zeit, die nur selten eine solide Ausbildung genossen hatten, brauchten gebildete, vertrauenswürdige Gehilfen, die etwa Geschäfte nicht-staatlicher Natur bearbeiteten, Privates, Vorgänge, die ohne Hinzuziehung des Beamtenapparats erledigt werden sollten. Diese «grauen Eminenzen» begutachteten Gesuche, mit denen jeder Fürst überschwemmt wurde; halfen auch bei Staatsgeschäften, die nicht direkt mit Ministern besprochen werden mußten oder sollten; leiteten alle Angelegenheiten in die richtigen Kanäle; bereiteten Vorträge und Entschließungen vor – ein Kabinettsrat könne unter Umständen zum eigentlichen Minister oder

Baron Stockmar. Zeitgenössisches Photo eines Gemäldes von unbekannter Hand, um 1850

Regierungschef werden, meinte Stockmar in seinen Aufzeichnungen. Im englischen System war diese Funktion von besonderer Wichtigkeit, unter anderem deshalb, weil der Souverän Unmengen von Unterschriften leisten mußte. Königin Victoria unterschrieb noch bis 1862 sämtliche Offizierspatente für Armee und Marine, am Ende lagen noch Ernennungen von 1858 vor, sie war mit 16000 Unterschriften im Rückstand.

Solche Privat- oder Kabinettssekretäre konnten ungeheueren Einfluß gewinnen, deshalb wurden sie von den politischen Amtsinhabern mit größtem Mißtrauen betrachtet. In Äußerungen englischer Staatsmänner über Stockmar klingt geradezu Überraschung mit, daß er seinen Einfluß in vierzigjähriger Tätigkeit niemals mißbraucht hat. «Mir ist nur ein einziger ganz uneigennütziger Mann dieser Art vorgekommen: Stockmar», schrieb Lord Palmerston viel später an den preußischen Gesandten von Bunsen. Lord Melbourne sagte zu Victoria: «Baron Stockmar ist nicht nur ein sehr guter Mann, sondern auch einer der gescheitesten, die mir je begegnet sind.» Stockmar besaß das Vertrauen der Politiker aller Schattierungen, weil er ohne jenen Ehrgeiz war, der anderen in die Quere kommt, und dabei aufrichtig bis zur Grobheit. Lord Aberdeen sagte: «Ich habe wohl Leute gekannt, die gerade so klug waren, gerade so diskret, gerade so brav, aber keinen, der alles dreies so mit eins war wie er.»[7] Wie kam es, daß Stockmar einen so dauernden Einfluß in so vielen Beziehungen auf so verschiedenartige Männer ausüben konnte wie Palmerston und den Herzog von Wellington, Melbourne und Peel, Leopold und Albert? «Es kam nicht nur daher», stellt der belgische Diplomat Silvani van de Weyer in seinen Aufzeichnungen fest,[8] «weil sie seine große politische Begabung und seine vollkommene Uneigennützigkeit erkannten, sondern weil sie auch alle fühlten, daß sie bei ihm in ‹sicheren Händen› waren: daß er sie nie verraten, nie ihre Schwächen, ihre Irrtümer, ihre Fehler zur Schau stellen, nie einen Politiker gegen den anderen ausspielen, sich nie in eine heimliche Intrige einlassen und seine Stellung nie dazu mißbrauchen würde, ihnen in der guten Meinung ihres Souveräns oder des Publikums zu schaden und ihren politischen Wert herabzusetzen.»

Für Leopold bedeutete Stockmar eine ideale Ergänzung. Trotz seiner besonders von Damen bewunderten Erscheinung wird der Prinz als zurückhaltend geschildert. Sein Lebensstil war anspruchslos, er lebte in einfachen Räumen. Er hatte Humor und ein gutes Gedächtnis, war musikalisch und beherrschte sieben Sprachen, war gutherzig und wohltätig. Stockmar war neben allem anderen ein Pedant.

Er hatte den Prinzen nach Charlottes Tod gedrängt, in England zu bleiben und auf seine Stunde zu warten. Auch England wollte ihn behalten, seine Fähigkeiten, vor allem seine kontinentalen Verbindungen waren nützlich. Stockmar riet ihm, sich keiner Partei anzuschließen; in den letzten hundert Jahren hatte es die Königsfamilie meist mit den Tories gehalten. Es war ein kluger und nützlicher Rat, den Leopold später an Victoria und Albert weitergab; er blieb in seinen Entschlüssen frei. «Alle Möglichkeit, für's Gute zu wirken, ist mir nun dann auch noch nicht ganz genommen», schrieb er an seinen Freund Johann, «und ich werde sie benutzen, so viel als nur möglich und unabhängig und redlich meinen Weg zu gehen.»[9] Stockmar half auch in anderer Hinsicht: er fädelte die Begegnung seiner Nichte, der Hofschauspielerin Karoline Bauer, mit Leopold ein, die zu einer kurzen, ziemlich seltsamen, aber in Memoiren breitgetretenen Liaison führte.[10] Leopold brach sie sofort ab, als ihm die erste große Chance winkte: er konnte König von Griechenland werden.

Nach Stockmars Meinung war Leopold ein perfekter englischer Gentleman geworden. Er reiste durch das Land und studierte die sozialen Verhältnisse, kümmerte sich väterlich um seine kleine Nichte Victoria und seine Schwester, las viel, beschäftigte sich mit Geschichte und Botanik, hatte als englischer Herzog auch Pflichten bei Hofe zu erfüllen. Aber Leopolds

Tätigkeitsdrang befriedigte das alles in keiner Weise. Irgendwo, irgendwie wollte er wirken, wollte Gesehenes und Gelerntes in die Praxis umsetzen. Als das griechische Angebot kam, war er 39, und er griff ungeduldig zu – gegen Stockmars Rat.

Der langjährige Kampf der Griechen um ihre Unabhängigkeit war von ständigen Geheimverhandlungen mit England begleitet und ab 1825 auch von Kontakten zu Prinz Leopold. Graf Kapodistrias, der Präsident der provisorischen Regierung, kannte ihn von der gemeinsamen Zeit in russischen Diensten, von Wien her. Die Londoner Konferenz der drei Schutzmächte England, Rußland und Frankreich sah das Problem gelöst, als Leopolds Zusage vorlag. Freiherr vom Stein schickte dem künftigen Monarchen bereits seine Glückwünsche. Doch jetzt wollte Leopold zu verhandeln beginnen, denn Kapodistrias hatte Forderungen gestellt: territoriale, finanzielle, militärische. Die Schutzmächte wollten nicht mehr. Lord Aberdeen erklärte Leopold kühl: «Take it or leave ist.» Leopold zog seine Kandidatur zurück.

Alle Beteiligten waren verärgert. Er erhielt den Spitznamen «Marquis Tout-doucement», der englische König nannte ihn «Monsieur Peu-a-Peu».[11] Es wurde angenommen, er spekuliere vielleicht auf eine Regentschaft in England, denn König William IV. war 65 und krank, und die Thronfolgerin, Leopolds Nichte Victoria, war erst elf. Gespielt hat er mit dem Gedanken sicher, das zeigt ein Brief an Erzherzog Johann: «Hätte ich das Ruder im Jahre 1830 genommen, so wäre so manches in England nicht geschehen, und was hätte geschehen müssen, wäre mit mehr Vorsicht geschehen.»[12]

Stockmar hatte den besseren Instinkt besessen: Leopold sollte die Annahme der griechischen Krone von der Erfüllung der wesentlichen Bedingungen abhängig machen und sich außerdem nicht persönlich an dem zu erwartenden Kuhhandel beteiligen. Überdies hielt er Griechenland ohnehin für keine erstrebenswerte Aufgabe – ein ständiger Zankapfel zwischen Rußland, England und der Türkei. «Wir Sterblichen sehen immer nur die schlechte Seite von dem, was wir haben, und die gute, von dem, was wir nicht haben», schrieb er nach Hause. Doch er verzichtete auf billigen Triumph. Er tadelte niemals «Ich habe es ja gleich gesagt». Das war neben der Unverblümtheit seiner Ratschläge ein Teil seines Erfolgsrezepts.

Wider alles Erwarten bekam Leopold schon kurz darauf die zweite Chance, und nun machte er diesen Fehler nicht noch einmal. Während die Schutzmächte in London über eine neue Lösung für Griechenland nachdachten, brach 1830 in Paris die Juli-Revolution aus und schlug wiederum Wellen in Europa. Belgien erklärte sich für unabhängig. Als der Wiener Kongreß das Königreich der Vereinigten Niederlande konstruiert hatte, da waren Holländer, Flamen und Wallonen nicht um ihre Meinung gefragt worden. Die Konstruktion erwies sich als unhaltbar. Die Wallonen tendierten zu Frankreich, in Paris wurde der Anschluß bis zur Maas und Scheldemündung propagiert. Für die Londoner Konferenz, zu der jetzt Österreich und Preußen stießen, war nun die belgische Frage dringender als die griechische, besonders für England.

Wenn man den Thronwechsel in Paris und die Auflösung des Königreichs der Niederlande hinnahm, dann war das Legitimitätsprinzip durchbrochen, ein Präzedenzfall geschaffen, und die Schlußakte des Wiener Kongresses konnte ins Archiv gepackt werden. Aber weder konnte man in Paris Karl X. mit militärischer Gewalt auf den Thron zurückbefördern noch mit Gewalt die holländisch-belgische Ehe aufrechterhalten (die England aus wirtschaftlichen Gründen sowieso langsam unbehaglich wurde). Zum großen Zorn Metternichs ließ England das Legitimitätsprinzip fallen und versteifte sich nun auf das Selbstbestimmungsrecht der Völker. Die Londoner Konferenz erkannte Belgiens Unabhängigkeit an. Doch ein Sohn des neuen französischen Königs Louis Philippe auf dem belgischen Thron, den die Belgier haben wollten, war für England unakzeptabel. Das wäre praktisch auf eine Verlängerung der gegenüberliegenden französischen Küste hinausgelaufen – die Erinnerungen an Napoleon und seine Kontinentalsperre waren noch frisch. Die deutschen Ländchen boten ja eine Fülle von Fürsten und Prinzen, die nicht persönlich in den Interessenkonflikt der Großmächte verwickelt waren. Otto von Bayern war im Gespräch, aber zu jung, auch Johann von Sachsen – aber der geeignetste Kandidat schien Leopold: 41 Jahre, Fürstensohn ohne Hausmacht, ehemaliger russischer General, Witwer der englischen Thronfolgerin, Liberaler, Freimaurer,[13] zudem war er mit der Familie des französischen Königs Louis Philippe seit langem befreundet und war willens, dessen Tochter Louise zu heiraten und die Kinder katholisch erziehen zu lassen: eine selten gute Kombination.

In England erhofften sich manche Politiker für die Zukunft einen gewissen Einfluß auf ihn, einige waren auch froh, ihn auf so elegante Weise loszuwerden, und nur ein paar königliche Verwandte gönnten ihm die Rangerhöhung nicht. Für den französischen König war die Zustimmung zu dem Londoner Beschluß eine harte Entscheidung, vor allem aus innenpolitischen Gründen. Aber er hatte keine Wahl, Englands Haltung war ultimativ. Lord Palmerston betrachtete die Lösung des belgischen Problems stets als sein größtes Werk für den europäischen Frieden.

Aber Leopold akzeptierte diesmal nicht sofort. Es gab wechselseitige Bedingungen. Er verlangte, daß das belgische Parlament die sogenannten «18 Artikel» der Londoner Konferenz ratifizierte, (unter anderem die immerwährende Neutralität); das Parlament wiederum stellte die Bedingung, daß Leopold die Verfassung akzeptierte – eine demokratische Verfassung, in der nach englischem Muster die Rechte der Krone erheblich eingeschränkt waren. Es war eine Art Bündnis zwischen zwei gleichgestellten Kräften, Volk und monarchische Regierung. Hier schuf eine Verfassung den Thron und, nicht umgekehrt, der Thron gnadenhalber eine Verfassung. Leopold hatte erhebliche Vorbehalte und forderte Stockmars Rat. Der schrieb ein Gutachten: «Machen Sie den Versuch, ob alle diese Freiheiten mit Ordnung zusammengehen. Regieren Sie ehrlich im Geist dieser Verfassung. Wenn Sie dann auf dieser Basis gute Regierung unmöglich finden, schicken Sie eine Botschaft an das Parlament über Ihre Erfahrungen, und wenn Sie nach bestem Wissen und Gewissen gehandelt haben, dann werden die Menschen zu Ihnen stehen und Änderungen akzeptieren.»[3] Diesmal beherzigte Leopold auch Stockmars anderen Rat: er blieb in Claremont und wartete, während Stockmar in Brüssel und die belgischen Politiker in London verhandelten. Mit 152 von 196 Stimmen wurde er vom belgischen Parlament zum König gewählt. Als eine Delegation der Abgeordneten nach Claremont kam, hielt er eine gutgelaunte Ansprache. «Meine Herren», sagte er, «Sie haben die Königliche Majestät ein wenig arg mitgenommen, die, weil sie nicht gegenwärtig war, sich auch nicht verteidigen konnte. Ihre Verfassung ist gut demokratisch. Indeß glaube ich, wenn man nur beiderseits mit Wohlwollen und Vertrauen einander entgegenkommt, so wird's wohl gehen.»[14] Der Geist des Königs Leopold scheine von der Vorsehung ganz ausdrücklich für die Belgier zubereitet worden zu sein, sagte man in England.

Noch einen guten Rat gab Stockmar: Bei seiner Abreise verzichtete Leopold auf seine englische Apanage, und das fiel ihm wohl am schwersten, denn mit den Jahren wurde er geldgierig. Stockmar argumentierte, daß die belgische Unabhängigkeit niemals glaubhaft wäre, wenn der König englischer Kostgänger bleibe. Übrigens wäre ihm das Gehalt vermutlich ohnehin durch Parlamentsbeschluß aberkannt worden, nachdem er das Land verlassen hatte. Der freiwillige Verzicht machte einen guten Eindruck, und Stockmar konnte in London einen sehr vorteilhaften Vertrag aushandeln: Leopold behielt Claremont, seine Bediensteten wurden alle pensioniert (auch Stockmar erhielt bis an sein Lebensende eine englische Rente), und die Regierung zahlte Leopolds sämtliche, nicht unerhebliche Verbindlichkeiten.

Die turbulenten ersten Jahre des jungen belgischen Staates im einzelnen zu schildern, ist hier nicht der Ort. König Leopold war kaum in Brüssel eingezogen und hatte den Amtseid auf die Verfassung abgelegt, da marschierten die Holländer ein, um deren Meinung sich wie bei der Gründung, so auch bei der Auflösung des Vereinigten Königreichs niemand sonderlich gekümmert hatte. Den Oberbefehl hatte derselbe Erbprinz von Oranien, dem Leopold erst 17 Jahre zuvor die Braut und nun auch noch die schönsten Provinzen weggeschnappt hatte. Leopold mußte französische Truppen zu Hilfe rufen, die auch Stockmar aus kurzer Kriegsgefangenschaft erlösten – er war unterwegs einer holländischen Patrouille in die Hände gefallen. Der französische Einmarsch rief wiederum England auf den Plan. Die Großmächte erzwangen von Holland einen Waffenstillstand und von Frankreich den Abzug seiner Truppen. Die Bedingungen eines neuen Vertrags waren auch für Belgien so schmerzlich, daß der König ablehnen und lieber zurücktreten wollte (sein Coburger Bruder Ernst scheint ihm zugeredet zu haben). Doch was wäre damit gewonnen worden? Stockmar überzeugte ihn, daß es klüger sei, das empörte Parlament zur Ratifizierung des Abkommens zu drängen, um damit den Großmächten guten Willen zu beweisen und den Holländern den Schwarzen Peter zuzuschieben – auch sie mußten ja zurückstecken. Ein endgültiger Friedensvertrag kam erst 1839 zustande.

Inmitten all dieser Unruhe heiratete König Leopold Louis Philippes Tochter Louise, was in Frankreich auf einigen Widerstand gestoßen war: denn damit konnte man die territorialen Ansprüche auf Belgien endgültig begraben. Für Belgien war diese Ehe dagegen ein Unterpfand der freundlichen Gesinnung des Nachbarn, und gleichzeitig beruhigte sie das immer mißtrauische England. Das wurde überhaupt ein großer Teil von Leopolds Regierungskunst: die Interessen der Beteiligten auszutaxieren, notfalls einen gegen den anderen auszuspielen, um im Interessenausgleich Belgiens Unabhängigkeit zu sichern: Musterbeispiele diplomatischer Kunst. Denn Leopold sah deutlich: sollte es je wieder zu einem englisch-französischen Krieg kommen, so würde er auf belgischem Boden ausgetragen werden. Natürlich war die französische Ehe eine der üblichen politischen Heiraten. Leopold war 42, Louise 20, und sie merkte wohl, daß Leopold noch immer um Charlotte trauerte. Trotzdem wurde es eine harmonische Ehe, der vier Kinder entsprossen. Daß Belgien in französisches Fahrwasser geriet, führte auch damals schon zu Krawallen zwischen Flamen und Wallonen. Doch England wachte darüber, daß Frankreichs Liebe zu dem kleinen Nachbarn nicht allzu innig wurde.

Inmitten all dieser Unruhe hatte auch Mutter Auguste ihren Liebling, der nun König geworden war, in seinem Schloß besuchen können, bevor sie 1831 in Coburg starb. Auch Bruder Ernst kam mit seinen beiden Söhnen. Und kaum hatten sich die Verhältnisse im Lande einigermaßen beruhigt, da begann König Leopold, an seiner Familienpolitik zu basteln.

Stockmar kehrte nach dreijähriger Abwesenheit 1834 wieder einmal zu seiner Familie zurück. Eine offizielle Stellung in Belgien hatte er abgelehnt, er hatte kein Interesse, im Scheinwerferlicht zu stehen; und auch eine inoffizielle schien ihm nicht ratsam, er war überzeugt, daß unter den gegebenen Umständen Leopolds Amt durch einen ausländischen Ratgeber nur schwieriger werden konnte. Sein jüngerer Bruder Carl in Augsburg übernahm Leopolds Vermögensverwaltung, er hatte schon andere Sonderaufträge für ihn erledigt und war auch längere Zeit als Anlageberater für die Königin Hortense tätig gewesen. Stockmar ging also nach Coburg. Aber nur für wenige Jahre beschränkte sich seine Beziehung zu Leopold auf eine intensive Korrespondenz. Schon 1835 bat Leopold ihn um Hilfe zur Heirat seines 20jährigen Neffen Ferdinand von Coburg-Kohary mit der gerade verwitweten Königin Maria von Portugal; es gab diplomatische Intrigen, da England keinen französischen Ehekandidaten zulassen wollte (wofür sich Frankreich beim nächsten spanischen Eheprojekt rächte). So machte der nicht übermäßig glückliche Ferdinand das Rennen und wirkte dann in Portugal ähnlich wohltätig wie später sein Vetter Albert in England.

Damit begann Leopolds Coburger Exportunternehmen. Er war noch im 18. Jahrhundert geboren und in dessen Geist aufgewachsen: er dachte in Dynastien, wenn er Familienpolitik trieb. Dabei war doch Belgien, sein eigener Staat, bereits ein Produkt des Volkswillens: nicht mehr der Fürst, sondern der Staat verkörperte die Souveränität und garantierte die Kontinuität; das Denken in Dynastien wurde langsam vom Nationalgedanken abgelöst. Leopold war noch ein Monarch der Übergangszeit: er knüpfte Familienbande. Zwanzig Jahre zuvor war Coburg kaum ein Begriff in Deutschland, geschweige denn in Europa gewesen. Nun entwickelte sich die Familie nach Habsburger Muster – Tu felix Austria nube! – zum «Gestüt Europas», wie Bismarck später über die Coburger spottete.[15] Auf ganz unblutige Weise gelangte die Familie Coburg zu Weltgeltung, und das Erstaunliche daran ist, daß sich dies gleichzeitig mit dem aufkommenden Nationalismus vollzog (der sich letztlich als stärker erwies).

Von Leopold, dem König der Belgier, her gesehen, ergeben sich folgende Familienverbindungen, auf die er mittelbar oder unmittelbar Einfluß genommen hat (von den bereits vorhandenen Beziehungen durch die Ehen seiner Geschwister abgesehen):

1816 Prinzessin Charlotte von England, seine erste Frau
1832 Louise von Frankreich, seine zweite Frau
1836 Neffe Ferdinand von Coburg-Kohary, verheiratet mit Königin Maria II. da Gloria von Portugal
1840 Neffe Albert verheiratet mit Nichte Königin Victoria von England
1840 Nichte Victoria von Coburg-Kohary, verheiratet mit Herzog von Nemours, zweiter Sohn des Königs von Frankreich
1843 Neffe August von Sachsen-Coburg, verheiratet mit Prinzessin Clementine von Orléans
1846 Versuch, den Neffen Leopold von Sachsen-Coburg-Kohary mit Königin Isabella von Spanien zu vermählen
1848 Neffe Prinz Karl von Leiningen Präsident des deutschen Reichsministeriums
1853 Sohn (später Leopold II.) verheiratet mit Erzherzogin Marie Henriette von Österreich
1857 Tochter Charlotte verheiratet mit Erzherzog Maximilian, dem späteren Kaiser von Mexico
1864 Versuch, den Neffen Herzog Ernst II. von Sachsen-Coburg-Gotha zum König von Griechenland zu machen

In der Enkel-Generation dehnten sich dann die Coburger Familienbeziehungen auf Norwegen, Schweden, Rußland, Rumänien, Bulgarien und Spanien bis nach Brasilien aus.[16] Wenn Victoria «Europas Großmutter» genannt wurde, so war Leopold Europas Urgroßonkel. «Eine Hauptsache ist die Einigkeit der Familie», schrieb er an Erzherzog Johann. Bewirkt hat das alles dann wenig. Mit dem Erstarken des Nationalismus, mit Leopolds und Alberts Tod zerfiel die europäische Idee, die hinter dieser Familienpolitik steckte; den Ersten Weltkrieg hat sie nicht verhindern können.

Bei allem dynastischen Ehrgeiz war Leopold ein erfolgreicher Herrscher, der Wirtschaft und Wohlstand förderte; und doch trauerte er sein Leben lang dem Glück nach, das Volk Homers und Platos regieren zu können: «Belgien war für mich Prosa», sagte er, «Griechenland wäre Poesie gewesen.»[17] Belgien wurde ein Musterstaat, in dem es selbst 1848 ruhig blieb. Der König, der mit allen bedeutenden Fürsten und Staatsmännern in Verbindung stand (die Zahl seiner Briefe ist Legion), wurde oft als Schiedsrichter oder Vermittler in Europa benötigt. Der beste Diplomat, der ihm je untergekommen sei, urteilte Metternich, der 1848 erstes Asyl in Brüssel fand. Als das politische Orakel Europas bewunderte ihn sein Coburger Neffe Ernst. Nach Ansicht seines Biographen Jacques Willequet hätte er vielleicht sogar 1848 deutscher Kaiser werden können.[18] Doch Leopold hatte – im Unterschied zu Stockmar und Albert – für die staatliche deutsche Einigung nichts übrig, er hielt sie für Sentimentalität, war in England zum Pragmatiker geworden und dachte international. Ein Kosmopolit. Das irritiert bisweilen auch seine Biographen. Wo ist er Belgier, Coburger, Deutscher, Onkel von Neffen und Nichten? «Alles unternimmt er zu gleicher Zeit», schreibt Willequet, «überall hat er ein Auge, zielbewußt und zäh verfolgt er die verschiedensten Kombinationen, und seine wirklichen Beweggründe sind nicht immer auf den ersten Blick erkennbar.»

Bezüglich Victorias und Alberts waren seine Beweggründe jedoch klar, nachdem ihn Bruder Ernst mit seinen beiden Söhnen in Brüssel besucht hatte. Leopold und seine Schwester Victoire, die Herzogin von Kent, mögen schon früher über eine solche Verbindung nachgedacht haben. Konkret wurde das Projekt 1836 in Angriff genommen. Die Zukunft des jungen Ernst war gesichert: er würde eines Tages als Ernst II. Herzog von Sachsen-Coburg und Gotha werden. Nachdem der Ehevertrag zwischen Ferdinand und Maria von Portugal unter Dach und Fach war, erhielt Stockmar von Leopold den Auftrag, sich mit Albert zu befassen.

7. Kapitel

Albert: Jugend ohne Mutter

Rat Florschütz schickte dem König regelmäßig Berichte über die Fortschritte seiner Zöglinge; sein Entzücken über Albert fand Stockmar reichlich euphorisch, und so betrachtete er den jungen Mann, mit dem Leopold so große Pläne hatte, mit äußerster Distanz. Stockmar hatte bislang keinen persönlichen Eindruck von Albert; den verschaffte er sich nun.

«Albert ist ein schöner Jüngling», schrieb er Anfang 1836 nach Brüssel, «der, für sein Alter schon ziemlich entwickelt, angenehme, bedeutende Züge hat, und bei ungestörtem Gedeihen in wenig Jahren ein schöner, kräftiger Mann von freundlich einfacher und doch anständig würdiger Haltung sein kann. Äußerlich hat er also alles, was den Frauen gefällt und zu allen Zeiten und in allen Ländern gefallen muß. Ein glücklicher Umstand möchte auch sein, daß sein Äußeres schon jetzt einen gewissen englischen Anstrich hat. So fragt sich denn nun, wie es mit dem Geist stehe. Auch hierüber sagt man viel zu seinem Lobe. Doch sind alle diese Urteile mehr oder minder parteiisch und bis ich ihn nicht länger beobachtet habe, kann ich ein eigenes Urteil über die Fähigkeit und den werdenden Charakter nicht fällen.» Stockmar kannte ja die Tücken einer solchen Prinzgemahl-Laufbahn aus der Erfahrung mit Leopold. Er zählte alles auf, was er an Eigenschaften für notwendig hielt: Ehrgeiz und viel Willenskraft, Lust dazu und ernster Sinn, der das Vergnügen dem Nutzen zu opfern bereit sei, auch Selbstverleugnung. «Finde ich», schrieb Stockmar, «daß in jeder Hinsicht Fond genug in ihm sei, so verlangt die Gewissenhaftigkeit, daß man zuerst ihm das Schwierige des Unternehmens von allen Seiten darstelle. Schreckt ihn dies nicht ab, so treten dann meiner Meinung nach zwei Notwendigkeiten ein. Die erste ist die einer planmäßigen, konsequent durchgeführten Erziehung für seine künftige Laufbahn mit steter Rücksicht auf das so eigentümliche Land und Volk, und die zweite ist die, sich die Neigung der Prinzessin noch vor der Bewerbung zu gewinnen und die Bewerbung selbst nur erst auf diese Neigung zu gründen.»[1]

So stand am Beginn des ausführlichen Bildungsprogramms, das Stockmar nach Brüssel lieferte, ein Besuch in London. «Aber es muß zur conditio sine qua non gemacht werden, daß der Zweck des Besuches sowohl der Prinzessin als auch dem Prinzen ein Geheimnis bleibe, um ihnen ihre völlige Unbefangenheit zu lassen.» Also lud die Herzogin von Kent ihren Bruder Ernst und seine beiden Söhne für das Frühjahr zum Familienbesuch in den Kensington Palast ein.

Daß Stockmar sich kein rechtes Bild von dem fast 17jährigen Albert machen konnte, war kein Wunder. Der Vater ließ den Jungen durchaus alles zukommen, was damals für die Ausbildung eines Prinzen nötig schien, und Florschütz bemühte sich redlich, seinen Zöglingen eine angemessene Bildung zu vermitteln. Doch oft genug stand das eine dem anderen im Wege. Seit der Vater zum zweiten Mal geheiratet hatte, «trat eine vollständige Änderung in unserem häuslichen Leben ein», erinnerte sich später Bruder Ernst.[2] Die Jungen mußten täglich mit den Eltern essen, an Jagden, Bällen, an Vergnügungen aller Art teilnehmen, und zudem hielt sich der Hof nun monatelang in Gotha auf, der zweiten Hauptstadt, seit die beiden Herzogtümer vereinigt worden waren. Albert hatte wenig Vergnügen daran, am wenigsten an den Abendunterhaltungen; ihn überfiel sehr früh und ganz plötzlich die Müdigkeit, so daß er unversehens einschlafen und vom Stuhl fallen konnte. Spätes Aufbleiben ist ihm sein Leben lang eine Qual gewesen.

Der Vater möchte in bester Absicht «Männer» aus seinen Söhnen machen. Sie lernen Schwimmen, Reiten, Schießen, erhalten Offizierspatente – Albert ist 13 – und nehmen am Exerzierunterricht teil. 1834 treten sie als Leutnants in das Coburger Bataillon ein, und nun muß regelmäßig geübt werden. Auf einem Bild aus diesen Jahren sucht der 15jährige Albert militärischer zu posieren, als ihm tatsächlich zumute ist: unter einer modischen Sturmtolle ein weiches Gesicht mit vollen Lippen, ein bemüht energischer, dadurch hochmütiger Blick, der, leicht mißtrauisch, Distanz zu wahren sucht – eine Schale, die den Kern verdeckt.[3] Im Jahr darauf organisiert der Vater die erste Bildungsreise an die Höfe von Verwandten. Der Urgroßvater mütterlicherseits, der Großherzog von Mecklenburg-Schwerin, feiert den 50. Jahrestag seiner Thronbesteigung. Der Coburger Herzog läßt sich in dieser Verwandtschaft seiner ersten Frau nicht gern sehen, die Brüder sollen in Vertretung des Vaters zur Gratulation fahren. Florschütz fährt natürlich mit, so eine Reise dauert eine Woche damals. Albert hat keinerlei Aufzeichnungen hinterlassen.

Danach trafen die Brüder mit dem Vater in Berlin zusammen. Vater Ernst amüsierte sich, Bruder Ernst amüsierte sich, nur für Albert war es kein Vergnügen. Onkel Leopold und Stockmar waren entsetzt, als sie das hörten; das Berliner Hofleben stand in schlechtem Ruf. «Es gehört aber Riesenkraft dazu», schrieb Albert, 16 Jahre alt, an die Stiefmutter in Coburg, «alle die Fatiguen, die wir zu bestehen hatten, zu ertragen. Besuche, Paraden, Ausritte, Déjeuners, Diners, Soupers, Bälle und Konzerte folgten einander Schlag auf Schlag, und wir haben keine einzige Festlichkeit versäumen dürfen.»

Weiter ging es nach Dresden, Prag, Wien, mancherlei kleine Abenteuer waren zu bestehen, bisweilen wurden sie auf Leiterwagen oder gar auf einem Floß transportiert – nur Ernst erwähnte das flüchtig. Die Herzogin von Gotha vermerkte die Ankunft in Wien, da hatte gerade ein bedeutsamer

Albert im Alter von 16 Jahren.
Lithographie von J. B. Madou, 1836

Thronwechsel stattgefunden – über Alberts Eindrücke ist nichts bekannt. Weiter ging es nach Budapest, Preßburg, zurück nach Wien, dann nach Karlsbad und schließlich heim nach Coburg. Der einst so gewissenhafte Tagebuchschreiber Albert hat keine Aufzeichnungen gemacht oder jedenfalls keine hinterlassen.

Beide befanden sich in der Pubertät. Ernst hat gerade noch notiert, daß er von den 16 Gulden Taschengeld, die beide pro Monat erhielten, dem Tierhändler Moritz, der den Brüdern sieben Vögel geliefert hatte, 1 Gulden 12 für Futter bezahlte, 1 Gulden 18 hatte er im Spiel verloren, einen Gulden einer armen Frau geschenkt – der Vater verlangte genaue Buchführung.[4] Albert übersetzte derweil Shakespeare, schickte dem Direktor des Coburger Gymnasiums einen Aufsatz über «Die Denkweise der Deutschen» zur Begutachtung, in dem er den Fortschritt der Zivilisation in Deutschland historisch zu entwickeln versuchte – für einen 17jährigen ein fürwahr exzentrisches Unterfangen –, und gründete in Gotha einen Gesangverein, in dem er auch selbst mitwirkte. Er spielte Klavier und Orgel, komponierte Lieder und Romanzen, von denen später immerhin dreißig im Druck erschienen. In der deutschen Musik dominierten Schumann und Mendelssohn die Romantik, aber die war intellektuell eigentlich schon wieder überwunden. Die Avantgardisten waren Franzosen: Auber, dessen «Stumme von Portici» das Signal zur belgischen Revolution gewesen war; Chaoten für damalige Begriffe wie Berlioz. Bellinis «Norma» und Rossinis «Wilhelm Tell» waren revolutionäre Opern. In der Literatur sorgten Herwegh und Börne, Heine und Gutzkow, Büchner und Grabbe für Aufregung – welche war Alberts Welt, muß sich Stockmar gefragt haben.

Albert verlor sich am liebsten in der Natur, erwanderte seine Heimat; schwamm, ritt, jagte, fischte – nicht um des Sports, sondern um der Nähe zur Natur willen; sammelte Steine, Muscheln, Pflanzen, die den Grundstock für die Coburger Naturaliensammlung bildeten. Wie kann man sich ein Urteil bilden, in welcher Welt ein 16-, 17jähriger Jüngling lebt – noch dazu einer mit diesen Kindheitserlebnissen? Stockmars Zögern, König Leopold ein fundiertes Urteil abzugeben, war verständlich.

Albert gab auch einem so erfahrenen Diagnostiker psychologische Rätsel auf. Er war ein Einsamer in der Familie. Seit dem Verlust der Mutter fehlte ihm eine weibliche Bezugsperson. Der Vater war ihm fremd, bei aller äußerlichen Loyalität und allem kindlichen Gehorsam. Der Bruder, bei dem er Wärme und Partnerschaft fand, war bei aller innigen Verbundenheit so ganz anders geartet. «Wir waren von Natur aus weder körperlich noch geistig sehr gleichartig angelegt», schrieb Ernst später in seinen Memoiren. Erstaunlich scheinbar: da wachsen zwei Jungen mit nur einem Jahr Altersunterschied 18 Jahre lang Tag für Tag auf engstem Raum miteinander auf, schlafen im selben Zimmer, arbeiten im selben Zimmer, haben dieselben Lehrer und Spielgefährten, sammeln dieselben Eindrücke und Erfahrungen, unterliegen denselben Umwelteinflüssen – und doch entwickeln sich da zwei grundlegend verschiedene Menschen. Erbanlagen und Umwelteinflüsse sind wohl dem Inhalt eines großen Topfes vergleichbar, aus dem sich zwei so gleichartig aufwachsende Jungen entsprechend ihrem höchsteigenen Ich ganz Verschiedenes herausfischen. Albert jedenfalls, der ganz Sensible, ständig den Tränen nah, muß schon als Kind gespürt haben, daß er sich von seiner Umgebung unterschied, daß er anders war, nicht «dazugehörte». In jungen Jahren begreift man diese Situation jedoch nicht als Vorzug, sondern man fühlt sich isoliert, wie ausgestoßen aus der Gemeinschaft, wie aus dem Paradies vertrieben, und das führt zu früher Weltangst und zu Schuldkomplexen, besonders bei so rigoroser Erziehung, wie sie den beiden Buben zuteil wurde.

Schuld woran und wofür? Einem Typ wie Ernst stellten sich solche Fragen gar nicht, er überstand die Jugendzeit ganz unbeschädigt. Was aber tut das Kind Albert nach den Erkenntnissen der Psychologie? Es kann seine inneren Anlagen nicht ausleben, es verbirgt seine Gefühle, die weder ein Objekt noch irgendwo Resonanz finden; es tarnt sich, hat schon Schuldgefühle, wenn es sich mit seinem Bruder prügelt – und es paßt sich an. Als Selbstschutz entwickelt es den Intellekt. «Seine körperliche Entwicklung hielt mit der energischen Entfaltung seiner bedeutenden geistigen Anlagen nicht Schritt», schreibt Bruder Ernst. Alle Komplexe werden in Arbeit umgesetzt. «Ich will ein nützlicher Mensch werden», kündigt der Elfjährige in seinem Tagebuch an. Er liebt die Klarheit, das ordentliche Denken. Er liebt es, Aufgaben zu übernehmen und Dinge in Ordnung zu bringen. Er kompensiert alle seine empfundenen Mängel – und er ist sehr depressiv veranlagt – mit Arbeit. Die Aufgaben werden ihm schließlich wichtiger als die Menschen. Denn die Fähigkeit, unbeschwert glücklich zu sein, gar mit Menschen glücklich zu sein, besitzt er nicht – oder höchstens inmitten der Natur. Er hat kein Verhältnis zu Frauen – und wie und durch wen sollte er es auch erworben haben? Die Gemeinschaft mit anderen Menschen scheint ihm bald nicht mehr zu fehlen, er meidet die Gesellschaft wo möglich. Doch er übt einen intellektuellen Sog auf andere Menschen aus; und dann «hatte er einen sehr bestimmten Willen», erinnert sich Bruder Ernst, doch nie, um etwas durchzusetzen, was seiner eigenen Profilierung, einem ganz persönlichen Lebenstraum zugute gekommen wäre, sondern immer nur um eines ihm wichtigen Prinzips willen. Als die Knaben in Coburg Ritterschlachten schlagen, lehnt er ab, eine Festung von rückwärts zu erobern. «So kämpft ein sächsischer Ritter nicht», sagt er. Seine eigenen Bedürfnissen nimmt er bald gar nicht mehr wahr, alles wird einem Prinzip untergeordnet. Auch seine Moralvorstellungen werden eng, er macht eine Ideologie daraus. Es sind die nächsten Jahre, die das zustande bringen.

War Albert der richtige Mann für die Aufgabe, die ihm König Leopold in England zudachte? Stockmar war nicht sicher, auf Anhieb zog er Ernst, den Bruder, vor. Doch Albert für diese Aufgabe zu formen, war eine pädagogisch reizvolle Herausforderung.

Der Besuch in London wurde plötzlich dringlich. Auch König William trug sich nämlich mit Heiratsplänen für seine Nichte und Thronfolgerin – Victoria berichtete später von sechs Projekten.[5] «Eine Flut von deutschen Prinzen ergießt sich über uns», bemerkte Lord Palmerston bissig, «... alle hat ein plötzliches Verlangen erfaßt, England zu sehen.» Bewerber gab es also genug. Der König favorisierte den Erbprinzen von Oranien, worin Onkel Leopold in Brüssel eine kleine Niedertracht gegen sich selbst erblickte. Denn dieser Erbprinz war der Sohn jenes Oraniers, dem Leopold einst zuerst die Braut und dann das halbe Land weggeschnappt hatte. Das mag ein Grund mehr für König William gewesen sein, denn er konnte Leopold und die Coburger nicht ausstehen, am wenigsten seine Schwägerin, die Herzogin von Kent. Er war höchst erbost, als er von ihrer Einladung an die Coburger Verwandten hörte. Er wies Außenminister Palmerston an, diesen Besuch unter allen Umständen zu verhindern, dem Coburger Herzog notfalls das Betreten britischen Bodens zu verbieten. Doch Palmerston hatte keine sonderlichen Sympathien für seinen Souverän, und schließlich unterband der Premierminister solche königliche Ranküne. Die Herzogin blieb fest, sie mahnte ihren Bruder in Coburg zur Eile, er sollte mit seinen beiden Söhnen zu Victorias 17. Geburtstag kommen, und König William mußte sich schließlich mit dem Besuch abfinden. Aber er lud wenigstens seine Oranier für dieselbe Zeit ein.

Die Coburger kommen gerade noch rechtzeitig zum Geburtstag. Sie legen die erste Etappe bis Mainz in 22 Stunden Tag- und Nachtfahrt zurück und besteigen gleich den Rheindampfer (inkognito natürlich, wie üblich) nach Koblenz. Dort wird die Reise einen Tag unterbrochen, weil Vater Ernst sich in Rüdesheim amüsieren will, allein natürlich. Die nächste Station ist Köln, und in weiteren zwei Tagen bringt der Dampfer sie nach Rotterdam. Albert büffelt unterwegs fleißig Englisch und übt Konversation mit englischen Reisenden. Aus Rotterdam schreibt er seiner Stiefmutter, der Herzogin Marie, einen ausführlichen Brief; sein Verhältnis zu ihr bessert sich in dem Maße, in dem sich ihr Verhältnis zu ihrem Mann abkühlt, der es auch in dieser Ehe so genau nicht nimmt. Die Reisenden müssen ein paar Tage auf ein Schiff nach England warten, «wofür wir uns bei holländischen Spekulanten zu bedanken haben, welche die Reisenden so lange als möglich aufzuhalten wünschen... Ernst und ich sind ganz wohl und haben nur Angst vor der Seekrankheit.» Er muß denn auch Neptun fleißig opfern und schreibt später der Stiefmutter: «Mir hat diese Reise nach England einen totalen Abscheu gegen die See verursacht, sodaß ich garnicht gern nur daran denke.» Reisen war noch immer eine mühsame Angelegenheit.

Am 18. Mai notiert Victoria in ihr Tagebuch: «Um ¾ 2 gingen wir in die Halle hinunter, um meinen Onkel Ernst, den Herzog von Sachsen-Coburg-Gotha, und meine Vettern Ernst und Albert zu empfangen. Ernst hat dunkles Haar und schöne dunkle Augen und Augenbrauen, Nase und Mund aber sind nicht so hübsch. Er sieht sehr freundlich, offen und klug aus und hat eine sehr gute Figur. Albert ist ebenso groß wie Ernst, aber kräftiger. Er ist sehr hübsch. Sein Haar hat ungefähr die gleiche Farbe wie meines. Seine Augen sind groß und blau. Er hat eine wunderschöne Nase, einen sehr hübschen Mund und schöne Zähne. Aber der Zauber seiner Erscheinung liegt in seinem Gesichtsausdruck.» Und ein paar Tage später: «Ernst und Albert haben schon etwas Erwachsenes. Albert war beim Frühstück stets zu Späßen aufgelegt und hatte immer eine schlagfertige Antwort bereit.»

Der Bruder: Ernst, Herzog von Sachsen-Coburg und Gotha.
Kreidezeichnung von Franz Hanfstaengl

Albert andererseits findet Victoria «sehr liebenswürdig», mehr nicht. Der vierwöchige Aufenthalt in London bereitet ihm wiederum kein übermäßiges Vergnügen. Wieder wird jede Menge von Unterhaltung geboten: Oper, Konzerte, Bälle, Besuche, Diners. Victoria genießt das. Albert hätte lieber mehr von der Stadt gesehen. Er ist frühmorgens am aktivsten, streift allein durch Londons Antiquariate. Die Hofgesellschaft bemerkt, daß Ernst der weitaus fleißigere Tänzer ist. «Daß ich bei diesen nächtlichen Freuden manchen harten Kampf mit dem Schlafe zu bestehen habe, kannst Du Dir wohl denken», schreibt er der Stiefmutter. «Ein außerordentlich langes und ermüdendes, jedoch sehr interessantes Lever beim Könige; des Abends am selbigen Tag speisten wir bei Hofe, und des Nachts war ein sehr schönes Konzert, bei welchem wir bis zwei Uhr zu stehen hatten. Sonnabend, am folgenden Tage, wurde der Geburtstag des Königs gefeiert. Wir fuhren des Mittags zu einem Drawing Room im St. James' Palace, wo an 3800 Menschen beim Könige, der Königin und den übrigen hohen Herrschaften vorbeidefilierten, um ihre Glückwünsche darzubringen. Des Abends war wiederum große Tafel und dann Konzert bis um ein Uhr.»

Die späten Stunden, das Klima und die englische Küche setzen Albert hart zu, er muß eines Abends schleunigst den Ballsaal verlassen, entwickelt ein «Gallenfieber» und muß ein paar Tage im Bett bleiben. Weder ist er von der englischen Gesellschaft angetan, noch diese von ihm – er ist zu schüchtern, zu steif, zu deutsch. Ernst liegt den Höflingen mehr. Doch Albert bezaubert Victoria, wenn er am Klavier sitzt, mit ihrem Hund spielt, oder wenn sie zusammen auf dem Sofa sitzen und ihre Zeichnungen anschauen. Auch imponiert ihr, wie lustig und geistvoll Albert oft ist. «Die Kusine ist außerordentlich freundlich mit uns», berichtet Albert der Stiefmutter. Er macht viele Bekanntschaften – von Männern: Benjamin Disraeli zum Beispiel oder der Herzog von Wellington. Als Albert beim Hofball dem König vorgestellt wird, finden sich beide auf Anhieb sympathisch, und William bemerkt, das sei einer der nettesten jungen Männer, denen er je begegnet sei.

Als die Coburger sich nach vier Wochen verabschieden, notiert Victoria in ihr Tagebuch: «Ich habe bitterlich, sehr bitterlich geweint.» Alberts Reaktion war sehr gemischt. Ihm gefiel zwar die Lebhaftigkeit und die Lebensfreude seiner Kusine, aber er fand sie höchst egozentrisch, sie lachte zu viel und zu laut. Sie hätten damals beide Gefallen aneinander gefunden, bemerkte er später, doch über eine gemeinsame Zukunft sei kein Wort gesprochen worden.

Hier erhebt sich nun die Frage, wann die beiden eigentlich erfahren haben, was die Familie mit ihnen vorhatte. Ganz zweifelsfrei ist das nicht festzustellen. Großmutter Auguste in Coburg hatte von dieser Verbindung schon geträumt, als beide Enkel noch in den Windeln lagen. Albert pflegte Victoria nach der Hochzeit zu erzählen, «schon als Kind von drei Jahren habe ihm seine Wärterin gesagt, er solle die Königin heiraten, und er selbst habe, seitdem er überhaupt ans Heiraten gedacht, immer nur an sie gedacht.»[6] Aber das war Flitterwochen-Gerede. Konkret hat König Leopold dieses Heiratsprojekt in Angriff genommen, im Rahmen seiner ganzen Familienpolitik lag ihm das ganz besonders am Herzen. Bei einem seiner häufigen Besuche in London wird er das mit seiner Schwester, der Herzogin von Kent, besprochen haben, die den Plan, wie wir gesehen haben, mit aller Kraft gefördert hat. Anfang 1836 hatte Onkel Leopold den Baron Stockmar eingeweiht. Während des Londoner Besuchs der Coburger entstanden Gerüchte. Doch einmal war die 17jährige Victoria in dieser Zeit von einer ganzen Prinzengarde umgeben und verliebte sich regelmäßig in den, der gerade anwesend war; hier schien eher Alberts Bruder Ernst der Favorit zu sein. Außerdem verschwand Albert schnell aus dem Gesichtskreis des Londoner Hofklatsches, und so verstummten die Gerüchte vorerst wieder.

Wenn auch bei diesem ersten Besuch keine Funken übergesprungen waren, wenn Albert auch der Londoner Hofbetrieb ebensowenig behagt hatte wie der in Berlin (was Stockmars Zweifel an Alberts Eignung zu bestätigen schien), so war doch auch nichts geschehen, was Leopold einen Strich durch die Rechnung gemacht hätte. Er scheint Victoria noch während des Besuchs eröffnet zu haben, wen ihre Mutter und er für den geeignetsten Heiratskandidaten hielten. Denn Victoria, die ja zu ihrem Onkel ein sehr inniges Verhältnis hatte, schrieb ihm, während die Coburger abreisten, am 10. Juni 1836, einen Brief, in dem sie ihm dankte «für die Aussicht auf ein großes Glück, zu der Du mir in der Person des lieben Albert verholfen hast. Er besitzt alle Eigenschaften, die ich mir nur wünschen könnte, um vollkommen glücklich zu werden. Er ist verständig, freundlich und liebenswürdig und hat auch das angenehmste und entzückendste Äußere. Ich bitte Dich nur, mein lieber Onkel, auf die Gesundheit eines Menschen zu achten, der mir jetzt so teuer ist, und ihn unter Deinen besonderen Schutz zu nehmen. Ich hoffe zuversichtlich, daß in dieser für mich so bedeutsamen Angelegenheit alles einen günstigen Verlauf nehmen möge.»[7]

Daß Albert noch fast zwei Jahre lang im unklaren gelassen wurde über diese Absichten, klingt zwar heutzutage unglaublich; aber die wenigen vorhandenen Dokumente erwecken den Eindruck, daß Leopold ihm erst im März 1838 reinen Wein einschenkte, und so verlassen sich alle britischen Biographen auf dieses Datum. Immerhin läßt sich daraus ein Schluß ziehen: Wenn es wirklich so war, dann schienen die Gerüchte über eine beabsichtigte Verbindung, die seit dieser ersten Londoner Visite im Umlauf waren, Albert so abwegig, daß er keine Notiz davon nahm. Victoria war Verwandtschaft, darüber hinaus interessierte sie ihn nicht. Immerhin häuften sich von nun an die Ermahnungen. Stockmar meditierte im Hintergrund über die Pflichten eines Prinzen und Leopold verlangte, Albert solle «aus freien Stücken das Vergnügen dem wahren Nutzen opfern.»

Herzog Ernst unterbrach die Rückreise zu einem ausgiebigen Besuch in Paris, den er offenbar nicht nur eingeplant hatte, um den Söhnen den Louvre und Versailles zu zeigen. «Ein gräßlicher Platz», fand Albert. Man schloß Bekanntschaft mit der Familie Orléans, König Louis Philippe war Leopolds Schwiegervater. Und dann endete die Reise für Albert und Bruder

Ernst beim Onkel in Brüssel. Denn nun wurde der Ausbildungsplan in Gang gesetzt – und zwar für beide Prinzen –, den Leopold und Stockmar ausgearbeitet hatten und mit dem Vater Ernst offenbar zufrieden war. Der junge Ernst kannte seine Bestimmung: er würde eines Tages seinem Vater auf den Thron in Coburg-Gotha folgen. Daß der 17jährige Albert seinen Onkel nicht gefragt haben sollte, wohin ihn dieses Programm führen würde, ist schwer vorstellbar – seinen Neffen Ferdinand von Coburg-Kohary hatte Leopold gerade nach Portugal verheiratet.

Der Brüsseler Aufenthalt dauerte zehn Monate und war für Albert von großer Bedeutung. Hier erlebte er ein liberales Staatswesen und sah, wie eine konstitutionelle Monarchie funktionieren konnte. Die Brüder lebten nicht im Haushalt des Onkels, sondern (auf Coburger Rechnung) in einer kleinen Villa am Boulevard de l'Observation. «Wir bewohnen ein kleines, aber recht freundliches Haus», berichtete Albert der Stiefmutter, «mit einem kleinen Gärtchen davor, und sind hier, obgleich in einer großen Stadt, doch ganz abgeschieden von dem Lärmen der Straßen.»

Florschütz war weiterhin bei ihnen. Den Haushalt leitete ein pensionierter Oberst, Baron von Wichmann, der bei Waterloo mitgekämpft hatte; ein steifer, introvertierter Charakter, zu dem die Prinzen kein nahes oder vertrautes Verhältnis entwickelten.

Nun wurde intensiv gearbeitet. Der Schwerpunkt lag auf Sprachen und neuerer Geschichte. Leopold hatte vorzügliche Lehrer ausgesucht, allen voran den damals 41jährigen Lambert Quetelet, ein Mathematiker, Statistiker, Physiker, Astronom und Meteorologe von Weltruf. Jahre später, 1860, war Albert Präsident eines Internationalen Statistiker-Kongresses in London, an dem Quetelet als Vertreter Belgiens teilnahm; in seiner Eröffnungsansprache rühmte Albert, wieviel er ihm zu verdanken habe. «Während seines ganzen Lebens behielt er eine Neigung für die statistisch-mechanische Analyse sozialer und politischer Fragen, wie er das von Quetelet gelernt hatte», berichtet Bruder Ernst in seinen Erinnerungen. Albert hat denn auch bis zu seinem Tode mit dem Gelehrten korrespondiert, der dem Prinzen eines seiner Bücher widmete.[8]

Der König nahm die Prinzen mit zu den Herbstmanövern nach Beverloo, sie bekamen Ostende und das Schlachtfeld von Waterloo gezeigt, wurden mit flämischer Malerei vertraut und lernten die maßgebenden Persönlichkeiten des öffentlichen Lebens kennen. Die Urteile der Lehrer über Albert waren begeistert. Ferien gab es nicht. Als Herzog Ernst die Söhne Weihnachten in Coburg haben wollte, schrieb Albert: «Wie gern nähmen wir Deine Einladung an... Aber wenn wir von unserem hiesigen Aufenthalt Nutzen ziehen sollen, so fürchte ich, wir müssen uns dieses Vergnügen versagen. Eine solche Reise würde fünf bis sechs Wochen erfordern, und durch eine so große Unterbrechung würden unsere Studien ganz gestört.»[9]

Trotz der weiterhin ehrerbietigen und scheinbar liebevollen Briefe, stets

«Dein treuer Sohn Albert» unterzeichnet, scheint es eine Periode größerer Entfremdung gewesen zu sein. Daß die Söhne jetzt in regelmäßigem Briefwechsel mit der Tante in London standen, suchte der Vater zu nutzen: sie sollten die Herzogin um Zuschüsse für den Bau des Coburger Theaters bitten.[10] Albert versprach zwar, der Tante deswegen zu schreiben. Aber daß der Herzog von der königlichen Verwandtschaft in London und Brüssel finanzielle Zuschüsse erwartete, hat Albert auch später immer wieder verärgert.

Jedenfalls blieben die Prinzen bis zum Mai 1837 in Brüssel. Albert bekam zum ersten Mal einen Einblick in die Staatswissenschaft und in die Welt der Politik. Das neutrale Belgien war ein günstiger Standort, um zu beobachten, was sich in der Staatenwelt Europas abspielte: Wechselnde Koalitionen in Frankreich, Bürgerkrieg in Spanien, nationalistische Unruhe in Oberitalien, sozialistische Experimente in Großbritannien, eine Auswanderungswelle in Deutschland, die ersten Erfahrungen mit dem Zollverein unter Führung Preußens, die Alleinherrschaft Metternichs in Österreich, die Einführung der kommunalen Selbstverwaltung in Norwegen, Rußlands Schwierigkeiten mit Polen, der allmähliche Verfall des türkischen Großreichs. Der regelmäßige Umgang mit dem welterfahrenen Onkel, der stets zur Belehrung geneigt war, weitete den Blick über den Coburger Horizont hinaus. Hier muß Albert erstmals begriffen oder wenigstens geahnt haben, daß sich Mitteleuropa in einem wirtschaftlichen und sozialen Umbruch befand, der nicht ohne politische Folgen bleiben konnte. Wir wissen nicht, was im einzelnen der König seinen Neffen mit auf den Weg gegeben hat. Wir können den Inhalt der Lektionen nur am Ergebnis ablesen – bei Albert, denn Ernst scheint es mit der Wissenschaft so ernst nicht genommen zu haben. Sein Notizkalender ist aufschlußreich. «Sehr kalt», notiert er Anfang Januar. Er registriert Wetter und Amusements, Theater und «Diner en famille», vermerkt «eine neue Tänzerin», aber nichts über den Unterricht. Die letzte Eintragung am 2. März lautet «Großes Diner bei Hof. Regen.»[11] Eines aber ist sicher: daß ihnen beiden in Brüssel der Glaube an Liberalität und Humanismus, an Recht und Pflicht und an die Verfassung eingeimpft wurde.

Im April 1837 übersiedelten die Prinzen mit Florschütz und Baron Wichmann für anderthalb Jahre nach Bonn. Sie bezogen ein kleines, alleinstehendes Haus nahe dem Münster mit Aussicht auf die Poppelsdorfer Allee und das Siebengebirge.

Sowohl Vater Ernst als auch Onkel Leopold hatten sich lange Gedanken gemacht, welche Universität für die Jungen in Frage käme. Auch Stockmar hatte ausgiebig darüber nachgedacht. Berlin hielt er für ungeeignet. Preußen sei noch zu sehr Parvenu, das sich und die anderen stets über- oder unterschätze. Albert würde dort nicht den richtigen Eindruck vom Stand der europäischen Verhältnisse erhalten, er würde nicht die Wahrheit hören;

lernen könne er in Berlin höchstens Administration und Militärwesen, und das könne er auch anderswo lernen. «Übrigens ist in Berlin eine gewisse Liederlichkeit epidemisch wie der Katarrh, und ich möchte glauben, daß Zöglinge an jedem anderen Ort leichter gegen jenes Übel zu bewahren sein möchten als dort.» Wien andererseits, Zentrum eines Vielvölker-Staats, eigne sich als Schule für einen deutschen Prinzen schon gar nicht. Die deutschen Universitäten wiederum bildeten zu einseitig theoretisch aus, um für den praktischen Beruf eines Fürsten zu genügen – so hatte Stockmar als erstes einmal den Aufenthalt in Brüssel empfohlen.

Herzog Ernst andererseits hatte zunächst durchaus an Berlin gedacht. Aber Friedrich Carl von Savigny, der berühmte Jurist, hatte abgeraten: Berlin böte zu viel Ablenkung für einen Prinzen. Savigny empfahl statt dessen Bonn.[12] Florschütz, nun Geheimer Hofrat, sollte die Prinzen als Studiendirektor begleiten, Baron Wichmann sollte sie in die Gesellschaft einführen, den Haushalt und das Rechnungswesen leiten – was er vorbildlich getan hat, wie die Abrechnungen beweisen: bei einem Etat von 50000 Reichstalern für die 2½ Jahre in Brüssel und Bonn entstand nur ein Defizit von 332 Reichstalern 27 Silbergroschen und einem Pfennig, was etwa dem Jahresgehalt eines der vier angestellten Stallburschen entsprach.[13] (Einen Teil der Kolleggelder übernahm übrigens König Leopold, weil der Bruder knapp bei Kasse war.) Der Herzog ließ sich stets von Florschütz den Studienplan vorlegen; für das Sommersemester 1838 zum Beispiel genehmigte er 4 Stunden Englisch, 4 Stunden Französisch, 4 Stunden Rechtsphilosophie, 4 Stunden deutsches Privatrecht, 1 für Staatsrecht, 2 für neue Geschichte und 2 für Botanik.[14] Für Albert bedeutete das höchstens ein Minimalprogramm.

Wenn Prinzen damals überhaupt eine Universität besuchten, dann nicht, um eine akademische Ausbildung samt Examina zu absolvieren wie andere Studenten – sie sollten nur die Institution Universität kennenlernen und dabei ein paar Kenntnisse für die wichtigsten Bereiche ihrer künftigen Tätigkeit erwerben; ein Jahr wurde für diese Art Studium als ausreichend erachtet. Albert wurde dann zwei Jahre später zum Ehrendoktor der Rechte ernannt – sicherlich mit mehr Verdienst als etwa der Prinz von Preußen, der mit 17 auch ohne Studium den gleichen Ehrendoktor in Oxford erhielt; im übrigen war es auch für einen normalen Studenten damals viel leichter, einen Doktortitel zu erwerben. Besagte Kenntnisse wurden Fürstlichkeiten in Privatissima vermittelt, was für die Professoren eine willkommene Nebeneinnahme bedeutete.

Die Bonner Universität war noch jung, aber sie hatte schon einen guten Ruf; sie bemühte sich um ein universales, enzyklopädisches Vorlesungsangebot. Ihre Selbstverwaltung war durch einen Regierungskommissar eingeschränkt, der Professoren und Studenten überwachte. Die Kräfte der Restauration waren unvermindert um ihren Erhalt besorgt. Nach den europäischen Revolutionen von 1830 hatte es auch in einigen deutschen Ländern Unruhen gegeben, 1832 hatte das «Hambacher Fest» stattgefunden, 1833 hatten preußische und österreichische Truppen Frankfurt besetzt, Metternich hatte Zensur und Bundesgesetze erneut verschärfen lassen – es gärte weiter. In Bonn studierten rastlose Geister, Hoffmann von Fallersleben und Heinrich Heine, Karl Marx und Emanuel Geibel; junge Dozenten brachten Unruhe in den Betrieb. Ernst Moritz Arndt hatte seine Professur verloren, Joseph Görres wurde ferngehalten. Burschenschaften waren verboten, nur landsmannschaftliche Corps zugelassen. Es war eine sehr preußische, dennoch sehr lebendige Universität.

Als Albert und Ernst im Mai 1837 in die juristische Fakultät immatrikuliert wurden, waren etwa tausend Studenten eingeschrieben (nur ein Drittel stammte aus der näheren Umgebung), und für die standen 80 Professoren zur Verfügung. Berühmte Namen darunter: August Wilhelm Schlegel, der Shakespeare-Übersetzer, Philosophen wie der junge Fichte, Historiker wie Perthes und Bethmann-Hollweg, der Großvater des späteren Reichskanzlers; Niebuhr hatte bis zu seinem Tode in Bonn unterrichtet. Das Haus, das die Brüder bezogen, gehörte einem Medizinprofessor: ein kleiner Garten mit jungen Bäumen, vom oberen Stockwerk sah man den Rhein – ein stilles Eckchen zu jener Zeit. Der Haushalt bestand aus 15 Personen; bis die Küche eingerichtet war, kamen die Mahlzeiten aus dem Hotel Stern, dessen Restaurant unter Feinschmeckern berühmt war. Albert fiel auf: er lebte mäßig und stand morgens um ½6 auf – das war man von Studenten nicht gewohnt. Er bewilligte sich drei Stunden Mittagspause, arbeitete weiter bis 7, und erst dann suchte er Gesellschaft. Daß Professor Fichte die Erfüllung des Lebens in der Arbeit erblickte, entsprach Alberts Einstellung vollkommen. «Unter allen jungen Männern», erinnerte sich sein Studienfreund Prinz Wilhelm von Loewenstein, «zeichnete er sich durch sein Wissen, seinen Fleiß und sein liebenswürdiges Wesen aus... Er scheute keine körperliche oder geistige Anstrengung; im Gegenteil, er suchte Schwierigkeiten, um sie zu überwinden.»[15] Auch Florschütz lobte ihn wieder in höchsten Tönen: «Er hielt, was seine Jugend versprochen, mit solchem Eifer ging er ans Werk, und namentlich in den Naturwissenschaften, Nationalökonomie und Philosophie machte er rasche Fortschritte.»[16] Dem Vater schrieb Albert: «Hauptgegenstand unserer jetzigen Beschäftigungen ist das Römische Recht, das Staatsrecht und die Staatswirtschaftslehre mit Finanzwissenschaft.» Daß Florschütz offenbar die philosophischen Studien so förderte, veranlaßte den ehemaligen Minister von Wangenheim, in Hannover pensioniert, Herzog Ernst eine Warnung zu schicken: Nach dem, was er aus Bonn höre, halte er das «als getreuer Gothaner» für seine Pflicht; er habe den Verdacht, daß den Prinzen liberale Grundsätze eingeimpft würden.[17] Man kann sich ausmalen, was aus Albert geworden wäre, hätte ihn nicht Onkel Leopold aus diesem Duodez-Mief herausgeholt.

Auch in Bonn hat Albert nicht schriftlich darüber reflektiert, was er gehört und gelernt hat. Wir wissen nur in etwa, was seine Lehrer gelehrt haben. Schlegel war die Brücke zur Romantik. Bethmann-Hollweg, ein konservativer Christ, gehörte zur streng methodischen historischen Rechtsschule Savignys. Fichte sah die Verwirklichung eines echten Konservatismus in einer ständigen, wohlgeplanten Reform. An Alberts Tätigkeit in England wird man später ablesen können, wieweit ihn die Studienzeit in Bonn mitgeprägt hat. Nicht nur die Lehrer trugen dazu bei, auch die ganze geistige Atmosphäre der Zeit, auch die Vorgänger waren ja von Bedeutung. Goethe war erst fünf Jahre tot – und er war nicht nur Dichter und Weiser gewesen, sondern hatte auch die Pläne für den Panamakanal studiert, hatte sich über das Verfahren bei den amerikanischen Präsidentschaftswahlen informieren lassen oder über die Versorgung Konstantinopels mit Trinkwasser. Der Universalmensch als Bildungsideal galt noch; die Zeit lag noch nicht so lange zurück, in der ein Swedenborg nicht nur als Okkultist, sondern auch als Erfinder und als Mineraloge von Rang von sich reden gemacht hatte, in der universale Geister wie Albrecht von Haller gewirkt hatten, in der Twens wie Klopstock oder Schiller Geistesgeschichte begründeten und Jean Paul sich den Titanen wünschte – die Lehrer waren in dieser Zeit aufgewachsen. Die Vielfalt von Alberts Interessen und Fähigkeiten rückt ihn in diese Nachbarschaft – nicht als Genie, sondern als Talent, und das ist bisweilen höher zu loben.

Ein Charakterzug dürfte bei Albert während der drei Bonner Semester besonders angesprochen worden sein: sein Patriotismus – nicht als Coburger, sondern als Deutscher. Coburg war ihm Heimat, auch in all den englischen Jahren. Er und seine Altersgenossen sind gelegentlich die «betrogene Generation» genannt worden – die Generation zwischen Schillers Freiheitsdramen und Bismarcks kleindeutscher Lösung. Sein Vater und sein Onkel hatten an den Freiheitskriegen teilgenommen. Trotzdem konnten sie sich dann für die Einheitsbestrebungen nicht erwärmen. Ernst mochte seine Herzogsrechte nicht schmälern lassen, und Leopold betrachtete als belgischer König diesen Einheitsdrang mißtrauisch von einer anderen Warte. Die beiden Prinzen dagegen waren solidarisch mit den Jungen, und sie setzten ihre Hoffnungen auf Preußen. Zwei Themen beherrschten die Innenpolitik dieser beiden Jahre: daß der neue König von Hannover die Verfassung suspendiert und sieben Göttinger Professoren, die dagegen protestierten, entlassen und dadurch zu Märtyrern gemacht hatte; und die Verhaftung des Kölner Erzbischofs Droste-Vischering durch die preußische Regierung wegen seiner Stellungnahme zu Mischehen zwischen Katholiken und Protestanten. Die Prinzen nahmen enthusiastisch für Preußen und gegen den König von Hannover Stellung. «Die katholische Partei ist ganz wütend», schrieb Albert dem Vater, «und droht allen Preußen und Protestanten den Tod und den Untergang. Gestern, am Clemenstage, erwartete man einen

Aufstand in Aachen und Köln. Aber es scheint, daß aus Furcht vor militärischen Ausrüstungen alles ruhig geblieben ist... Hier... zeigt sich sehr deutlich, daß die viel gepriesene Anhänglichkeit der Rheinlande erstaunlich locker ist. ‹Preuß› und ‹Lutherischer Ketzer› sind gewöhnliche Schimpfreden.»[18]

Mit dem König von Hannover hing ein weiteres Ereignis zusammen, das Albert weit persönlicher angehen sollte. In England war William IV. am 20. Juni gestorben, Alberts Kusine Victoria hatte den Thron bestiegen und Ernest Augustus, der Herzog von Cumberland, war König von Hannover geworden, weil dort die weibliche Thronfolge nicht galt. Albert schrieb eine Woche später seinen ersten englischen Brief: «Meine teuerste Kusine! Ich muß Dir einige wenige Zeilen schreiben, um Dir meine aufrichtigsten Glückwünsche zu der großen Veränderung darzubringen, die in Deinem Leben eingetreten ist. Du bist jetzt Königin des mächtigsten Landes in Europa, in Deiner Hand liegt das Glück von Millionen. Möge der Himmel Dir beistehen und Dich stärken mit seiner Kraft bei dieser hohen, schwierigen Aufgabe. Ich hoffe, Deine Regierung wird lang, glücklich und glorreich sein und Deine Bemühungen durch die Dankbarkeit und Liebe Deiner Untertanen belohnt werden. Darf ich Dich bitten, auch bisweilen an Deine Vettern in Bonn zu denken und ihnen die gütige Gesinnung zu bewahren, die Du ihnen bisher vergönntest. Sei Du überzeugt, im Geist sind wir immer bei Dir. Ich bescheide mich, Deine Zeit nicht zu mißbrauchen. Glaube mir, daß ich stets bin und sein werde Deiner Majestät gehorsamster und getreuester Diener – Albert.»[19]

Victorias Antwort empfand Albert als herablassend, sie habe wie eine Monarchin geschrieben und nicht wie eine Kusine ihrem Vetter. Damit riß die Korrespondenz ab. Mit Victorias Krönung verstärkten sich die Heiratsgerüchte wieder. Onkel Leopold hielt es für ratsam, daß die beiden Prinzen während der Semesterferien eine Reise in die andere Himmelsrichtung unternahmen. Albert wäre lieber nach Brüssel gefahren, aber er fügte sich natürlich. «So leid es mir tun wird, daß ich die Gelegenheit verliere, den lieben Onkel bald wieder zu sehen, so fühle ich doch, er hat Recht...», schrieb er dem Vater. So verbrachten die Brüder denn den September und Oktober in der Schweiz und in Oberitalien; weite Strecken ging man zu Fuß, von Basel bis zum Montblanc wurde keine Sehenswürdigkeit ausgelassen; die europäische Schweizerbegeisterung des 18. und frühen 19. Jahrhunderts war noch nicht verebbt. Über die Seen und Mailand ging es nach Venedig, und von dort über Coburg und Gotha rasch nach Bonn zurück. (Nach Alberts Tod erzählte Königin Victoria, daß ihr der Prinz von dieser Reise ein kleines Buch mit Andenken von den Punkten geschickt habe, die er berührt hatte, darunter auch ein Blättchen mit Voltaires Handschrift).

Das neue Semester begann, die Prinzen stürzten sich wieder in die Arbeit. Ernsts Kolleghefte sind im Coburger Staatsarchiv noch vorhanden – zum

Beispiel über 200 sauber handgeschriebene Seiten zum deutschen Staatsrecht, ebenso viele über deutsche Rechtsgeschichte, eine «Juristische Encyclopaedie» von über 300 Seiten – allein eine physische Leistung! Zur Erholung ging Albert auf die Jagd, unternahm mit seinen zwei Windhunden lange Fußwanderungen im Rheintal, im Siebengebirge, an der Ahr. Oft begleitete ihn Prinz Loewenstein, der später berichtete, auch bei Spaziergängen hätten sie so sehr gefachsimpelt, daß es selbst Florschütz gelegentlich zuviel wurde und er das Thema zu wechseln versuchte. Neben Loewenstein gehörten die Erbprinzen von Mecklenburg-Strelitz und Schaumburg-Lippe zum engsten Umgang, dazu Graf Erbach aus der Leiningen-Verwandtschaft. «Musizieren war eine unserer beliebtesten Unterhaltungen», erinnerte sich Loewenstein.[20] «Zur Verzweiflung des Obersten von Wichmann lernten wir verschiedene Studentenlieder und studierten sogar die (Schillersche) Glocke vierstimmig ein... Wir haben manche Abende mit Gesang zugebracht. Es wurden sogar Versuche von dramatischen Darstellungen gemacht, indem eine Szene oder Intrige erfunden und besprochen und sofort aufgeführt wurde. Diese improvisierten Darstellungen hatten ohne Zweifel sehr wenig künstlerischen Wert, waren aber deshalb nicht minder belustigend.» Man verkehrte mit Professoren, war auch in Bonner Bürgerhäusern zu Gast. Besuch kam: Die Herzogin von Cambridge und Großherzogin von Mecklenburg-Strelitz erschien mit sämtlichen Töchtern, Söhnen, Hofdamen und -herren, und die «wollten natürlich gut unterhalten sein», berichtet Florschütz nach Coburg. Die Prinzen waren dem Corps Borussia beigetreten, Albert gewann den ersten Preis im Florettfechten, hatte auch mit dem Säbel keinen Rivalen. Er schwamm fünf Kilometer rheinabwärts, schoß gut, entwickelte eine Begabung zur Karikatur, imitierte und persiflierte zum Gaudium seiner Kommilitonen die Professoren; er spielte Orgel, seine ersten Kompositionen erschienen im Druck (die Einnahmen kamen den Armen zugute), er erwarb ein erstes Blatt von Dürer und seinen ersten Van Dyck, zeichnete und malte selbst und vervollständigte seine Sammlung früher deutscher Holzplastiken.

Es war das, was ihm als ein ausgefülltes Leben vorschwebte. Ein Dasein als Privatgelehrter hätte ihm wohl am meisten entsprochen. Im Unterschied zu seinem Bruder schien er Frauen nicht zu vermissen. Seine ganze Zuneigung gehörte dem Bruder, das Verhältnis zu Loewenstein ging über Kameradschaftlichkeit nicht hinaus. Doch die Trennung der Brüder war für Ende 1838 bereits geplant. Ernst begann eine Belastung für Alberts strenge Moralauffassung zu werden, die Charaktere entwickelten sich nun deutlich auseinander, und Leopold erkannte wohl, wie sehr der Älteste die Leichtfertigkeit seines Vaters geerbt hatte. Zudem mußte Ernst sich langsam auf die Thronfolge in Coburg-Gotha vorbereiten und sollte deshalb am Ende des Sommersemesters 1838 zur militärischen Ausbildung nach Dresden gehen.

Weihnachten nahte, von der Heimfahrt nach Coburg war nicht die Rede.

Albert wollte zu Onkel Leopold nach Brüssel, was eine leichte Knieverletzung durch einen Reitunfall in letzter Stunde verhinderte. «Wie wenig nehmen sich doch junge Leute in Acht und was machen sie für Sorge und Angst!» schrieb die Großmutter in Gotha dem Vater. So wurden die Festtage in Bonn verbracht, und die Reise nach Brüssel wurde im Frühjahr 1838 nachgeholt. Und da nun erzählte König Leopold dem Prinzen, was er mit ihm vorhatte.

Der Heiratsplan hatte sich inzwischen kompliziert. Victoria war nicht mehr, wie bei Alberts erstem Besuch vor anderthalb Jahren, eine von ihrem mütterlichen Haushalt tyrannisierte Thronfolgerin, sondern nun war sie Königin von England, frei von aller Bevormundung, verfügte über ungeheuer viel Geld, genoß ihre Unabhängigkeit und sonnte sich in ihrer Würde. Sogar mit Onkel Leopold entstanden leichte Spannungen, und die Erinnerung an Albert verblaßte langsam. Der spärliche Briefwechsel von 1836 war abgerissen; in ihren Briefen an König Leopold hatte Victoria den Vetter seit langem nicht mehr erwähnt, und der kluge Leopold hatte – auf Stockmars Rat hin – ebenfalls vermieden, über den Neffen zu sprechen. Die Spannungen waren entstanden, als Leopold versuchte, die Nichte für Belgiens Gebietsforderungen einzuspannen – geantwortet hatte ihm die englische Königin. Leopold mag wohl von seiner Familienpolitik ein anderes Resultat erwartet haben; jedenfalls war ihm das eine Lehre. Victoria und ihr Premierminister Melbourne schienen zu fürchten, daß auch eine Ehe mit Albert dem Onkel zu dem Versuch dienen könnte, auf diesem Wege dann Einfluß auf Englands Politik zu nehmen. Darüber dürfte Leopold nun weniger Illusionen gehabt haben. Zu Victorias Krönung jedenfalls waren wohl Onkel und Tante aus Coburg eingeladen, nicht aber Onkel Leopold, und von den Vettern Ernst und Albert war keine Rede. Der König unterschlug die Schwierigkeiten nicht, als Albert ihn im Frühjahr 1838 besuchte.

«Ich habe eine lange Konversation mit Albert gehabt», berichtete Leopold Stockmar, «und ihm den ganzen Casus ehrlich und freundlich vorgelegt. Er betrachtet die Frage von dem höchsten und ehrenwertesten Standpunkt. Er sieht ein, daß Mühseligkeiten von allen menschlichen Stellungen untrennbar sind, und daß also, da man Plagen und Unannehmlichkeiten nicht entgehen kann, es besser ist, sie für einen großen und würdigen Zweck als für Kleinigkeiten und Elendigkeiten zu ertragen. Ich habe ihm gesagt, daß es nötig sein werde, die Heirat einige Jahre zu verschieben. Ich fand ihn hierüber sehr vernünftig. Jedoch machte er eine richtige Bemerkung. Ich bin bereit, sagte er, mich diesem Aufschub zu unterwerfen, wenn ich nur einige Sicherheit habe. Aber wenn ich, nachdem ich vielleicht drei Jahre gewartet, finden sollte, daß die Königin die Heirat nicht mehr wünscht, so würde mich das in eine lächerliche Position bringen und bis zu einem gewissen Grade alle meine ferneren Lebensaussichten vernichten. – Irre ich nicht sehr, so besitzt er alle erforderlichen Eigenschaften für die

Stellung, die er in England einnehmen soll. Sein Verstand ist gesund, seine Auffassung klar und rasch und sein Gefühl richtig. Er hat große Gabe der Beobachtung und besitzt viel Klugheit, ohne irgendetwas Kaltes oder Moroses an sich zu haben.»[21]

Von Begeisterung über dieses Heiratsprojekt oder besonderer Zuneigung zur Kusine Victoria zeugt Alberts Haltung nicht gerade, und weder Leopolds Brief noch irgendeine andere schriftliche Mitteilung geben Aufschluß über seine wahren Gefühle – die ja bei solchen Ehen ohnehin unberücksichtigt blieben. Immerhin sagte er nicht Nein. Vernunft, Disziplin, Liebe zum Onkel gaben den Ausschlag. Welche Zukunftsaussichten hatte er auch sonst? Er sei von dem Ergebnis der Brüsseler Reise ganz befriedigt, schrieb er dem Vater, der regelmäßig pflichtschuldige Berichte erhielt. Die Königin habe keineswegs ihren Sinn geändert, wünsche aber für einige Zeit noch nicht zu heiraten. «Die Hauptfrage wäre nun, wie in der Zwischenzeit mein Leben am zweckmäßigsten einzurichten wäre.» Das waren ganz nüchterne Überlegungen.

Das hatte Leopold schon überlegt und abgesprochen. Das nächste Semester sollten die Brüder noch gemeinsam in Bonn verbringen. Dann würde Ernst nach Dresden übersiedeln, und Albert sollte die große Bildungsreise durch Italien unternehmen.

Im Juni 1838 wurde Victoria gekrönt. Der Herzog und die Herzogin von Coburg waren eingeladen, aber nur der Herzog fuhr hin und kam stolz mit dem Hosenbandorden wieder heim.

Bevor Albert am Semesterende nach Coburg zurückkehrte, besuchte er noch einmal Onkel Leopold in Brüssel. Offenbar hatte er sich das Eheprojekt reiflich überlegt, fand ebenso wie sein Vater allzu langes Warten unzumutbar, und er legte dem Onkel seine Gründe dar. Leopold schrieb an Stockmar: «Albert hat sich sehr vervollkommnet. Er sieht so sehr viel männlicher aus, und nach seiner Haltung könnte er 22 oder 23 Jahre alt sein... Was sein Vater von der Heirat sagt, ist richtig. Muß er noch drei, vier Jahre warten, so wird es ihm unmöglich, eine neue Karriere anzufangen, und sein ganzes Leben ist ihm verdorben, wenn die Königin ihren Sinn ändern sollte.»[22]

Ernst und Albert konnten noch einmal zwei gemeinsame Monate in Coburg verbringen, bevor sie sich trennen mußten. Gleichzeitig war es eine Trennung von Florschütz. Dem Schullehrer waren sie nun entwachsen, Florschütz blieb in Coburg und verheiratete sich; Albert dankte ihm mit einer jährlichen Rente von 200 Gulden. Es war also wirklich ein harter Schnitt: die 19jährige allerengste Gemeinschaft mit dem Bruder wurde getrennt, und dazu gleich die fast ebensolange Vertrautheit mit dem Lehrer, den er besser kannte als den Vater. Alberts Schmerz ging tief. «Die Trennung wird uns fürchterlich schwer werden», schrieb er Freund Loewenstein – ihm gegenüber formulierte er nicht so gestelzt wie beim Vater.

«Wir waren bis jetzt, solange wir denken können, keiner noch einen Tag ohne den Andern. Ich mag mir den Augenblick garnicht vergegenwärtigen.» Und dann der Großmutter nach Gotha: «Jetzt bin ich ganz allein. Ernst ist über alle Berge, ich bin zurückgeblieben und noch umgeben von so vielen Dingen, die mir immer vorspiegeln, er müsse in der Nebenstube sein... Das ‹Wir› werde ich mir nun wohl abgewöhnen müssen und mich immer des so egoistisch und kalt lautenden Ich's bedienen müssen. In ‹Wir› klang alles viel weicher, denn das Wir drückt die Harmonie mehrerer Seelen aus, das Ich drückt mehr den Widerstand des Einzelnen gegen die äußeren Kräfte aus, jedoch auch das Vertrauen auf eigene Stärke.»[23]

Kurz darauf, im Dezember, trat Albert die «große Kavalierstour» nach Italien an. Sie war üblich für jüngere Herren von Stand, eine Mischung aus Besichtigungs- und Bildungstourismus, Besuchen an Fürstenhöfen und Visiten bei berühmten Persönlichkeiten. Was Albert nach Leopolds Meinung brauchte, war mehr Schliff, mehr Gelegenheit zum Umgang mit Frauen. Stockmar begleitete ihn. Albert kannte ihn kaum. Er habe nicht die Absicht, seinen inneren Menschen durch die Lebensweise des Mannes verderben zu lassen, der ihm als Mentor zugedacht war, schrieb er Florschütz störrisch. Er unterschätzte den Baron. Stockmar fuhr mit, nicht um Italien, sondern um Albert zu studieren. Der Prinz, bisher voller Unschuld und idealistischer Pläne, wurde Wachs in den Händen eines 51jährigen, asketischen, moralisierenden und philosophierenden Hypochonders, der ihn vom «Ernst des Lebens» überzeugte.

Reisen war noch immer eine Strapaze. Selbst eine Eilpost brauchte etwa von Kassel bis Frankfurt 24 Stunden, sie fuhr dreimal die Woche; und von Kassel nach Berlin dauerte die Reise zweieinhalb Tage.[24] Im Winter über die Alpen zu fahren, verlangte schon ein hohes Maß an Leidensbereitschaft. Der Winter 1838/39 war ungewöhnlich kalt, ganz Oberitalien lag unter einer hohen Schneedecke. Was Leopold und Stockmar bewogen hatte, nicht bis zum Frühjahr zu warten, können nur beunruhigende Nachrichten aus London gewesen sein: Eile war geboten, Albert mußte möglichst schnell so präsentabel gemacht werden, daß Victoria nicht einem anderen in die Arme fiel; Kandidaten gab es genug.

Die erste Etappe von München nach Florenz ist denn auch eine einzige Mühsal. «Der Gesundheit des Herrn von Stockmar wegen machten wir nur sehr kleine Tagesreisen», berichtet Albert dem Vater; Kufstein, Innsbruck, Sterzing, Bozen, Trient, Verona, und so fort. Bruder Ernst schreibt er ausführlicher. «Wir haben von München bis Verona bei 12 Grad Kälte sehr gefroren und sind dann von dort bis Florenz im Schritt durch drei Fuß hohen Schnee geschleppt worden. Dabei haben wir uns alle nachts in einem feuchten, nicht heizbaren Quartier sehr verkältet.»[25] Als sie am Heiligen Abend endlich in Florenz ankamen, mußte Albert fünf Tage mit einem Zahngeschwür im Bett verbringen, und Stockmar blieb aus Vorsicht im Bett.

Dann beziehen sie ein Apartment im Palast des Marquis Cerini: ein Salon, ein Prunksaal, ein Vor- und ein Eßzimmer, vier Schlafräume, drei Dienerzimmer und eine Studierstube. Rokoko, «alles ziemlich schäbig... hat alle Frische und allen Glanz verloren... Wir sitzen abends zuhause und disputieren, meist über staatsrechtliche und philosophische Gegenstände», berichtet er dem Bruder. Die Tage sind ausgefüllt mit «Visitenfahren»; Albert pilgert durch die Galerien, jagt nach Handschriften, Bildern, Zeichnungen; er malt und komponiert. Sie stellen sich bei Hof vor, Großherzog Leopold von Toscana ist sehr angetan, als er sieht, wie lebhaft sich Albert mit dem blinden Marquis Capponi unterhält. «Auf diesen Prinzen können wir stolz sein», bemerkt er zum englischen Gesandten, «während die Schönen auf ihn warten, beschäftigt ihn der Gelehrte.» Stockmar vermerkt Alberts Abneigung gegen große Gesellschaften und seine mangelnde Aufmerksamkeit gegenüber den Damen. Auf dem Parkett wirkte Albert steif. Seine natürliche Liebenswürdigkeit und Heiterkeit, sein kindliches Vergnügen am Komischen zeigte sich nur im kleinsten und vertrauten Kreis. In Komplimenten war Albert nicht geübt, er konnte niemals Interesse oder Bewunderung vortäuschen, die er nicht empfand. Er war hilflos aufrichtig.

Aber er gibt sich Mühe. Maskenbälle und Soireen jagen einander, selten kommt er vor 5 Uhr morgens ins Bett. Voller Galgenhumor schreibt er seinem Studienfreund Loewenstein: «Ich habe mich die Zeit her ganz in den Strudel der Gesellschaften gestürzt. Ich habe getanzt, diniert, soupiert, Komplimente gemacht, mich und mir präsentieren lassen, französisch und englisch parliert, alle Phrasen über das Wetter erschöpft, den Liebenswürdigen gespielt, kurz bonne mine à mauvais jeu gemacht. Du kennst meine Passion für dergleichen, mußt also meine Charakterstärke bewundern, daß ich mich nie entschuldigt habe, nie vor fünf Uhr des Morgens in meine Behausung zurückgekehrt, den Karnevalsbecher bis auf den Boden geleert habe.»[26]

Derweil ist aus England Sir Francis Seymour eingetroffen, ein junger Leutnant (später General und Lord Hertford), der auf Wunsch König Leopolds die Reisegesellschaft vervollständigt und Alberts Englisch polieren soll. Seymour ist sofort sehr angetan von dem Prinzen. «Der Prinz war schlank und groß», erinnerte er sich später, «sein Gesicht auffallend hübsch und intelligent, seine Züge fein und regelmäßig, seine Gesichtsfarbe (ehe die Sonne Italiens sie bräunte) hell und klar... Um sechs Uhr stand er auf, nahm ein leichtes Frühstück, trieb Italienisch mit einem Lehrer Martini, mit mir eine Stunde Englisch. Dann spielte er Klavier oder Orgel, komponierte und sang bis Mittag [ebenfalls mit einem Lehrer; d. Vf.], wo er gewöhnlich ausging, Galerien und Ateliers besuchte. Um zwei Uhr kam er nach Haus und aß zu Mittag, einfach und möglichst rasch; er pflegte zu sagen, essen sei Zeitverschwendung. Er trank Wasser. Nach Tisch spielte und sang er wieder eine Stunde, dann machte er zu Wagen Besuche. Darauf kam, was ihm die größte Freude war: er machte zu Fuß große Spaziergänge in der prachtvollen Umgebung von Florenz. Das war ihm ein Herzensgenuß, er lebte auf, wurde heiter. ‹Nun kann ich atmen, nun bin ich glücklich›, rief er aus. Selten kam er vor sieben Uhr nach Haus, wo die Teestunde war, und wenn er nicht in die Oper oder in Gesellschaft ging, so führte er meist eine interessante und oft amüsante Unterhaltung mit Baron Stockmar, vorausgesetzt, daß dieser sich wohl genug fühlte, um zum Tee zu erscheinen. Um neun Uhr oder kurz nachher ging er zu Bett und schlief sofort. An die frühen deutschen Stunden hatte er sich so gewöhnt, daß er sich nur mit Mühe wach hielt, wenn er mal spät aufbleiben mußte.»[27]

Die kargen Mahlzeiten hingen allerdings auch mit dem ewig magenleidenden Stockmar und der nicht sehr üppigen Reisekasse zusammen. Vier Gänge konnten sie sich nicht leisten, schrieb Albert seinem Bruder, und außerdem dozierte Stockmar auch bei Tisch, «immer geistreich und belehrend». Gelegentlich ging er auch mit dem Großherzog auf Fasanenjagd und zeigte sich als sehr erfolgreicher Schütze – alles in allem war Albert von Florenz doch sehr beeindruckt und genoß die drei Monate.

Von drei Wochen im päpstlichen Rom ist er das weit weniger. Ostern steht vor der Tür, und es regnet in Strömen. Ein Archäologe aus Gotha führt ihn, er beschäftigt sich mit Statuen und allerlei Antiquitäten, studiert Baupläne, trifft den Kronprinzen Max von Bayern. Besonders in der Karwoche kommt bei ihm der bigotte Protestant zum Vorschein, der schon bei der Konfirmation übereifrig erklärt hatte: «Ich und mein Bruder sind fest entschlossen, der erkannten Wahrheit unverbrüchlich treu zu bleiben.» Der Geisteswelt des Katholizismus ist er nie nahegekommen. Das kirchliche Zeremoniell schockiert ihn. «Einen einzigen Moment nehme ich aus. Das ist der, in welchem der Papst vom Balkon des Vatikans herab dem in Massen zuströmenden Volke die Benediktion erteilt. Es geschieht unter Glockengeläute, Kanonendonner von der Engelsburg und militärischer Musik.» Gregor XVI. empfängt ihn in Audienz, und er belehrt den Papst in Kunstgeschichte. «Am vergangenen Dienstag habe ich die Ehre gehabt, Seiner Heiligkeit aufzuwarten. Der alte Herr war sehr freundlich und höflich. Ich blieb fast eine halbe Stunde bei ihm in einer kleinen Stube eingeschlossen, wir unterhielten uns auf Italienisch über den Einfluß der Ägypter auf die griechische Kunst und dieser auf die römische. Der Papst behauptete, die Etrusker hätten den Griechen als Vorbilder gedient. Trotz seiner Unfehlbarkeit wagte ich es zu behaupten, daß dieses Volk seine Kunst erst von den Ägyptern entnommen habe.»[28]

Anfang April geht es weiter nach Neapel, das Wetter ist miserabel, der Vesuv ist weit herunter verschneit, trotzdem klettert Albert zweimal hinauf. Er präsentiert sich dem König und der Königin, langweilt sich bei Hof, besucht Pompeji und Paestum, Sorrent, Salerno und Capri. «Ach, Neapel hat doch herrliche Punkte», schreibt er. Doch dann muß die Heimreise angetreten werden. «Jetzt wird die Reise rückwärts im Galopp gehen müssen, denn das Geld will nicht recht langen.»[29] Rom, Siena, Pisa, Livorno, Genua – am 13. Mai sind sie in Mailand, wo der Vater und Vetter Graf Hugo Mensdorff die Gesellschaft erwarten. Stockmar verabschiedet sich, er fährt direkt nach Coburg zurück. Die anderen reisen an die oberitalienischen Seen, besuchen in der Schweiz Tante Julia, die geschiedene Großfürstin. In Genf verabschiedet sich Seymour, und im Juni sind alle Coburger wieder daheim. Am 21. wird Ernst 21 Jahre alt, beide Brüder werden mit aller Feierlichkeit mündig gesprochen, der noch nicht 20jährige Albert durch ein Ministerialpatent. «Nun bin ich Herr über mich selbst», schreibt er, «was ich hoffe, stets und in jeder Beziehung zu bleiben.» Was sich sehr schnell als ein Irrtum erweisen sollte.

Was hat diese Italienreise Albert gebracht? Sie bildete eine der ganz wenigen Phasen seines Lebens, in denen er, ohne das Korsett von Aufgaben und Pflichterfüllung, ganz er selbst sein durfte: frei, heiter, interessiert, neugierig. Beeindruckt hat ihn Italien nur punktuell. Außer einer Liebe für das Fresco und die damals wenig geschätzten Nazarener hat er nichts Bleibendes mitgebracht. «Mein Gesichtskreis hat sich fast um das Doppelte erweitert», berichtete er Loewenstein, «und das richtige Urteil wird sehr davon unterstützt, gesehen zu haben. Italien ist wirklich ein höchst interessantes Land und unerschöpfliche Quelle der Belehrung. Von dem Genuß jedoch, den man sich von dort verspricht, bekommt man außerordentlich wenig zu kosten. Das Land bleibt in vielen, vielen Beziehungen weit hinter dem zurück, was man davon erwartet.» Nun war Italien damals allerdings ein Land auf dem Tiefpunkt seiner Geschichte. Wenig erinnerte an die glorreichen Zeiten der Renaissance oder Venedigs, es war nicht einmal mehr das Italien, das Goethe erlebt hatte. Napoleon hatte es umgekrempelt, dann hatten sich seine Besieger ihre Beute wiedergeholt und Rache genommen; das Volk war arm, apathisch und korrupt, Österreich und damit alles Deutsche war verhaßt. Und dazu hatte Albert Italien vorwiegend bei schlechtem Wetter erlebt.

Doch war das für ihn nicht das einzige Resultat der Reise. «Du wirst mich um sechs Monate älter wiedersehen», kündigte er noch aus Genf dem Bruder an, «frei von der Verlegenheit, die mich sonst so plagte, etwas im Englischen fortgeschritten, bereichert an einigen Erfahrungen und durch Stockmar eingeführt in manche kleinen politischen Geheimnisse. Was die Heiterkeit anbetrifft, so erinnere ich mich nie so lustig und ausgelassen gewesen zu sein als ich mit Stockmar und Seymour zusammen war. Was ich Stockmar sehr verdanke, das sind einzelne große Lebensprinzipien, über die ich durch ihn erst zur Klarheit in der Erkenntnis gekommen bin.»[30]

Es war deutlich, daß Albert in Stockmars Abhängigkeit geraten war, und das blieb er für sein ganzes Leben: Albert hat sich nie gegen Stockmars Autorität aufgelehnt. In mancher Hinsicht ist das zu bedauern. Denn so wurden Alberts ohnehin vorhandenen Anlagen zu Herbheit, Kühle, Verschlossenheit, Sprödigkeit und Prüderie noch verstärkt. Was den 19jährigen so an diesem 51jährigen, griesgrämigen Doktor faszinierte, daß die Verehrung für ihn von nun an immer größer wurde, ist nicht mit Gewißheit zu klären. Stockmar hat nie mit heftiger, ja grober Kritik gespart, und doch war Albert niemals beleidigt, sondern im Gegenteil dankbar dafür und versprach stets, sich zu bessern. Stockmar muß zu jenen starken Persönlichkeiten gehört haben, die eine ungewöhnliche, geradezu magnetische Macht über andere ausüben können – selbst Leopold, der über sehr viel mehr Selbstsicherheit verfügte als Albert, hatte sich ihr untergeordnet. Wie anders hätte sich Alberts Charakter vielleicht gestaltet, hätte er in diesen Jugendjahren im gleichen Maße unter dem Einfluß des lebensfrohen Königs Leopold gestanden. Stockmar, ein Kind der deutschen Aufklärung, formte ihn nach seinem Bilde, und er gab ihm eine Lebensaufgabe und ein Ziel. Was Albert in diesen Jahren von Stockmar lernte, hat Gustav Freytag einmal in einem Gedenkartikel für Stockmar zusammengefaßt: «Jede Erscheinung zu verfolgen bis zu ihrem Ursprung, den Verlauf großer politischer Ereignisse mit dem gespannten Interesse eines Naturforschers zu betrachten, zur Grundlage der Beurteilung aller irdischen Verhältnisse immer moralische und ethische Forderungen zu nehmen, einen festen Glauben an die Güte der menschlichen Natur zu bewahren, dem menschlichen Trieb zur Vervollkommnung zu vertrauen, auch bei Verirrungen und Verbildungen der Individuen und Staaten nicht an der heilenden Kraft zu verzweifeln und die eigenen Hilfsmittel immer auf das Gute, nie auf das Schlechte im Menschen zu begründen.»[31]

Stockmar, aus Italien zurückgekehrt, machte sich sogleich an die Abfassung eines Berichts für König Leopold. Er hatte allerlei Schwächen und Fehler bei Albert entdeckt, aber die waren wohl korrigierbar. «Der Prinz sieht seiner seligen Mutter frappant ähnlich und ist ihr auch, bei mancher Verschiedenheit, in vieler Hinsicht körperlich und geistig nachgeschaffen. Er hat ganz dieselbe Beweglichkeit und Geschicklichkeit des Geistes, denselben Verstand, das nämliche Bedürfnis und auch Talent, anderen gegenüber gutmütig und liebenswürdig zu erscheinen, dieselbe Neigung zu Espièglerien, zur Behandlung von Dingen und Menschen auf eine drollige und daher oft gefällige Weise, dieselbe Art, sich nicht lange bei einem Gegenstande aufzuhalten. Seine körperliche Konstitution kann nicht kräftig genannt werden, doch möchte ich glauben, daß er sie bei genügender diätetischer Behandlung leicht würde befestigen und dauerhaft machen können. Nach Anstrengungen kann er oft auf kurze Zeit blaß und erschöpft aussehen. Große Anstrengungen sind ihm zuwider, er schont sich moralisch und physisch sehr gern... Voll des besten Willens und der edelsten Vorsätze bleibt er oft in der Ausführung stecken... Sein Urteil ist über manche Dinge reifer als seine Jahre. Er zeigt indes, bis heute wenigstens, für alle politischen Vorgänge auch nicht das geringste Interesse. Selbst die bedeutendsten Ereignisse dieser Art vermögen ihm nicht einmal während ihres unentschiedenen Verlaufs die Durchlesung eines Zeitungsblattes abzunötigen. Alle auswärtigen Zeitungen verabscheut er ohnehin, und indem er sagt, daß die Augsburger Allgemeine Zeitung das einzige lesenswerte und nötige Blatt sei, liest er auch nicht einmal dieses... In Bezug auf gute Formen bleibt manches zu wünschen. Dieser Mangel muß hauptsächlich darauf gerechnet werden, daß seine frühesten Jahre zu sehr des Umgangs und der Aufsicht einer Mutter oder eines gebildeten weiblichen Wesens entbehren mußten... Er wird im Ganzen stets bei Männern mehr Glück als bei Damen machen. Er ist bei diesen zu wenig empressiert zu gleichgültig und zurückhaltend.»[32]

Stockmar besaß so viel Erfahrung und medizinisch geschulte Beobachtungsgabe, daß man an der Richtigkeit der Diagnose nicht zweifeln kann. Aber sowenig Albert ihn vor dieser Reise gekannt hatte, sowenig hatte Stockmar den Prinzen vorher erlebt. So irrte er in einem entscheidenden Punkt, wie er bald selbst einsah. Alberts völlige Gleichgültigkeit gegenüber der Politik mußte Stockmar natürlich besorgt machen angesichts der Pläne, die man mit ihm hatte. Aber was Stockmar erst später entdeckte, war Alberts Energie, die sich zu ungewöhnlicher Willensstärke entwickelte, wenn er gefordert und in die Pflicht genommen wurde. Daß er sich dann weder «physisch noch moralisch schonte», hat zu seinem frühen Tod geführt.

Albert hatte gehofft, nun erst mal ein paar Wochen in der Stille der Rosenau seine Eindrücke verarbeiten und seine Studien fortsetzen zu können. Statt dessen wurde ihm demonstriert, wie wenig er auch jetzt «Herr über sich selbst» war, der Vater machte keine Miene, ihn von der Leine zu lassen. Albert mußte ihn zur Kur nach Teplitz und Karlsbad begleiten, ein Ort, den er «bis in den Tod» haßte. Der Umgang in der Gesellschaft sollte noch weiter gepflegt werden. «Ich bin dem Tod der Langeweile nahe», schrieb er dem Bruder nach Dresden, «und gestern hätte ich mich fast aus Desperation aufgehängt, als ich hörte, daß der Lohn für alle meine Leiden ein Aufenthalt in Reinhardsbrunn sein würde.» Reinhardsbrunn war das Sommerschloß der Gothaer Residenz. Albert hatte in Gotha einen Gesangverein gegründet und sich für die Solo-Baßpartie in Beethovens «Preis der Tonkunst» gemeldet – nicht einmal dazu gab es Gelegenheit.

Der Ton seiner Briefe an den Bruder beginnt sich allmählich zu ändern. Auch das dürfte am Einfluß Stockmars während der Italienreise gelegen haben. Die Hauptursache aber war Ernst selbst.

Albert war kein bedeutender Briefschreiber. Er schrieb niemals so spontan aus der Situation, aus dem Überschwang heraus wie etwa Victoria. Er schrieb kontrolliert, formulierte mit Punkt und Komma, er äußerte keine wahren Gefühle, führte auch keinen Dialog mit dem Briefpartner. Selten scheint in seinen Briefen Humor durch: einmal schildert er der Großmutter in Gotha, wie in der Ehrenburg Ernst und er im Nachthemd einen Zimmerbrand bekämpfen, mit zwei Krügen Wasser und einer Kanne Kamillentee, bis die Schildwache zu Hilfe kommt. Der Wert seiner Briefe liegt in ihrer Sachlichkeit, in dem besonnenen Urteil, das darin zum Ausdruck kommt. Es gab nur einen Menschen, zu dem Albert Zeit seines Lebens offener war als zu jedem anderen, und das war sein Bruder Ernst. Der war nun zu einer eigenen, ganz anderen Persönlichkeit erwachsen, trotz der 19 Jahre währenden so engen Gemeinsamkeit war er in vielem das genaue Gegenteil seines Bruders geworden. «Von Mängeln einer fürstlichen Bildung ist er... nicht ganz frei, darüber belehrt einen schon das erste Zusammensein», notierte der Historiker und Diplomat Theodor von Bernhardi 1858 in sein Tagebuch, «auch er hat den fürstlichen Mangel an Stetigkeit, das Bedürfnis und die Gewohnheit, in ewiger Bewegung, ewiger Zerstreuung zu leben, die fürstliche ‹Zappelhaftigkeit›, wie Goethe es nannte. So ist... in allem, was er sagt, sehr viel Geist, eine feine Beobachtungsgabe; aber es steckt oft keine eigentliche, folgerichtige Arbeit des Geistes dahinter.»

Seit Ernst in Dresden ist, gibt es Schwierigkeiten. Während Albert allmählich Verständnis für das Lebensschicksal des Vaters entwickelt, bricht zwischen Ernst senior und Ernst junior der Generationskonflikt auf. Albert sucht zu vermitteln, die heiteren Noten der Briefe aus Italien weichen immer mehr belehrenden Ermahnungen. Ernst verlangt mehr Geld, er kommt nie aus. «Papa gibt eigentlich gern», schreibt Albert, «aber er will, daß man dabei immer erkenne, daß er schenkt.» Die Familie klagt, daß Ernst oft monatelang nichts von sich hören läßt. Dann gelangt Klatsch aus Dresden nach Coburg, der «Papa und auch Dir schon vielen Schaden getan.» An seinem 20. Geburtstag meditiert er: «Wir haben manches zusammen studiert, mit Eifer manchen Zweig der Künste und Wissenschaften ergriffen, vielleicht mehr als mancher unseres Alters oder Standes; laß uns darin nicht müde werden... Du bist zu einer Stelle geboren, die dies erheischt, mich scheint das Schicksal einem gleichen, doch noch schwereren Berufe bestimmt zu haben.»[33]

Das Schicksal schwankte jedoch noch, und der Vater war schlechter Laune. Er hatte bei seiner Schwester auf die Heirat gedrängt. Aber die Verhältnisse am Londoner Hof waren so verworren und das Verhältnis seiner Schwester zu ihrer Tochter Victoria so gespannt, daß er am liebsten das ganze Heiratsprojekt aufgegeben hätte. Onkel Leopold hatte einen neuen Besuch Alberts in London arrangiert, doch nun bat ihn die Königin dringend, diesen Besuch abzusagen. Sie habe «große Abneigung», ihre gegenwärtige Situation zu ändern, sie sei noch zu jung, auch ihr Land erwarte nicht von ihr, daß sie jetzt heirate, eine Entscheidung könne frühestens in zwei oder drei Jahren fallen; sie habe Albert gern wie einen Freund, aber nicht mehr, und der Onkel möge ihm doch klarmachen, daß «keine Verlobung» bestehe. Das hatte sie ein paar Tage zuvor auch ihrem verehrten Premierminister Lord Melbourne gesagt. «Sprach darüber», steht am 12. Juli in ihrem Tagebuch, «daß vielleicht zu viele meiner Verwandten in diesem Jahr schon gekommen seien, was Lord M. nicht fand, jedenfalls habe es darüber noch keine Bemerkungen gegeben. Sprach darüber, daß meine Vettern Ernst und Albert kommen – und daß ich keine große Lust habe, Albert zu sehen, denn die ganze Sache sei peinlich, und ich möchte mich nicht entscheiden müssen. Es gebe keine Verlobung zwischen uns, sagte ich, aber der junge Mann wisse, daß die Möglichkeit einer Verbindung bestehe.»[34] Derweil tanzte sie mit dem Zarewitsch, in den sie «wirklich ein bißchen verliebt» war, erwartete den König von Frankreich; der Herzog von Nemours meldete sich als Heiratskandidat, der Herzog von Cambridge warb für seinen Sohn.

Albert war deprimiert. Er wußte nicht, wie es weitergehen solle. Sein 20. Geburtstag war ein Fiasko, statt ihn auf der Rosenau zu verbringen, mußte er mit nach Gotha. «Wenn ich das Wort Universität ausspreche», schrieb er Freund Loewenstein, «und mich dabei all der guten Vorsätze erinnere, die ich dort mir vorhielt, so schäme ich mich fast meines jetzigen Lebens, welches hauptsächlich im Herumschlendern und Komplimentemachen besteht.»[35]

Und dann kam plötzlich eine Einladung der Königin Victoria nach London.

8. Kapitel

Victoria: Jugend ohne Vater

Unter normalen Umständen wäre Königin Victoria nicht in London, sondern in Wald-Leiningen geboren worden. Das Schlößchen liegt bei Amorbach im Odenwald, 200 Kilometer von Coburg entfernt. Es hatte Victoires erstem Mann gehört, dem verstorbenen Fürsten zu Leiningen. Man lebte billig dort, ohne große standesgemäße Verpflichtungen, und ihr zweiter Ehemann, Edward von Kent, war zwar ein Königssohn und trug einen Herzogstitel, aber er hatte kein Geld.

Edward, der vierte Sohn König George III. von England, war zu dieser Zeit bereits 52 Jahre alt. Er hatte eine wenig rühmliche Soldatenlaufbahn hinter sich. Nach seiner militärischen Ausbildung in Hannover und in der Schweiz hatte er ein Kommando in Gibraltar bekommen, 1791 war er mit 24 Jahren Oberbefehlshaber der britischen Truppen in Kanada geworden. Wenn es um soldatische Zucht und Ordnung ging, war er ein Pedant, und diese Pedanterie war mit einem Schuß Sadismus gemischt. Den findet man auf seinem Porträt der königlichen Sammlung im Blick und in dem sinnlichen Mund wieder; ein grobschlächtiger, fülliger Mann, ein kugelrunder Kahlkopf mit Doppelkinn und Backenbart, in großer goldbestickter Uniform mit hohem Kragen, Fangschnüren und vielen Orden. Der Herzog von Wellington nannte ihn nur den «Korporal». Unbarmherzig wurde in seiner Armee das Höchstmaß an Prügelstrafe verhängt, 999 Hiebe. Ein zum Tode verurteilter Soldat mußte im Leichenhemd, gefolgt von der ganzen Kompanie mit Trauermusik, zwei Kilometer hinter seinem Sarg hergehen, bevor ihm unter dem Galgen seine Begnadigung verkündet wurde. Ein schmutziger Uniformknopf, ein falscher Schritt beim Exerzieren ließen Edward die Beherrschung verlieren. Die Beschwerden über Roheit und Quälerei in seiner Truppe häuften sich schließlich so, daß ihn sein älterer Bruder Frederick, der Oberbefehlshaber der britischen Armee war, 1803 seines Postens enthob. Auch bei den Geschwistern war Edward unbeliebt. Er wurde mit dem Titel eines Feldmarschalls abgefunden, kehrte nach London zurück, wohnte offiziell im Kensington Palast und erhielt auch während der napoleonischen Kriege kein Kommando mehr. Charles Greville, Sekretär (besser: Geschäftsführer) des Geheimen Kronrats und Chronist jener Epoche, dessen achtbändige Memoiren ab 1875 erschienen, nannte Edward den größten Halunken, der jemals dem Galgen entkommen wäre, und das sei allgemeine Ansicht gewesen.[1]

Ein böses und zumindest einseitiges Urteil. Edward konnte in Gesellschaft ungemein liebenswürdig sein, die kanadische Gesellschaft fand ihn charmant. Er war musikalisch und belesen, besaß eine umfangreiche Bibliothek mit Werken über Sozialfragen und Justiz, Arbeitslosigkeit, Medizin und Sklavenhandel. Seit seiner Entlassung vom Militär war er ohne Beschäftigung. In London trat er gemeinnützigen und wissenschaftlichen Gesellschaften bei, entwickelte – ganz anders als seine Brüder – liberale Ansichten, sprach sich für die Emanzipation der Katholiken aus, sympathisierte mit den frühsozialistischen Ideen Robert Owens und irritierte damit die Tories im Parlament.

Seit den Tagen von Gibraltar – und das war nun 27 Jahre her – lebte Edward treu mit einer Mademoiselle Julie de St. Laurent zusammen, einer französischen Schauspielerin (manche englischen Quellen sprechen lieber von einer verwitweten Baronin, deren Mann gefallen war). Dabei belastete etwas sein Leben von Jahr zu Jahr mehr: er hatte Schulden. Sein Gehalt, kümmerlich für seine Vorstellungen, hatte nie ausgereicht. Seine Extravaganz ließ im Laufe der Jahre den Betrag auf 200000 Pfund anwachsen, und er wußte nicht, wie er jemals davon herunterkommen sollte. Ein Kreis von Freunden beriet ihn, unterstützte ihn, verwaltete seine Finanzen als eine Art Treuhandgesellschaft. 1815 wurde ihm geraten, nach Brüssel zu übersiedeln, wo man zu jener Zeit billiger lebte als in London. Und in der Tat: da könne man fünf Kinder großziehen für die Kosten von einem anderswo, schrieb er nach Hause. Nicht daß er welche gehabt hätte. Er wolle nur im Ruhestand «sehr zurückgezogen» leben, um dann eines Tages solviert und für immer nach Hause zurückkehren zu können.[2] Doch auch in Brüssel wollte sich sein Konto nicht ausgleichen. So wurde eine neue Idee geboren, die seine Nichte Charlotte und ihr Mann Leopold für das Ei des Kolumbus hielten, zumal sie sogar aus staatspolitischen Gründen geraten schien: Heiraten. Denn verheirateten Prinzen pflegte das Parlament eine großzügigere Apanage zu bewilligen, zumal im Augenblick der königliche Nachwuchs etwas dünn gesät war. Man hoffte auf 25000 Pfund. Die passende Kandidatin hatte Leopold zur Hand: seine Schwester Victoire, verwitwete Fürstin zu Leiningen, Anfang Dreißig, mit zwei netten Kindern, einem Sohn Karl und einer Tochter Feodora. Victoire brauchte einen Mann, und Edward brauchte ein Einkommen.

Edward hatte Madame de St. Laurent gegenüber ein sehr schlechtes Gewissen. Sie war nun 50, immer noch eine charmante Person und hatte durch dick und dünn immer zu ihm gehalten. Doch die Schulden drückten, die Gläubiger drängten, und aus der Privatschatulle des Herrn Vaters war nichts zu erwarten. Während einer Rundreise zu deutschen Fürstenhöfen fuhr Edward im Herbst 1816 heimlich nach Amorbach, und was er vorfand, machte Eindruck auf ihn. Victoire war eine hübsche Frau, die Coburger Prinzen und Prinzessinnen sahen alle sehr gut aus. Von Statur war sie klein und zierlich, aber sie war energisch und zäh und stand mit beiden Beinen auf der Erde. Edward sprach offen über seine Absichten, ohne daß er zunächst eine klare Antwort von ihr erhielt. Was sie zögern ließ, war nicht nur, daß Kent zwanzig Jahre älter war, kein Deutsch sprach, während sie keine Vorstellung von dieser fernen Insel hatte und nicht englisch konnte, so daß man sich französisch verständigen mußte. Als der Herzog nach anderthalb Jahren endlich auf eine Entscheidung drängte, zu der auch Bruder Leopold nötigte, da antwortete sie Edward ganz offen, daß sie bei einer Wiederverheiratung auf 20000 Gulden Pension verzichten müsse. Aber sie war an bescheidene Verhältnisse gewöhnt. «Ich gebe eine unabhängige und angenehme Position auf in der Hoffnung, daß Ihre Freundschaft mich dafür entschädigen wird.»

Madame de St. Laurent, die aus der Zeitung erfahren hatte, was sich hinter ihrem Rücken abspielte, zog sich mit großer Würde aus Edwards Leben zurück. Sie verbrachte einige Jahre in einem Pariser Konvent und soll später in Kanada als Frau eines italienischen Adeligen gestorben sein. «Wir dürfen niemals übersehen», schrieb Edward an einen Freund, der nach ihr schauen sollte, «daß unsere unerwartete Trennung aus der Forderung der Pflicht erfolgt ist, aus dem Appell meiner Familie und meines Landes, zu heiraten, dem ich Gehorsam schuldete; und nicht aus dem geringsten Nachlassen einer Neigung, die 28 Jahre hindurch der Prüfung standgehalten hat und die ohne die besagten Umstände fraglos die Verbindung bewahrt hätte, bis das Los einen von uns beiden getroffen hätte, aus der Welt abberufen zu werden.»[3]

Sehr viele Worte, um das schlechte Gewissen zu beruhigen.

Am 29. Mai 1818 fand im Riesensaal des Coburger Schlosses Ehrenburg die Trauung durch die lutherische Kirche statt, am 13. Juli wurde sie in London nach anglikanischem Ritus wiederholt – als Doppelhochzeit, der ältere Bruder William wurde mit Adelaide von Sachsen-Meiningen getraut.

Daß Victoire ihre Amorbacher Rente nicht in die Ehe einbringen konnte, war sicherlich eine herbe Enttäuschung für Edward gewesen – nun bereitete ihm das Parlament eine zweite. Statt der erhofften 25000 Pfund bewilligte es schließlich 6000, und auch die nur widerstrebend, denn in der Presse wurde sogleich gefragt, was denn die Hinterbliebenen der Kriegsopfer bekämen. Überhaupt war der Empfang in England frostig, der Prinzregent, Edwards ältester Bruder, war gegen diese Ehe gewesen; dazu war London teuer, und so reiste das Paar nach Amorbach zurück.

Derweil schien wenigstens der staatspolitische Zweck der Ehe sich zu erfüllen: Victoire war schwanger. Edward wollte keine Zweifel an der Legitimität seines Sprößlings riskieren, das Kind mußte in England das Licht der Welt erblicken. Victoire war im achten Monat, als der Herzog endlich genügend Geld zusammengeborgt hatte, um die Rückreise antreten zu können. Er lenkte den Reisewagen selbst, um den Kutscher zu sparen, doch nahm er – außer der elfjährigen Feodora, Victoires Tochter aus erster Ehe – noch Frau Dr. Charlotte Siebold mit, eine promovierte

Ärztin, die seiner Schwägerin Louise in Coburg gerade so geschickt bei der Geburt ihres ersten Sohnes beigestanden hatte. Die Fahrt dauerte vier Wochen. In generalstabsmäßig geplanten Etappen und nach einer stürmischen Fahrt über den Kanal kam die Reisegesellschaft am 26. April 1819 in London an und bezog wieder Edwards Wohnung im Kensington Palast.

Kensington lag damals auf dem Land. Der Palast war ein bescheidenes, beinahe bürgerliches Backsteinschloß mit Wirtschaftsgebäuden, mitten im Grünen auf einem Hügel gelegen, den man heute, aus dem Hyde Park kommend, kaum noch wahrnimmt. Wilhelm von Oranien hatte das Haus 1689 seinem Außenminister, dem Earl of Nottingham, für 18000 Pfund abgekauft. Er litt an Asthma, in Kensington war die Luft besser als nahe der übel riechenden Themse in Whitehall, das die gerade davongejagten Stuarts als Wohnsitz bevorzugt hatten. Christopher Wren hatte das Haus umgebaut und vergrößert, in puritanischer Strenge, eine Demonstration gegen katholisch barocke Prunksucht – darum wirkt es noch heute so wohnlich. George III. verlegte die Residenz wieder näher zur Stadt, er wohnte lieber im Buckingham House. Im Kensington Palast wurden die nächsten Familienangehörigen und ein paar hohe Hofbeamte untergebracht, und so ist es bis heute geblieben.

Victoire, die sich nun in England Victoria nannte, hatte die Reise gut überstanden, sie war eine stabile kleine Person. Vier Wochen später, am 24. Mai 1819 um Viertel nach vier Uhr morgens, wurde sie von einer Tochter entbunden. Die anti-deutsche Legende verbreitete, Frau Dr. Siebold habe sich ihrer Aufgabe nicht gewachsen gezeigt, so daß englische Ärzte hätten hinzugezogen werden müssen: die Anwesenheit weiterer Ärzte war eine Selbstverständlichkeit bei einer Geburt von solch staatspolitischer Bedeutung, wenn auch keine Garantie, wie sich gerade am Tod der Prinzessin Charlotte im Kindbett gezeigt hatte. Hier waren nicht nur vier weitere Ärzte zur Stelle, sondern es warteten auch zwei von Edwards Brüdern im Vorraum, dann der Herzog von Wellington, der Erzbischof von Canterbury, der Bischof von London und ein Parlamentsmitglied. Die Geburt verlief ohne Komplikation. «Das kleine Mädel ist wirklich ein Vorbild», schrieb der Herzog an seine Schwiegermutter in Coburg, «kräftig und hübsch zugleich... Der lieben Mutter und dem Kind geht es vorzüglich. Es ist mir ganz unmöglich, der Geduld und Holdseligkeit, mit der sie alles durchgestanden hat, Gerechtigkeit angedeihen zu lassen... Sie werden mir sicher glauben, daß ich sie von Anfang bis Ende nicht verlassen habe.»[4] Edward hätte vermutlich lieber einen Jungen gesehen, aber die Chance blieb ja, und auch Mädchen folgen in England auf den Thron, wenn kein Sohn da ist. «Die Beschlüsse der Vorsehung sind immer die weisesten und die besten», entschied er, und seine Schwiegermutter tröstete: «Die Engländer lieben Königinnen.» Vorerst stand das Mädchen nur an fünfter Stelle der Thronfolge.

Die Mutter führte zwei weitere Neuerungen ein, die als «deutsch» empfunden wurden: sie nährte das Kind selbst, und dann wurde es als erstes Mitglied der königlichen Familie geimpft. (Von seinen 128 direkten Vorfahren waren übrigens 126 Deutsche).[5]

Mit der Taufe im Kensington Palast begann die Serie der Peinlichkeiten, die das Verhältnis der Familie Kent zum königlichen Hof in den folgenden achtzehn Jahren überschatten sollte. Der Prinzregent, der die Geschäfte für den geistig umnachteten Vater, George III., führte, hatte nur eine kleine private Feier zugelassen und jeglichen Aufwand untersagt. Nicht einmal die ortsansässige Familie war vollzählig. Er war zum Paten gebeten worden, hatte aber die Verwendung seines Namens, George, abgelehnt: er verabscheute den zweiten Paten, Zar Alexander von Rußland. Georgina Alexandrina ging nicht, er wollte seinen Namen nicht vor den des Zaren stellen, aber umgekehrt ging es noch weniger. Über alle anderen Vorschläge wolle er bei der Taufe entscheiden, ließ er die verblüfften Eltern wissen.

Er erscheint in letzter Minute. Da steht im Kuppelsaal der Erzbischof von Canterbury mit dem Baby im Arm, neben ihm die Prinzessin Lieven, die den Zaren vertritt, alle warten darauf, daß das Familienoberhaupt über die Namen entscheidet. Edward und Victoria machen Vorschläge: Charlotte, Elisabeth, – George schüttelt jedesmal den Kopf, nickt widerwillig bei Alexandrina, meint offenbar, daß ein Name ausreiche, Victoria weint, und nach langen, quälenden Pausen brummt er schließlich: «Soll das Kind nach seiner Mutter heißen.» Und dabei bleibt es: Alexandrina Victoria.

Keiner der beiden Namen hat in England Tradition, weshalb eine Bosheit des Prinzregenten dahinter vermutet wurde. Nur Onkel William (später William IV.), der ein Seemann war, freute sich, weil der Name Victoria an Admiral Nelsons Flaggschiff erinnerte. Jeder Matrose werde sich mal das Bild des Mädchens auf die Brust tätowieren lassen, meinte er. In den ersten neun Jahren ihres Lebens hörte sie auf den Rufnamen Drina, und erst als sie Königin wurde, legte sie den russischen Namensteil offiziell ab. Mit achtzehn Jahren war sie nur noch Königin Victoria.

Vorerst jedoch war Edward wieder auf der Suche nach einer billigen Unterkunft, so hautnah bei der Familie wollte man nicht bleiben. An eine Rückkehr nach Amorbach war nicht zu denken, Drina Victoria mußte in England aufwachsen. Edward fand ein Cottage an der Küste von Devonshire, 150 Meter vom Meer entfernt. Weihnachten 1819 richtete sich die Familie dort ein. Vier Wochen später war er tot: Lungenentzündung.

Es war ein Glück, daß Bruder Leopold und Dr. Stockmar sofort zur Stelle waren. Leopold kümmerte sich um die Überführung der Leiche, er brachte seine Schwester, die nicht einmal das Reisegeld hatte, mit den Kindern nach London zurück und erwirkte die Erlaubnis, daß sie in der Wohnung des Herzogs im Kensington Palast bleiben konnten.

Von diesem Augenblick an begannen sich die Lebensvorstellungen der Herzogin von Kent – wie wir sie nun nennen wollen, um keine Verwechslungen mit der Tochter Victoria entstehen zu lassen – grundlegend zu ändern. 34 Jahre alt, war sie zum zweiten Mal Witwe, und diesmal unter sehr viel mißlicheren Umständen. Sie saß mit zwei Kindern in einem Land, das ihr völlig fremd war, dessen Sprache sie nicht beherrschte, inmitten einer unfreundlichen bis feindseligen Familie. Alles, was ihr Mann hinterlassen hatte, waren Schulden; sie schlug das Erbe aus: selbst der Verkauf allen Besitzes hätte nicht gereicht, um die Gläubiger zufriedenzustellen. Um die Schulden mußten sich nun die Testamentsvollstrecker und Edwards Freunde kümmern – seine Tochter hat sie später bezahlt. Die Herzogin hat erwogen, nach Coburg oder Amorbach zurückzugehen, der König hätte nichts lieber gesehen und hat von sich aus dazu gedrängt. Es war wieder Leopold, der weiter blickte und seine Schwester zum Bleiben überredete: es wurde immer wahrscheinlicher, daß die kleine Drina Victoria einmal Königin von England werden würde, deshalb mußte sie auch in England aufwachsen; und er fand dafür genügend Verbündete gegen den König. «Ohne meine Assistenz hättet Ihr nicht bleiben dürfen,» schrieb er Victoria später.

Leopold war die einzige Stütze der Herzogin. Er ließ ihr aus seiner eigenen Apanage 2000, später 3000 Pfund zukommen, und davon konnte sie im Kensington Palast bescheiden leben. Dabei war er selber in einer unbehaglichen Lage. Nach dem Tod seiner Frau Charlotte lebte er mit der Schauspielerin Karoline Bauer in Claremont. Als Gatten der Thronfolgerin hatte ihm, dem ausländischen Habenichts, seinerzeit das Parlament in einem Anflug von Großzügigkeit jährlich 50000 Pfund bewilligt, die es nun dem 30jährigen Witwer bis an sein Lebensende weiterzahlen mußte; diesen Fehler wollte es nicht noch einmal machen. Es weigerte sich, der Herzogin eine Apanage zu bewilligen. Indem Leopold seiner Schwester Geld überweise, argumentierte Lord Castlereagh im Parlament, habe er sich ja praktisch bereit erklärt, für den Unterhalt und die Erziehung auch seiner Nichte zu sorgen. Leopold erkannte den Vorteil einer solchen Argumentation: Gut, schrieb er, damit werde aber praktisch auch das Erziehungsrecht an ihn abgetreten.[6] Vom König hatten Leopold und die Herzogin auch keine Unterstützung zu erhoffen. George III. war sechs Tage nach seinem Sohn Edward gestorben, der Prinzregent hatte als George IV. den Thron bestiegen, und das war Leopolds Schwiegervater, der die Ehe seiner Tochter mit diesem Duodez-Prinzen nie gebilligt hatte und ebensowenig dann die Ehe seines Bruders mit einem weiteren Mitglied der Coburger, die noch dazu die Schwester seines ungeliebten Schwiegersohnes war. Zudem war er verbittert: er war 58, wurde zunehmend kränker, hatte seine einzige Tochter verloren, lebte von seiner Frau getrennt, die er haßte, und seine Brüder versuchten mit jungen Frauen Thronfolger zu zeugen, die ihn beerben sollten. Er rührte keinen Finger, um seiner Schwägerin und seiner Nichte finanziell beizustehen. Erst fünf Jahre später, als Victorias Thronfolge sicher schien, bewilligte das Parlament für ihren Unterhalt und ihre Erziehung 6000 Pfund jährlich.

Die Herzogin konnte kaum mit einer dritten Ehe und einem neuen Familienleben rechnen. Sie machte einen neuen Lebensplan, und dabei trafen sich ihre Ambitionen mit dem persönlichen Ehrgeiz des Mannes, den Edward von Kent zu seinem Testamentsvollstrecker bestimmt hatte, der nun Majordomo des herzoglichen Haushalts und zum bösen Geist des Kensington Palasts wurde und Victorias Kindheit und Jugend verbitterte: John Conroy.

Victoria hat oft über ihre trübselige Kindheit geklagt, und es war eine, auch wenn gelegentliche Besucher berichteten, sie hätten das Kind auf dem Rasen spielen und lachen sehen. Gelegentlich verschaffte sich ihr Temperament Luft. Sie hat ihre Mutter lange Zeit hart und ohne Verständnis beurteilt, erst Albert hat Tochter und Mutter wieder versöhnen können. Als Witwe, als immer noch junge Frau unter den gegebenen Umständen eine mögliche künftige Königin erziehen zu sollen, verlangte eine Menge Selbstverleugnung und Courage von der Herzogin. Sie mußte sich die Regentschaft sichern für den Fall, daß Victoria noch als unmündiges Kind die Krone übernehmen müßte, und als Bruder Leopold König der Belgier wurde und mit seinen eigenen Sorgen beschäftigt war, da verlor die Herzogin auch diese männliche Stütze. Sie verfiel völlig dem unheilvollen Einfluß Conroys, und unter allen Fehlern, die sie bei Victorias Erziehung gemacht hat, war das der schlimmste. Victorias Jugend war traurig.

Ihre Umgebung war deutsch, ihre erste Sprache war deutsch. Feodoras Gouvernante, Louise Lehzen, betreute nun auch sie. Sie wuchs nur unter Erwachsenen auf. Der Kensington Palast war nicht einmal ein goldenes Gefängnis, bevölkert von schrulligen alten Onkeln und Tanten. Wenn sie Onkel Augustus, den Herzog von Sussex, sah, fing sie sofort an zu weinen. Die Familie ihres Vaters blieb ihr fremd, zu der ihrer Mutter hatte sie ein herzlicheres Verhältnis. Ständig war sie unter Aufsicht. Bis zu dem Tag, an dem sie Königin wurde, mußte sie im Zimmer ihrer Mutter schlafen. Erst als sie sieben war, befahl sie der «Onkel König» einmal nach Windsor und schien nun sogar Gefallen an ihr zu finden. Die Mutter verhinderte solche Einladungen, soweit sie konnte: der König lebte mit seiner Mätresse, Lady Conyngham, und deren Familie zusammen – von solchen verderblichen Einflüssen sollte Victoria ferngehalten werden. Spielgefährten hatte sie nicht. Ihre Halbschwester Feodora war zwölf Jahre älter und wurde 1828 nach Deutschland verheiratet, an einen armen, aber wenigstens gutaussehenden Grafen Hohenlohe. «Ich hätte ich weiß nicht wen geheiratet, um von dort wegzukommen», schrieb sie Victoria später. Einmal in der Woche kam Conroys gleichaltrige Tochter zum Spielen, aber daraus konnte keine

Freundschaft entstehen: es war die Tochter des Mannes, der ihre Jugend verbitterte.

John Conroy war als Hauptmann der Adjutant des Herzogs von Kent gewesen. Edward hatte ihn auf dem Totenbett zu seinem Nachlaßverwalter bestimmt und ihn versprechen lassen, daß er die Herzogin und die kleine Tochter nicht im Stich lassen werde. Conroy versprach das im eigenen Interesse. Er hatte eine kranke Frau und sechs Kinder und in seiner irischen Heimat nur einen kleinen Besitz, der nicht viel einbrachte. Hier sah er Möglichkeiten für Macht und Einfluß, zumal seit 1825 endgültig klar war, daß Victoria eines Tages Königin sein würde. Conroy war ehrgeizig und skrupellos. Er war gleichaltrig mit der Herzogin, und zumindest flirtete er mit ihr, was Victoria bemerkte. Er leitete den Haushalt, verwaltete damit auch die Finanzen und ruinierte im Laufe der Jahre nicht nur das Vermögen der Herzogin, sondern auch sein eigenes. Daß sie ihm mehr Verantwortung und Entscheidungsbefugnis einräumte, als ratsam war, ist zumindest verzeihlich: er beherrschte im Unterschied zu ihr die Landessprache, kannte sich in Recht und Gesetz ebenso aus wie in den Hofintrigen, durch seinen verstorbenen Chef besaß er intime Kenntnis der königlichen Familie, und immerhin gab er sich redliche Mühe, den Briten bewußt zu machen, daß sie in Victoria ihre künftige Herrscherin zu sehen hätten. In der Hof- und Kabinettspolitik des 19. Jahrhunderts spielten die «grauen Eminenzen» eine wichtige Rolle; Conroy – seit 1826 Sir John Conroy – gehörte zu den eigennützigen und dadurch letztlich erfolglosen Vertretern der Zunft. Am Hof war er verhaßt, im Kensington Palast zumindest unbeliebt (von der Herzogin abgesehen), und die britischen Historiker schreiben ihm alle Schuld zu sowohl an dem jahrelangen Zerwürfnis zwischen Victoria und ihrer Mutter als auch an ihrer einsamen Kindheit und Jugend.

Sie wuchs unter Erwachsenen und Puppen auf. 132 hat sie im Laufe der Jahre gesammelt und angekleidet, und noch mit 14 zog sie ihrem Spaniel eine rosa Jacke und blaue Hosen an. Dabei war sie ein temperamentvolles Kind: spontan, warmherzig, aufbrausend und störrisch, kontaktfreudig und gesellig. Es fiel ihr schwer, still zu sitzen, zu Faxen war sie immer bereit. Herz und Verstand lagen ihr auf der Zunge, und dabei war sie von entwaffnender Offenheit. «Wenn Du ungezogen bist, machst Du mich und Dich selbst sehr unglücklich», mahnte die Herzogin aus gegebenem Anlaß. «Nein, Mama», korrigierte Drina Victoria, «nur Dich.» Ob sie denn heute brav gewesen sei, fragte der erste Hauslehrer, ein junger Geistlicher, als er zum Unterricht kam. Heute ja, antwortete die Herzogin, gestern dagegen habe es einen kleinen Sturm gegeben. «Nein, zwei», verbesserte Victoria, «einen beim Anziehen und einen beim Waschen.»

Glückliche Tage waren es, wenn Onkel Leopold einmal in der Woche, meistens am Mittwochnachmittag, zu Besuch kam, oder wenn Victoria ein paar Tage bei ihm in Claremont verbringen durfte. Von Kensington nach

Claremont House sind es etwa 20 Kilometer. Robert Clive, der Englands Herrschaft über Ostindien begründete, hatte das Grundstück vom Herzog von Newcastle erworben, völlig umgestalten lassen, aber vermutlich nie dort gewohnt. 1816 war der Besitz mit der klassizistischen Villa für Kronprinzessin Charlotte und Prinz Leopold gekauft worden, sie hatten inmitten der zauberhaften Parkanlage erst wenige glückliche Monate verlebt, als Charlotte im Kindbett starb. «Der Ort... bringt Erinnerungen an die glücklichsten Tage meiner sonst so trüben Kindheit zurück, wo ich so viel Freundlichkeit von Dir erfahren habe, liebster Onkel», schrieb Victoria 1843. Leopold war ihr erster Ersatzvater. «Es ist mir angeboren», schrieb sie. «Von meinen ersten Lebensjahren an war der Name Onkel der mir vertrauteste; das Wort Onkel, ohne Namen, meinte niemanden anders als Dich.»

Von ihm lernte sie auch gern und klaglos. «Den lieben Onkel Leopold über irgendein Thema sprechen zu hören ist wie das Lesen in einem sehr lehrreichen Buch.» An sich lernte sie ungern. Sie hatte ein gutes Zahlengedächtnis und Begabung für Sprachen; neben deutsch und englisch sprach sie gut französisch, konnte ein wenig Latein, und ihre Leidenschaft für Oper und Ballett förderte ihr Italienisch. Die Klavierstunde war nicht sehr erfolgreich. Dafür hatte sie eine nette Stimme, tanzte gut und hatte Talent zum Zeichnen. Sie liebte Gedichte, allerdings hat sich niemand die Mühe gemacht, ihren literarischen Geschmack zu entwickeln, ebensowenig ihren Stil. Sie schrieb schnell, spontan, viel, aber ohne jede Eleganz.

Auch Louise Lehzen war 1826 geadelt worden, sie war nun Baronin, wie sich das für die Gouvernante der Thronfolgerin geziemte. Fräulein Lehzen war eine gestrenge Coburger Pastorentochter, ein Blaustrumpf mit Migräne und einer Vorliebe für Kümmelkörner, die sie ständig kaute. Die Kamarilla machte sich mit größter Wonne lustig über sie, gab ihr aber auch – wohl nicht zu Unrecht – die Schuld an Victorias schlechter Erziehung, ihren Bildungslücken und ihren schlechten Tischmanieren (die Mutter pflegte ihr einen Zweig Stechpalme in den Kragen zu stecken, damit sie gerade saß). Dabei war sie gutherzig, bei den anderen Angestellten beliebt, und bei aller Verschrobenheit hat sie stets und ohne jeden Vorbehalt Victoria und ihre Interessen verteidigt, hat zu jeder Zeit alles getan, was Victoria nötig hatte, sie hat ihr die Freundin und sogar die Mutter ersetzt. Zur Mutter wurde Victorias Verhältnis im Laufe der Jahre immer gespannter.

Sir Walter Scott, der 1828 im Kensington Palast Besuch machte, notierte anschließend in sein Tagebuch, Victoria sei von ihrer Mutter so gut bewacht, daß auch keine geschwätzige Zofe Gelegenheit finde, ihr zuzuflüstern, sie sei Englands Thronerbin. Das hat sie bald darauf von der Baronin Lehzen erfahren, als sie bemerkte, wie die Herren vor ihr tief die Hüte zogen. Der Legende nach soll das Kind auf diese Eröffnung hin erschüttert gesagt haben: «Ich will gut sein» (von Albert wissen wir diesen Vorsatz immerhin aus seinem Tagebuch). Victoria hat dieser Legende nie widersprochen. Erst im Alter, als eine ihrer Hofdamen fragte, ob sie das wirklich gesagt habe, hat sie geantwortet: «Natürlich nicht! Wie könnte ich so etwas sagen!»[7]

1830 starb Georg IV. Onkel William, 65 Jahre alt, bestieg als William IV. den Thron. Victoria, die Kronprinzessin, war elf Jahre alt, sie war die nächste. Es gab nur zwei Gefahren. Die eine war, daß auch William sterben würde, bevor Victoria volljährig war. Dann müßte wieder ein Regent oder eine Regentin eingesetzt werden, und die Herzogin war mit ihrem Bruder Leopold der Überzeugung, daß nur sie in diesem Falle die Regentschaft übernehmen könnte und nicht etwa einer von des Königs noch lebenden Geschwistern. Sir John Conroy unterstützte diese Absicht verständlicherweise nach Kräften, und tatsächlich verabschiedete das Parlament noch im selben Jahr ein entsprechendes Gesetz; ob es den Abgeordneten behagte oder nicht – es ließ sich kein ernsthafter Einwand dagegen erheben.

Die zweite Gefahr war, daß Victoria selbst etwas zustoßen könnte. Profitieren würde davon Onkel Ernest Augustus, Edwards jüngerer Bruder, der Herzog von Cumberland. Nun wurde alles noch schlimmer, Conroy steigerte die Furcht der Herzogin und ihre Abneigung gegen die königliche Familie bis zur Hysterie. Eine angebliche «Cumberland-Verschwörung» wurde zum Londoner Gesellschaftsklatsch. Da wurde plötzlich überlegt, ob die Prinzessin Charlotte tatsächlich eines natürlichen Todes im Kindbett gestorben sei, da wurde von möglicher Entführung gemunkelt, von Gift – die Herzogin ließ jede Mahlzeit für Victoria vorkosten. Was Conroy auch an Absurditäten im herzoglichen Haushalt anordnete, wurde als Vorsichtsmaßnahme gegen das «Cumberland-Komplott» deklariert; Victoria hat das später als Lüge und Conroys eigene Erfindung abgewertet. Von der anderen Seite, möglicherweise aus Cumberlands Umgebung, wurde dafür das Gerücht verbreitet, Conroy habe ein Verhältnis mit der Herzogin, und Victoria habe die beiden in flagranti überrascht. An Williams Krönung durfte sie nicht teilnehmen, weil das Protokoll sie in der Prozession nicht direkt hinter dem König gehen lassen wollte, sondern erst hinter dessen jüngeren Brüdern. Victoria vergoß bittere Tränen. Einer intrigierte gegen den anderen. Conroy terrorisierte den Haushalt mit System und Zynismus, Victoria flüchtete sich in die Arme ihrer «liebsten besten Lehzen» und wurde von ihr Tag und Nacht bewacht.

Wer ihr und der Mutter hätte beistehen können, war der geliebte Onkel Leopold. Doch Leopold hatte 1830 den Thron des neugeschaffenen Königreichs Belgien bestiegen und hatte in den folgenden Jahren genug eigene Sorgen, so daß er sich nicht mehr so aufmerksam um die Angelegenheiten seiner Schwester kümmern konnte, wie er das während seiner Jahre in

England getan hatte. In seinen Briefen an Victoria gab er ihr wenigstens für ihre historische Lektüre einige Anregungen, nachdem ihr Lehrplan Geschichte ebenso bruchstückhaft und fade abhandelte wie das auch hundert Jahre später in der Pädagogik noch üblich war. Victoria hatte nun zwar auch eine offizielle englische Gouvernante, die Herzogin von Northumberland, aber damit sollte vor allem der Eindruck vermieden werden, die künftige Königin werde vorwiegend oder gar allein von Deutschen erzogen. Einfluß hat sie kaum genommen – bei dem gespannten Verhältnis zwischen der Herzogin von Kent und dem Königshof war es ein undankbares Amt. So wurde Victoria im wesentlichen erzogen wie andere höhere Töchter. Sie konnte Konversation machen, tanzen, singen, zeichnen, von allem ein bißchen. Für die künftige Königin von England war das zu wenig. Aber verlangte die Nation, verlangte der Staat, die Politik eigentlich mehr vom Herrscher?

Die Herzogin hatte dem Hof in Windsor jeden direkten Einfluß auf die Ausbildung ihrer Tochter verweigert. So fühlte sie sich verpflichtet, sich den Erfolg des eigenen Erziehungsplans amtlich bescheinigen zu lassen. Die Bischöfe von London und Lincoln unterzogen die Elfjährige einem Examen und beurkundeten anschließend: «Im Ganzen gesehen ist es unsere Meinung, daß die Prinzessin für die nächste Zeit nach demselben Plan und unter derselben Oberaufsicht weiterlernen sollte wie bisher.» Man hat den Verdacht, daß Conroy die Prüfer ausgesucht hatte. Große Ansprüche wurden offenbar an die künftige Königin nicht gestellt. Nur Onkel Leopold mahnte aus Brüssel: «Nichts beweist so klar und eindeutig, daß man für eine große und würdige Aufgabe ungeeignet ist, als wenn die Sinne ernstlich mit Belanglosigkeiten vorlieb nehmen.» Da hatte er in Albert einen Musterschüler. Er riet Victoria, jeden Abend die Ereignisse des Tages zu überdenken und sich über die Motive Rechenschaft abzulegen, die sie zum Handeln bewogen hätten. Doch aus der Ferne bewirkten solche Ermahnungen nicht viel. Victoria war jedenfalls zeitlebens der Meinung, sie sei überhaupt nicht richtig erzogen worden, man habe ihr vieles beigebracht, aber nichts gründlich.

Doch schließlich war selbst der Kensington Palast kein Kloster. Besuch kam – Verwandte, Staatsgäste –, der unterhalten werden mußte, und es war wohl die Reaktion eines Backfisches auf jahrelange kontrollierte Abgeschlossenheit, daß sich Victoria in jeden passablen jungen Mann sogleich «verliebte»; es war wohl etwas mehr als Schwärmerei: sie suchte ein Objekt für ihre Liebesbedürftigkeit, mangels etwas Besserem mußte Luise Lehzen dafür herhalten; selbst Liebe zu empfangen, war ihr dabei gar nicht so wichtig.

Als sie 13 war, organisierte Conroy, sehr zum Unwillen des Königs, alle halbe Jahre eine Reise durch das Land, um der Nation ihre künftige Königin vorzuführen. Die erste führte in die Midlands und nach Wales und dauerte drei Monate.

Die Historiker können der Baronin Lehzen nicht genug dafür danken, daß sie ihren Schützling anhielt, mit Beständigkeit ein Tagebuch zu führen; sie selbst hat sich das aus Loyalität und Diskretion leider versagt, als sie ihren Posten antrat. Victoria hat bis an ihr Lebensende mit Genauigkeit die Abläufe und mit Offenheit ihre Gefühle geschildert. Das erste Buch erhielt sie von ihrer Mutter, und die erste Eintragung lautet: «Dieses Buch hat mir Mama gegeben, damit ich das Journal meiner Reise nach Wales hineinschreibe. Victoria, Kensington Palast, 31. Juli.»

So unbequem diese Reisen waren, haben sie ihr wenigstens einen oberflächlichen Eindruck ihrer Heimat vermittelt, von der sie bislang überhaupt nichts gesehen hatte. Wieweit die 13jährige beeindruckt war, neugierig oder nachdenklich gemacht wurde, darüber geben ihre Notizen Aufschluß. Durch das Industriegebiet der Midlands sauste die Kutsche «mit ungeheuerer Geschwindigkeit». Es regnete pausenlos. «Die Männer, Frauen, Kinder, Land & Häuser sind alle schwarz.» (Sie hat «und» niemals ausgeschrieben und viele Abkürzungen verwendet). Elende Hütten, zerlumpte Kinder zwischen Kohlenbergen. Ein «außergewöhnliches Haus voller Feuer» – offenbar konnte ihr niemand erklären, was ein Hochofen war. In Wales Paraden, Musikkapellen und Böllerschüsse, im Powis Castle das schönste Erlebnis dieser Tour, ihr Pony, das «buchstäblich flog». Ihre Orientierungspunkte waren die Landsitze des Adels. Noch 1851 notierte sie: «Liverpool liegt 3 Meilen von Croxteth entfernt...»

Es folgten Aufenthalte im Süden und Westen, zwischendurch nun intensiverer Unterricht zu Hause, Gesangstunden, Familienbesuche. Mit 16 Jahren, 1835, wurde Victoria konfirmiert, wobei sich die Peinlichkeiten der Taufe wiederholten: der König fand das Gefolge der Herzogin zu groß, der Kürzung fiel auch Conroy zum Opfer. Dann in den Norden, nach Yorkshire, und danach hatte Victoria genug. «Ich bin froh, daß unsere Reise zu Ende ist», schrieb sie ins Tagebuch. «Obwohl ich einige Orte recht gern mag, haben mich die langen Fahrten & die Menge Menschen, die wir treffen mußten, sehr ermüdet. Wir können nicht wie andere Leute reisen, ruhig & angenehm, sondern wir fahren durch Städte & Mengen, wenn man in einem Adelssitz ankommt, muß man sich sofort zum Abendessen umziehen, & infolgedessen habe ich mich nie genug ausruhen können.»

Kurz darauf wurde sie krank, sie lag fünf Wochen lang mit einem schweren Typhusanfall im Bett. Es geschah in diesen Wochen, daß ihr Verhältnis zu dem Vertrauten ihrer Mutter endgültig zerstört wurde. Was sich zwischen Conroy und ihr abspielte, hat sie zunächst im Tagebuch, das ihre Mutter regelmäßig las, mit keinem Wort erwähnt. Onkel Leopold erfuhr davon, vermutlich von Baronin Lehzen, die zu Conroys Ärger keine Minute aus dem Zimmer wich. Conroy wurde ungeduldig, denn die Zeit drängte. König William war nun 70, Victoria fast 17 und wurde bald volljährig. Conroy kam an ihr Krankenbett. Sie werde nun bald Königin sein, dann würde sie einen Privatsekretär brauchen, und dazu sei sicherlich keiner besser befähigt als der Haushofmeister und Vertraute ihrer Mutter, der auch ihr, Victorias, ganzes Leben begleitet und behütet habe. Conroy hatte ein Dokument vorbereitet und samt Feder gleich mitgebracht – Victoria brauchte nur noch zu unterschreiben. Privatsekretär einer hochgestellten Persönlichkeit zu werden, war das Höchste, was im Zeitalter der Grauen Eminenzen ein Bürgerlicher oder kleiner Adeliger erreichen konnte. Der Privatsekretär sah alles, hörte alles, wußte alles, kümmerte sich um alles und war dadurch einflußreicher als der Herr oder die Dame des Hauses meistens begriffen. «Ich habe trotz meiner Krankheit abgelehnt», schrieb sie sachlich drei Jahre später ins Tagebuch, als sie Premierminister Melbourne, ihrem nächsten väterlichen Freund, die Geschichte erzählt hatte. Die Räume der Familie Conroy in Kensington hat sie nie wieder betreten.

Victorias Halbbruder Karl von Leiningen, der aus Amorbach ab und zu seine Mutter im Kensington Palast besuchte, hat einmal das beschrieben,[8] was manche Biographen das «Kensington-System» oder das «Kensington-Quintett» genannt haben[9] – er gehörte selbst dazu, auch die Hofdame der Herzogin, Flora Hastings, durch die Victoria gleich am Anfang ihrer Regierung in die ersten Schwierigkeiten geriet. Das Programm dieser Gruppe bestand aus drei Absichten: Erstens Victorias Popularität dadurch zu steigern, daß sie demonstrativ von allen politischen und moralischen Einflüssen des königlichen Hofes abgeschirmt wurde; zweitens die Regentschaft, falls sie notwendig werden sollte, der Herzogin zu verteidigen; und drittens, nach wie vor, für Conroy die Stellung des Privatsekretärs bei Victoria durchzusetzen.

«Die Zänkereien im Kensington Palast überraschen mich garnicht», bemerkte Prinzessin Lieven in einem Brief,[10] «die Ursache ist diese deutsche Kleinkariertheit, die in diesem Haus um sich greift... ein Jammer, denn immerhin halten sie Englands Zukunft in Händen.»

1836 nahmen die Feindseligkeiten zwischen der Herzogin und dem Hof skandalöse Formen an. Die Herzogin hatte es abgelehnt, zum Geburtstag der Königin Adelaide nach Windsor zu kommen. Als wenig später, im August, der König selbst seinen 71. feierte, konnte sie nicht fernbleiben.

Während sie mit Victoria nach Windsor unterwegs ist, taucht der König unverhofft im Kensington Palast auf, um die Gemächer der Familienangehörigen zu inspizieren. Voller Empörung stellt er fest, daß die Herzogin ohne seine Genehmigung die Wohnung gewechselt, umgebaut und dabei einen Teil der Galerie des ältesten Baus mit Beschlag belegt hat, dessen Benutzung er ausdrücklich untersagt hatte. Wütend fährt er nach Windsor zurück, wo die Gäste inzwischen eingetroffen sind. Victoria begrüßt er betont herzlich, die Herzogin beschuldigt er vor allen Leuten, sie habe ihm «siebzehn Räume gestohlen», solche Respektlosigkeiten verbitte er sich. Beim Festbankett am nächsten Tag, zu dem über hundert Personen geladen sind, wird es noch schlimmer. Charles Greville, der Sekretär des Kronrats, hat die Szene überliefert.

Nach dem Toast auf den König erhebt sich William zu einer Tischrede. Die Herzogin, seine Schwägerin, sitzt neben ihm, Victoria ihm gegenüber; bis zu ihrem 18. Geburtstag sind es noch neun Monate. «Ich hoffe zu Gott», sagt William, «daß mir mein Leben noch neun Monate erhalten bleibt, denn danach findet, wenn ich sterbe, keine Regentschaft mehr statt. Dann hätte ich die Genugtuung, die königliche Herrschaft der persönlichen Ausübung dieser jungen Dame überlassen zu können, der voraussichtlichen Erbin der Krone, und nicht den Händen einer Person, die jetzt in meiner Nähe ist, die von schlechten Beratern umgeben und selbst ungeeignet ist, das Amt mit Würde auszuüben, das sie dann erhielte.» Diese Person respektiere ihn nicht und habe ihn gröblich beleidigt. Er zeigt auf Victoria und donnert weiter: Man halte die junge Dame von seinem Hof fern, doch künftig werde er darauf bestehen, daß sie ständig anwesend sei. Die Königin ist versteinert, Victoria beginnt zu weinen, die Herzogin bestellt ihren Wagen.

Sie konnte schließlich überredet werden, nicht sofort abzureisen und den Eklat nicht noch zu vergrößern. Sie rächte sich am nächsten Tag, indem sie die Majestäten warten ließ. Victoria hatte trotz allem eine Schwäche für ihren Onkel William. Sie hoffe, daß er noch viele Jahre leben werde, schrieb sie in ihr Tagebuch.

Die Intrigen gingen weiter, das «Kensington-Quintett» versuchte, selbst Onkel Leopold für seine Absichten einzuspannen. Während Conroy eine Petition an das Parlament richtete, die Einkünfte der Herzogin zu erhöhen, kam ihm der König mit einem geschickten Schachzug zuvor. Er schickte Lord Conyngham in den Kensington Palast mit einem Brief, der nur Victoria persönlich zu übergeben war, was die Herzogin und Conroy vergeblich zu verhindern suchten. William machte seiner Nichte ein bestechendes Angebot: 10000 Pfund jährlich ohne die Kontrolle ihrer Mutter, eine ebenso unabhängige Privatschatulle und das Recht, sich ihre Hofdamen selbst auszusuchen. Victoria las, gab den Brief ihrer Mutter, ging in ihr Zimmer und notierte: «Fühle mich sehr schlecht & beunruhigt, ging nicht zum Essen runter.» Derweil entwarf Conroy die Antwort: Die 10000 Pfund wurden dankend angenommen, sonst aber wolle sie, Victoria, im Hinblick auf ihre Jugend und Unerfahrenheit an den gegenwärtigen Verhältnissen nichts ändern. Victoria wollte anders formulieren, ergänzen, sich erst vom Premierminister beraten lassen – vergebens, sie mußte unterschreiben. Spornstreichs ging sie in ihr Zimmer und diktierte der Baronin Lehzen einen Vermerk, daß sie diese Antwort nicht selbst entworfen habe. Davon war der König überzeugt: «Diesen Brief hat Victoria nicht geschrieben», grollte er. Das Parlament bot der Herzogin einen Kompromiß an: 6000 Pfund für sie selbst, 4000 für Victoria. Sie lehnte ab, ohne mit der Tochter erst darüber zu reden.

Victoria sprach nicht mehr mit ihrer Mutter. Sie nahm die Mahlzeiten auf ihrem Zimmer ein, sah nur noch die Baronin Lehzen. Mühsam wurden die Formen gewahrt. Die Mutter schrieb ihr Briefe. Je näher der 18. Geburtstag rückte, desto drängender suchte das «Kensington-Quintett» auf direkten und indirekten Wegen, die Prinzessin zu veranlassen, daß sie sich freiwillig einer Regentschaft durch ihre Mutter auch nach der Volljährigkeit unterwarf. Immer wieder wurden ihre Jugend, ihre Unerfahrenheit angeführt, Conroy setzte selbst ein Gerücht in die Welt, Victoria sei geistig nicht stabil genug. Selbst Stockmar stimmte in den Chor ein. Victoria bewies, wie starrsinnig und unbeugsam sie sein konnte, sie gab keinen Zentimeter nach. Ihrem Halbbruder Karl schrieb sie, er solle sich aus Dingen heraushalten, die ihn nichts angingen, und dann beantwortete sie seine Briefe nicht mehr. Onkel Leopold in Brüssel bekam von all dem wenig mit. «Du hast einige Auseinandersetzungen und Schwierigkeiten gehabt, über die ich völlig im Dunkeln tappe», schrieb er in seinem Geburtstagsbrief.

Am 24. Mai 1837 wurde Victoria 18 Jahre alt. Der König veranstaltete einen großen Ball. Conroy hatte sein Spiel verloren, er wußte es nur noch nicht. «Wie alt!» schrieb Victoria in ihr Tagebuch. «Und doch, wie weit entfernt bin ich von dem, was ich sein sollte!»

Vier Wochen später war William IV. tot. Es schien, als habe er mit dem Sterben nur auf ihren Geburtstag gewartet.

9. Kapitel

Die ruinierte Monarchie

Das Ansehen der Krone war wieder einmal verspielt. «Der englische Thron war nacheinander von einem Schwachsinnigen, einem Sittenlosen und einem Hanswurst besetzt», schreibt Sir Sidney Lee.[1] Mancher Politiker hatte schon darüber nachgedacht, ob man die Monarchie nicht überhaupt abschaffen und etwa durch ein Präsidialsystem ersetzen sollte, wie es sich die abtrünnigen Kolonien in Nordamerika ausgedacht hatten. Das englische Regierungssystem war unrepräsentativ und korrupt. Der Ruf der Französischen Revolution nach Freiheit, Gleichheit und Brüderlichkeit hatte auch auf der Insel ein Echo gefunden, wenn auch nicht im Adel, und auf den kam es an. Mit der Republik hatte man es elf Jahre lang versucht, 1649, und es gab kein Bedürfnis, das Experiment zu wiederholen. So blieb alles beim alten.

Mit der Krone verband sich ein schwer erklärbares Mysterium. Im Unterschied zu allen von Menschen geschaffenen Einrichtungen schien die Monarchie eine göttliche Institution, was sich ja scheinbar schon darin ausdrückte, daß der Herrscher in einer Kathedrale inthronisiert und gesalbt wurde. Daraus war in früheren Jahrhunderten das «Divine Right of Kings» abgeleitet worden. Das besagte, daß überhaupt nur die monarchische Regierungsform und keine andere rechtmäßig sei und daß nur der jeweilige Herrscher und kein anderer das Recht zum Regieren habe: erstens durch Geburt (das Legitimitätsprinzip) und zweitens durch die göttliche Weihe, den sakralen Charakter, den seine Tätigkeit durch die Salbung erhalten habe. Deshalb sei er auch auf Erden niemandem verantwortlich – woraus naheliegend zu folgern ist, daß seine Herrschaft unumschränkt war, also absolut.[2]

Gegen Absolutismus hatten sich die Engländer schon sehr früh gewehrt. In der Magna Charta von 1215 wurde das Verhältnis zwischen dem König und seinen freien Untertanen geregelt (und vor allem wurden dem Adel seine Privilegien garantiert). Die Magna Charta wurde ergänzt, erneuert. Auch die Gegenposition berief sich auf die Religion: die Puritaner lehrten, daß der Christ ein Widerstandsrecht habe, ja sogar eine Pflicht zum Widerstand, wenn die Obrigkeit den Lehren der Heiligen Schrift zuwiderhandle. Bei der Kirchenverwaltung und der Wahl der Pfarrer hatte die Gemeinde ein Mitbestimmungsrecht, und darin lagen demokratische Ansätze, die langsam auf die Vorstellungen vom Staat übergriffen. Die königlichen Rechte wurden immer wieder ein bißchen eingeschränkt, zum Beispiel durch die Petition of Rights von 1628, bis das Parlament selbst bei Heiraten in der königlichen Familie noch ein Wort mitzureden hatte.[3] Die Richter wachen über Recht und Tradition, Gesetze und Gerichtsurteile ersetzen die Verfassung. Für jeden auftretenden Konflikt gibt es einen Präzedenzfall, so ziemlich alles ist schon mal dagewesen, und wenn es noch keinen geben sollte, wird eben durch ein Urteil oder auch nur durch ein Agreement einer geschaffen.

Keiner geschriebenen, präzise formulierten Verfassung verpflichtet zu sein, hat seine Vor- und seine Nachteile. Einer der Nachteile ist, daß sich die Grundlagen des staatlichen Daseins ständig verändern können, daß nichts festgelegt ist, was von vornherein für alle Staatsorgane verbindlich wäre, daß die Verteilung der Regierungsgewalt von Umständen, letztlich von Machtverhältnissen abhängt – was natürlich auch wieder als Vorzug betrachtet werden kann, je nachdem, auf welcher Seite man steht. Für die Entwicklung der englischen Demokratie war es ohne Zweifel ein Vorteil. Notwendige Anpassungen erfolgten manchmal später als gut war, bisweilen auch erst nach heftigen Parteikämpfen, aber öfter ohne viel Aufhebens. Das System vermeidet nach Möglichkeit Revolutionen und allzu radikale Veränderungen: das Establishment öffnet sich statt dessen für neue, ausreichend mächtige Einflüsse oder Gruppen und integriert sie, ohne daß eine Verfassungsänderung mit all ihren Umständlichkeiten notwendig wäre. Ein Vergleich der englischen und der deutschen Verfassungsgeschichte im 19. Jahrhundert bietet eine Menge interessanter Beispiele.

Daß die Stuarts im 17. Jahrhundert das «Divine Right of Kings» wieder durchzusetzen versuchten, hat zum Bürgerkrieg, zu dem kurzen republikanischen Intermezzo unter Cromwell und letztlich 1688/89 zur Absetzung der ganzen Stuart-Familie geführt. Auch dann wurden zwar wieder göttliche Rechte zitiert, aber nun war vom «Divine Right of the Glorious Revolution» die Rede.

Damit entstand allerdings ein Bruch in der Tradition. Wenn die Monarchie eine göttliche Institution war, wenn es einen Treueid, eine mystische Gehorsamspflicht gegenüber dem König gab, dann hätte James II. nicht abgesetzt werden dürfen (die Hinrichtung Charles I. hatte genug Seelenqualen verursacht), und wenn das Legitimitätsprinzip so heilig war, dann hätte danach ein halbes Dutzend Anwärter mehr Recht auf den Thron gehabt als Anne und ihr Mann, Wilhelm von Oranien, und nach ihnen die Hannoveraner. Doch die Whigs im Parlament wollten keine Katholiken mehr und griffen auf Stuart-Töchter zurück, die bei der Heirat die Kirche gewechselt hatten und deren Kinder als Protestanten geboren waren. Wenn man jedoch den König beliebig auswechseln kann, dann macht man ihn zu einer Art obersten Staatsbeamten und entkleidet das Amt seines Zaubers – und das geschah allmählich. Die alte mystische Bindung zwischen Herrscher und Untertanen hatte einen Riß bekommen; doch das englische Verfassungsverständnis schluckte auch das. Den neuen Königen, die zudem noch Kurfürsten von Hannover waren, fehlte nicht nur die aus der Religion heraus geborene Loyalität – sie waren auch noch unbeliebt.[4] George I. verstand überhaupt kein Englisch, George II. nur wenig, zudem verbrachten sie die meiste Zeit in Hannover. Sie gewannen kein Verhältnis zu ihrem neuen Reich, hatten auf dem Kontinent ganz andere Sorgen und ließen in London die Whig-Minister schalten und walten. Und trotzdem: Selbst ein so unabhängiger Geist wie der ältere Pitt, der die Verknüpfung von englischen mit hannoverschen Interessen heftig bekämpfte, pflegte neben dem Bett George II. zu knien, wenn er Regierungsgeschäfte mit ihm besprach, und ein Spötter behauptete, er verbeuge sich selbst beim Levée so tief, daß man die Spitze seiner Hakennase zwischen den Beinen sehen könne.[5]

Als 1760 George III., 22 Jahre alt und in London geboren, den Thron bestieg, waren die Engländer bereit, das Königshaus wieder als englische Institution zu betrachten, wenn auch die kühle Distanz zur Person des Königs erhalten blieb. George III. war nicht ein einziges Mal in Hannover; er versuchte, den Boden zurückzugewinnen, den seine beiden Vorgänger verloren hatten: er regierte, und zwar mit einer englischen Version des kontinentalen Absolutismus. Politik wurde noch nicht von Parteien und ihren Programmen bestimmt, sondern von Interessengruppen betrieben, die sich oft veränderten: Tories und Whigs – die Grenzen waren fließend, entscheidend waren starke Persönlichkeiten und die Zahl ihrer Anhänger. Der König berief und entließ den Premierminister. Zwar verweigerte er nie die Zustimmung zu einem Gesetz, das beide Häuser des Parlaments verabschiedet hatten. Aber wenn er gegen eine geplante Maßnahme Einwände erhob, brachte die Regierung sie im Parlament nicht durch – man konnte nicht einfach über den Willen des Königs hinweggehen. Seine persönliche Abneigung konnte einen Mann von der Regierung fernhalten, und je geringer das Ansehen des Premierministers war, desto stärker war die Stellung des Souveräns. George bevorzugte die Mittelmäßigkeit. Er nutzte alle Rechte und Vollmachten, die er besaß, um sich eine Art eigene Partei zu schaffen, die «Königsfreunde», mit denen er das Parlament beherrschen konnte.

Das funktionierte mit Hilfe der «rotten boroughs», worunter ausgestorbene Wahlkreise zu verstehen sind, die eine ähnliche Bedeutung hatten wie die «Toten Seelen» in Gogols Rußland.

In George III. Regierungszeit setzte die Industrielle Revolution ein; doch im Parlament blieben die ländlichen Bezirke im Süden weit besser vertreten als die Städte. Ganz Yorkshire mit seinen vielen Industrie-Ansiedlungen zum Beispiel entsandte zwei Abgeordnete ins Unterhaus; sie wurden von 16000 stimmberechtigten Bürgern gewählt. Auch Bury St. Edmunds entsandte zwei, die wurden von 37 Personen bestimmt. In Tiverton waren 25 für zwei Abgeordnete wahlberechtigt, in Dunwich 14, in Bossiney in Cornwall gar nur einer, in Old Sarum sieben, die gar nicht im Wahlkreis wohnten. Wie das entstanden war und warum das so geblieben war, das wußte niemand mehr zu sagen: Tradition. Alles in allem wurden 257 Abgeordnete, die Mehrheit des Unterhauses, von 11075 Wählern bestimmt. Die meisten dieser «pocket boroughs», dieser Westentaschen-Wahlkreise, konnten für 5000 Pfund gekauft werden, manche waren etwas teurer. Dieses korrupte System kam George bei seinem Versuch, über die ständig lauernde Schar von Stellenjägern das Parlament mit «Königsfreunden» zu beherrschen, sehr entgegen. Um im Staatsdienst Erfolg zu haben, waren Begabung und Verdienste unwichtig, es kam nur darauf an, daß man für den König und seine Sache eintrat. George wechselte die Regierungen so lange aus, bis er Subjekte gefunden hatte, die auf sein Kommando hörten. Erstaunlich bleibt, daß dieses System dennoch einen Staatsmann wie den jüngeren Pitt hervorbringen konnte (der, nebenbei, seinen ersten Parlamentssitz ebensolcher Protektion verdankte). George regierte über einen so willfährigen Premierminister wie Lord North, verschuldete durch seinen Starrsinn den Abfall der amerikanischen Kolonien, widersetzte sich Pitts vorausschauender Irland-Politik und veranlaßte ihn zum Rücktritt; und wenn sich Tories und Whigs zusammenschlossen und diesem persönlichen Regiment des Königs Widerstand leisteten, dann löste er das Parlament einfach auf und versuchte, mehr seiner Freunde in das neue wählen zu lassen. «Er besaß die denkbar besten Absichten», schrieb Walter Bagehot, «und kümmerte sich um die Geschäfte des Landes wie ein auf Broterwerb angewiesener Angestellter um die Geschäfte seiner Firma. Aber sein Verstand war eng, seine Erziehung begrenzt, und er lebte in einer sich wandelnden Zeit. Dementsprechend stemmte er sich stets gegen das, was sein sollte, und erhielt aufrecht, was nicht sein sollte.» Doch als in Frankreich die Revolution ausbrach, da «konzentrierte sich Englands Frömmigkeit auf ihn und gab ihm zehnfache Stärke.»[6] Die Gefahr von draußen ließ manche Querelen vergessen.

George III. regierte sechzig lange Jahre (1760–1820), die letzten zehn Jahre lebte er blind und in geistiger Umnachtung, die Krankheit, die sich schon früh bemerkbar gemacht hatte, trug ihm mehr Sympathie im Volk ein, als er sonst je besessen hatte.[7] Doch nun wurde die Monarchie zur Posse.

Privat war George ein fleißiger und sparsamer, bescheidener und strenger Familienvater, dessen Tugendhaftigkeit im Volk Eindruck machte. Mit seiner Frau Charlotte von Mecklenburg-Strelitz hatte er fünfzehn Kinder, zwölf waren am Leben geblieben, davon sieben Söhne – der Fortbestand der Dynastie schien also gesichert. Doch wie so oft: die ungewöhnlich strenge Erziehung, die George seinen Kindern angedeihen ließ, führte dazu, daß sie schließlich immer genau das Gegenteil von dem taten, was die Eltern von ihnen erwarteten. Den üblichen Generationenkonflikt hatte es auch früher in der Familie gegeben, aber so groß war die Spannung doch nie gewesen wie zwischen George III. und seinem ältesten Sohn. «Europas ersten

Gentleman» hörte der sich gern nennen, ein eitler Dandy, der in der Stadt im Carlton House lebte. War der Vater sparsam, so der Sohn ein Verschwender, ewig verschuldet. Neigte der eine zu den Tories, unterstützte der andere die Whigs, und war George ein mustergültiger Ehegatte, so der Prinz – im Volk «Prinny» genannt – ein Schürzenjäger, dessen Affairen Stadtgespräch waren. Seine Brüder saßen beschäftigungslos herum, der Vater traute ihnen nicht, der Kontinent war dank Napoleon unzugänglich. Einer ging zur Marine, der nächste zur Armee, die anderen wurden Sonderlinge, blieben Junggesellen oder kinderlos, die Töchter ebenso. «Prinny» mußte ab 1811 noch fast zehn Jahre lang die Regentschaft führen, bis der Vater mit 82 Jahren starb und er endlich als George IV. den Thron besteigen konnte. Da ruhten die Hoffnungen auf die Fortsetzung der Dynastie bereits auf einem kleinen Mädchen, das zu diesem Zeitpunkt noch kein Jahr alt war.

George IV. war 58. Er war «zur linken Hand» mit einer wohlhabenden Witwe, Mrs. Fitzherbert, verheiratet gewesen,[8] hatte sich jedoch auf Befehl seines Vaters von ihr trennen müssen und seine Kusine Caroline von Braunschweig-Wolfenbüttel geheiratet – nur unter dieser Voraussetzung war der Vater bereit gewesen, seine Schulden zu bezahlen. Sie hatten auch eine Tochter, Charlotte, 1796 geboren, aber schon vor ihrer Geburt hatte sich das Ehepaar wieder getrennt und «Prinny» hatte sein unstetes Liebesleben fortgesetzt, bis er schließlich in den Armen der Lady Conyngham landete – die Moral war in diesen Zeiten allerdings nicht nur unter den königlichen Prinzen recht locker.

Caroline wird als eine geschwätzige, leichtfertige Person geschildert. Aber die lieblose, ja brutale Art, mit der ihr Mann sie behandelte, hat sie sicher nicht verdient. Nach Charlottes Geburt wurde die Ehe auch offiziell getrennt. Böswillige Verdächtigungen wurden ihr angehängt, die ihr Mann, inzwischen Prinzregent für den kranken König, vom Kronrat untersuchen ließ, der nach seiner Pfeife tanzte; doch es ließen sich keine Beweise finden. Caroline durfte an Staatsakten und Empfängen nicht mehr teilnehmen, sie durfte ihr Kind nur alle zwei Wochen sehen. Schließlich übersiedelte sie nach Italien. Das Volk war auf ihrer Seite: George wurde ausgepfiffen, wenn er durch London fuhr, seine Kutsche mit Steinen beworfen, so daß die Fenster brachen. Wie unpopulär er war, konnte er in den Zeitungen lesen. Caroline tauchte erst wieder in London auf, als George den Thron besteigen sollte. Die Regierung hatte vergeblich versucht, sie mit dem Angebot einer Apanage von 50000 Pfund jährlich in Italien zurückzuhalten. Sie unterschrieb ihre Briefe bereits als «Caroline, Königin von England». George aber erklärte, lieber wolle er auf den Thron verzichten, als noch mal mit diesem Weibsstück zusammenleben.

Caroline wurde von der Bevölkerung mit großer Begeisterung begrüßt,[9] der Pöbel rumorte tagelang in den Straßen, und ängstliche Aristokraten fürchteten bereits eine jakobinische Revolution wie in Frankreich. Ein halbes Jahr lang wurde nun schmutzige Wäsche gewaschen. Die Regierung legte dem Parlament ein Gesetz vor, das die Scheidung ermöglichen sollte. Zeugen aus Italien marschierten auf, George hatte seiner Frau jahrelang Spitzel nachschicken lassen, Bestechungen wurden entdeckt, Anwälte sonnten sich in großen Auftritten. Caroline saß oft auf der Besuchertribüne und hörte zu. Bei der Abstimmung im Oberhaus war die Mehrheit für die Sache des Königs so blamabel gering, daß die Regierung das Gesetz gar nicht erst im Unterhaus vorlegte, sondern zurückzog. Das Volk tanzte in den Straßen. Die Ehe wurde nicht geschieden, Caroline jedoch durch Regierungserlaß aller königlichen Rechte entkleidet, und als sie der Krönung ihres Mannes beiwohnen wollte, wurde sie am Portal der Kathedrale abgewiesen. Der Fall erledigte sich dadurch, daß sie einen Monat später starb.

Nichts hat dem Ansehen der Krone mehr geschadet als die Geschmacklosigkeit dieses Skandals. Noch 1830 schien die Abschaffung der Monarchie im Bereich des Möglichen. Seit Heinrich VIII. hatte keine Affäre mehr eine derartige, noch dazu so unappetitliche öffentliche Rolle gespielt. Es war der Gesprächsstoff im ganzen Land. «Meine Mutter war schlimm», erzählte die Tochter Charlotte Stockmar, «aber sie wäre nie so schlimm geworden, wenn mein Vater nicht noch viel schlimmer gewesen wäre.» Charlotte, die Thronerbin, starb 1817 im ersten Kindbett, wie bereits erwähnt, und nun begannen die Politiker, sich um die Thronfolge in der nächsten Generation zu sorgen.

Der nächste Anwärter war Frederick, der Herzog von York, nominell Oberbefehlshaber der Armee, tatsächlich ein etwas schrulliger Büchernarr, mit einer preußischen Prinzessin verheiratet, aber kinderlos; er starb 1827. Dann kam William, Herzog von Clarence, «Sailor-Billy» genannt, unverheiratet, doch Vater zehn unehelicher Kinder von der Schauspielerin Dorothea Jordan. Der nächstjüngere Bruder war Edward, Herzog von Kent, der nach seiner kurzen unrühmlichen Soldatenlaufbahn mit seiner französischen Schauspielerin in Brüssel lebte. Ernest Augustus' Ehe war noch kinderlos, die nächsten beiden waren Junggesellen. Sollte man schon wieder auf Nebenlinien ausweichen müssen eines Tages, um die Legitimität der Thronfolge zu wahren? Ihr Leben lang waren die Herzöge aus dem Steuersäckel erhalten worden, jetzt verlangte das Parlament Gegenleistungen: Die unverheirateten Herzöge sollten sich schleunigst Frauen suchen und für Nachwuchs sorgen. Augustus, Herzog von Sussex, lehnte das rundheraus ab. Er wollte seiner Mätresse, Lady Cecilia Underwood, treu bleiben, die er später auch morganatisch heiratete. Die anderen drei gehorchten: Adolphus, Herzog von Cambridge, 44, heiratete Augusta von Hessen-Kassel. William, 53, trennte sich von seiner Mätresse, Mrs. Jordan, und heiratete Adelaide von Sachsen-Meiningen, und Edward tat das gleiche und ehelichte Victoire von Sachsen-Coburg – die beiden Brüder veranstalteten eine Doppelhochzeit.

Das Ergebnis war mager. Kinder ließen entweder auf sich warten, wurden tot geboren oder lebten nur wenige Tage. Die einzige Ausnahme und damit die erste Thronanwärterin in der nächsten Generation war Victoria.

Als Kronprinz hatte George IV. zu den Fortschrittlichen gehalten, die Whigs hatten große Hoffnungen auf ihn gesetzt. Als König hielt er zu den Tories, und keiner traute ihm mehr. Sein Ruf war völlig dahin, er vergrub sich mit seiner Mätresse und deren Familie in Windsor, und als er 1830 starb, war er schon fast vergessen, sein Tod löste keinerlei Empfindung im Lande aus. William folgte auf den Thron, der «Matrosen-König», jetzt 67.

Er hatte elf Jahre bei der Marine gedient und dann vierzig Jahre ziemlich untätig herumgesessen – nicht ganz freiwillig. Als Seemann hatte er ganz unten angefangen, war Kapitän geworden, mit Nelson befreundet. Aber mehr als eine Fregatte wollte man ihm denn doch nicht anvertrauen, und das war für einen königlichen Prinzen zuwenig. Also wurde er zum Herzog von Clarence ernannt («Eine weitere Stimme für die Opposition», seufzte sein Vater), und als der Krieg gegen Frankreich ausbrach, erhielt er kein Kommando. Er rächte sich, indem er seinen Platz im Oberhaus einnahm und gemeinsam mit seinen beiden älteren Brüdern dem Vater Schwierigkeiten machte und die Extravaganzen des Thronfolgers nach Kräften unterstützte. Seine Seemannsmanieren hatte er nie abgelegt. Es gibt unzählige Anekdoten; die Leute machten sich lustig über ihn, und das Establishment rümpfte die Nase. Thomas Creevey, der boshafte Chronist jener Jahre, meinte, noch kein König habe so nach dem Londoner Matrosenviertel Wapping gerochen wie William. «Sein alter Biberhut mit der goldenen Seemannstresse war einfach bezaubernd. Den größten Teil der Oper verschlief er, zeigte keinerlei Anteilnahme und sprach mit keinem Menschen.»[10] Große Geistesgaben oder Kunstverständnis besaß er sicher nicht, aber Kontaktlosigkeit gehörte eigentlich nicht zu seinen Schwächen. Am Anfang seiner Regierungszeit spazierte er in bürgerlicher Kleidung und Stulpenstiefeln, Orden und Schärpen, durch Londons Straßen, aber solch einen Typ König mochten seine Untertanen auch nicht, er wurde verspottet und angerempelt, und so ließ er es auf den dringenden Wunsch der Polizei und des Kabinetts wieder bleiben. Er war unkonventionell, gutherzig und selbstlos – und ein Rauhbein. Wie viele seiner Vorfahren war er ein Sanguiniker, dieses hannoveranische Temperament erbte auch Victoria. «Gottverdammt, Sir, was trinken Sie denn da?» rief er plötzlich über den Tisch dem König der Belgier zu, der ihn besuchte. «Wasser, Sir», antwortete Leopold. «Warum trinken Sie denn keinen Wein? An meinem Tisch wird kein Wasser getrunken!» Viel von dem Aufwand, den sein Bruder getrieben hatte, schaffte er wieder ab. Als konservative Adelige drohten, einem ungewohnt sparsamen Festbankett fernzubleiben, antwortete er, das sei ihm sehr recht, dann gebe es mehr Platz und weniger Hitze im Saal.[11] Was er bisweilen von sich gab, verursachte seiner Umgebung Mühe, die Contenance zu bewahren. Am Ende einer Abendgesellschaft verabschiedete er sich: «Ich wünsche Ihnen eine gute Nacht, meine Damen und Herren, ich will Sie nicht länger von Ihren Vergnügungen abhalten, ich werde meine jetzt auch haben, ich gehe nämlich ins Bett.» Und dann wandte er sich an seine Frau: «Komm, meine Königin!»[12]

In der Politik war er unsicher, er zögerte und schwankte. Die Industrielle Revolution war jetzt in vollem Gange, soziale Probleme ungekannten Ausmaßes brachen auf, Arbeiter rebellierten, die Armee wurde eingesetzt. England schien am Rande einer Revolution zu stehen, es erlebte mehr gewalttätige Agitation als in den hundert Jahren zuvor. William IV. stand ängstlich und unentschlossen zwischen den Feuern, zur Verzweiflung seiner Minister.

Das Reformgesetz, das die Whigs nach langen Kämpfen endlich 1832 durchsetzten, war ein erster Schritt, die Ungerechtigkeiten des Wahlsystems allmählich abzubauen. So sehr viel passierte da noch gar nicht. 57 der pocket boroughs, der Miniatur-Wahlkreise, wurden gestrichen, die meisten davon im Süden, weitere 30 verloren einen ihrer beiden Parlamentssitze. Dadurch wurden insgesamt 141 Sitze frei, und die wurden im Wesentlichen auf die Industriegebiete im Norden verteilt, darunter auf Städte wie Leeds, Manchester, Birmingham und Sheffield. Das Wahlrecht war auch weiterhin an bestimmte wirtschaftliche Voraussetzungen gebunden. Bisher hatten Grundbesitzer wählen dürfen, jetzt durften es auch Pächter. In den Städten war ein Vermögensnachweis erforderlich. Dadurch wurde wohlhabendes Bürgertum zugelassen, noch nicht aber Arbeiter, Handwerker und andere Lohnempfänger. Das enttäuschte natürlich viele Erwartungen und löste neue Unruhen aus. Schon dieses Gesetz hatten die Whigs jedoch nur gegen den Widerstand des Königs und der Tories unter Zuhilfenahme aller parlamentarischer Finessen durchsetzen können; scheinbar war es bescheiden in seinen Neuerungen, doch es erwies sich als eine bedeutsame Weichenstellung. Zwar wurde die Wählerschaft auf nur rund 700000 erhöht, das waren etwas über sieben Prozent der Bevölkerung, und auch weiterhin saßen fast nur Aristokraten im Parlament. Aber von nun an besaß das Unterhaus ein entscheidendes Übergewicht. 1834 hat zum letzten Mal ein König einen Premierminister entlassen und versucht, der Unterhaus-Mehrheit ein unpopuläres Kabinett aufzuzwingen. Das wurde nun schon als Coup d'état betrachtet, es blieb auch erfolglos, und William bekam nicht mehr viel Gelegenheit, sich in politische Entscheidungen einzumischen. Nicht mehr der Herrscher bestimmte künftig, wer regieren sollte, sondern das entschied die Mehrheit im House of Commons. Dadurch bekam das Amt des Premierministers ein anderes Gewicht, und auch die öffentliche Meinung gewann mehr Bedeutung. Eine Reihe weiterer Reformen wurde verabschiedet: Die Sklaverei wurde abgeschafft, 1833 das Fabrikgesetz erlassen, 1834 das umstrittene Armengesetz, 1835 das Gesetz über die Selbstverwaltung der Gemeinden, das wenigstens auf der lokalen Ebene das Wahlrecht allen Bürgern zuerkannte, die Steuern zahlten.

Im Prinzip auf seiten der Tories, hat William in den entscheidenden Fragen unentschlossen zwischen beiden Parteien hin- und hergeschwankt, so daß schließlich keine ihm mehr vertraute und umgekehrt er sich von beiden verraten fühlte. Er wollte das Bestehende bewahren und begriff nicht, daß die Zeit Änderungen verlangte. «Ich fühle, wie die Krone auf meinem Kopf wackelt», sagte er, nachdem er es mehrfach erleben mußte, daß seine Kutsche trotz der berittenen Eskorte mit Steinen und Dreck beworfen wurde.[13] Immerhin hat er der Nation einen großen Dienst erwiesen: er hat sie vor einer heillosen Intrigenwirtschaft bewahrt, indem er lebte, bis Victoria volljährig geworden war und damit eine Regentschaft vermieden wurde. Mit ihr war die Nation bereit, einen neuen Anfang zu machen.

Die Personalunion mit Hannover hörte auf, das war schon mal ein erster Vorzug, die Verquickung mit kontinentalen Querelen war den Engländern immer ein Dorn im Auge gewesen. In Hannover, seit 1814 Königreich, gab es kein weibliches Erbfolgerecht. Der nächste von Williams Brüdern war an der Reihe, auf diese Weise wurde England auch gleich Ernest Augustus los, den unsympathischen Herzog von Cumberland, der sich ja dann auch 1848 in Deutschland als ein Reaktionär reinsten Wassers erwies. Mit Victoria wurden endlich wieder getrennte und damit klare Verhältnisse geschaffen.

Daß trotz so vieler negativer Erfahrungen doch niemand wirklich konkret daran dachte, die Monarchie abzuschaffen, das hatte im 19. Jahrhundert wohl nicht mehr viel mit dem Mysterium der Krone zu tun. Walter Bagehot führt ein paar sehr handfeste Gründe dafür an.[14] Erstens ist die Monarchie verständlich, sagt er, während die meisten Schichten der Bevölkerung unfähig seien, die Idee einer Verfassung zu begreifen. Zweitens bringt eine Familie auf dem Thron auch in das Alltagsleben des Normalbürgers eine Empfindung von Bindung und Stolz. Die Monarchie sei eine Staatsform, sagt Bagehot, in der sich die Aufmerksamkeit der Nation auf eine Person konzentriert, die interessante Dinge tut, während sich in der Republik die Aufmerksamkeit auf viele verteilt, die uninteressante Dinge tun. Und nun stand also Victoria im Zentrum dieser Aufmerksamkeit.

Im Prinzip hatte ihre Mutter natürlich recht: Victoria war gar nicht in der Lage, diesen Posten auszufüllen. Sie war ein 18jähriger Teenager, der sich für Politik nicht im mindesten interessierte, der weder von Staatsgeschäften noch sonst viel verstand. Die Welt war ihr ein Buch mit sieben Siegeln. «Arme kleine Königin», seufzte Thomas Carlyle, als der Krönungszug aus der Westminster-Kathedrale zurückkam, «sie ist in einem Alter, in dem man einem Mädchen kaum die Wahl eines Hutes überlassen kann, und nun ist ihr eine Aufgabe übertragen worden, vor der ein Erzengel zurückschrecken würde.»

Victoria hatte das Glück, gescheitere Berater zu finden als ihre Mutter oder gar Conroy gewesen wären. Der so geliebte Lord Melbourne war allerdings auch nicht der beste, und so standen ihr ein paar bittere Lehrjahre bevor.

Zunächst genoß sie die Freiheit, die Würde und das Leben. Sie zog mit der Mutter in den Buckingham Palast um, aber nun schlief sie natürlich in ihrem eigenen Zimmer, und wenn ihre Mutter sie sehen wollte, mußte sie sich ebenso anmelden lassen wie jeder andere Mensch auch. Großfürst Alexander, der spätere Zar, kam zu Besuch, ein Jahr älter als Victoria, und prompt verliebte sie sich in ihn. Sie tanzten Mazurka, und sie beschreibt jeden Schritt in ihrem Tagebuch. «Ich bin wirklich ziemlich verliebt in den Großfürsten... Wir hatten so viel Vergnügen und haben so viel gelacht... Ich habe mich noch nie besser amüsiert... Wir waren alle so fröhlich. Ich bin um Viertel vor Drei ins Bett gegangen, aber konnte bis 5 nicht einschlafen.» Es war ein schmerzlicher Abschied.

Er war auch schnell wieder vergessen, es gab ja ständig neue Abwechslung. Oper, Theater, Zeremonien wie eine Parade («Ich salutierte, indem ich meine Hand an die Kappe legte wie die Offiziere und wurde sehr bewundert wegen der Art, in der ich das tat»); Levées («Meine Hand wurde fast 3000mal geküßt!»); oder eine Fahrt zum Staatsbankett des Bürgermeisters in der Guildhall («Ich erlebte den erfreulichsten, wärmsten, herzlichsten und brillantesten Empfang von der größten Ansammlung von Menschen, die mir je begegnet ist»). Das Tagebuch sprudelt bisweilen über vor Begeisterung, Superlative reichen nicht, sie werden notfalls in großen Buchstaben geschrieben, unterstrichen, gar doppelt und dreifach unterstrichen.

Doch der Himmel hing nicht ständig voller Geigen. Die junge Königin mußte sehr bald – und nicht zum letzten Mal – feststellen, wie schnell die Gunst der öffentlichen Meinung verspielt ist und wie schnell die Volksmenge auch in England nach der Kreuzigung schreit. Nach zwei Jahren schon war die Monarchin so unpopulär wie vorher ihr Onkel.

Sorgen um das Land hatte sich Victoria bisher noch nicht gemacht. Sorgen machte sie sich um ihr Gewicht, ihre Figur begann sich zu runden. Sie war einen Meter fünfzig groß; als sie sich wiegen ließ, notierte sie erschrocken, daß sie 8 Stones 13 Unzen schwer sei: 51,2 Kilo. Das machte der hannoverische Appetit, die Liebe zu Bier und Wein. Gute Vorsätze, Diät zu halten, wurden oft gefaßt und nie durchgehalten. «Nach dem Essen erzählte ich Lord Melbourne, wie Mama mich immer aufgezogen hat, weil ich so viel Wein trinke, und den Leuten erzählt hat, daß ich so viel trinke...» notiert sie.

Melbourne, der Premierminister, wurde mit dem ersten Tag ihrer Herrschaft zu ihrem wichtigsten, ja ihrem einzigen Berater. Mehr noch: War Onkel Leopold der erste Ersatzvater gewesen, so wurde Melbourne ihr zweiter.

Melbourne, fast 60, war vom Scheitel bis zur Sohle ein reicher Aristokrat, hatte eine unbegreifliche Ehe und ein turbulentes Familienleben hinter sich, war kultiviert, sensibel und ironisch, lässig und charmant, ein Mann voller Widersprüche. Ein Whig mit tiefer Skepsis gegenüber einer sich immer mehr industrialisierenden Gesellschaft; ein Zyniker, der das Reformgesetz von 1832 durchgebracht hatte, aber letztlich am Sinn aller Reformen zweifelte; seit über 30 Jahren im Parlament, Minister in verschiedenen Ämtern, ein Füllhorn von Wissen und Anekdoten über Gott und die Welt. Für Victorias Start war er ein Glücksfall, auch er entwickelte eine Art väterlich-pädagogischer Zuneigung zu ihr; daß ihr Verhältnis auch eine unbewußt erotische Komponente gehabt hat, wie viele Autoren behaupten, mag gut sein. Es verging kaum ein Tag, an dem Melbourne nicht im Buckingham Palast war. Victoria wurde eifersüchtig, wenn er seine Abende anderswo verbrachte, und sah es ihm sogar nach, wenn er nach dem Essen im Lehnstuhl einschlief und schnarchte. Draußen amüsierte man sich über «Lord und Lady Melbourne».

Was er ihr dabei an politischen Weisheiten und Weltanschauungsbrocken zuwarf, hat sicher nicht immer zur Reife einer noch so kindlichen Regentin beigetragen, und sein Rat stellte sich bald als recht fragwürdig heraus. Aber Victoria hatte nun wenigstens einen Menschen, mit dem sie ohne jede Scheu über alles reden konnte, was ihr gerade in den Sinn kam (das Verhältnis zu ihrer Mutter war von protokollarischer Kälte), und der immer eine verständige oder wenigstens verständnisvolle Antwort bereit hatte. Kein Tag, an dem sie nicht ins Tagebuch notiert hätte, was «Lord M.» an Weisheiten von sich gegeben hatte. «Er sprach beim Essen sehr gescheit und witzig über Erziehung; mir scheint, seine Ansichten sind ausgezeichnet. Er sagte, seiner Meinung nach werde beinahe jedermanns Charakter von der Mutter geformt, und wenn sich die Kinder nicht gut entwickelten, sollten die Mütter dafür bestraft werden.» Er versuchte ihr die Lektüre von «Oliver Twist» auszureden. «Es handelt nur von Arbeitshäusern, Sargmachern und Taschendieben... Goethe und Schiller wären über dergleichen schockiert gewesen.»[15] Die Mutter schrieb ihr larmoyant: «Paß auf, daß nicht Lord Melbourne König wird!»

Victoria war so fixiert auf ihn, daß sie sich bei der ersten politischen Entscheidung ihrer Laufbahn blamierte. Viel Rechte waren ihr nicht mehr geblieben, die meisten Rechte wurden allmählich zu Pflichten. Sie konnte durch die Verleihung von Orden und Würden, von Ämtern und Titeln oder durch das Recht der Begnadigung Einfluß auf das Schicksal vieler einzelner und dadurch vielleicht manchmal auch indirekt Einfluß auf den Gang der Dinge nehmen. Sie konnte und sollte «konsultiert werden, ermutigen und warnen», wie Bagehot formuliert. Regieren tat jetzt das Parlament durch seinen Exekutiv-Ausschuß, das Kabinett; oder wie es ein Historiker unserer Tage ausdrückt, der die Zuständigkeiten mit denen einer Aktiengesellschaft vergleicht: der Vorstand erledigt die Tagesgeschäfte und ist den Aktionären in der Jahresversammlung verantwortlich.[16] Der Monarch wäre dann eine Art Aufsichtsratsvorsitzender, denn er ist der Repräsentant der gesamten Nation. Seit 1834 hatte er die Minister zwar noch zu ernennen, aber er mußte die vorgeschlagenen akzeptieren, es sei denn, sie waren «aus Rechtsgründen ungeeignet».

Ihrem Temperament nach war die junge Victoria alles andere als eine konstitutionelle Monarchin. Ihrer Ansicht nach hatten ihre Wünsche befolgt zu werden, und als Lord Melbourne im Mai 1839 nach einer Abstimmung über ein ganz zweitrangiges Problem mit Jamaica zurücktrat, fiel sie aus allen Wolken. «All ALL mein Glück ist dahin!» jammert sie, «das glückliche, friedliche Leben zerstört, dieser liebste beste Lord Melbourne nicht mehr mein Minister!» Und zwei Tage später: «Ich weinte viel, hielt wieder (Lord Melbournes) Hand in meinen beiden & hielt weiter seine Hand fest in meiner, als fühlte ich, daß er mich dadurch nicht verlassen könnte... Dann stand er auf, wir gaben uns noch einmal die Hände, er küßte meine Hand, ich weinte schrecklich.»[17] Das eigene Wohlergehen stand im Mittelpunkt ihres Denkens.

Melbourne wollte der Form wegen vorerst nicht mehr im Palast erscheinen, aber er hinterließ ihr ein schriftliches Konzept, wie sie sich nun verhalten sollte. Daß er sie dabei für seine eigenen parteitaktischen Ziele einspannte und sie deshalb schlecht beriet oder zumindest einer unerfahrenen 20jährigen zuviel zumutete, das merkte Victoria nicht. Zum ersten Mal hatte sie das Gefühl, eine große Entscheidung treffen zu müssen; sie wollte ihren Lord Melbourne behalten, und der rechnete damit. Es folgte, was unter dem ironisch gemeinten Begriff «Bedchamber Plot» bekanntgeworden ist. Wenn man das l wegließ, ergab das auch einen Begriff.

Nach dem Rücktritt des Kabinetts Melbourne mußte die Opposition mit der Regierungsbildung beauftragt werden. Victoria mochte die Tories nicht und hielt mit ihrem parteipolitischen Vorurteil auch nicht hinter dem Berg. Sie empfing den 70jährigen Herzog von Wellington, den Senior der Tories, und dann den 51jährigen Parteiführer Sir Robert Peel. «Im Palast wartete eine kleine, mürrische Frau von 20 Jahren auf ihn in einem Zustand von Elend, unterdrücktem Ärger und Nervosität.»[18] Die Königin stellte ihm für die Kabinettsbildung zwei Bedingungen: Wellington sollte ein Ministeramt übernehmen – das war kein Problem. Zweitens sollte ihr Hofstaat nicht ausgewechselt werden.

Daß der Hofstaat die politische Präferenz des Monarchen mehrheitlich widerspiegelte und wenigstens in den Schlüsselpositionen verändert wurde, wenn eine andere Regierung ans Ruder kam, das war damals völlig normal. Melbourne hatte der Königin geraten, sich vielleicht für die eine oder andere Dame stark zu machen, aber keine grundsätzlichen Bedingungen zu stellen, denn eine ungewöhnlich große Zahl von Hofdamen waren mit Whig-Ministern oder dem Whig-Adel eng verwandt oder sonstwie verbunden. Peel war durchaus flexibel. Er bat um ein Zeichen des Vertrauens: seine Anhänger erwarteten von ihm, daß wenigstens ein paar Konservative in der Umgebung der Königin zu finden wären. Doch Victoria wollte ihren Kopf durchsetzen und machte in der nächsten Audienz eine Kabinettsfrage daraus. «Ist Sir Robert so schwach, daß selbst die Hofdamen seiner Ansicht sein müssen?» Sie war sehr stolz auf dieses Argument.[19] Und stolz berichtete sie abends in seitenlangen Briefen an Lord Melbourne, der ja vorläufig noch im Amt war, über den Verlauf der Audienzen. «Die Königin» (so beginnt jeder ihrer Briefe) «schreibt nur eine Zeile, um Lord Melbourne darauf vorzubereiten, was schon in wenigen Stunden eintreten kann. Sir Robert Peel hat sich schlecht benommen und darauf bestanden, daß ich meine Damen preisgebe... Halten Sie sich bereit, Sie könnten bald gerufen werden.»[20] Sie ließ Melbourne in dem Glauben, Peel habe *alle* ihre Hofdamen auswechseln wollen. Unter diesen Umständen mußte er die Haltung der Königin decken. Nach einer langen Nachtsitzung erklärte sich das Kabinett bereit, im Amt zu bleiben – mit erheblicher Reserve, denn es schien, als beginne die junge Königin genauso starrköpfig zu regieren wie ihre Onkel und ihr Großvater.

Nach diesem Beschluß konnte Victoria Peel absagen und war einmal mehr der Überzeugung, daß sie ihren Willen durchsetzen könne. Peel resignierte und gab den Auftrag zurück. Um sich in einen Konflikt mit der Königin wegen ihrer Hofdamen einzulassen, hätte er im Parlament eine sichere Mehrheit haben müssen, und die besaß er nicht.

Victoria hatte ihren Melbourne wieder. Der merkte erst jetzt, daß sie ihm nicht die volle Wahrheit gesagt und in ihrem blinden Eifer ein paar routinierte alte Politiker an der Nase herumgeführt hatte: Peels Forderung war durchaus im Rahmen des Üblichen geblieben. «Eine oder alle, das ist dasselbe», erklärte die Königin[21] und notierte: «Ich sagte, daß ich eine so außerordentliche Abneigung gegen Peel hätte... Ich sei sicher, daß wir sowieso dauernd gestritten hätten – sehr bald... ‹Das meint er auch›, fuhr Lord M. fort... Ich antwortete, das sei sehr wahr. ‹Aber das sollte es nicht sein›, sagte Lord M.» Ein paar Jahre später, unter Alberts Einfluß, gehörte Peel zu den engsten Freunden der Familie und Victoria sah in ihm den bedeutendsten aller britischen Premierminister. Am Ende ihres Lebens gestand sie in einem Gespräch mit ihrem Privatsekretär zu, daß sie damals falsch gehandelt habe. Aber «ich war sehr jung, erst 20...»[22]

Peel und den Tories erschien das – ganz treffend – nicht so sehr als ein Komplott, damit Victoria ihre Damen, sondern damit sie ihren Herrn behalten konnte. In der folgenden Parlamentsdebatte über die Regierungsbildung stellte niemand die junge Königin bloß. Doch Victoria hatte sozusagen einen negativen Präzedenzfall geschaffen, der zu einer neuerlichen Schwächung der Monarchie führte, und den Preis dafür mußte sie zum ersten Mal schon wenige Wochen später zahlen.

In der Flora Hastings-Affäre kam sie nicht mehr so glimpflich davon, und die lief neben der anderen her. Lady Flora war eine der Hofdamen ihrer Mutter, gegen die sie unheilbar voreingenommen war; denn im Kensington Palast hatte Lady Flora stets Partei für Conroy, gegen Victoria und Luise Lehzen ergriffen. Älteste Tochter einer hochadeligen schottischen Tory-Familie, war sie mit 32 noch unverheiratet. Sie war sehr fromm und beschäftigte sich damit, Gedichte zu schreiben. Melbourne fand sie auch unsympathisch. Victoria hielt sie für Conroys Spionin und warnte Melbourne, nicht zu offen zu sprechen, wenn sie Dienst hatte und mit der Herzogin zum Abendessen erschien – hinterher verschwanden die beiden ohnehin so bald wie irgend ziemlich.

Als Lady Flora im Januar 1839 wieder für einige Zeit Dienst hatte, klagte sie beim Hofarzt über Magenschmerzen und eine Schwellung des Leibes. Sir James Clark war ein alter Marinearzt, sah alles Heil in frischer Luft und verordnete der Patientin Rhabarberpillen und Kampferumschläge. Sich eingehender untersuchen zu lassen, lehnte Lady Flora zunächst entrüstet ab, man untersuchte gewöhnlich «über den Kleidern», was auch immer sonst die Moralbegriffe der Gesellschaft waren. Die Königin vermerkte im Tagebuch: «Lady Flora war noch keine zwei Tage im Haus, als Lehzen und ich entdeckten, wie ausgesprochen verdächtig ihre Figur aussah – seither haben das noch mehrere entdeckt, und wir haben keinen Zweifel, daß sie – um es deutlich zu sagen – ein Kind erwartet.»[23] Melbourne zuckte die Achseln. Den Schuldigen sah sie natürlich in Conroy, die beiden waren auf der Rückreise von Schottland zusammen in der Postkutsche gefahren! Die Königin hielt es für unzumutbar, Lady Flora noch zu empfangen. Auch Dr. Clark hatte den Schwangerschaftsverdacht geäußert, die Hofdamen waren durch Gerüchte in größte Aufregung versetzt. Lady Tavistock, die Rangälteste, verlangte in einem Gespräch mit dem Premierminister, entweder müsse das Gerücht sofort entkräftet werden, oder Lady Flora müsse den Hof verlassen. Melbourne suchte zu beruhigen: Ärzte irrten sich oft. Vorerst wischte er diese lästige «Weibersache» vom Tisch. Lady Flora ging es schlechter, und Dr. Clark war inzwischen von der Schwangerschaft überzeugt. Luise Lehzen meinte, das beste wäre, Lady Flora würde schnell und verschwiegen heiraten.

Die erklärte sich schließlich bereit, einen Frauenarzt zuzuziehen und sich auch «unter den Kleidern» untersuchen zu lassen. Ihre Zofe und Lady Portman waren anwesend, die am Fenster stand und das Gesicht mit den Händen bedeckte. Die beiden Ärzte stellten fest, daß von Schwangerschaft keine Rede sein könne und Lady Flora noch Jungfrau sei. Was ihr aber eigentlich fehlte, fanden sie nicht heraus. Sie informierten den Premierminister von ihrer Diagnose, führten aber – wohl zu Clarks Entschuldigung – an, eine allerletzte Sicherheit gäbe es nicht. Melbourne, der nun einen weiteren Skandal entstehen sah, klammerte sich an diesen Zweifel, und Victoria, die wiederum aus allen Wolken fiel, schrieb ihrer Mutter, obwohl Lady Flora eine Jungfrau sei, könne es trotzdem möglich sein, und man könnte nicht sagen, «ob sich solche Dinge nicht ereignen können. Da ist eine Vergrößerung im Bauch wie ein Kind.»[24]

Immerhin: die Königin empfing die Hofdame wieder, es gab eine quasi Entschuldigung, und nun hofften Melbourne und sie mit schlechtem Gewissen, daß bald Gras über die Affäre wachsen würde. Doch Lady Flora, der es weiterhin schlecht ging, hatte ihrer Familie einen Bericht über den Vorfall geschickt. Das Familienoberhaupt, der junge Marquis von Hastings, kam wütend nach London und verlangte Wiedergutmachung. «Eine gewisse ausländische Dame» wurde als Urheberin der Gerüchte verantwortlich gemacht (womit Luise Lehzen gemeint war). Inzwischen berichteten die Zeitungen über das ärztliche Untersuchungsergebnis; Floras Mutter, die nicht nur an die Königin geschrieben hatte, ließ den Inhalt ihrer empörten Briefe an den Premierminister in der «Morning Post» veröffentlichen. Verleumdungsklagen wurden angedroht, ein Duell wurde ausgetragen, Victorias Verhältnis zur Mutter wurde noch gespannter. Die Presse zog sowohl gegen die Königin als auch gegen den Premierminister zu Felde. «Es ist unbegreiflich», schrieb Charles Greville, «wie Melbourne diesen entwürdigenden und schädlichen Skandal zulassen konnte, der unumgänglich das Ansehen des Hofes in den Augen der Welt herabsetzen muß.»

Daß Victoria ihren Teil Schelte abbekam, hatte sie sich selbst zuzuschreiben. Da sie im «Bedchamber Plot» Peel und Wellington gegenüber darauf bestanden hatte, über die Zusammensetzung ihres Hofstaats allein und ohne Einfluß der Regierung zu entscheiden, mußte sie logischerweise auch die Verantwortung und die Fürsorge für ihre Hofdamen tragen und konnte nicht den Premierminister dafür haften lassen. In der Fürsorglichkeit hatte sie aus leichtfertiger Voreingenommenheit kläglich versagt.

Lady Flora, zu einem Gerippe abgemagert, starb im Juli. «Das arme Wesen verschied ohne Todeskampf & hob nur die Hände & tat einen letzten Atemzug», vermerkt Victoria.[25] Es stellte sich heraus, daß die scheinbare Schwangerschaft ein Lebertumor gewesen war. Erneut flammte der Skandal auf.

Als die Königin zum Rennen in Ascott erschien, wurde sie ausgezischt. Das habe ihm gegolten, versuchte Melbourne zu trösten. «Das ist dasselbe», sagte sie; daß es eben nicht dasselbe sein durfte in dieser Monarchie, hatte sie auch jetzt noch nicht begriffen. Statt dessen meinte sie, die Zischer gehörten ausgepeitscht.[26]

Die Hastings-Affäre hat Victorias Popularität, die noch vor einem Jahr so unbestritten war, weit mehr geschadet als der Konflikt mit Peel. «Niemand will etwas von der Königin hören», schreibt Greville, «ihre Popularität ist gleich Null, jede Loyalität ist verschwunden.»[27]

Victoria geriet in eine Nervenkrise. Das einzige positive Ereignis dieser Monate war, daß Sir John Conroy nach massivem Druck Melbournes, Wellingtons und Stockmars sein Amt bei der Herzogin aufgab und ins Ausland ging, er war 52 und konnte keine weitere Karriere erwarten. Doch sonst stürzten der Königin alle Himmel ein. Der Reiz der ersten Monate, der Reiz des Neuen war bereits vorüber. Auf Melbourne und Luise Lehzen fixiert, verlief ihr Leben im Grunde nicht viel anders als früher im Kensington Palast. Das Leben bei Hofe war stumpfsinnig.

Greville, der im Januar 1838 zum Dinner in den Buckingham Palast eingeladen war, beschreibt, wie nach dem Essen die Gäste im Salon herumstehen oder -sitzen, wie dann die Königin herumgeht und mit jedem ein paar Worte spricht. «Sind Sie heute ausgeritten, Mr. Greville?» – «Nein, Madam, heute nicht.» – «Es war ein schöner Tag!» – «Ja, Madam, in der Tat.» – «Aber es war ziemlich kalt.» – «Das war es wirklich, Madam.» – «Ihre Schwester, Lady Francis Egerton, reitet auch, glaube ich?» – «Ja, Madam, manchmal.» Dann versucht Greville es mit der Gesprächsführung, ohne das Thema zu wechseln. «Sind Ew. Majestät heute ausgeritten?» Die Königin begeistert: «Oh ja, es war ein sehr langer Ritt.» – «Haben Ew. Majestät ein schönes Pferd?» – «Oh, ein sehr schönes Pferd.» Nach dieser Erfahrung, schreibt Greville, habe er Einladungen in den Palast tunlichst vermieden; mit der Herzogin von Kent Whist zu spielen, sei zweifellos eine Ehre, aber kein Vergnügen.

Victoria empfand das allmählich selbst so. Sie begann in eine Lethargie zu verfallen, die sich bis in ihre Handschrift hinein ausdrückte – Melbourne schickte ihr Notizen zurück, weil er sie nicht lesen konnte. Sie mochte morgens nicht aufstehen, sich nicht waschen, nicht einmal die Zähne putzen. Melbourne stimmte ihr zu: Zähne seien eine Plage. Immerhin erinnerte er sie an die vier Gebote einer klugen englischen Mutter: Fürchte Gott, ehre den König, gehorche den Eltern und putz die Zähne! Die Königin mochte nicht laufen, nicht einmal mehr reiten, erfand Ausreden für alles, versuchte sich in die Krankheit zu flüchten. Langeweile überkam sie, wenn Melbourne nicht da war – was sollte sie tun, wenn er eines Tages überhaupt nicht mehr da wäre? Höflinge bedachte sie im Tagebuch mit abschätzigsten Adjektiven, und von Politik wollte sie schon gar nichts mehr wissen. Der Premierminister begann sich Sorgen zu machen über diesen defaitistischen Zustand.

Das war die Stimmung, in der Victoria und Melbourne zum ersten Mal konkret über die Möglichkeit einer Heirat gesprochen hatten.

10. Kapitel

Verlobung und Hochzeit

Victoria hatte viele Schwächen ihrer hannoverschen Vorfahren geerbt, darunter auch deren Unausgeglichenheit. Am meisten glich sie ihrem Großvater, George III. «König George im Unterrock» wurde sie schon als kleines Mädchen apostrophiert. Keinem ihrer Zeitgenossen stand sie nach an Sentimentalität; ihrer Überschwenglichkeit ließ sie im Tagebuch freien Lauf; doch ebenso konnte sie plötzlich eine ganz unsentimentale Härte hervorkehren, womit sie sich als Tochter ihres Soldatenvaters zu erkennen gab. War sie also in ihren Stimmungen und Meinungen oft unberechenbar, so hatte sie doch einen großen Vorzug: sie war geradeheraus und absolut ehrlich. Was sie sagte oder schrieb, das meinte sie auch – wenigstens in diesem Augenblick.

Sie schwankt hin und her in diesen Monaten, das ist ihrer Unerfahrenheit zuzuschreiben. Auf der einen Seite mag sie, nach der häuslichen Qual der letzten Jahre, die gerade errungene Unabhängigkeit nicht schon wieder aufgeben. An ihrem 19. Geburtstag hat sie bis 4 Uhr morgens getanzt. «Welch ein Unterschied zum letzten Jahr!» schreibt sie in ihr Tagebuch. «Alle waren so nett und freundlich zu mir!» Sie hat ja die besten Absichten. «Ich bin sehr jung und in vielem, wenn auch nicht in allem, noch ohne Erfahrung. Aber sicherlich gibt es nur wenige, die ehrlicher und ernster als ich bestrebt sind, gut und richtig zu handeln.» Sie fühlt sich in Übereinstimmung mit ihrem Volk. «Es ging eine Woge der Begeisterung durch die Menschen. Empfindsamkeit und Romantik waren in Mode, und der Anblick der mädchenhaften Königin, die unschuldig und bescheiden mit blondem Haar und rosigen Wangen durch die Hauptstadt fuhr, erfüllte die Herzen der Zuschauer mit Begeisterung, Liebe und Ergebenheit.»[1] Selbst ihre unmajestätischen Manieren werden mit großväterlicher Rührung hingenommen. «Man kann sich kein schlichteres kleines Wesen vorstellen als sie, wenn sie sich ungeniert fühlt», vermerkt der Abgeordnete Thomas Creevey. «Sie lacht aus vollem Halse, macht den Mund auf, so weit es geht, und läßt dabei ihr nicht eben hübsches Zahnfleisch sehen. Sie ißt ebenso herzhaft wie sie lacht; ich darf wohl sagen: sie schlingt. Sie errötet und lacht so natürlich, daß jeder entwaffnet ist.»[2] Auch ihren Appetit hat sie von den Hannoveranern geerbt, ihre Taille beginnt sich zu runden.

Aber auch Victoria unterliegt dem Irrtum so vieler Monarchen, der so leicht auszulösende Volksjubel bei festlichen Anlässen oder Besichtigungen sei ein Beweis der Zuneigung ihrer Untertanen und die Freundlichkeiten der Hofschranzen ließen auf freundschaftliche Gefühle schließen. Jedenfalls bestärkte ihre (zu Beginn kurzfristige) Popularität sie in ihrer Abneigung, am gegenwärtigen Zustand irgend etwas zu ändern. Natürlich würde ihr auch in der Ehe der Vorrang gebühren, schließlich war sie die Königin; aber daß gleichwohl die Ehe Einschränkungen, Zugeständnisse, Kompromisse verlangen würde, war ihr klar. Zudem mochte sie keine Kinder. Eigentlich sprach alles gegen eine Heirat, und der liebe Lord Melbourne meinte schläfrig, es bestehe auch gar keine Notwendigkeit, zu heiraten.

Andererseits gab es auch viele Argumente *für* eine Ehe, und Melbourne war selbst eines davon. Der Konflikt mit den Tories und die Flora Hastings-Affäre hatten gezeigt, daß Victoria noch eine andere Stütze und eine andere Anleitung brauchte als Melbourne sie geben konnte – sie brauchte einen Halt in der privaten Sphäre, in die auch ein noch so vertrauter Premierminister nicht eindringen durfte, «der gutherzigste, reizendste und gefühlvollste Mann auf der Welt». Victoria hatte in ihrer trüben Jugend wenig Vergnügen und wenig Kontakte mit Altersgenossen gehabt. Sie habe «kein Objekt für ihre sehr heftige Liebebedürftigkeit» besessen, schrieb sie später einmal. Und dafür war Melbourne ja nun nicht der richtige Partner.

Melbourne, Sproß eines reichen Adelsgeschlechts, repräsentierte eine im Aussterben begriffene Epoche. In 60 Jahren einer konventionellen Laufbahn und eines turbulenten Liebes- und Ehelebens war ihm alle Lebensweisheit zu Zynismus, zum Bonmot, zur Anekdote geronnen. Die Deutschen wüschen sich nicht das Gesicht und hätten keine schönen Haare, erzählte er Victoria. Von seinem Urteil über ihre Charles Dickens-Lektüre haben wir schon gehört. Virgil, sagte er ihr, sei zu schwierig; Frauen sollten die Finger von Tinte und Feder lassen, weil sie zu viel Gefühl und zu wenig Vernunft besäßen – das sind einige der Weisheiten, die Melbourne in den allabendlichen Gesprächen von sich gab. Abgesehen von der großväterlich arroganten Überheblichkeit einem jungen Mädchen gegenüber steckte natürlich auch politische Absicht dahinter: Victoria sollte gar nicht erst auf die Idee kommen, bei der schwierigen Kunst des Regierens mitarbeiten zu wollen. Natürlich mußte sie Papiere lesen, Dokumente unterschreiben. Aber die Weisheit der Entscheidungen, die in der Downing Street getroffen wurden, sollte die junge Dame nicht in Frage stellen. Daß sie das jemals tun könnte, war Melbourne anfänglich nie in den Sinn gekommen, zumal sie ihm gestand, daß ihr das Regieren zunehmend zuwider sei, es sei ja auch sehr unnatürlich für eine junge Frau. Bei der Kontroverse um die Berufung Peels hatte er jedoch ihren Dickschädel zu spüren bekommen.

Und bei aller überschwänglichen Verehrung für den «lieben Lord M.» konnte und mochte Victoria schließlich nicht ewig die Abende in der Öde des Hoflebens mit einem schläfrigen alten Mann verbringen; ihr Vergnügen an seinen Weisheiten ließ wohl auch nach zwei Jahren allmählich nach, die Bonmots verloren an Reiz. «Ein junger Mensch wie ich braucht gelegentlich junge Leute, mit denen man lachen kann», sagt sie Melbourne, und solche kommen nur selten zu Besuch. Die Enttäuschungen der letzten Monate kommen hinzu; daß sie nun in der Öffentlichkeit «Mrs. Melbourne» genannt und beim Rennen in Ascot ausgezischt wird, fährt ihr in die Glieder. «Wenn ich eine Privatperson wäre, würde ich das Land umgehend verlassen, so abscheulich finde ich die fortgesetzte Opposition», erklärt sie dem Premierminister. Sie entwickelt Minderwertigkeitskomplexe: sie ist zu klein, wird zu dick, ist schüchtern, nervös, vernachlässigt ihre Kleidung. Sie braucht dringend einen neuen Start.

«Das Beste wäre, sie würde bald heiraten», hatte Lord Grey schon vor der Thronbesteigung Stockmar geschrieben, «und zwar einen *gescheiten* Prinzen heiraten.»[3] Victorias intellektuelle Lücken verlangten nach einem verständnisvollen Partner, ihr heftiges Temperament brauchte einen Widerpart, ihre politische Einseitigkeit mußte in eine verfassungsgerechte Neutralität gelenkt werden. Gerade nach ihrer Kontroverse mit Peel lebte die Königin in der Vorstellung, sie könne ihren Willen jederzeit durchsetzen. Dabei war es ihr gar nicht um Prinzipien gegangen, sondern um ihre Bequemlichkeit – Melbourne war ihr vertraut, Peel nicht. Sie war nicht gewohnt, über ihre Nasenspitze hinaus zu denken, die Welt jenseits der Schloßmauern war ihr ein Buch mit sieben Siegeln, daran hatten auch die Informationsreisen durch England mit ihrer Mutter nichts geändert.

Ein weiterer, ganz nüchterner Grund für eine Ehe kam hinzu, der zwar Victoria und Melbourne im Moment nicht wichtig schien. Der Herzog von Wellington dagegen, der Senior der Tories, war stets besorgt um die Sicherheit des Thrones, und die Attentate der nächsten Jahre auf die Königin zeigten, wie berechtigt diese Sorge war. Wenn ihr etwas zustoßen würde, dann wäre der Thronerbe ihr Onkel, der Herzog von Cumberland, jetzt König von Hannover. Die englischen Politiker waren sehr erleichtert über die Trennung der beiden Kronen gewesen, die Hannoveraner waren nie populär, und Cumberland war der unbeliebteste von allen; zudem war sein Sohn blind. Die Aussicht, daß die beiden Kronen erneut zusammenfallen könnten, wenn Victoria nicht für Nachkommen sorgte, ließ die Politiker in London schaudern.

In diesem ganzen Hin und Her von Stimmungen und Argumenten war es wieder einmal Onkel Leopold, der die Weichen stellte: Albert und Ernst sollten einen zweiten Besuch machen. Vielleicht bereitete der Besuch der Coburg-Koharys dafür ein wenig den Boden. Mit Onkel Ferdinand kamen die Vettern August und Leopold mit ihrer Schwester Victoire, dazu der besonders hübsche und schüchterne Vetter Alexander Mensdorff-Pouilly, in den sich Victoria auch prompt verliebte – Schönheit machte stets großen Eindruck auf sie, wie sie offen zugab. Ihre englische Biographin Elizabeth Longford beschreibt diese Seite ihres Charakters sehr treffend: «Ob Männer, Frauen, Kinder, Tiere, Landschaften, Häuser oder Kleider – immer rühmte sie die Schönheit mit einer Begeisterung, die bei einem Menschen, der so großen Wert auf Gediegenheit legt, überrascht. Kurz vor ihrer Heirat betonte sie oft, wie sehr sie männliche Schönheit bewundere, und sprach häufig über die gute Figur des einen oder anderen Hofherren. Melbourne suchte diese Bewunderung zu dämpfen, vielleicht weil er fürchtete, daß kein als Ehemann in Frage kommender Mann die romantischen Ideale der Queen erfüllen könne. Aber sie war zu einer Liebesheirat entschlossen, und dafür war Schönheit eine der entscheidenden Vorbedingungen.»[4]

«*Liebe, liebe* junge Leute», notiert Victoria über die Vettern, und beim Abschied bricht sie fast zusammen. «Wir waren *so* vertraut, *so* verbunden, *so* glücklich!» Alexander Mensdorff ist vernünftig, er schreibt ihr einen sehr verständigen Abschiedsbrief. Der angekündigte Besuch von Albert bereitet ihr wohl Pein, aber sie nimmt ihn nun hin. Instinktiv weiß sie wohl, daß die Schwärmereien ein Ende finden müssen, daß sie einen Partner braucht; aber sie ist sich nicht sicher, ob Albert das sein kann. In letzter Minute wehrt sie sich noch einmal: Sie bittet den Onkel am 25. September, die Vettern (nicht die «lieben Vettern» oder gar den «liebsten Albert») noch ein paar Tage in Brüssel zurückzuhalten, sie habe wichtige Geschäfte zu erledigen, und ein oder zwei Tage in Brüssel würden «diesen jungen Herren» nur gut tun. Aber die jungen Herren haben es gar nicht so eilig, und als Albert der Kusine mitteilt, sie könnten frühestens am 6. Oktober abreisen, ist die Königin beleidigt. «Mir scheint, sie zeigen nicht viel Eifer, herzukommen, was mich ziemlich schockiert», schreibt sie dem Onkel.

Genauso war es. Im Grunde hatte Albert weder an England noch an der Königin sonderliches Interesse. «Victoria soll unglaublich dickköpfig sein», schrieb er Florschütz, «und ihre extreme Hartnäckigkeit soll sich in ständigem Kriegszustand mit ihrer Gutmütigkeit befinden. Sie liebt die Hofzeremonien, die Etikette und triviale Formalitäten. Sie soll nicht die geringste Freude an der Natur haben und gern bis spät in die Nacht wach bleiben und bis spät in den Tag hinein schlafen.» Das seien düstere Aussichten für seine Zukunft, meinte er, und selbst die seien noch ungewiß. Er hatte den Eindruck, sich wie ein Stellungssuchender in London präsentieren zu sollen, und er rechnete mit einer Enttäuschung. Er sei ziemlich bleich und ein bißchen melancholisch abgereist, berichtete König Leopold nach dem kurzen Zwischenaufenthalt seiner Neffen. Albert erwartete eine stürmische Kanal-Überfahrt, eine unfreundliche Nation und eine kühle Königin. Er fuhr mit der festen Absicht nach London, Victoria zu sagen, er sei der Verzögerungen nun müde; wenn sie sich nicht zu einer Verlobung bekenne, ziehe er sich seinerseits aus der ganzen Affäre zurück – das schrieb er wenigstens Freund Loewenstein ein paar Wochen später.

Die Kanalüberfahrt auf einem Raddampfer war denn auch tatsächlich stürmisch, Albert wurde schrecklich seekrank und genierte sich entsetzlich vor den übrigen Passagieren. Bei der Ankunft war auch noch das ganze Gepäck irgendwo stehengeblieben. Für Victoria in Windsor hatte der Tag

Königin Victoria.
Aquatinta von James Bromley nach einem Gemälde von George Dawe, 1835

auch nicht gut begonnen. Ein Geistesgestörter hatte ein paar Fenster im Schloß eingeschlagen, und dann brachte ein Lakai ihr einen Brief von Onkel Leopold, aus dem sie erfuhr, daß Albert und Ernst an diesem Abend eintreffen würden. Es war der 10. Oktober 1839.

Um ½8 Uhr abends stand die Königin auf der Schloßtreppe, um ihre Vettern zu empfangen. Den jungen Mann, der da, noch bleich nach der überstandenen Seekrankheit, in dunklen Reisekleidern die Treppe heraufkam, hätte sie kaum wiedererkannt. Aus einem großen Jungen war in diesen drei Jahren ein Mann geworden. «Mit einiger Bewegung erkannte ich Albert», schrieb sie ins Tagebuch, «er ist schön.» Und sie erkannte in dieser Stunde, daß sie ihn liebte. Und auch Albert erkannte wohl, als er die Treppe hinaufschritt, daß da nicht ein Monster vor ihm stand, wie es ihm – wohl vom Vater – geschildert worden war, sondern ein unsicheres, 20jähriges Mädchen, das Schutz brauchte. Er spürte wohl, daß alles gutgehen würde, sonst hätte er wohl sehr schnell die entscheidende Aussprache gesucht.

Prinzgemahl Albert.
Lithographie von unbekannter Hand, 1841

Albert fand, daß man sich ganz ungezwungen mit Victoria unterhalten konnte, auch wenn Lord Melbourne dabei war, wie beim nachmittäglichen Ausritt. Am zweiten Abend wurde getanzt, und Victoria registrierte Alberts Schönheit in ihrem Tagebuch genauer: «So schöne blaue Augen, eine feine Nase & ein so hübscher Mund mit feinem Schnurrbart & wenig, aber ganz wenig Backenbart: eine schöne Gestalt, breit in den Schultern & mit schmaler Taille... Ich muß mein Herz festhalten.» Vetter Ernst wurde gar nicht erwähnt.

Am nächsten Morgen hörte sie die Vettern eine Haydn-Symphonie spielen und kritzelte schnell ein paar Zeilen an Onkel Leopold nieder: «Ernst ist recht ansehnlich geworden. Alberts *Schönheit* ist *höchst überraschend*, und er ist liebenswürdig und garnicht affektiert – kurz, sehr *bezaubernd*...» Das Zusammensein gestaltete sich nun ganz familiär. Die Königin ließ Albert in ihrer Kutsche Platz nehmen, als sie zur Kirche fuhr; sie saßen nebeneinander auf dem Sofa und schauten italienische Zeichnungen an, Albert zeigte der kleinen Gesellschaft ein neues Kartenspiel. Für den nächsten Morgen war eine Jagdpartie arrangiert, und während Albert seine Jagdgenossen mit seinen Reit- und Schießkünsten in Erstaunen versetzte, hatte die Königin im Schloß eine wichtige Unterredung mit ihrem Premierminister.

Melbourne hatte ein paar lobende Worte über Ernst gesagt, Victoria erwiderte, Albert sei viel klüger. Sie habe übrigens ihre Meinung über die Heirat geändert; und als Melbourne tags darauf sicher war, daß sie ihren Entschluß gefaßt hatte, riet er ihr, nicht lange zu warten. Die Formalitäten wurden besprochen: Sie mußte Albert ihre Hand antragen, andersherum würde es gegen das Protokoll verstoßen. Hochzeit im Februar, vorerst weitgehende Geheimhaltung, selbst vor der Familie und so fort. «Es scheint ein sehr angenehmer junger Mann zu sein», schrieb Melbourne abends an Lord John Russell, «bestimmt ist er ein sehr gut aussehender – und was den Charakter betrifft, da können wir nur das Beste hoffen.»[5] Melbourne war an sich gegen die Heirat mit einem Ausländer, daraus hatte er nie einen Hehl gemacht, und ausgerechnet mußte es nun schon wieder ein Coburger sein! Aber als Victorias Entschluß feststand, unterstützte er ihn, so gut er konnte. Als er sie an diesem Abend verließ, hatte er Tränen in den Augen, und die Königin dankte ihm, daß er «so väterlich» gewesen sei.

Der nächste Tag war der 15. Oktober, ein Dienstag. Am Vormittag waren die beiden Vettern wieder auf der Jagd gewesen, und als sie sich gerade umkleideten, wurde Albert ein Billet der Königin überbracht: sie wünsche ihn baldmöglichst im Blauen Salon zu sehen. Dort wartete sie auf ihn, bleich und verlegen, und auch er war nervös, denn ihm war klar, daß dies die Stunde der Entscheidung war. Nach wenigen Minuten belangloser Konversation fiel sie mit der Tür ins Haus. «Ich sagte ihm, daß ich glaubte, er wisse sicher, *warum* ich ihn gebeten hatte, zu kommen – und daß es mich *überglücklich* machen würde, wenn er dem zustimmen würde, was ich wünschte (mich zu heiraten). Wir umarmten uns, und er war so lieb und freundlich. Ich sagte, ich sei seiner ganz unwürdig, er sagte, er würde sehr glücklich sein, ‹das Leben mit dir zuzubringen› [was sie deutsch zitierte, d. Verf.] und er war so reizend und schien so glücklich, daß ich glaubte, es sei der glücklichste Augenblick meines Lebens. Oh, wie ich ihn anbete und liebe, kann ich garnicht sagen. Ich will mir Mühe geben, daß er das große Opfer, das er bringt, möglichst wenig spürt.» Jahre später haderte sie mit sich, weil sie so lange so unschlüssig gewesen war.[6]

Auch Albert war glücklich, daß nun die Entscheidung gefallen war – ein eher nüchternes Glück. Von Liebe sagte er nichts, als er Stockmar das Ereignis berichtete, aber er war gerührt von Victorias augenscheinlicher Hingabe. «Victoria ist so gut und freundlich gegen mich, daß ich oft garnicht glauben kann, daß mir solche Herzlichkeit werden soll.» Neben Bruder Ernst und der Baronin Lehzen war Stockmar der einzige, der die Verlobung *sofort* erfuhr; der Herzogin von Kent, die nebenan wohnte, wurde sie erst drei Wochen später mitgeteilt, was sie verständlicherweise erbitterte; Victoria hatte kein Zutrauen in die Verschwiegenheit der Mutter.

Alberts Briefe dieser Tage und Wochen sind aufschlußreich. Noch am 15. Oktober begann ein Briefwechsel mit Victoria, und die ganze Ehe hindurch haben sie sich dann oft Zettel und Notizen unter der Tür durchgeschoben. Albert ist bewegt von den Zärtlichkeitsbeweisen seiner Braut und gibt sich alle Mühe, sie zu erwidern, was in der verbalen Form merkwürdig verkrampft wirkt. Noch am Tag ihrer Verlobung schreibt er ihr: «Teuerste, innigstgeliebte Victoria! Ich bin so gerührt von dem Beweis von Vertrauen... und die so liebenden Gesinnungen gegen mich, ... daß ich kaum weiß, wie ich Dir antworten soll. Womit habe ich so viel Liebe, so viel Herzlichkeit verdient? Ich kann mich an die Wahrheit alles dessen, was ich sehe und höre, noch garnicht gewöhnen und muß glauben, der Himmel hat einen Engel zu mir herabgesandt, der durch seinen Glanz mein Leben erleuchten soll. O sollte es mir gelingen, Dich recht recht glücklich zu machen, so glücklich wie Du es verdienst!! Mit Leib und Leben bleibt auf ewig Dein Sklave – Dein treuer Albert.» Einen Tag später schreibt er wieder, am folgenden Sonntag schickt er ihr ein sentimentales Sonett von Friedrich Rückert, und immer redet er sie mit «Innigstgeliebte Victoria» an und unterzeichnet stets «Dein treuer Albert».

Die Briefe nach Haus klingen verhaltener. «Ich bin fest überzeugt», schreibt er der Großmutter nach Gotha, «der Himmel hat mich in keine schlechten Hände gegeben, und wir werden glücklich zusammen sein. Seit jenem Augenblicke tut Victoria alles, was sie mir nur an den Augen absehen kann.» Im Brief an seine Stiefmutter in Coburg heißt es: «Außer dem Verhältnis zu ihr wird meine künftige Lage wohl manche Schattenseite haben, und der Himmel über mir wird nicht immer blau und unbewölkt sein. Doch hat das Leben in jeder Lage seine Stürme...» Und Stockmar verspricht er in einer Betrachtung seiner künftigen Stellung: «Ich will den Mut nicht sinken lassen.»

Trotzdem – sie verlebten die nächsten Tage und Wochen wie jedes bürgerliche Liebes- und Brautpaar, in Hochstimmung. Da Bruder Ernst sich mit Gelbsucht ins Bett legte, waren sie häufiger allein als erwartet. Sie hielten Händchen, sangen Alberts Kompositionen, tauschten Ringe und Haarlocken und küßten sich bei jeder Gelegenheit. Albert korrigierte ihre Briefe («Er ist ein so *lieber, lieber,* unschätzbarer Schatz!» notierte sie), wärmte ihre kalten Hände, und dieses ganz neue Erlebnis, eine liebende Frau in den Armen zu halten, überwältigte ihn so, daß er zu Formulierungen fand wie «Liebe Kleine, ich habe Dich so lieb, ich kann nicht sagen wie» oder «Ich habe Dich so unaussprechlich lieb», was sie selig in ihrem Tagebuch festhielt – sie sprachen deutsch miteinander. Als Albert ihr gestand, daß er nicht noch Jahre hätte warten wollen, versicherte sie ihm, ihr Zögern sei nur dadurch entstanden, daß sie so gedrängt worden sei, aber als sie ihn wiedergesehen habe, da sei ihr sofort klargewesen, daß sie ihn heiraten wolle.

Nach vier Wochen, am 14. November, schlug die Abschiedsstunde. Aus Calais erhielt Victoria den ersten Brief: «So viel Liebe hier auf Erden zu finden, ahnte ich selbst in stillen Träumen nicht. Wie leuchtet mir noch jeder Augenblick zu, den ich in Deiner Nähe, Deine Hand in der meinigen, verlebte!» Am selben Tag noch unterrichtete Victoria ihre Verwandtschaft. In Wiesbaden trafen die Brüder Onkel Leopold, der dort zur Kur weilte und seiner Nichte nach London berichtete: «Ich finde, sie sehen wohl aus, namentlich Albert. Ein Beweis, daß Glück eine vortreffliche Medizin ist... Er hängt so an Dir und ist so bescheiden, wenn er von Dir spricht. Dabei ist er bester Laune, höchst munter und ausgelassen. Er ist ein sehr angenehmer Gesellschafter.»[7]

Albert schrieb fleißig, und vieles klingt so geschraubt, als sei es einem Liebesbriefsteller entnommen. Er wußte das. «Ich zanke oft selbst mit mir, daß meine Briefe im Vergleich zu den Deinen so kalt und steif sind, und doch möchte ich Dich mit den Ergüssen meiner Gefühle nicht langweilen.» Mit nichts hätte er Victoria weniger langweilen können. Es mangelt ihm durchaus nicht an der Begabung, zu formulieren – etwa wenn er ihr zum Neuen Jahr ein «Lied von der Orangenblüte» schickt und dazu voller Selbstironie schreibt: «In der submissesten Devotion wagt es meine Wenigkeit, Eurer Majestät besagtes Werk eines inspirierten Augenblicks kindischer Laune des furchtsam Unterzeichneten zu Füßen zu legen. Der Künstler hat sich viel Mühe gegeben und hofft que sa composition fera de l'effet et aura un peu de succès. That is modesty of a genius!» (daß seine Komposition Eindruck macht und etwas Erfolg hat. Das ist Bescheidenheit eines Genies). Er kann durchaus Komik entwickeln, wenn er ihr von seinen Hunden erzählt – Eos war sein Lieblings-Windspiel und erhielt später ein Grab mit einem Denkmal im Park von Windsor. Nur bei Gefühlen versagt ihm die Sprache.

Vier Wochen lang war Sonntag gewesen für die beiden. Nun, für drei Monate voneinander getrennt, erhielten sie beide einen Vorgeschmack von den Schwierigkeiten, die ihnen ins Haus standen.

Eine Woche nach Alberts Abreise versammelten sich 83 Mitglieder des Kronrats im Buckingham Palast. Victoria, Alberts Miniatur am Armband, verlas eine kurze Erklärung, die Melbourne über ihre Verlobung aufgesetzt hatte. «Ich fühlte, wie mir die Hände bebten, aber ich machte keinen einzigen Fehler.» Die Erklärung wurde publiziert, am 16. Januar 1840 wurde dann in der Thronrede auch das Parlament offiziell unterrichtet.

Daß die Ankündigung in England keine große Begeisterung auslösen würde, damit hatte zumindest Melbourne gerechnet. Ernsthafte Schwierigkeiten jedoch hatte er nicht erwartet. Er hatte sich getäuscht. Gewiß gab es in der Bevölkerung die übliche Neugierde wie bei jeder königlichen Hochzeit. Doch sonst war die Reaktion nicht freundlich. Ein Prinz aus einem so unbedeutenden Ländchen schien zu gering für die englische Königin, und daß es wieder ein Deutscher und dazu abermals ein Coburger sein mußte, auch noch der Neffe der unbeliebten Herzogin von Kent und des Königs von Belgien, daß er nichts mitbrachte in die Ehe und über das hinaus völlig unbekannt war – das führte zu feindseliger Opposition und unfreundlichen Fragen. Spottverse erschienen:

Der Vetter gab ihr einen Ring.
und zum Lohne
gab sie ihm eine halbe Krone.

Andere waren noch böser.

Er nimmt für gute wie für schlechte Tage, wie's kommen mag,
Englands dicke Königin und den noch dickeren Geldsack.

Eine neue Fassung der Nationalhymne war im Umlauf:

God save young Vic, our Queen,
Long live our little Queen,
God save the Queen.
Albert's victorious,
The Coburgs are glorious,
All so notorious,
God save the Queen.

Albert hat gesiegt, die Coburger sind prächtig, und alle so anrüchig. Die TIMES kommentierte gedrechselt: «Wenn die Heirat nicht schon eine endgültig beschlossene Sache wäre, dann könnte man den nicht unvernünftigen Wunsch ausdrücken, daß der ausgesuchte Gemahl für eine so erzogene und bisher so mißgeleitete Prinzessin wie Königin Victoria eine Persönlichkeit in reiferen Jahren sein möge, von der gesündere und mehr welterfahrene Ansichten zu erwarten wären.»[8]

Hielt sich die öffentliche Meinung mit Unterstellungen und allgemeinen Vermutungen auf, so waren die Debatten im Parlament für die Brautleute sehr viel bitterer und schmerzhafter. Außer der Verabredung, daß am 10. Februar geheiratet werden sollte, war bisher überhaupt nichts geregelt. Onkel Leopold schien das als erster bemerkt zu haben, aber Victoria war in letzter Zeit etwas pikiert über seine ständigen Ratschläge. Leopold riet Albert dringend, sich zum Peer ernennen zu lassen, ein Herzogstitel würde ihn von seinem «Ausländertum» befreien. Albert zögerte, denn damit würde er jedes Recht auf mögliche Nachfolge in Coburg-Gotha verlieren, falls seinem noch unverheirateten Bruder etwas zustieß. Er habe alle Titel abgelehnt, berichtete er der Großmutter. «Ich behalte meinen Namen und bleibe was ich bin. Dies wird mich sehr selbständig erhalten.»[9] Auch

Melbourne und Victoria waren gegen einen Herzogstitel. Als Peer hätte Albert automatisch einen Sitz im Oberhaus, und Victoria schrieb ihm ganz majestätisch, England würde es nicht tolerieren, wenn sich ein Ausländer in das politische Leben einmische. «Ich weiß zwar, daß Du das niemals tun würdest, aber wenn Du Peer wärst, würden alle sagen, Du habest die Absicht, eine politische Rolle zu spielen.» (Nach ihrer Krönung hatte sie auch Stockmar wieder abreisen lassen, den Leopold ihr zur Assistenz in der ersten Zeit geschickt hatte; die gleichen Bedenken Melbournes steckten auch damals dahinter). Außerdem war Victoria der Herzogsrang nicht hoch genug. Sie plante, sehr bald dem Vorbild Donna Marias von Portugal zu folgen, die Vetter Ferdinand zum Prinzgemahl ernannt hatte.

Damit hing nun wiederum das Problem der Rangordnung zusammen, und das war noch dorniger, wie Melbourne im Parlament feststellen mußte. Es gab keinen Präzedenzfall, der ja im britischen Rechtsbewußtsein eine so wichtige Rolle spielt. Königin Anne (regierte 1702 bis 1714) hatte seinerzeit ihrem Mann, Georg von Dänemark, den Vorrang unmittelbar nach den Prinzen aus ihrer eigenen Familie zugestanden. Da es damals keine gab, kam Georg in der Rangordnung unmittelbar nach seiner Frau. Jetzt aber waren da Victorias Onkel, deren Zustimmung erforderlich war. Sie verteidigten mit Unterstützung der Tories im Parlament ihren Vorrang mit Zähnen und Klauen, allen voran der Herzog von Cumberland, König von Hannover. Eine Lösung wäre leicht gewesen, wenn Melbourne auf Charles Greville gehört hätte, der herausgefunden hatte, daß die Königin ihrem Gemahl überall den Vorrang vor den königlichen Prinzen zugestehen konnte, außer im Parlament und im Kronrat – so geschah es denn auch, aber erst 17 Jahre später. Albert blieb der Prinz von Sachsen-Coburg und Gotha. Seine Zukunft lag in Händen von Leuten, die darüber sehr beiläufig verhandelten, wie der phlegmatische Melbourne, oder die alt und halsstarrig waren wie der Herzog von Wellington, die Gallionsfigur der Tories, oder jung und unerfahren wie die Königin. «Wenn Wellington auf seiner Position besteht, was er sicher tun wird, werden wir natürlich überstimmt, und ich bin der festen Ansicht, daß wir am besten sofort auf diesen Punkt verzichten», teilte Melbourne der Königin mit.[10] Die Tories waren gereizt, die Whigs indifferent und das Publikum gleichgültig.

Das Problem wurde noch verworrener, weil Melbourne die Vorrangfrage mit Alberts Einbürgerung gekoppelt hatte, und um wenigstens die im Parlament rechtzeitig durchzubringen, mußte er die Vorrangklauseln zurückziehen. Als Victoria ihn fragte, ob sie denn nicht Albert einfach zum Prinzgemahl ernennen könne, stöhnte der Premierminister: «Um des Himmels Willen, Madam, lassen Sie uns das Thema begraben. Wenn Sie den Engländern zeigen, wie leicht man Könige machen kann, dann zeigen Sie ihnen auch, wie leicht man sie abschaffen kann.»[11] «Gott schütze uns vor den Tories», notierte Victoria wütend im Tagebuch.

Albert war begreiflicherweise irritiert, daß da die Königin mit ihrem Minister über seine Person und seine Angelegenheiten verhandelte, als spiele seine Meinung dazu überhaupt keine Rolle. Dabei war das erst der Anfang; es kam noch besser.

In der Ankündigung vor dem Kronrat war der Hinweis unterlassen worden, daß Victoria einen *protestantischen* Prinzen zu heiraten gedenke. Melbourne und sein Kabinett hatten das für überflüssig gehalten, entgegen dem Rat Wellingtons und König Leopolds. Wenn man etwas so Selbstverständliches betone, meinte der Premierminister, mache man die Leute nur mißtrauisch und wecke Zweifel. Die kamen nun, weil diese Feststellung fehlte, erst recht. Waren die Coburger nicht überhaupt katholisch? So wie der Prinzgemahl in Lissabon? Und König Leopold, dem der belgische Thron eine Messe wert gewesen war? Der Herzog von Wellington verlangte im Parlament eine klare Auskunft; vielleicht könne man etwas mehr über den Prinzen erfahren als die dürftigen Angaben in der Kronrats-Adresse? Victoria forderte also bei Albert einen historischen Aufsatz an über die Coburger Ahnen und ihre Stellung zur Reformation. «Ohne das Haus Sachsen würde der Protestantismus garnicht existieren», schrieb Albert zurück, und da klingt zum ersten Mal eine gewisse Gereiztheit durch. «Denn dies Haus und das des Landgrafen von Hessen standen ganz allein ganz Europa gegenüber und siegten, indem sie Luther und seine Sache schützten. Es ist umso ungereimter, unser Haus immer als papistisch anfeinden zu wollen; denn so lange es besteht, ist noch nie eine katholische Prinzessin in die Coburgische Linie gekommen... Damit Du weißt und sehen kannst, worin mein Glaube und meine Religion besteht, so schicke ich Dir ein Glaubensbekenntnis, das ich im Jahre 1835 selbst ausgearbeitet habe und dann öffentlich in der Hauptkirche verlas und beschwor.» Auch das genügte noch nicht: Melbourne fragte bei Stockmar an, ob der Prinz vielleicht zu irgendeiner protestantischen Sekte gehöre, die verhindern würde, daß er gemeinsam mit der Königin das Abendmahl nehme.[12]

Nun plädierte Albert für einen Ehevertrag, den Victoria für überflüssig hielt. «Für mich ist es sehr zu wünschen, daß ein treaty die Konzessionen, die mir gemacht werden, in sich fasse, weil sonst später diese auf irgendeine Weise vom Parlament wieder angefochten werden könnten.» (Sie hatten vereinbart, jetzt abwechselnd deutsch und englisch zu schreiben). Stockmar fuhr wieder hinüber, um den Vertrag auszuhandeln.

Dann tauchten plötzlich Gerüchte in England auf: Ob Albert nicht unehelich wäre, da gebe es doch Berichte über Eskapaden seiner Mutter, ein jüdischer Kammerherr, Baron von Mayern, könnte da eine Rolle gespielt haben, warum seien sich Albert und sein Bruder so unähnlich? Wie meistens bei Gerüchten, ist der Ursprung nicht festzustellen; aber trotz entrüsteter Dementis und Gegendarstellungen britischer Historiker tauchten sie noch lange Zeit auf (noch 1972 in einer Londoner Illustrierten), wenn sich die allgemeine Stimmung wieder einmal gegen Deutschland wandte. «Lasse doch die öffentlichen Blätter und die Leute, wer sie auch seien, in bezug auf mich argwöhnen, was sie wollen», beschwor Albert seine Braut, «nur lasse dies keinen Grund für Dich werden, Mißtrauen in meine Liebe, in meine Redlichkeit und Offenheit gegen Dich zu setzen... Glaube mir fest, ich werde Dir nie Grund zu Mißtrauen und Verdacht geben; aber versprich auch mir, daß das bloße mißtrauische Geschwätz anderer niemals den geringsten Einfluß auf Dich ausüben soll. Prüfe, ob ich Deines Vertrauens wert bin; glaubst Du dies aber, so lasse Dich durch nichts irre machen.»

Dann kam der Kuhhandel über Alberts künftige Apanage. Leopold hatte damals ohne Debatte 50000 Pfund jährlich bewilligt erhalten, ebenso wie Georg von Dänemark und alle Königinnen. Leopold und Albert waren sicher, das würde diesmal ebenso problemlos über die Bühne gehen. Aber eben den Fall Leopold hatte das Parlament noch nicht vergessen, solche Großzügigkeit wollte man sich nicht noch einmal leisten. Zudem steckte das Land in beträchtlichen sozialen Schwierigkeiten, auch die Wiedereinführung der Einkommensteuer stand bevor, und so ertönte im Parlament ein Schrei der Entrüstung, als die Regierung ihren Antrag einbrachte. So viel Taschengeld? Warum brauchte Albert mehr als die königlichen Herzöge, die mit 21000 Pfund auskämen? Und Bedingungen müßten damit verknüpft werden: er müsse mindestens sechs Monate im Jahr in England leben und auf das Geld verzichten, falls er in zweiter Ehe eine Katholikin heiraten sollte (wie Leopold) und so fort. Erschrocken gab Lord John Russell für die Regierung zu, mehr als 7000 könnte Alberts Haushalt eigentlich nicht kosten. Was er denn mit dem restlichen Geld machen wolle? fragte die Opposition höhnisch. So wurde schließlich mit Sir Robert Peels Unterstützung ein Kompromiß angenommen: 30000 ohne Bedingungen. «Eine Schande!» ließ König Leopold verlauten. Doch die Presse erwiderte kühl, er könne ja seinem Neffen die Differenz bezahlen. Melbourne entschuldigte den Beschluß gegenüber Leopold. «Wenn wir im öffentlichen Haushalt einen Überschuß von 3 oder 400000 Pfund haben, gibt es nichts, dem das Parlament und die Bevölkerung nicht zustimmen würden. Aber wenn umgekehrt eine ähnliche Summe fehlt, hält sich jeder gleich für ruiniert und bewilligt keinen Heller.»

Es war eine persönliche Niederlage Victorias. «Ich war ganz wütend & tobte», notierte sie im Tagebuch, nannte Peel einen «gemeinen Heuchler», den Bischof von Exeter einen «Dämon», die Tories insgesamt «höllische Schurken», und den Herzog von Wellington wollte sie nicht zur Hochzeit einladen.

Albert schwieg. Er nahm die Parlamentsdebatten persönlich. Er erkannte damals noch nicht, was auch noch dahintersteckte: daß er als Prügelknabe benutzt wurde, daß sich die Tories an der Königin und den Whigs rächen wollten, weil Victoria Peel als Premierminister abgelehnt hatte, um Melbourne halten zu können. Die Parlamentsdebatten dieser Wochen waren auch ein Gradmesser dafür, wie unpopulär die Monarchie in England geworden war.

Die Nerven der Brautleute wurden also recht strapaziert, und in ihren Briefen ist gelegentlich eine gewisse Schärfe zu entdecken. Nun machte auch noch Victoria Schwierigkeiten bei scheinbaren Belanglosigkeiten. Sie belehrte ihn, wie er sein künftiges Wappen gestalten könne und wie nicht; aber da wußte er besser Bescheid. «Ich bitte, lasse die Sache noch einmal untersuchen.» Schlimmer war, daß sie die Personen seines künftigen Haushalts bestimmte, ohne sich um seine Meinung zu kümmern. Melbourne und sie hatten wohl Angst, er werde sich mit zu vielen Deutschen umgeben. «Ich habe der Königin vorgeschlagen, in meiner Abwesenheit nur die allerwichtigsten Ernennungen vorzunehmen», informierte Albert den Premierminister, «und mit den übrigen zu warten, bis ich in England bin.»[13] Victoria und Melbourne ignorierten diesen Wunsch: der gesamte Hofstaat des Prinzen mußte zusammengestellt werden, *bevor* er kam. «Ich muß Dir ganz ehrlich sagen, mein lieber Albert, daß das nicht geht», beschied ihn die Königin. «Du kannst Dich völlig auf mich verlassen, daß die Leute um Dich herum ausgesprochen nette Leute von großer Bildung und gutem Charakter sein werden.»

Albert wollte einen politisch neutralen oder wenigstens ausgewogenen Haushalt haben; Victoria ernannte auf Melbournes Rat nur Whigs, und an die Spitze als Privatsekretär (also als Kabinettschef) sollte George Anson treten, Melbournes eigener Privatsekretär; er sollte künftig beide Ämter versehen, und sein Onkel sollte Kammerherr werden. «Ein Bubenstück, das ich mir nicht gefallen lasse», schrieb Albert im ersten Ärger an seinen Bruder.[14] Er flehte geradezu um Victorias Einsicht. Von Anson wisse er nicht mehr, als daß er ihn einmal habe eine Quadrille tanzen sehen. Diese Ernennung würde ihm, Albert, doch sofort als Parteilichkeit ausgelegt werden. Melbourne, mit dem er ebenfalls deswegen korrespondierte, riet ihm dringend, von vornherein die Regierung im Amt mitzutragen. Was würde bei einem Regierungs*wechsel* geschehen, fragte Albert zurück. Mußte der Haushalt dann ausgewechselt werden oder mußten alle Mitglieder konvertieren und Tories werden? «Teuerste Victoria», plädierte er, «wenn ich sehe, daß irgendetwas Dir zum Nutzen gereichen kann oder Dir notwendig ist, so werde ich kein Opfer scheuen, es zu verlangen. Mein Gut und Blut, mein Leben selbst würde ich für Dich gern hingeben, wenn es gilt. Warum aber willst Du mit aller Gewalt etwas durchsetzen, das Dir von gar keinem Nutzen, von gar keinem Interesse sein kann, und von dem Du bestimmt weißt, daß es mir sehr unangenehm ist?? Ich glaubte doch hoffen zu dürfen, daß Du auf meine Zufriedenheit mehr Wert legen würdest als auf die des Mr. Anson, denn es heißt, Mr. Anson eine Freude und mir eine Unannehmlichkeit zu bereiten.» Selbst ihr Mitleid sprach er an. «Bedenke meine Lage, teure Victoria: ich verlasse die Heimat mit allen Freunden, allen alten Gewohnheiten, allen Vertrauten, und begebe mich in ein Land, in dem mir alles neu und fremd ist, Menschen, Sprache, Gewohnheiten, Lebensweise, Stellung! Außer Dir, innigst Geliebte, habe ich niemand, dem ich mich vertrauen kann; ist es mir da nicht zu gönnen, daß wenigstens die zwei oder drei Personen, welche meine Privatgeschäfte besorgen sollen, meine Vertrauten seien?»

Melbourne war schon bereit, nachzugeben, aber jetzt wollte die Königin nicht mehr. Sie ernannte Anson und hatte dann nicht mehr die Courage, es Albert selbst mitzuteilen – er erfuhr es von der Baronin Lehzen. Victoria hatte wieder einmal das Bedürfnis, ihre Unabhängigkeit zu beweisen, und das lag noch für einige Zeit mit ihrer Liebe zu Albert im Widerstreit. Albert merkte, daß Victoria das Verfassungsproblem, das in dieser scheinbar drittrangigen Frage des Haushaltspersonals steckte, garnicht begriff. Ihr Haushalt bestand fast ausschließlich aus Whigs. Albert hatte bestimmt keinen Anlaß, sich für die Tories einzusetzen nach dem, was sie ihm in diesen Wochen antaten. Doch er war der festen Überzeugung, daß die Krone neutral und ihr Haushalt somit unpolitisch zu sein habe. Was er allerdings nicht erkannte, war, daß seine erste Forderung für die englische Praxis völlig neu und die zweite deshalb vorerst kaum zu erfüllen war.

Daß umgekehrt diese Frage für die englischen Politiker so wichtig war – wie Victoria ja bei der Hofdamen-Krise mit Peel erfahren mußte –, hatten die Könige des 18. Jahrhunderts verschuldet: die «rechte Hand» des Monarchen war zu einem Verfassungsproblem geworden. George III. hatte im Verein mit der Ämterpatronage eine eigene Lobby entwickelt, die «Königsfreunde», die Kabinett und Parlament massiv beeinflußten. Thomas Paine, der Verfasser der «Menschenrechte», bemerkte: «Obwohl wir klug genug waren, die absolute Monarchie hinter sicherer Tür zu verschließen, waren wir gleichzeitig so unklug, der Krone den Schlüssel zu dieser Tür zu überlassen.»[15] Seither achteten die Regierungen darauf, daß der Monarch mit Leuten ihrer eigenen Couleur umgeben war.

Auf Stockmars Rat gab Albert schließlich nach. Er setzte wenigstens durch, daß Anson seinen Posten bei Melbourne aufgeben mußte, so daß keine indirekte Beaufsichtigung durch das Kabinett zu befürchten war. Im übrigen stellte sich Anson als eine hervorragende Wahl heraus, er war absolut loyal und bald Alberts vertrauter Freund. Fraglos hatte Albert jedoch im Prinzip recht, Victoria und Melbourne lagen völlig falsch, so urteilt heute zum Beispiel der Historiker Robert Rhodes-James.[16] *Wie* richtig Alberts Ansicht war, zeigte der Erfolg der nächsten Jahre.

Auch die Verwaltung seiner Finanzen wollte Victoria anders regeln als er: auch die sollte Anson übernehmen. «Das einzige, was frei zu meiner Disposition steht, ist mein Privatvermögen; es ist darum gewiß nicht unbillig, wenn ich bitte, mir wenigstens darüber eigene Disposition zu lassen, die mir als mündig selbst jetzt schon seit fast einem Jahr hier zusteht und wohl jedem erwachsenen Mann.» Als Victoria immer wieder darauf zurückkommt, reißt ihm die Geduld. «Du kommst abermals auf den treasurer zurück!!! Ich habe über diesen Punkt schon alle meine Gründe erschöpft und mich schon fast blind geschrieben, um Dir begreiflich zu machen, wie unangenehm mir die Sache ist! Es war die erste und einzige Bitte, die ich je an Deine Liebe richtete und will auch keine zweite tun; aber ich erkläre jetzt ganz ruhig: that I will not take Mr. Anson as my treasurer nor anybody now.» (daß ich weder Mr. Anson noch sonst jemand jetzt als Vermögensverwalter nehmen will.) Aber einlenkend fügt er dem Brief einen Nachsatz an: «Du mögest ja nicht Persönlichkeiten und Geschäftssachen miteinander vermischen, sondern sie recht scharf trennen, damit Du nicht, wenn ich im Geschäft after duty and conscience (nach Pflicht und Gewissen) meine Meinung ausspreche, dies als einen Mangel an Liebe zu Dir halten mögest, die ja durch nichts erschüttert werden kann.» Onkel Leopold war ganz auf seiner Seite. «Der Erfolg, den wir alle wünschen», schrieb er Melbourne, «wird nicht nur von der Vernunft und dem rechten Gefühl des einen allein, sondern von *beiden* abhängen. Es ist meine innerste Überzeugung, daß ein wirklich verständiger Ehemann der nützlichste, sicherste und beste Freund ist, den eine souveräne Königin haben kann.»[17]

Mit Stallmeister und Obersthofmeister, Leibarzt, Kammerdienern und all den anderen Posten hatte die Königin Alberts Stab ebenso umfangreich gestaltet wie 130 Jahre zuvor der Georgs von Dänemark gewesen war – nur hatte Georg damals 20000 Pfund jährlich mehr zur Verfügung bei niedrigeren Preisen. Für englische Verhältnisse war Albert ein armer Schlucker – er habe nicht mal das Einkommen eines bürgerlichen Gentleman, hieß es. Doch ganz ohne Vermögen war er nun auch nicht. Der Vater hatte es endlich geschafft, die Coburger Finanzen in Ordnung zu bringen und hatte den Söhnen schon früh Einkommen aus Bergwerken überschrieben. Außerdem hatten sie aus dem gothaischen Grundbesitz der Mutter, ebenso von den Großeltern geerbt, und das Kapital wurde solide angelegt. Jedenfalls konnte der sparsame Albert 1840 seinem Bruder 20000 Gulden anbieten, wenn er heiraten wolle.[18]

Weitere Unstimmigkeiten gab es wegen der Brautjungfern und der Hochzeitsreise. Albert wollte keine Schleppenträgerinnen zulassen, deren Mütter eine zweifelhafte Vergangenheit hätten – was Melbourne höchlichst verblüffte. Am Ende war dann doch der Rang und nicht die Moral der Mütter ausschlaggebend. Albert rechnete wenigstens mit einer oder gar zwei Flitterwochen in Windsor. «Es ist in England ja die Sitte, daß Neuvermählte sich auf vier oder sechs Wochen von der Stadt und der Gesellschaft zurückziehen.» Victoria gestand nicht mehr als zwei Tage zu. «Du hast die Lage noch nicht ganz begriffen. Du vergißt, mein lieber Liebster, daß ich die Monarchin bin und daß die Geschäfte nicht einfach liegen bleiben können. Das Parlament tagt, irgendetwas kann ständig geschehen, das meine Gegenwart erfordert, und es ist für mich ganz unmöglich, von London fern zu sein.» Später nahm sie das nicht mehr so genau. Sie kündigte an, daß Melbourne drei- bis viermal die Woche mit ihnen essen werde; Albert schätzte ihn nach dem Vorangegangenen nicht mehr so sehr und ließ zehn Tage verstreichen, bevor er der Braut wieder schrieb.

So war Albert trotz aller damit einhergehenden Liebesschwüre in allem und jedem überstimmt worden. Es war ein bedenklicher Anfang, der den Abschied von Coburg noch schwerer macht. Vorerst bestimmen mannigfache Feste und Feiern zu Alberts Ehren die Wochen. Fürstliche Verwandtschaft und Nachbarschaft kommen zu Besuch, Jagden werden veranstaltet. Auf Victorias Wunsch wird eine «Deklaration» über die bevorstehende Hochzeit verkündet, in einer großen Hofzeremonie mit Gottesdienst, Gratulationscour und einem Bankett für 300 Personen. «God save the Queen!» ruft Herzog Ernst, und die Coburger Artillerie feuert Salut, während versehentlich die Gardinen zu brennen beginnen. «Die Freude im Volke war so groß», berichtet Albert nach London, «daß sie die ganze Nacht fort bis an den andern Morgen mit Gewehren und Pistolen in den Straßen feuerten, und zwar so ununterbrochen, daß man fast glauben mußte, es sei eine Schlacht im Gange.»

Tante Kent, seiner zukünftigen Schwiegermutter, schreibt er, da sie mit der Tochter auf sehr gespanntem Fuß lebt, mit besonderer Zuneigung. «Welche Menge der verschiedenartigsten Gefühle durchkreuzen, bestürmen mich: die Hoffnung, die Liebe zu der teuern Victoria, der Schmerz des Abschiedes von der Heimat, die Trennung von hochgeliebten Verwandten, das Eintreten in einen neuen Kreis von Verwandten, die mir mit vieler Freundlichkeit entgegenkommen, die höchsten, glänzendsten Aussichten, die Furcht, der Stellung nicht ganz gewachsen zu sein, der Beweis so vieler Anhänglichkeit der treuen Coburger, so vielerlei Pflichten zu erfüllen und zu alledem so viel Lob von allen Seiten... Ich packe, arrangiere, disponiere über Vermögensstücke, schließe Kontrakte, nehme Diener an, schreibe unendlich viele Briefe, studiere die englische Konstitution und beschäftige mich mit der Zukunft.» Bewerber laufen ihm das Haus ein. «Ich habe schon 81 Privatsekretäre abgewiesen», meldet er dem Bruder.[19] Er ist viel mit Stockmar zusammen, arbeitet mit ihm die Verfassung durch. «Seien Sie der konstitutionelle Genius der Königin», mahnt der Baron und schreibt der Baronin Lehzen: «Je öfter ich ihn sehe, desto mehr liebe und schätze ich ihn.» Und Albert bittet ihn, mit König Leopold eine Kurierkette zwischen Coburg, Brüssel und London zu organisieren, damit man einander «rasch, oft und sicher» schreiben könne.[20]

Er muß so ziemlich der ganzen Coburger Bevölkerung die Hand drükken. «Diese letzten Tage sind mir recht schwer und schmerzlich geworden», schreibt er Victoria. «Vorgestern habe ich den letzten Abschied von meinem guten alten Coburg genommen; jetzt liegt es hinter mir, und wir sind in Gotha eingetroffen. Die außerordentliche Liebe, die man mir bei meinem Scheiden bewies, vermehrte noch meine Rührung. Es strömte alles in den letzten Tagen nach dem Schloß, um mich noch einmal zu sehen; selbst jedes Dorf hatte unter seinen Bewohnern einen erwählt, der herein in die Stadt gehen mußte, um mir den Anteil auszudrücken, welchen die Gemeinde an dem Ereignisse nimmt. Ich bin sonst (leider) etwas kalter Natur, und es bedarf schon eines starken Anstoßes, um mich weich zu machen; allein so viele mit Tränen gefüllte Augen zu sehen, war mir zu viel.»

Auch dem Bruder geht der bevorstehende Abschied nahe. «Albert ist mein zweites Ich», schreibt er der künftigen Schwägerin, «und mein Herz ist eins mit seinem. Ganz abgesehen davon, daß er mein Bruder ist, liebe und schätze ich ihn mehr als irgend jemand auf der Welt... Jetzt – fühle ich mich sehr einsam.»[21]

In Gotha, wohin man zum Weihnachtsfest übersiedelt war, wurde Albert mit Stadtbeleuchtung und Fackelzug empfangen. Die Großmutter hatte schon beim Empfang anläßlich der Verlobungsanzeige einen Empfang gegeben, und nun gingen die Festlichkeiten weiter. Theatereinweihung, Deputationen, Galadiner, Bälle. Dann trafen zwei Abgesandte aus England ein, Viscount Torrington und Oberst Charles Grey, um Albert den Hosenbandorden zu überbringen. «Es war sehr feierlich», schildert er seiner Braut. «Papa und ich standen unter einem Thronhimmel, Ernst und Karl daneben auf einer Tribüne. Links standen die Damen von der Noblesse, rechts Mama, die Fürstin und Anna Reuß, Marie Leiningen, Ernst Württemberg, Fürst Reuß und Gefolge. Links im Saal standen die Suite Papas, der Hof, das Ministerium und alle Behörden, rechts die Landstände und alle Fremden, die bei Hof waren (eine große Anzahl). Hinter den Schranken eine Menge Zuschauer. Deine Herren wurden nun durch den Zeremonienmeister, zwei Kammerherrn und zwei Kammerjunker abgeholt aus ihren Gemächern. Am Eingang in den Saal wurden sie von den beiden Marschällen empfangen und vor den Thron geführt. Torrington trug die Papiere, Obrist Grey und Obrist Bentinck (der zufällig in Gotha war) von den Coldstream Guards die beiden samtnen Kissen, auf denen die Ordensinsignien lagen. Jetzt hielt der Geheimrat von Stein eine Anrede an Papa, um ihn vor der Sendung des Ordens in Kenntnis zu setzen. Torrington gab dann Deine beiden offiziellen Briefe an Papa und las den an ihn englisch laut vor, worauf eine deutsche Übersetzung vom Zeremonienmeister nachgelesen wurde. Hierauf nahm er den beiden Trägern die Kissen ab und gab sie Papa. Dieser hing mir die Kette um und steckte mir den Stern an, während Karl mir das Knieband anknüpfte. Hierzu las Seymour Dein offizielles Schreiben an mich englisch und Schenk deutsch vor. Nach einer Gratulationscour gingen wir zur Tafel, woran 250 Personen teilnahmen...»

Abends der «Freischütz», am nächsten Tag noch eine Jagd, und drei Tage später reist Albert voller Melancholie mit dem Vater und seiner Begleitung, dem Bruder und den englischen Herren ab, eine Karawane von acht Wagen. Der Großmutter steht er in diesen Wochen besonders nahe. «Für das Wohl meines zukünftigen neuen Vaterlandes zu leben», schreibt er ihr, «sich aufzuopfern, schließt ja nicht aus, dem Lande wohl zu tun, von dem man selbst so viele Wohltaten empfangen hat. Ich werde... nicht aufhören, ein treuer Deutscher, Coburger, Gothaner zu sein.» Unterwegs überall festliche Empfänge. In Aachen erfährt Albert die endgültige Entscheidung über seine Apanage. In Brüssel wird Station bei Onkel Leopold gemacht. In Calais geht die Reisegesellschaft an Bord – nicht der englischen Marine, denn es ist gerade Ebbe und die Fregatte kann nicht auslaufen; man besteigt ein normales Paketboot, die «Ariel». Wieder einmal ist der Kanal in vollem Aufruhr, sechs Stunden lang werden sie durchgeschüttelt. «Fast alle wurden seekrank», berichtet Grey. «Der Herzog war in die Kajüte hinabgegangen, und zu beiden Seiten der Kajütentreppe lagen die Prinzen in einem Zustande völliger Hilflosigkeit. Je näher dem Lande, desto schwerer rollte die See, und nur mit äußerster Kraftanstrengung... vermochte der Prinz, der bis zum letzten Augenblick leidend war, sich so weit aufzuraffen, daß er bei der Einfahrt in den Hafen auf Deck ging und die zahlreiche Menge begrüßte.»[22] Lord Torrington redet ihm gut zu: er solle nicht glauben, daß seine schlechte Behandlung im Parlament der Stimmung im Volke entspreche. Durch Ehrenpforten geht es unter militärischem Geleit nach London. Stockmar, der in London den Ehevertrag ausgehandelt hat, kommt bis Canterbury entgegen und gibt Albert wohl letzte Ratschläge: zum Beispiel künftig stets zwischen der Ehefrau und der Königin zu unterscheiden und sich nicht weiter gegen Anson zu sträuben.

Am Samstag nachmittag trifft die Reisegruppe im Buckingham Palast ein. Victoria steht wieder oben an der Treppe, eilt Albert entgegen, und nach kurzer Verlegenheit ist die Vertrautheit vom Oktober wieder da. «Als ich sein *liebes, liebes* Gesicht sah, war ich beruhigt», notiert Victoria am Abend. Sie hatte auch keine guten Tage hinter sich. Eine Woche zuvor hatte sie gefürchtet, die Masern zu kriegen, war auch wieder unsicher geworden: «Es ist schließlich ein riskantes Experiment – gerade in den letzten beiden Jahren ist alles nach meinem Kopf gegangen.»[23] Dann hatte sie wieder Streit mit der Mutter – Albert muß seine Vermittlertätigkeit sofort beginnen. Die Herzogin hält es für unschicklich, daß Braut und Bräutigam vor der Hochzeit unter demselben Dach wohnen. Victoria erklärt das angesichts des Buckingham Palastes für Unsinn. Albert erzählt der Tante, daß es auch in der Ehrenburg in Coburg nie anders gehalten worden sei, und Tante Kent ist beruhigt. Daß Victoria ihr nicht den Vortritt vor den königlichen Tanten zugestehen will, kränkt sie tief. Ein Kompromiß wird gefunden: sie wird mit der Tochter in der königlichen Kutsche in die Kirche fahren.

Der erste offizielle Akt ist Alberts Naturalisation. Der Lordkanzler nimmt ihm den Eid ab. Albert meint, ob sie nicht mal den Verlauf der Hochzeitszeremonie durchsprechen sollten, die morgen stattfinden soll. Sie tun das anhand der Gebetbücher, die sie gerade von der Mutter erhalten haben – ein anderes Programm gibt es nicht, obgleich Melbourne sich erinnert hatte, daß die letzte öffentliche königliche Hochzeit, die George III. im Jahre 1761, «in größter Konfusion» verlaufen war (ebenso wie Victorias Krönung).

Das Wetter am 10. Februar 1840 ist gräßlich, es regnet und stürmt. Victoria schickt ihm ein Briefchen. «Liebster, wie geht es Dir? Hast Du gut geschlafen? Ich habe sehr gut geschlafen und fühle mich heute ganz wohl. Was für ein Wetter! Ich hoffe nur, daß der Regen aufhört. Laß mich wissen, mein geliebtester Bräutigam, wann Du fertig bist. Ewig Deine Victoria R.» (R für regina, die Königin). Er schreibt derweil einen letzten Junggesellengruß an die Großmutter. «In weniger als drei Stunden stehe ich mit meiner lieben Braut am Altar. Ich muß in diesem heiligen Augenblicke noch einmal Dich um Deinen Segen bitten, den zu erhalten ich gewiß bin und der mein Schutz und meine Freude sein soll. Ich muß schließen. Gott helfe mir! Ewig Dein treuer Enkel.» Wie vor einem Opfergang.

Die Trauung findet in der Kapelle des St. James' Palastes statt, nur ein paar hundert Meter vom Buckingham Palast entfernt. Nicht mehr als dreihundert Personen passen hinein. Eine «partei-interne Veranstaltung der Whigs», rügt Greville.[24] Es waren nur fünf Tories eingeladen, darunter Lord Liverpool, der Victoria damals gegen Conroy geholfen hatte, und der Herzog von Wellington, auf dem Melbourne trotz heftigen königlichen Widerwillens bestanden hatte. Um ½12 nehmen die Erzbischöfe und Bischöfe am Altar Platz, um ½1 erscheint unter Trommel und Trompetenschall Albert mit Vater, Bruder und kleinem Gefolge – Albert in der Uniform eines englischen Feldmarschalls mit dem neuen Hosenbandorden, statt des Marschallstabs eine Bibel in der Hand. Dann kommt in sieben Kutschen die Königin mit Anhang – Onkel Leopold ist nicht dabei. Aller Pomp ist aufgeboten worden mit Herolden und Pagen und allen Großwürdenträgern des Reiches. Melbourne trägt das Staatsschwert und eine neue Uniform, die nach seinen eigenen Worten eher für ein Schlachtschiff gepaßt hätte. Victoria in weißer Seide mit Orangenblüten, die Skizzen hat sie selber gezeichnet. Nur war die Schleppe für zwölf Brautjungfern zu kurz, so daß sie ganz kurze Schritte machen mußten, um sich nicht gegenseitig auf die Füße zu treten. Auch sonst gibt es wieder einiges Durcheinander. Niemand hat Albert gesagt, wann er sitzen oder stehen soll, sich vor dem Erzbischof zu verneigen hat oder nicht, oder ob er auf die Ratschläge hören soll, die ihm die Königinwitwe Adelaide überlaut zuflüstert. Onkel Augustus schluchzt die ganze Zeit und der Herzog von Cambridge macht dauernd irgendwelche Bemerkungen. Bei der Eintragung ins Kirchenbuch nach der Eheschließung hält der Herzog von Norfolk alles auf, weil er darauf besteht, daß er als Earl Marshal zuerst unterschreiben darf, und als er es dann soll, findet er seine Brille nicht. Die Herzogin von Kent steht plötzlich allein am Rand der Gruppe – bis Albert zu ihr geht und sie küßt, in der Hoffnung, Victorias Kälte – sie hat der Mutter nur die Hand gegeben – ein wenig ausgleichen zu können.

Dann ging es zurück in den Buckingham Palast, die Menge jubelte lautstark, das Wetter hatte aufgeklart, man hatte ein solches Spektakel gar zu lange entbehren müssen – die letzten Ehen in der Königsfamilie waren privat und bei Dunkelheit geschlossen worden. Im Schloß wurde dann große Tafel gehalten, gekrönt von einem drei Zentner schweren Kuchen mit einer segnenden Britannia über einem in römische Gewänder gekleideten Paar, zu dessen Füßen Hunde und Tauben spielten (ein angebliches Stück dieses Kuchens, wohlpräpariert, wurde noch 1983 bei einer Albert-Ausstellung in London gezeigt). Zu den sicherlich originellsten Hochzeitsgeschenken gehört ein 560 Kilo schwerer Cheddar-Käse aus der Milch von 750 Kühen.

Am Nachmittag fuhren Albert und Victoria «sehr armselig und schäbig», wie Greville ihre Kutsche beschreibt, nach Windsor, eine Fahrt von drei Stunden. «Es war dunkel, als der alte Reisewagen in der Stadt ankam», berichtete der Reporter der TIMES, «an den Hausmauern glitzerten Kronen und Sterne und alle strahlenden Ornamente, die Gas und Öl hervorzaubern können.» «Ich ging mich umziehen und ging dann für ein Weilchen zurück in seinen kleinen Wohnraum, wo mein liebster Albert saß und spielte.» Victoria ließ in ihrem Tagebuch kein Detail dieses ereignisreichen 10. Februar aus – auch nicht die Hochzeitsnacht. Sie war nicht prüde; ihre Tochter Beatrice hat mehr als 60 Jahre später auch diese Seiten vernichtet.[25] «Albert und ich allein!»

Eine Ehe begann, die in ganz Europa zur Legende wurde. Nur Greville rümpfte die Nase, als er das Paar schon ganz früh am nächsten Morgen im Schloßpark spazierengehen sah. «Das ist nicht die richtige Methode, uns einen Prinzen von Wales zu bescheren», notierte er. Er sollte sich noch wundern.

Zweites Buch

1840–1861
Der heimliche Herrscher

11. Kapitel

Großbritannien um 1840

Als Albert nach London kam, war durchaus noch nicht abzusehen, daß so etwas wie ein «Viktorianisches Zeitalter» vor der Tür stand, auf dessen «Goldene Tage» die Briten noch hundert Jahre später wehmütig zurückblikken sollten. Kein anderes Jahrhundert hat Englands politische, wirtschaftliche und soziale Strukturen so grundlegend verändert, und mitten in diesen Umwandlungen mit ihren unausbleiblichen Spannungen und Konflikten hatte ein 18jähriges Mädchen den Thron bestiegen und sich kurz darauf mit einem 21jährigen deutschen Kleinstadtprinzen verheiratet. Daß die politischen Kräfte des Landes dieses unerfahrene Paar nicht sonderlich wichtig nahmen, war begreiflich.

«Der Abstand zwischen dem England von 1760 und dem von 1844 ist mindestens ebenso groß wie der zwischen dem Frankreich des Ancien Régime und dem der Juli-Revolution», schrieb Friedrich Engels.[1] England hatte die Vormachtrolle übernommen, die im Jahrhundert zuvor Frankreich gespielt hatte. Es hatte den Krieg gegen den alten Erbfeind unbeschädigt überstanden, wenn auch nicht ohne Turbulenzen: Ein Aufstand der Iren war hart unterdrückt worden, bevor die Franzosen ihnen zur Hilfe kommen konnten; Irland mußte die Union akzeptieren und sich nun von London aus regieren lassen.[2] England hatte vom Goldstandard abgehen müssen, die Lebenshaltungskosten hatten sich während der Kriegsjahre verdoppelt, die Anspannung aller Kräfte hatte autoritäre Entschlüsse erfordert, die 1812 zum Krieg mit den Vereinigten Staaten führten.

Trotz allem: England war siegreich geblieben, bei den Friedensverhandlungen war die letztlich entscheidende Figur Lord Castlereagh gewesen. Doch im Innern machte die Umstellung von zwanzig Jahren Kriegswirtschaft auf normale Verhältnisse größte Schwierigkeiten.

Die Wirtschaft war noch nicht so durchorganisiert, daß etwa Marktforschung oder ein Kreditsystem für einigermaßen reibungslose Abläufe hätte sorgen können. Es gab viel Auf und Ab, worunter vorwiegend die Armen zu leiden hatten. Es waren vor allem zwei Probleme, die auch noch unter Victorias Herrschaft für Unruhe sorgten: der Kampf um die Getreidezölle und die Sozialreformen.

Solche Übergangsperioden verlangen immer große Anpassungsfähigkeit von der Bevölkerung – in diesem Fall um so mehr, als die Regierung zunächst nicht eingriff. Damals herrschte noch die allgemeine Ansicht, daß der Staat im Wirtschaftsleben der Nation nichts zu suchen habe. Sobald er mehr tat, als «Verbrechen zu verhüten», wurde er schnell zum Spielball undurchsichtiger Interessen, meinte man. Laissez-faire hieß die Devise. Die unteren Klassen dachten ebenso: Staat, das war Adel plus anglikanische Kirche.[3]

Als die Soldaten aus dem Napoleonischen Krieg zurückkamen, da waren die Lebensmittel teuerer, die Steuern höher, die Löhne niedriger, die Arbeitszeiten länger und die offenen Stellen weniger: es gab plötzlich ein Überangebot an Arbeitskräften – nicht nur entlassene Soldaten, auch stellungslose Landarbeiter. Die Landwirtschaft prägte zwar noch immer das Bild der Insel, aber sie veränderte ihre Struktur: Sich selbst erhaltende Dorfgemeinschaften, die ihre Überschüsse auf den städtischen Markt brachten, verwandelten sich dank verbesserter Anbaumethoden in Lebensmittelfarmen für den nationalen Bedarf. Der kleine, freie, unabhängige Bauer verarmte und gab auf, der Grundadel breitete sich aus, und dabei gewann er durch die Verknüpfung von Patronatsrechten und Wahlrecht gleichzeitig den entscheidenden Einfluß im Parlament.[4] Vier Fünftel der Unterhausabgeordneten waren Landbesitzer oder deren Vertrauensleute.

Während der Kriegsjahre hatten die Farmer gut gelebt. Jeder Quadratmeter Boden wurde für den Getreideanbau genutzt, Bodenspekulation und Kreditgeschäfte blühten, für Getreide wurden Wucherpreise gezahlt. Als Napoleons Kontinentalsperre zusammenbrach, wurde England mit billigem ausländischen Getreide überschwemmt, die Inlandpreise sanken fast auf ein Drittel, Farmer machten bankrott, Kredite wurden gekündigt, Spekulationen platzten. Daraufhin setzte das von Agrariern beherrschte Parlament 1815 Schutzzoll-Gesetze durch, die «Corn Laws». Getreideimporte aus dem Ausland wurden bei Preisen unter 80 Shilling künstlich verteuert. Ähnlich wurden Wolleinfuhren gebremst. Dieser Protektionismus erhöhte die Lebenshaltungskosten, besonders den Brotpreis, und das traf natürlich vor allem die unteren Schichten.

Im Jahr darauf wurde die Einkommensteuer abgeschafft. Sie war zur Finanzierung der Armee und *ausschließlich* dazu eingeführt worden: zehn Prozent bei Einkommen über 200 Pfund. Sie wurde von allen – begreiflicherweise – verabscheut, sie «liefe dem freien Geist der britischen Verfassung zuwider», wurde argumentiert, über Willkür und Schnüffelei in wohlerworbenen Gewinnen wurde geklagt. Bei ihrer Abschaffung bestimmte das Parlament ausdrücklich, daß alle Steuerakten vernichtet werden müßten.

Das erhöhte die finanziellen Schwierigkeiten der Regierung, die ohnehin groß genug waren. Die Budgets der Nachkriegszeit, stets um die 50 Millionen Pfund, endeten fast immer im Defizit; Zölle halfen da wenig, die anderen Staaten zogen jeweils nach. Der Krieg hatte zwei Milliarden gekostet, die Staatsverschuldung betrug 900 Millionen, allein der Zinsendienst war im Verhältnis höher als nach dem Zweiten Weltkrieg. Also wurden die Verbrauchssteuern erhöht. Die Verteuerung von Alkohol,

Tabak, Tee und Pfeffer traf wiederum besonders die armen Bevölkerungsschichten. Als Folge mußte die Armensteuer erhöht werden. Bürger und Arbeiterschaft, Handel und Städte waren gegen die parlamentarische Interessengemeinschaft aus Agrariern und Aristokratie machtlos. Als Victoria gekrönt wurde, arbeiteten ein Drittel aller Männer in der Landwirtschaft. Den Boden besaß der Adel. Im Oberhaus saßen 421 Peers; die Unterhausabgeordneten waren aus Wahlkreisen entsandt worden, die auf dem Grund und Boden der Peers lagen – für die richtige Kandidatenauswahl war gesorgt.

Der gerade heranwachsenden Industrie ging es zunächst auch nicht besser als der Landwirtschaft. Auch sie hatte durch den Krieg profitiert. Doch nun blieben plötzlich die Regierungsaufträge für Eisen und Stahl und Textilien aus. Englands Handelsflotte war zwar größer als die aller Kontinentalstaaten zusammen, mit der Seeherrschaft besaß es praktisch das Monopol auf alle Überseemärkte und Rohstofflieferungen, wodurch wieder Londons Bedeutung als internationales Finanzzentrum stieg. Die im Krieg ausgebluteten Kunden auf dem Kontinent *brauchten* auch Waren. Aber sie konnten nicht zahlen, so daß auch der Export stagnierte; reihenweise machten Firmen bankrott.

Dazu war eine Bevölkerungsexplosion im Gange. Zwar wurden nicht mehr Kinder geboren als früher, aber dank besserer Hygiene überlebten mehr Menschen. Die Pockenepidemien waren überwunden, jetzt hatte man es mit Cholera, Tuberkulose und Typhus zu tun. Zu Beginn des Jahrhunderts, 1801, hatte Großbritannien zehn Millionen Einwohner; fünfzig Jahre später waren es doppelt so viele. Birminghams Einwohnerzahl stieg in 40 Jahren fast um das Dreifache.

Die Gesetze, die das Parlament verabschiedete, entsprachen im Wesentlichen den Bedürfnissen der herrschenden Klassen, und das begann die Massen zu reizen. Die Justiz diente fast nur dem Schutz des Eigentums. Englands Strafrecht gehörte zu den härtesten in Europa. Auf 223 Delikte stand die Todesstrafe. Eine Maschine zu beschädigen, war ein Kapitalverbrechen. Noch 1819 wurde ein Wilderer gehenkt, der auf dem Besitz Lord Palmerstons einen Waldhüter angeschossen und am Schenkel verletzt hatte. Nach Bauernaufständen 1830 wurden erschreckend viele Todesurteile gefällt; nach Ansicht Lord Melbournes durfte die Regierung keine Schwäche zeigen. Wer den Mund aufmachte, wurde sehr schnell ein Jakobiner genannt. Die Yeomanry, die Miliz, war stets bei der Hand, wenn es galt, einen örtlichen Streik, einen Krawall niederzuschlagen oder gar einen Protestmarsch hungernder Fabrikarbeiter zu zerstreuen, wobei es gelegentlich auch Tote gab. Wer in Schottland nach Parlamentsreform rief, wurde in die Kolonien verbannt. Auch viele Todeskandidaten wurden «gnadenweise» nach Australien oder Guayana deportiert – das war die weitaus häufigste Strafe. Von den meisten haben ihre Familien nie wieder etwas gehört. Noch im Jahr 1836 wurde ein halbes Tausend Todesurteile gefällt; Hinrichtungen waren öffentlich. Erst die Regierung Peel liberalisierte das Strafrecht.

So nährte sich die Unruhe der zwanziger und dreißiger Jahre aus verschiedenen Quellen, aus den schlechten Lebensbedingungen der Massen und aus der Ungerechtigkeit des Systems. Es kam zu Revolten. Attentate auf den Prinzregenten wurden verübt, auf König William, auf Minister, selbst auf den Kriegshelden Wellington. Ein Sprengstoffanschlag auf die gesamte Regierung wurde aufgedeckt. Überall stand Militär bereit. Die Sozialreformer drängten stürmischer – und von ihnen gab es eine Menge, von Wilberforce über Carlyle bis Shaftesbury und Chadwick. Jeremy Bentham predigte seine Sozialethik, die «auf das größtmögliche Glück der größtmöglichen Zahl» ausging, Robert Owen versuchte in seinen Industriebetrieben, Sozialismus zu praktizieren; William Cobbett setzte sich als «The poor man's friend» für die unteren Schichten ein und riet, sich zunächst mal nur auf eine Parlamentsreform zu konzentrieren, um einen Schritt voranzukommen.[5]

Die Regierung und die hinter ihr stehenden Klassen betrachteten das alles mit größtem Mißtrauen. Die Erinnerung an die Französische Revolution und all ihre Folgen war noch zu frisch. Demokratie – das roch nach Herrschaft der Straße, nach Pöbel, Barrikaden und Guillotine. Da wurde vorsichtshalber mal die Armee verstärkt.

Im Sommer 1819 wurden in mittelenglischen Industriestädten Massenversammlungen abgehalten, die erste in Birmingham, das damals schon über 100000 Einwohner, aber keinen Abgeordneten im Parlament hatte. Daraufhin schränkte die Regierung die Versammlungs- und Pressefreiheit ein. In Manchester wurde die Versammlung vor die Stadt, unter freien Himmel verlegt, was erlaubt war. Auf dem St.-Peter-Feld fanden sich 50000 Menschen ein, es sollte eine Petition an den Prinzregenten beschlossen werden. Die Miliz verlor die Nerven und feuerte, Husaren mit gezogenem Säbel griffen ein, elf Menschen wurden getötet, 400 verletzt – der Toten von «Peterloo» wird bis auf den heutigen Tag gedacht, ebenso wie der sechs armen Landarbeiter von Tolpuddle in Dorset. Sie hatten beratschlagt, wie man die Arbeitgeber dazu bringen könnte, den Wochenlohn von sieben auf acht oder gar neun Shilling zu erhöhen. Sie wurden wegen «gefährlicher und aufrührerischer Zusammenrottung» festgenommen und verurteilt. Am 25. Mai 1834 wurden sie in die Strafkolonie Botany Bay befördert, wo sie in Ketten arbeiten mußten. Als sie dank der Empörung zu Hause nach zwei Jahren auf Bewährung zurückkehren durften, schrieb einer von ihnen, George Loveless: «Ich kann Lord Stanley, der sich vor einigen Jahren rühmte, die Deportation schlimmer als die Todesstrafe zu machen, versichern, daß seine böse, teuflische Absicht gründlichst durchgeführt ist. Man würde den unglücklichen Menschen eine Wohltat erweisen, wenn man sie in England aufhängte und sie dadurch vor Grausamkeit, Jammer und

Elend bewahrte, die das gegenwärtige System der Deportation mit sich bringt.»[6]

Was die politische Lage in England trotzdem stabil hielt, waren vor allem zwei Dinge: die grundsätzliche Reformbereitschaft vernünftiger Premierminister wie Grey und Peel, die einsahen, daß Reformen unausweichlich waren; sowie der gewaltige Aufschwung, der durch die industrielle Revolution einsetzte.

Was an Reformen geleistet wurde, darf man natürlich nicht aus der Rückschau des 20. Jahrhunderts beurteilen, sondern muß es an den Zuständen im frühen 19. messen. Parteien im modernen Sinn gab es noch nicht. Tories und Whigs waren lockere Gruppierungen um ein paar profilierte Männer herum, ohne festgelegte Programme. Entscheidungen wurden ebenso pragmatisch getroffen wie Koalitionen eingegangen und gewechselt wurden. Das war oft alles andere als logisch; Sympathien gaben den Ausschlag. Der Großgrundbesitz und die Fabrikanten waren eher bei den Whigs zu finden, die kleinere und mittlere Wirtschaft eher bei den Tories. Die Tories hielten am Alten fest, bis der Schritt vorwärts unvermeidlich wurde; die Whigs gingen den Schritt freiwillig, um das Alte nicht zu gefährden – so ungefähr lassen sich die Unterschiede grob charakterisieren. Die Regierung bestand aus adeligen Amateuren, Minister wurden nicht bezahlt, ein solches Amt mußte man sich leisten können. Das ganze Innenministerium bestand aus achtzehn Angestellten, die waren unausgebildet, Prüfungen für den Staatsdienst gab es ebensowenig wie allgemeine Schulpflicht, und die Informationsmöglichkeiten der Verwaltung waren mehr als unzulänglich. So wenig Regierung wie möglich, war die Devise, der Staat kann nichts Besseres tun als nichts zu tun.

All das haben die Auswirkungen der Industriellen Revolution allmählich geändert. Die Wahlrechtsreform von 1832, die die Whigs mit vielen Mühen schließlich gegen die Tories und gegen den König durchsetzten, war auf den ersten Blick nur das berühmte Mäuslein, das der kreißende Berg geboren hatte.

Insgesamt war die Wählerschaft um die Hälfte vergrößert worden: genau 7,1 Prozent der gesamten Bevölkerung besaßen nun das Stimmrecht. Dem Herzog von Wellington war das schon zuviel. «Das muß zu einer wilden Demokratie führen!» warnte er. Demokratie war eine Schreckensvorstellung. Die Enttäuschung, ja Verbitterung in den unteren Klassen war groß. Doch immerhin war es ein erster Schritt, und das war entscheidend.

Er brachte mit etwas mehr Gerechtigkeit die Hoffnung auf weitere Verbesserungen; die Aristokratie akzeptierte den Mittelstand als Partner; im Parlament wehte ein frisches Lüftchen. Das und die Zeitungen sorgten dafür, daß nun auch der Landadel etwas enger mit den Realitäten in Berührung kam, die weiter im Norden von der Industrie inzwischen geschaffen wurden.

Die bedeutsamen Veränderungen dort hatten schon im Jahrhundert zuvor eingesetzt. Flüchtlinge aus den Niederlanden und Frankreich hatten die Baumwoll- und die Seidenerzeugung begründet. Kohle war im Überfluß vorhanden und konnte über ein ausgedehntes System von Kanälen leicht an die Standorte transportiert werden, wo sie gebraucht wurde: die Eisen- und Stahlindustrie entstand. 1769 hatte James Watt sein erstes Patent auf eine Dampfmaschine erhalten. 1775 war die Spinnmaschine, 1786 der mechanische Webstuhl erfunden worden. Fabrikation trat an Stelle der bisher üblichen Heimarbeit. 750 Arbeiter konnten in einer Fabrik so viel Garn spinnen wie früher 200000 mit der Hand geschafft hatten. Selbst ein kleines Mädchen konnte dank der Mechanisierung jetzt hundert Spindeln besorgen. Die größte Baumwollspinnerei in Glasgow beschäftigte um 1800 bereits 1300 Arbeiter. 1820 existierten dort fünfzig dampfgetriebene Fabriken. 1811 war in Glasgow das erste Dampfschiff von Stapel gelaufen, 1836 lagen in britischen Häfen bereits fünfhundert. Der moderne Hochofen wurde erfunden – bald darauf gab es im Raum Glasgow hundert. Erz und Kohle wurden auf einem neuen Kanal herangeführt, Glasgow produzierte eine Million Tonnen Stahl. Und da kam Stephenson mit seiner Eisenbahn. Glasgow baute Lokomotiven, baute Brücken, baute Schiffe. Glasgow baute ein Drittel aller Dampfer in der Welt. 1800 hatte Glasgow 77000 Einwohner, hundert Jahre später waren es genau zehnmal soviel.

In ganz Mittel- und Nordengland war das Bild ähnlich. Ballungszentren entstanden: Manchester, Birmingham, Leeds, Sheffield, Bristol. Das Kanalnetz wurde vervollständigt, Landstraßen wurden erneuert, 3000 Kilometer neu angelegt, über tausend Brücken gebaut. Der elektrische Telegraph kam in Benutzung. Das Eisenbahnzeitalter begann: 1830 wurde die erste große Strecke in Betrieb genommen, von Manchester nach Liverpool, zehn Jahre später gab es bereits 3000 Kilometer. Ganz andere Entfernungen konnten nun überwunden werden, man baute Bahnhöfe wie Kathedralen, Stadt und Land rückten näher aneinander. Die Eisenbahn hat die Demokratisierung, hat die Reformen in England weit mehr gefördert als Revolutionen das geschafft hätten.[7] Großbritannien war die Werkstatt der Welt. Die Massenfertigung begann.

Eines griff ins andere: Landreform und Flurbereinigung hatten viele Kleinbauern zur Aufgabe ihrer Höfe gezwungen; das und die Bevölkerungsexplosion führte der Industrie die Arbeitermassen zu, die sie brauchte. Die überseeischen Besitzungen und Verbindungen der unangefochtenen See- und Handelsvormacht lieferten Rohstoffe und nahmen Fertigwaren ab. Der wachsende Wohlstand sammelte beträchtliches Kapital an, das unternehmerische Risikofreude wieder gewinnbringend investierte und sich darin auch religiös gerechtfertigt fühlte: Calvin und die Puritaner hatten ja gelehrt, wirtschaftlicher Erfolg sei Gottes Lohn für ein arbeitsames und frommes Leben.

Adam Smith[8] hatte diesen Glaubenssatz von der Wirtschaftstheorie her gestützt: Der Zweck jeder Kapitalanlage sei Gewinn, deshalb wenden sich die Kapitalien den rentabelsten Anlagemöglichkeiten zu. Indirekt werde so aber auch die Produktivität der ganzen Volkswirtschaft am besten gefördert. Diese Theorie verlangt folgerichtig aber auch die größtmögliche Freiheit für den Unternehmer: der Staat sei ein schlechter Beurteiler gesellschaftlicher Bedürfnisse. «Wo das Kapital am vorteilhaftesten angelegt wird, das kann jeder einzelne besser beurteilen als der Staat.» Für Adam Smith war der Fortschritt der gesamten Nation gleichbedeutend mit der Summe allen Fortschritts aller Individuen. «Jeder Mensch hat, solange er nicht die Gesetze verletzt, die völlige Freiheit, sein persönliches Interesse auf seine persönliche Weise zu verfolgen.» Die Baumwollfabrikanten in Manchester haben solchen wirtschaftlichen Liberalismus als erste in die Praxis umgesetzt, und so entstand der Begriff des «Manchestertums», das die britische Wirtschaft auf beträchtliche Höhen geführt, aber die sozial Schwachen der Gesellschaft in beträchtliches Elend gestürzt hat.

Ein Bild vom englischen Industriegebiet dieser Jahre gibt Georg Weerth, der als junger Kaufmann drei Jahre lang in Bradford arbeitete.[9] «Bradford liegt in einem der schönsten Teile der Grafschaft Yorkshire, umringt von Hügeln, kleinen Wäldern, prächtigen Wiesen, in einem engen Tal, das sich nach drei Seiten hin in den Bergen verliert... Da stieg im Jahre 1798 der erste Fabrikschornstein aus dem Boden empor... Die englische Wollenindustrie zog sich nach der West Riding von Yorkshire... Eine Fabrik wurde nach der anderen angelegt, von allen Seiten mußte man Arbeiter heranziehen. Die vorhandenen Wohnungen waren schnell gefüllt; neue Häuser entstanden... das Tal wurde zu enge, man baute die Hügel hinan... bis weit in die Felder hinein... In wenigen Jahren hatte sich die ganze Landschaft von Grund aus geändert... Die ersten Bewohner ließen sich allmählich von der Industrie, die sich mit all ihrem Geräusch und Gestank neben ihnen niederließ, aus ihren Wohnungen verdrängen; die guten Leute flüchteten ein paar tausend Schritte weiter, wo sie dem Dunstkreis der Fabriken enthoben zu sein glaubten... Die gewöhnlichen Arbeiter behielten die Tiefe des Tales zu ihren Schlupfwinkeln. An der Seite des stinkenden Kanals, in den aller Schmutz der Gassen und Fabriken hinabgeschwemmt wird, ziehen sich ihre niedrigen Wohnungen hin, von Kohlendampf geschwärzt, oft niedriger liegend als das schlechte Pflaster der Straße, mit stinkenden Pfützen vor der Tür, die es nach einigen Regentagen den Bewohnern unmöglich machen, ohne eine Brücke oder einen Damm von Kohlenasche auf die Höhe der Straße zu gelangen: Dazu sind dicht neben diesen niedrigen Hütten sechs Stockwerk hohe Fabriken oder Magazine aufgeführt, die den unten wohnenden Leuten so sehr alles Licht nehmen, daß in ihren Stuben eine ewige Dämmerung herrscht. Jahraus, jahrein haben diese Unglücklichen mit Schmutz, Nässe und Gestank zu kämpfen, sie mögen aber anfangen, was sie wollen, ihr Schicksal bleibt immer dasselbe. Stets fließt der Kanal an ihren Türen vorüber, fortwährend stürzt ihnen der Schlamm und das Wasser der obern Straßen entgegen, sechs Tage lang in der Woche fallen Rauch und Staub der Fabriken auf sie herab... Der Rauch, der aus der Stadt emporqualmt, scheint auch mit einer solchen Hartnäckigkeit an dem Orte seiner Geburt festzuhangen, daß man überall davon überrascht wird... Im Monat Juni machte ich die Bemerkung, daß man zu gewissen Stunden des Tages, wo die Fabriken bereits einige Stunden gedampft hatten, zehn Minuten von den letzten Häusern entfernt auch nicht ein einziges Dach dieser 132000 Menschen umfassenden Stadt zu Gesichte bekommen konnte. Es war nicht anders, als wenn der ganze Ort soeben mit Haut und Haaren untergegangen wäre.»

In Leeds allein schossen in diesen Jahren über hundert Textilfabriken aus dem Boden. «Ungeheuere Baumassen», schilderte Carl Friedrich Schinkel nach einer Englandreise 1826, «ohne alle Architektur, bloß von einem Baumeister und nur für das nackte Bedürfnis allein aus rotem Backstein aufgeführt.» Innen Webmaschinen von 50 Metern Breite und vier Metern Höhe; in der Armley Mill, jetzt ein Museum, wird dem Besucher heute vorgeführt, welchen unheimlichen Lärm diese gußeisernen Ungetüme vollführten. Zwei Drittel Frauen und Kinder, 13, 14 Stunden Arbeit in Gaslicht, Lärm und Rauch. Durch die schwere Arbeit blieben die Jüngsten so im Wuchs zurück, daß ein Mediziner nach mehrjährigen Untersuchungen schrieb: «Wenn nicht fortwährend Leute vom Lande nachzögen, würde die Rasse der Fabrikarbeiter bald völlig entarten.»

Es gab zwar ein Fabrikgesetz, das zum Beispiel verbot, mehr als zwei Lehrlinge in einem Bett schlafen zu lassen. Aber so etwas stand auf dem Papier, kaum ein Unternehmer kümmerte sich darum, und Kontrollen gab es erst in den späten dreißiger und vierziger Jahren. Die Arbeitermädchen hatten einen noch schlechteren Ruf als die Prostituierten. Viele Unternehmer betrachteten ihre Fabrik auch als ihren Harem. Die Entlohnung war willkürlich. Seit den Zeiten der Königin Elizabeth I. hatte jeder Magistrat das Recht gehabt, in seiner Gemeinde Mindestlöhne festzusetzen – dieses Recht hatte das Parlament 1813 abgeschafft.

Doch nicht nur in der Textilindustrie war Frauen- und Kinderarbeit üblich. 1842 legte eine Kommission der Untersuchung der Kinder- und Frauenarbeit im Bergbau einen Bericht vor, der formal an die Königin gerichtet war, aber natürlich dem Parlament zuging. In mehreren Gebieten, so wird darin geschildert, begannen die Mädchen mit der Untertagearbeit genauso früh wie die Jungen: mit vier Jahren. Mit sechs begannen sie, Kohlenwagen zu schieben. «Die Mädchen und Jungen, die jungen Männer und jungen Frauen, und auch verheiratete Frauen und Schwangere arbeiten meist fast nackt, die Männer in vielen Gruben völlig nackt... In Ostschottland ist ein größerer Anteil von Kindern und Halbwüchsigen in den

Bergwerken beschäftigt als anderswo, und viele von ihnen sind Mädchen... Die regulären Arbeitszeiten für Kinder und Halbwüchsige betragen selten weniger als elf Stunden, häufiger sind es zwölf, mancherorts 13 und in einem Gebiet 14 und mehr.»[10]

Jane Peacock Watson in West Linton, Peebleshire, 40 Jahre alt, berichtete: «Ich arbeite seit 33 Jahren im Bauch der Erde. Ich bin seit 23 Jahren verheiratet und hatte neun Kinder. Sechs leben, drei sind vor ein paar Jahren an Typhus gestorben, und dann hatte ich zwei Totgeburten. Das Wagenschieben ruiniert eine Frau, mit vierzig ist man alt.» In Inveresk arbeitete der zehnjährige Alexander Gray als Pumpenjunge. «Ich pumpe das Wasser aus dem untersten Stollen, damit die Männer im Trockenen arbeiten können. Ich muß sehr schnell pumpen, sonst kommt das Wasser über mich. Vor ein paar Wochen mußte ich weglaufen, weil das Wasser so schnell kam, daß ich überhaupt nicht mehr pumpen konnte. Ich stehe immer im Wasser, und die Männer, die hacken, auch. Ich bringe mir Brot mit zum Essen. Ich kenne die Uhr. Ich komme um drei morgens herunter, manchmal um fünf, und fahre um sechs oder sieben am Abend wieder rauf.»[11]

So erschütternd das bereits ist – die Befragten haben bisweilen nicht mal die ganze Wahrheit gesagt, weil sie Angst um ihren Arbeitsplatz hatten. So haben ganze Familien, ja ganze Gemeinden ihr meist kurzes Leben größtenteils unter Tage verbracht.

George Smith arbeitete mit sieben Jahren in einer Ziegelei, wo er jeweils vierzig Pfund Lehm oder fertige Ziegel auf dem Kopf hin und her tragen mußte.[12] Besonders beliebt waren kleine Jungen bei den Schornsteinfegern. Die Meister fanden es praktischer, Kinder in die rußigen Kamine klettern und sie säubern zu lassen, als dafür lange Bürsten zu benutzen. Das war zwar schon ein Jahrhundert vorher beanstandet worden, wurde aber erst 1864 verboten, und auch dann noch wurde das Verbot oft ignoriert. Die Vernachlässigung und der Mißbrauch von Kindern war schwer auszurotten. Die Eltern verkauften ihre Kinder für zwei bis drei Pfund, sagte 1864 der Kaminkehrermeister John Cook, der selbst mit sechs Jahren so angefangen hatte, vor einer Royal Commission aus. «Je kleiner sie sind, desto lieber nimmt sie ein Meister, denn sie sind dann ganz allgemein brauchbarer.» Frage: «Werden die Jungen jemals gewaschen?» Antwort: «Ja, ich wasche meine regelmäßig, aber einige der unteren Klasse waschen sich ein halbes Jahr lang nicht.»[13] Schulpflicht gab es vor 1870 nicht. Die Engländer würden sich einem solchen Zwang niemals unterwerfen, meinte Lord Melbourne, als Königin Victoria einmal auf dieses Thema zu sprechen kam.

Dabei berichteten die Zeitungen jener Zeit wiederholt von einer «Explosion des Reichtums». Alles schien zu explodieren: Zahlen, Städte, der Handel. Die Wirtschaft konnte gar nicht genug Arbeiter bekommen, wenn es nicht gerade eine Krise gab wie 1836. Glasgow holte selbst aus Litauen noch Arbeiter, und die Iren kamen zu Zehntausenden herüber, besonders dann, wenn es mal wieder eine Mißernte gegeben hatte. Die meisten besaßen nichts als ihre Kleider auf dem Leib. Gleich neben den Fabriken wurden Häuser für sie gebaut: Zellen für Alleinstehende, abgemessener Raum für ein Bett, einen Stuhl und eine Kiste, ein Kleiderhaken an der Wand – im Glasgower Stadtmuseum ist das zu besichtigen. Gemeinsamer Waschraum, gemeinsamer Eßsaal. Oder 14 Menschen in zwei Zimmern. Absolute Armut, aber die Menschen waren nichts anderes gewohnt. Analphabeten, Slums, Alkohol, Kindersterblichkeit, Cholera, Prostitution, Gewalttätigkeit, Verbrechen. Die Kriminalität stieg. In Irland zum Beispiel fanden im Jahr 1838 allein 277 Mordprozesse statt. Ein Besucher Glasgows schrieb 1839: «Ich habe nicht geglaubt, daß es an irgendeinem Fleck eines zivilisierten Landes eine solche Menge von Schmutz, Verbrechen, Elend und Krankheit geben kann. In den unteren Etagen schlafen zwölf, manchmal zwanzig Personen beiderlei Geschlechts und jeden Alters durcheinander auf dem Fußboden in verschiedenen Graden der Nacktheit. Kein Mensch mit normaler Tierliebe würde sein Pferd dort unterbringen.» Chadwick berichtete 1848 an den Innenminister: «Mr. Howard hat beschrieben, daß die Verhältnisse in englischen Gefängnissen zu den schlimmsten in Europa zählen. Aber sie werden in jeder Weise übertroffen von den Slums in Glasgow, die Dr. Arnott und ich besucht haben. Es gab weder Aborte noch Abflußleitungen, der ganze Unrat, der von dem Gewimmel armseliger Bewohner stammte, landete auf einem Schmutzhaufen. Wir sahen bejammernswerte Halbnackte eng aneinandergedrängt, um sich gegenseitig zu wärmen. Obwohl mitten am Tag, waren mehrere Frauen in einem Bett unter einem Laken gefangen, weil mehrere andere alle Kleidungsstücke der Gruppe anhatten und sich draußen auf der Straße befanden.» Der zivilisierte Mensch sei fast wieder zum Wilden geworden, schrieb Alexis de Tocqueville nach einem Besuch in Manchester.[14]

1834 war ein neues Armenrecht geschaffen worden. Die Überlegung dabei war, daß künftig Menschen, die nicht arbeiteten, durch Wohlfahrt nicht gleich- oder gar bessergestellt werden sollten als ein Arbeiter mit niedrigem Lohn. Also wurden nur noch jene Bedürftigen unterstützt, die bereit waren, in einem Arbeitshaus zu leben; die unterstanden staatlichen Inspektoren und fielen nicht den Gemeinden zur Last. Dadurch wurden zu allen anderen Übeln auch noch die Familien auseinandergerissen.

In zwei Pfarreien im Londoner Stadtteil Westminster lebten 1840 5366 Arbeiterfamilien mit 26830 Personen, berichtet Friedrich Engels: drei Viertel der Familien lebten in einem einzigen Zimmer. «In London stehen jeden Morgen 50000 Menschen auf, ohne zu wissen, wo sie für die nächste Nacht ihr Haupt hinlegen sollen. Die Glücklichsten dieser Zahl, denen es gelingt, am Abend einen oder ein paar Pence zu erübrigen, gehen in ein sogenanntes Logierhaus... Kranke und Gesunde, Männer und Weiber, Trunkene und Nüchterne, wie es gerade kommt, alles bunt durcheinander... Und diejenigen, die kein solches Nachtlager bezahlen können? Nun, die schlafen, wo sie Platz finden, in Passagen, Arkaden, in irgendeinem Winkel, wo die Polizei und die Eigentümer sie ungestört schlafen lassen; einzelne kommen wohl unter in den Zufluchtshäusern, die hier und dort von der Privatwohltätigkeit errichtet wurden – andere schlafen in den Parks auf den Bänken, dicht unter den Fenstern der Königin Victoria.»[15]

In den Dörfern sah es nicht besser aus. So schildert zum Beispiel Hippolyte Taine: «Viele Hütten sehen ärmlich aus; sie sind aus Lehm, mit Latten und einem Strohdach bekleidet, und die Stuben sind zu niedrig und zu schmal, die Fenster zu klein und die Wände zu dünn. Man denke an eine große, für den Winter in zwei solcher Zimmer zusammengedrängte Familie mit trockenen Kleidern und Kinderwindeln um den prasselnden Ofen; während der langen Regen- und Schneetage müssen sie in einer ungesunden Luft, in ihrem eigenen Dunste leben. Viele Mütter haben ein abgemagertes Gesicht mit roten Flecken und sehen verbraucht und schwindsüchtig aus. Sie haben zu viele Kinder und zu viel Arbeit. Der Bewohner einer dieser Hütten war ein verheirateter Tagelöhner, Vater von sechs Kindern, welcher wöchentlich zwölf Shilling verdient und gewöhnlich jährlich oder halbjährlich angestellt wird. Eine Hütte wie die seine kostet drei bis vier Pfund das Jahr! Er hatte verrunzelte, schlaffe Züge und einen traurigen, leidergebenen Gesichtsausdruck.»[16] Und was Taine über Manchester, Liverpool, Leeds, Birkenhead schreibt, klingt nicht anders: «Die Bettler Rembrandts waren in ihren malerischen Hundelöchern glücklicher... Das Viertel ist der letzte Umkreis der Hölle.»

Die Zahl solcher Aufzeichnungen ist Legion, gleichgültig, ob man die TIMES oder das EDINBURGH MEDICAL AND SURGICAL JOURNAL liest, die Berichte der Bettlerfürsorge oder das STATISTICAL JOURNAL, Berichte aus Bradford oder Huddersfield in die Hand bekommt. Eines ist dabei positiv festzustellen: Hier wurde nichts, aber auch gar nichts zu verschweigen versucht.

Wer konnte, wanderte aus. Eine Schätzung von 1850 besagt, daß im Durchschnitt 48000 Briten und Iren jährlich emigrierten, vor allem nach Kanada, Australien und Neuseeland. Die höchsten Zahlen wurden zwischen 1825 und 1850 erreicht – und selbst das half, auf einem kleinen Umweg, der britischen Wirtschaft: die Kolonien wurden zu größeren Lieferanten und besseren Kunden, das Fundament des Empire festigte sich.

Der Glanz des industriellen Fortschritts war verdüstert durch Schmutz und Rauch. «Es war die beste und die schlechteste aller Zeiten», schrieb Charles Dickens. Die Menschen standen dem, was da in so kurzer Zeit mit so unglaublicher Geschwindigkeit über sie hereingebrochen war, unvorbereitet und hilflos gegenüber. Die Landlords und Fabrikanten waren ja nicht a priori und durch die Bank zynische Ausbeuter und Unterdrücker. Sie folgten dem Geist der Zeit, und mit der sozialen Verantwortung war es nirgendwo weit her, weder in England noch auf dem Kontinent. Immerhin ist sie in England früh erwacht und hat auf drei Ebenen Antworten auf die negativen Begleiterscheinungen der industriellen Revolution gesucht: auf der religiösen, durch die Selbsthilfe der Arbeiter und durch Reformen, die von der Regierung eingeleitet wurden.

Die Suche nach geistiger Hilfe ist in Zeiten des Umbruchs stets intensiver, wenn die Normen nicht mehr gelten, nach denen man sich bisher gerichtet hat. Nie wieder wurde so viel über Religion geredet und geschrieben wie in diesen Jahrzehnten. Zahllose neue Sekten entstanden, besonders in Schottland und Wales, das humanisierte die Lebensvorstellungen und förderte den caritativen Gedanken, was auch in Kunst und Literatur einen Ausdruck fand.

Die Arbeiter-Selbsthilfe begann, als 1824 das Koalitionsverbot aufgehoben wurde und – mit vielen Rückschlägen – Gewerkschaften und später Genossenschaften zu entstehen begannen. Dadurch bekam der Kampf um Reformen eine organisatorische Stütze. Nachdem die Parlamentsreform von 1832 die Arbeiter enttäuscht und die Wirtschaftskrisen von 1836 und 1838 die Not vergrößert hatten, wurden die Forderungen in einer Charta von sechs Punkten zusammengefaßt, und deren Verfechter wurden danach «Chartisten» genannt – Forderungen, deren damalige Brisanz man heute nicht mehr nachempfinden kann: 1. Wahlrecht für alle Männer über 21 Jahre; 2. geheime Abstimmung; 3. Gleichheit der Wahlbezirke; 4. alljährliche Neuwahl des Parlaments; 5. keine einschränkenden Qualifikationen für Kandidaten; 6. Bezahlung der Abgeordneten.

Die Chartisten bildeten die erste echte demokratische Bewegung für soziale Reform. Die Arbeiter wollten nicht auf die Barrikaden, sondern ins Parlament, mit legalen Mitteln, die heute fast alle eine Selbstverständlichkeit sind. Doch als im Mai 1839 eine Petition mit 1,2 Millionen Unterschriften übergeben wurde, lehnte es das Parlament mit 235 gegen 46 Stimmen ab, sie auch nur zu erörtern. Das führte zu neuen Unruhen, zu Arbeitsverweigerungen (organisierte Streiks gab es damals noch nicht), sogar von Revolution wurde geredet. In Wales kamen bei Zusammenstößen 24 Menschen ums Leben, in Birmingham verwüsteten die Arbeiter die ganze Stadt, zündeten Fabriken an, plünderten Häuser. Der Herzog von Wellington schlug den Aufruhr nieder; selbst im Krieg habe er nicht solche Gewalttätigkeit erlebt wie in Birmingham, erklärte er im Oberhaus. Königin Victoria lud den Bürgermeister von Newgate, der das Militär zum Feuern veranlaßt hatte, zum Essen in den Buckingham Palast ein und erhob ihn in den Adelsstand.

Im Parlament waren ursprünglich besonders die Whigs zu Reformen bereit. Doch die Furcht vor der «Demokratie», vor der «Straße» war ungebrochen, seit es 1830 in Frankreich schon wieder eine Revolution gegeben hatte; das alte Mißtrauen gegen Frankreich war ebenso ungebrochen. Die Regierenden meinten ohnehin, auf dem richtigen Weg zu sein: schon 1819 war Fabrikarbeit für Kinder unter neun Jahren, Nachtarbeit für alle Kinder verboten worden. Die Benachteiligung der Katholiken war 1829 beseitigt worden. 1833 wurde die Sklaverei abgeschafft, 1835 die Gemeindeverwaltung von Grund auf reformiert, das Wahlrecht dort verbessert. Fabrikinspektoren mit erheblichen Vollmachten wurden eingesetzt, Geld für Bildungszwecke bewilligt, das Gerichtswesen dezentralisiert und vereinfacht – der Staat mußte wohl oder übel mehr Aufgaben übernehmen. «Ich weiß», hatte schon Victorias Vater, der Herzog von Kent, an Robert Owen geschrieben, «daß eine Zeit größerer Gleichberechtigung für unser Menschengeschlecht anbrechen wird, eine Zeit der Gleichheit, die allen mehr Sicherheit und Glück bringen wird... Wir müssen mit Umsicht und Voraussicht vorgehen.»[17]

Schritt für Schritt folgten die herrschenden Klassen und das Parlament dem, was sozial notwendig schien – oft spät, aber immer rechtzeitig genug, um eine Revolution, wie Frankreich sie vorgeführt hatte, zu vermeiden. Die Zustände wurden nicht als gottgegeben hingenommen, sondern das öffentliche Gewissen regte sich und die Gesellschaft sann auf Abhilfe, wenn sie auch nur die Rezepte erwägen konnte, die eben damals zur Verfügung standen.

Das 19. Jahrhundert hat England in einem Maße verändert wie keines zuvor. Aus grünem Land wird Stadtlandschaft, von Straßen und Eisenbahnen durchzogen. Die neuen Verkehrsmittel ermöglichen neue Beweglichkeit, billige Zeitungen, die Einführung der Penny-Post und des Telegraphen schaffen intensive Kommunikation. Wissenschaftliche Erkenntnisse und Bildungsmöglichkeiten nehmen zu, Bevölkerung und Reichtum wachsen, mechanische Arbeitsverfahren führen zu Spezialisierung. Die Regierung greift stärker in den Alltag ein. Alte Vorstellungen von Eleganz, Korrektheit und Ausgewogenheit kommen aus der Mode, die oberen Klassen sind gesittet und höflich, aber gehemmt, prüde und heuchlerisch. Unten erzeugt die Industrielle Revolution Massenvulgarität, urteilt G. M. Trevelyan,[19] der Übergang von der Aristokratie zur Demokratie beginnt, von der Autorität zum Massenurteil. Die alten sozialen Verpflichtungen der Agrargesellschaft werden obsolet, in den Städten existiert vorerst kein soziales Auffangnetz. Für Staatsrechtler ist es ein Zeitalter der Reformbewegung, für Volkswirtschaftler das der Industriellen Revolution, für Literaturgeschichtler die Zeit der romantischen Erneuerung, für Historiker die Periode des Radikalismus und der sozialen Unruhe. England bestand nun aus zwei scharf voneinander getrennten Sozialsystemen: dem aristokratischen auf dem Land und dem demokratischen in den Großstädten. Disraeli, der spätere Premierminister, prägte damals das Wort, England bestehe aus zwei Nationen: den Reichen und den Armen.

Es hat nicht den Anschein, als habe die nun 21jährige Königin viel von dem gemerkt oder begriffen, was in ihrem Reich vor sich ging, und wenn sie einmal ihren «liebsten, besten Lord Melbourne» nach den 14-Stunden-Tag der Arbeiter fragt, dann antwortet der: «Wenn Sie doch die Güte hätten, sich nicht darum zu kümmern!»[20] Melbourne interessierte sich auch selbst nicht sonderlich für Sozial- und Wirtschaftspolitik. Er nannte Robert Owen den größten Narren, der ihm je vorgekommen sei.

Auch Albert hat, als er nach England kam, zunächst nur die Fassade zu sehen bekommen. Doch er hat sehr bald dahinter geblickt. Dabei ist er – wie jeder, der sich über England zu schnell eine Meinung bildet – zunächst zu einem Fehlurteil gelangt. Er schrieb an Premierminister Peel: «Der augenblickliche Kampf der Fabrikarbeiter, der Armen und Hungernden gegenüber Grundbesitz und Aristokratie kann nur mit der Vernichtung der letzteren enden.» Daß er so oft in der Theorie Recht zu haben schien, das sollte ihm seine ersten Jahre in der neuen Heimat bitter schwer machen.

12. Kapitel

Der unbeliebte Ausländer

Am Montag hatten sie Hochzeit gefeiert, am Mittwoch waren die «Flitterwochen» schon vorüber, und für Albert begann ein ungewohnter, fremder Alltag. Am Mittwochabend gab Victoria in Windsor einen großen Ball, was Lady Palmerston «höchst undelikat» fand. Aber es hatte sich ja niemand getraut, der Königin das zu sagen, und auf Albert hatte sie nicht gehört. Victoria war selig. Albert tanzte «hervorragend». Doch um Mitternacht empfahl er sich französisch, sie fand ihn schlafend auf der Chaiselongue vor, als sie endlich zu Bett zu gehen bereit war. «Victoria und ich sind ganz wohl», schrieb Albert nach zwei Wochen an die Großmutter, «wir sind sehr glücklich und guter Dinge, aber ich finde es recht schwer, mich ganz zu akklimatisieren, obschon ich mich bald heimischer zu fühlen hoffe. Was mir am schwersten zu tragen ist, das sind die späten Stunden.» Dem Bruder gestand er: «Abends schlief ich eine Oper und ein Ballett in der Italienischen Oper durch.»[1] Levées, Empfänge, Diners, Ansprachen, zeremonielle Theaterbesuche. – «Morgen besuchen wir den Herzog von Devonshire in Chiswick», berichtete Albert der Schwiegermutter. «Am Montag sehen wir in Woolwich die ‹Trafalgar› vom Stapel laufen. Dienstag prorogieren wir das Parlament. Mittwoch kommen Onkel Leopold und Tante Louise. Donnerstag haben wir ein council zur Auflösung des Parlaments. Freitag lege ich den Grundstein zur London Porters Association. Heute halten wir ein Chapter of the Bath.»[2] Albert litt. Aber «der Prinz hat die beste und würdigste Haltung», vermerkte sein Sekretär Charles Anson.

Victoria war verliebt bis über beide Ohren. «Ich hätte nie geglaubt, daß mir ein solches Glück beschieden wäre», gestand sie Melbourne, und Greville notierte, daß «so etwas wie Sonnenschein» am Hofe eingezogen sei. Um neun Uhr wird gefrühstückt – eine so frühe Stunde ist bereits eine Konzession an den Gatten; dann wird ein Spaziergang gemacht: so hielt Victoria einmal den Tagesablauf der ersten Monate fest. Dann ging es an die laufenden Geschäfte, die in diesen ersten Jahren noch nicht sonderlich schwer belasteten; sie zeichneten und radierten viel zusammen, wofür Victoria noch mehr Talent hatte als Albert. Um zwei Uhr gab es Lunch, am Nachmittag erschien Lord Melbourne, dann ritt oder fuhr man aus. Um acht wurde gegessen, meist in Gesellschaft, und danach vertrieb man sich die Zeit, Albert spielte meistens Schach. Dreimal in der Woche war Melbourne bei Tisch, in Windsor blieb er dann meistens über Nacht und war Teil der Kavalkade von Ministern, Höflingen und Hofdamen, die ständig um die Königin herum waren. Besucher kamen, gelegentlich auch angenehme – wie Onkel Leopold oder Bonner Kommilitonen wie die Prinzen Hohenlohe-Schillingsfürst. Dann wurden wieder die Adelssitze im Land besucht, man war zu Gast bei Lord Cowper, dem Herzog von Bedford, bei Lord Melbourne oder dem Erzbischof von York. «Der Prinz gefällt», vermerkte Stockmar wohlgefällig, «er ist besser aufgenommen worden, als zu erwarten stand.»[3]

Doch da sah Stockmar nur die Oberfläche. Die Herzogin von Bedford fand, der Prinz mache keinen glücklichen Eindruck, ganz im Gegensatz zu seiner Frau, und das traf den Tatbestand schon eher. Der englische Adel ließ bald kein gutes Haar mehr an ihm. Albert war «over-educated», übergebildet, er hatte ständig den Kopf voller Fakten und hatte nicht das Geringste übrig für den beliebten small talk. «Prinz Albert hält wenig von der englischen Aristokratie», vermerkte Lord Carlingford noch Jahre später. «Er hält sie für bigotte Ignoranten, weiß, daß sie ihn nicht mögen. Er mag Leute mit einem Beruf.» Er ließ deutlich merken, wofür er sich interessierte und wofür nicht. Zum Beispiel nicht für Frauen, und die Damen vergaben ihm nicht, daß ihr Charme keinerlei Wirkung auf ihn hatte. Man war verstimmt über seine Vorliebe für Wissenschaftler, Künstler und Musiker, die meisten Aristokraten hielten es mit der Meinung Lord Chesterfields: «Ein Mann von Welt, den man bei einem Konzert flöten und fideln sieht, verspielt seine Würde.» Der Prinz hatte so etwas «Metaphysisches» an sich, seine Art zu reden, sich zu kleiden, die Hand zu geben, war so unverkennbar deutsch.[5] Der Herzog von Sussex beschwerte sich, daß in der Georgskapelle die Wappenbanner zusammengerückt wurden, um Platz für das Alberts zu schaffen. Die Herzogin von Cambridge blieb ostentativ sitzen, als bei einem Essen ein Toast auf diesen Coburger Eindringling ausgebracht wurde. Man blieb dem Hof lieber fern, als das Knie vor diesem Prinzen zu beugen. Der PUNCH, die beliebteste satirische Zeitschrift, wählte ihn zu seiner Lieblingszielscheibe und machte ihn jahrelang lächerlich. Anerkannt wurden bestenfalls Alberts sportliche Fähigkeiten: er spielte Tennis und temperamentvoll Eishockey, schwamm und ritt sehr gut. «Die Absurdität der Leute übersteigt jeden Glauben», klagte Victoria nach einer Jagdgesellschaft in einem Brief an Onkel Leopold. «Alberts kühnes Reiten hat ein solches Aufsehen erregt, daß alle Zeitungen davon sprechen, und sie machen daraus viel mehr, als wenn er etwas wirklich Großes getan hätte.»[6]

Von «heimisch fühlen» war keine Rede. Als der Vater sich nach dem Hochzeitsbesuch verabschiedete, fand die überraschte Victoria ihren Mann in Tränen aufgelöst. Es war wohl weniger der Vater, den er vermißte – es war wieder ein Stück Heimat, das verschwand. Dann fuhr Ernst ab. Er hatte dem Bruder ein Gedicht geschrieben, «Abschied von der Heimat», Albert vertonte es. Auch Stockmar fuhr zurück. Albert war ein Fremder unter Fremden in einem fremden Land. An seinem ersten Geburtstag in England seien sein alter Schweizer Kammerdiener Cart und sein Hund Eos die einzigen vertrauten Gesichter gewesen, schrieb er dem Vater. (Als Eos starb, wurde sein Grab im Schloßpark von Windsor mit einem Bronzedenkmal geschmückt.) Und ständig bewegte man sich in der Öffentlichkeit. Wirkliches Privatleben war nur möglich, wenn er sich mit Victoria mal für ein kurzes Wochenende nach Claremont zurückziehen konnte, das nach wie vor Onkel Leopold gehörte.

Und seine engste Umgebung: das waren Karrieristen mit fragwürdiger Loyalität. Seine Kammerherren waren Lords, die Stallmeister waren Stabsoffiziere, nur für seine deutsche Korrespondenz hatte er einen Sekretär aus der Heimat mitbringen können. Wem konnte er trauen, zu wem ein offenes Wort sprechen? Wer gehörte zu den Zu- und Zwischenträgern der Hofclique? Anson war die rühmliche Ausnahme: Albert sagte ihm ganz offen, daß er ihn nicht hatte haben wollen. Die Ehrlichkeit half: es entwickelte sich ein so enges Vertrauensverhältnis, daß er bei Ansons frühem Tod klagte, er habe seinen einzigen Freund verloren.[7] (Mit dem Tod von Männern wurde er überhaupt schwerer fertig als mit dem Tod von Frauen, selbst wenn es Verwandte waren.)

Bei der Verlobung hatte Victoria, von innerer Bewegung fortgetragen, gesagt, Albert bringe ein Opfer, wenn er sie heirate. Kein Engländer hätte zugestanden, daß es überhaupt ein Opfer war, wenn ein Prinz aus Coburg die Königin von England heiraten durfte. Wie groß das Opfer war, hat auch Victoria damals nicht ermessen können; später hat sie es begriffen und stets anerkannt. Albert war kein Karrierist, er war nicht ehrgeizig auf äußere Würden aus. Er opferte Wesentliches: Heimat und vertrauten Lebenskreis, die Stille seiner Studierstube, den engen Umgang mit Verwandten und Freunden. Er verabscheute London und seinen Gesellschaftsrummel samt der ganzen müßigen, untätigen Aristokratie. Doch er ertrug es ohne Murren.

Über seine Eindrücke der ersten Zeit schrieb er wenig nach Hause, und dann nur Freundliches. Er hat selten geklagt, hat sich selten über seine Gefühle schriftlich geäußert, im Unterschied zu den meisten seiner Zeitgenossen; erst kurz vor seinem Tode ließ er sich manchmal gehen. Er schrieb über «Sachen», nicht über Gefühle. Die Geschichtsschreibung ist ja heute dankbar dafür, daß das 19. Jahrhundert mangels Telefon eine so korrespondenzwütige Epoche war; Victoria und Albert gehörten auch in dieser Hinsicht zu ihren prominenten Vertretern. Victoria schrieb eine schwungvolle, weitgezogene, kleine Handschrift mit hohen Ober- und Unterlängen, dadurch heute schwer lesbar. Sie schrieb impulsiv, mit vielen Ausrufungszeichen, doppelten und dreifachen Unterstreichungen und Verbesserungen. Ihr Deutsch war fehlerfrei. Albert besaß die leserlichste Handschrift seiner Umwelt: breit, klar, regelmäßig, energisch, ohne jegliche Schönschreibschnörkel, wie sie in der Mode waren. Es war üblich, sich nach dem Frühstück zurückzuziehen und den Vormittag über Briefe zu schreiben – sehr oft auf Papier mit schwarzem Rand, denn in der weitläufigen Verwandtschaft gab es ständig Todesfälle, und je nachdem, wie nahe der Verstorbene stand, war der Rand schmal oder breit. Im Durchschnitt schrieb man sich einmal pro Woche. Albert schrieb seinem Bruder, obgleich er ihn jedes Jahr sah, an die tausend Briefe, Victoria schrieb ihrer Schwägerin Alexandrine jede Woche, später ihrer ältesten Tochter in Berlin an die viertausend Briefe – der gesamte private Schriftwechsel der beiden ist gar nicht genau zu quantifizieren, von dem amtlichen ganz zu schweigen: allein mit Palmerston wechselte die Königin rund 5700 Briefe und Telegramme, mit Gladstone gar 6200.

Schrieb also Albert kaum über seine Empfindungen, so notierte seine Umgebung in dieser ersten Zeit ihre Eindrücke um so fleißiger. Der alte Wellington, zum Essen eingeladen, stellte mit offensichtlicher Überraschung fest, daß Albert keinerlei Ressentiments in Erinnerung daran zeigte, wie schlecht die Tories ihn im Parlament behandelt hatten; auch Sir Robert Peel hatte wohl Unfreundliches erwartet. Er habe nie bessere Manieren und einen aufmerksameren Gastgeber erlebt, äußerte der Herzog zu Greville. Melbourne bemerkte zu Anson, der Prinz langweile sich zu Tode, vor allem bei dem ewigen Schach am Abend. Natürlich hätte Albert gern, wenn schon offizielle Tafel, eine abwechslungsreichere Gesellschaft gehabt, hätte auch gern mal Künstler und Wissenschaftler eingeladen. Aber einmal war so etwas absolut unüblich, «it never has been done», und zudem mochte Victoria das auch nicht. Sie erkannte sehr ehrlich ihre Bildungslücken und wollte keine Unterhaltung, zu der sie nichts beizutragen wußte; schließlich konnte sich die Königin vor ihren Gästen nicht blamieren.[8]

Auch von den langweiligen Abenden abgesehen, fand Albert keine sinnvolle Beschäftigung. Er schrieb sich in die Altertums-Gesellschaft und in die Royal Society als Mitglied ein, studierte mit einem bekannten Londoner Anwalt englisches Recht (was zur Folge hatte, daß er später mit Victoria Hallams «Englische Verfassungsgeschichte» las, was sie «höchst interessant» fand). Man hatte ihm das Präsidentenamt der «Gesellschaft zur Abschaffung der Sklaverei» übertragen, da mußte er eine Versammlung von 5000 Menschen mit einer langen Rede eröffnen. «Ich hatte sie vorher mit Anson und Stockmar ausgearbeitet und dann auswendig gelernt», berichtete er dem Bruder, «und bin recht und unter großem Applaus und Jubel durchgekommen.»[9] Es war zwar ein erstes Erfolgserlebnis, aber für Alberts Tatendrang war das zuwenig. Was ihn an aktiverer Betätigung hinderte, war ein Triumvirat: Lord Melbourne, der Premierminister, der weiterhin Victorias Beichtvater war, die Baronesse Lehzen – und Victoria selbst.

Victorias Idee war, ihre Funktion als Königin strikt von ihrer Rolle als Ehefrau zu trennen. Dabei mögen ganz verschiedene Instinkte eine Rolle gespielt haben. Da war einmal ihre im Grunde besitzgierige Liebe zu Albert, den sie nicht mit anderen Menschen teilen wollte; sie sei sogar auf die Männer eifersüchtig, mit denen er Kontakt habe, vermerkte Greville.

Ebensowenig war sie bereit, von ihrer königlichen Gloriole einen Zacken abzugeben. Als Melbourne Alberts Auftreten bei einer offiziellen Veranstaltung rühmte, sagte sie ganz offen: «Ich mag das nicht. Erstens mag ich nicht, daß er mich allein läßt, und dann mag ich nicht, daß er meine Rolle in den Staatsgeschäften übernimmt.»[10] Was er tun sollte, steht – pars pro toto – in ihrem Tagebuch: «Albert half mir mit dem Löschpapier, als ich unterschrieben habe.» Trotzdem informierte er sich über alles, was in der Welt vorging, Stockmar hatte sich über sein mangelndes Interesse an Politik nicht mehr zu beklagen. «Ich bringe meine Ansichten immer zu Papier und teile sie dann Lord Melbourne mit», berichtete er dem Vater. «Er antwortet mir selten, aber ich habe die Genugtuung, zu sehen, daß er ganz nach den von mir ausgesprochenen Ansichten handelt.»[11] An jugendlichem Selbstbewußtsein fehlte es ihm nicht. Aber er blieb bescheiden: «Ich bin still bestrebt, Victoria in ihrer Stellung so nützlich zu sein, wie ich kann.» Doch wenn er sich über sein Wissen mit Victoria unterhalten wollte, dann blockte sie ab: das waren Angelegenheiten für sie, Melbourne und die Regierung. «Ich weiß, es ist verkehrt», bekannte sie dem Premierminister, «aber wenn ich mit dem Prinzen zusammen bin, rede ich lieber über andere Dinge.» Auch Ernst fiel das auf. «Dies ist ihre Haltung als Gattin eines reichen Privatmannes», tadelte er in einem Brief an Onkel Leopold. «Als Königin schwebt sie in anderen Regionen, Albert wird übersehen. Wünscht er etwas zu wissen und, nach langem Überlegen, eine unschuldige Bemerkung zu machen, so erhält er eine spitze, ausweichende, ja oft garkeine Antwort. Sie springt vom Thema ab, und die Konversation zwischen den Ehegatten ruht wieder für einige Tage auf den Hunden, Kleidern, Miniaturgemälden und Musikalien.»[12] Victoria fürchtete wohl auch, der Haussegen könnte schiefhängen, wenn bei politischen Erörterungen sie und Albert verschiedener Meinung wären,[13] zumal sie ja nicht viel von den Kabinetts- und Parlamentsentscheidungen verstand, die ihr vorgelegt wurden, und sich auch nicht dafür interessierte. «Der liebe Lord M.» richtete schon alles. «Ich bin viel glücklicher, wenn ich keinen Minister sehen muß», gestand sie Onkel Leopold, «glücklicherweise wollen sie mich nicht oft sehen.» Sie interessiere sich immer weniger für Politik, beobachtet Anson. Sie fliehe jede geistige und körperliche Anstrengung, berichtet Ernst nach Brüssel, und die Langeweile des Bruders vermehre seinen Hang zur Schläfrigkeit. «Was mir für Albert leid tut, ist der Umstand, daß V. auch für gar *Nichts* Interesse zeigt, und daß Albert bei Dingen, in denen wir zusammen früher beinahe gelebt haben, allein und ohne Aussprache vorübergehen muß ... Sie treibt grade nur, was in der Mode ist.»[14]

Auf der Suche nach einer sinnvollen Tätigkeit konnte Albert also anfangs auf seine Frau nicht zählen. Albert war «der Engel», aber Melbourne war ihr noch vertrauter. Intellektuelle Zuflucht fand Albert in dieser Zeit nur bei Stockmar, und Stockmar malträtierte ihn mit moralischer Aufrüstung: Keine

Windsor Castle von Südosten.
Aquarelliertes Aquatinta. Anonymer Künstler, um 1830

intellektuelle Faulheit, keine politische Apathie! «Nur nicht nachlassen im Zusammenhalten Ihrer selbst in täglich sich erneuerndem Willen, konsequent, ausdauernd, mutig und würdig zu sein!» (2. September 1840.) «Fahren Sie fort, die Freundlichkeiten, die der Anstand und die Höflichkeit des Herzens vorschreiben, auf sich zu nehmen und gerne zu entrichten.» (8. September 1840.) «Die Gestirne, die Sie jetzt und vielleicht länger noch nötig haben, sind Liebe, Redlichkeit, Treue.» (13. September 1840.)[15] Noch immer zweifelte er, ob Albert die nötige Kraft und Ausdauer aufbringen werde, um mit den Mißlichkeiten seiner Position fertig zu werden. «Verlieren Sie nie Ruhe, nie Geduld, aber auf keine Weise je die Würde des Fürsten.» Kein Brief ohne penetrante moralische Ermahnungen und nie ein Lob.

Albert, ganz der gelehrige Schüler, antwortete im gleichen Stil, zum Beispiel Weihnachten 1842: «Ich kann das alte Jahr nicht schließen, ohne die Vorsehung zu preisen, die so vieles in demselben zu meinem Besten gelenkt hat, und ohne darin aufs neue eine heilige Verpflichtung zu sehen, die mir angewiesene Stellung zum besten aller um mich mit Eifer zu benutzen und die gemachten Erfahrungen als einen Schatz auf Wucher zu legen.»[16] Wenn Albert auch langsam Zutrauen zu Anson gewann und in ihm einen verständnisvollen Gesprächspartner fand – Stockmar blieb der verehrte Präzeptor. Er wurde immer wieder gebraucht. Kaum war er richtig daheim in

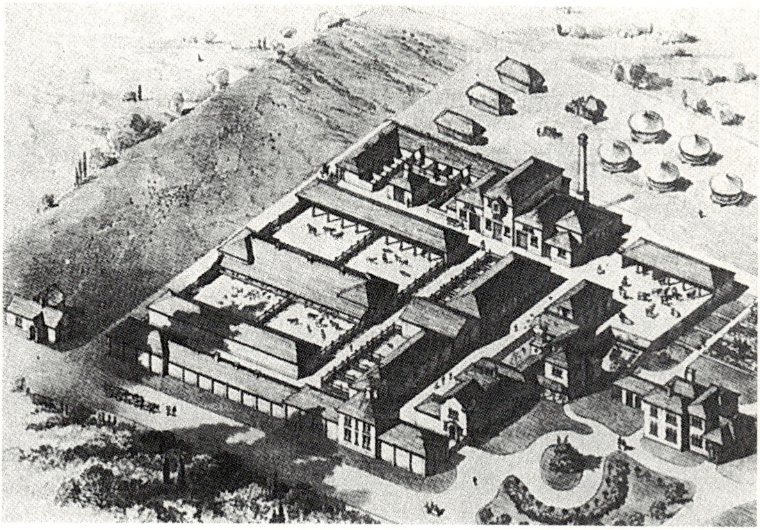

*Zeichnung des Mustergutes ‹Home Farm Windsor›
von A. G. Dean für Prinzgemahl Albert*

Coburg, mußte er wieder nach London, diesmal als Arzt: Im November 1840 wurde die Princess Royal geboren, Victoria Adelaide Mary Louise («nach der seeligen Mama»), genannt Pussy, später Vicky. Die richtige Wahl der Amme sei von größter Wichtigkeit, mahnte Stockmar noch von Coburg aus, «denn die Erziehung des Menschen fängt am ersten Tage seines Lebens an.»[17] Stockmar hatte nun eine ständige Wohnung im Buckingham-Palast wie auch in Windsor.

Bei der Geburt war «der liebste Albert fast immer bei mir & war der größte Trost & Beistand». Beide waren enttäuscht, daß es ein Mädchen war. «Macht nichts», sagte die Königin tapfer, «das nächste Mal ist es ein Prinz.» Doch war sie sehr deprimiert, als sie sich bei Pussys Taufe schon wieder schwanger fühlte.

Das Wochenbett bedeutete für den Prinzen vorübergehend mehr Beschäftigung, die Königin mußte ihn um Hilfe bitten. «Ich habe bis jetzt alle Geschäfte getan und mich dabei überzeugt, wie wenig das ist», schrieb er an Ernst.[18] Er suchte weiter nach Betätigung und fand sie in Windsor. Wenn die Königin nicht an London gefesselt war und nach Windsor gehen konnte, fühlte er sich gleich wohler. «Ich fühle mich in dieser frischen, schönen Luft wie im Paradiese», schrieb er dem Vater. Er betätigte sich sofort als Landschaftsgärtner. Park und Gärten waren völlig vernachlässigt. Er ließ

Wege anlegen, pflanzte Bäume, kümmerte sich um die Ställe, bildete aus Victorias arabischen Pferden ein kleines Gestüt, baute eine Musterfarm auf, die bald Gewinn abwarf, und war sehr stolz, wenn seine Zuchtstiere auf der Landwirtschaftsausstellung Preise erhielten. «Die Viehpreise stehen wieder besser, ich habe von meiner Auktion im Park einen recht guten Erlös gehabt», meldete er Stockmar.[19] Er wurde Präsident der Royal Agricultural Society und sagte in einer Rede zur Begeisterung aller Anwesenden «Wir englischen Landwirte ...». Im Herzen war und blieb er ein Landmann, zu dessen Steckenpferden die Gärtnerei und die Botanik gehörten.

Daneben faszinierten ihn die Archive in Windsor: Unmengen von Büchern und Dokumenten, unter dicken Staubschichten vergessen, gestapelte Gemälde unter Spinnweben. Mit Hilfe von Archivaren und Buchbindern schuf er Ordnung. Seiner Popularität war dieser Betätigungsdrang keineswegs förderlich, weder beim Personal noch beim Adel. Das war man nicht gewohnt. Was er auch anpackte: es wurde kritisiert. Er spielte sonntags nicht mehr Schach, weil das ein paar calvinistische Sekten provozierte. Dabei beachtete er ohnehin schon streng alle religiösen Vorschriften; doch er war ein herzhafter Protestant, an dem Luther wohl seine Freude gehabt hätte. Als während Victorias Schwangerschaft vorgeschlagen wurde, eine weitere Fürbitte für sie in die Liturgie aufzunehmen, meinte er: «Sie beten doch schon fünfmal für die Königin!» Ob man denn zu viel für Ihre Majestät beten könne, kam die pikierte Frage. «Zu eindringlich nicht, aber zu oft», entschied der Prinz. So etwas brachte ihm gelegentlich Sympathien beim Volk ein, nicht aber beim Adel. Von Natur aus scheu, legte er sich in der Öffentlichkeit und unter Fremden ganz besondere Zurückhaltung auf. Er hatte eine unbedachte Bemerkung über die Iren fallenlassen, sie wurde sofort kolportiert. Wem konnte er trauen? Es erhöhte nur seine Vorsicht. Bei oberflächlicher Bekanntschaft vermittelte er den Eindruck von Kälte, wirkte manchmal wie ein Einfaltspinsel – was wiederum seine Nervosität und seine Einsamkeit verstärkte. Und die Abneigung des Adels beruhte auf Gegenseitigkeit. «Die Königin war mehr als gnädig und gewann sofort die Herzen der Kinder«, erinnerte sich Lady Jersey an den ersten Besuch des königlichen Paares. «Doch der Prinz hat uns nicht gleichermaßen gefallen ... Sicher ist er exzellent, aber er war sehr steif und reserviert.»[20] Albert nahm alle rasche Kritik von außen widerspruchslos hin. Es war die unvermeidliche Begleiterscheinung seiner hohen Stellung. Nur Stockmar klagte er manchmal sein Leid. «Alle nur erdenklichen Verleumdungen werden auf uns, besonders auf mich gehäuft, und ... so ist es doch schmerzlich, von Leuten, denen man besseres zugetraut hat, verkannt zu werden.»[21]

Was das eigentlich für eine hohe Stellung war, die der Prinz da einnahm, war nach wie vor unklar. Die Frage der protokollarischen Rangordnung war von einer solchen Wichtigkeit, daß Victoria einmal seufzte, es wäre wohl Albert gegenüber fairer gewesen, sie hätte ihn *nicht* geheiratet. Zwar

war er «Königliche Hoheit», und daß er in die Fürbitte der Liturgie eingeschlossen wurde, war verhältnismäßig leicht erreicht worden. Wichtiger war der Königin, daß seine Rangfolge an zweiter Stelle nach ihr selbst anerkannt wurde. Sollte etwa eines Tages der Vater hinter den eigenen Kindern zurücktreten müssen, die ja *königliche* Prinzen und Prinzessinnen wären? Doch gab es verfassungsrechtliche Bedenken, die Stellung eines Prinzgemahls durch Gesetz festzulegen; nur ad personam war das nicht möglich. Außerdem hatte niemand im Parlament Lust, für diesen deutschen Prinzen eine Lanze zu brechen. Was würde das auf die Wähler für einen Eindruck machen!

Ärger gab es, als die Königin zur Vertagung des Parlaments ins Oberhaus fahren sollte. Lord Albemarle bestand in seiner Eigenschaft als Oberstallmeister auf seinem Privileg, bei feierlichen Anlässen im Wagen des Monarchen zu fahren. Auch der Herzog von Sussex und die Baronin Lehzen, die noch immer Victorias Vertraute war, vertraten die Ansicht, der Prinz habe kein Recht, mit der Königin in der Staatskarosse zu fahren oder im Oberhaus neben ihr zu sitzen. Der Herzog von Wellington wurde als Schiedsrichter angerufen, und er, wiewohl ein Tory, sah das ganz einfach: «Die Königin kann Lord Albemarle oben auf dem Wagen, unter dem Wagen, hinten auf dem Wagen oder wo es sonst Ihrer Majestät gefällt, sitzen lassen.» Und ebenso könne sie den Prinzen hinsetzen, wo es ihr gefalle.[22] Es gab dann auch keine Schwierigkeiten. «Ich begleitete Victoria», berichtete Albert dem Vater, «und nahm im Hause auf einem Lehnsessel neben dem Throne Platz.» Er nahm das nicht so wichtig, und in England löste sich das Problem pragmatisch: Albert kam nach der Königin, basta. Nur im Ausland gab es gelegentlich Verstimmungen. Für das Protokoll war dann Albert nur der jüngere Sohn des Herzogs von Sachsen-Coburg und Gotha, und Victoria verbarg ihre Verärgerung nicht, als während ihrer ersten Deutschlandreise das preußische Protokoll einem österreichischen Erzherzog den Vorrang vor dem Gemahl der Königin von England überließ.

Ebensowenig wie draußen hatte Albert drinnen im Haushalt zu melden. Dort herrschte die Baronin Lehzen, nun 56 Jahre alt, und das wurde sehr rasch zu einem Problem und führte zu einer ersten, ernsten Ehekrise. Auch die Baronin Lehzen schirmte alles gegen den Coburger Eindringling ab. Sie war eine in der Wolle gefärbte Hannoveranerin, der Familienwechsel im Herrscherhaus hatte sie von Anfang an verstimmt. Begreiflicherweise hing Victoria sehr an ihr. Seit sie fünf Jahre alt war, hatte sie keinen Tag ohne «meine liebste Lehzen» verbracht, und ebenso hing Luise Lehzen an dem Mädchen, das sie aufgezogen hatte. Auch in den schwierigen Jahren der Spannungen mit Conroy und der Herzogin von Kent hatte die Lehzen stets zu ihr gehalten (daß sie den Konflikt mit der Mutter dabei auch kräftig geschürt hat, begriff Victoria erst später). Geadelt, als sie für das Amt der Gouvernante nicht mehr genügte, empfing sie den Lohn für ihr Engagement, als Victoria den Thron bestieg: Seither stand die Baronin der Hofhaltung vor. Als Privatsekretärin hatte sie praktisch auch die Kontrolle über Victorias Finanzen (immerhin 385000 Pfund Sterling jährlich), denn der offizielle Kassenverwalter, Sir Henry Wheatley, bezahlte keine Rechnung, die nicht von der Baronin abgezeichnet war.[23] Sie war die inoffizielle Personalchefin, sie hatte den Überblick, was im Buckingham Palast und in Windsor vor sich ging, sie inspizierte und ordnete an. Melbourne und sie waren Verbündete. Im Verein mit ihm war sie dafür verantwortlich, daß in der oberen Etage der Hofhaltung eine Clique von Whigs eingestellt wurde und so viele Familienmitglieder der Pagets, daß die Presse vom Schloß als «Pagets Clubhaus» sprach: Lord Conyngham war mit einer Paget verheiratet und durfte auch Lordkämmerer bleiben, als er seine Mätresse am Hof untergebracht hatte; das gleiche hatte Lord Uxbridge, das Familienoberhaupt der Pagets, geschafft. Victorias einst so strenge moralische Grundsätze waren unter Melbournes Zynismus etwas lasch geworden. Baronin Lehzen war einflußreich, angesehen und gefürchtet, eine «Graue Eminenz».

Dann kam Albert. Er fand diese Verhältnisse nicht nur aus moralischen, sondern auch aus politischen Gründen unentschuldbar. Doch die Stellung der Baronin schien unerschütterlich. Greville charakterisierte sie als unscheinbar, freundlich, aber streng, wachsam und schwatzhaft. «Madame de Lehzen ist als einzige ständig um die Königin. Ihre Majestät antwortet niemals sofort auf Gesuche. Man glaubte zuerst, daß sie Lord Melbourne vorher um Rat fragte. Da es ihm aber genau so ergeht, ist wohl die Lehzen die Ratgeberin.» In ihrer Jungmädchen-Schwärmerei hatte Victoria geschworen, sie werde sich niemals von ihrer «angebeteten Freundin» trennen. Es entspann sich ein Machtkampf. Die Baronin verteidigte ihre Stellung, Albert versuchte, sie zu unterminieren. Luise Lehzen behauptete, der Prinz habe sie «in betonter Weise» mißachtet, und das kann durchaus zutreffen. Denn Albert ging weder taktvoll noch taktisch geschickt vor, und die Baronin war nicht weniger ungeschickt. Sie riet zum Beispiel der Königin, die ganze Rangfrage fallenzulassen. Wozu brauchte Albert eine offizielle Stellung? Sie selbst hatte ja auch keine. Ihre Idealvorstellung war ein «unsichtbarer Ehemann». Aber daß selbst der im Haushalt etwas zu sagen hätte, wollte sie nicht akzeptieren. «Die Baronin läßt keine Gelegenheit aus, Unheil und Schwierigkeiten zu stiften», vermerkte Anson. «Eines ihrer großen Ziele ist, Einfluß auf die Kinderzimmer zu behalten.»[24] Auch nach Stockmars Ansicht war die Königin stärker von Luise Lehzen beeinflußt, als sie selbst realisierte.

Für Albert wurde die Baronin zu einem Trauma. Er gab ihr an allem und jedem die Schuld, was am Hof verkehrt lief, womit er ihr sicher Unrecht tat. Aber sie stand ihm halt überall im Wege. Er wurde gehässig, nannte sie einen «feuerspeienden Hausdrachen», als sie die Gelbsucht bekam, hämisch «die gelbe Dame» – eine solche alberne Geschmacklosigkeit leistete er sich nur noch einmal, als er Jahre später den lange verabscheuten Lord Palmerston «Pilgerstein» taufte. Albert suchte Unterstützung bei Melbourne. Er hatte entdeckt, daß die Baronin 15000 Pfund aus Victorias Schatulle der Whig-Partei hatte zukommen lassen.[25] Der Premierminister war völlig ungerührt: das habe früher George III. für einen einzigen Wahlkampf ausgegeben. «Dieses verdammte Moralgetue wird noch alles ruinieren», schimpfte er. «Es ist der Prinz, der auf einem fleckenlosen Charakter besteht», bemerkte Wellington zu Greville, «die Königin kümmert sich keinen Deut darum.» Die Baronin triumphierte: der Prinz habe nicht die Macht, sie zu entlassen. «Die Schwierigkeit, meinen Platz mit voller Würde auszufüllen, liegt darin, daß ich nur der Mann, aber nicht der Herr im Hause bin», schrieb er an seinen Freund, Prinz Loewenstein.[26]

Hätte Albert hier bereits offen eine Entscheidung verlangt, wie es ein gutes Jahr später geschah, wäre das Ergebnis kaum zweifelhaft gewesen: Victoria hing von Woche zu Woche mehr an ihrem Albert. Aber das traute er sich noch nicht zu. Bei Melbourne Unterstützung suchen: das war die falsche Adresse. Zwar verstand er sich zunehmend besser mit dem Premierminister, der nun selbst der Königin zuredete, ihren Mann an den Regierungsgeschäften zu beteiligen. Doch solange er im Amt war, konnte er kein Interesse daran haben, Alberts Stellung am Hof auf Kosten seiner Parteigängerin Lehzen zu stärken. Insofern mußte Albert auf einen Regierungswechsel hoffen.

Der stand seit dem Frühjahr 1841 zu erwarten, und da vollzog Albert seine erste eigenständige politische Handlung: Über Victorias Kopf hinweg – sie war wieder schwanger –, aber mit Wissen Melbournes, verhandelte er mit dem Oppositionsführer Sir Robert Peel, um den alten Zwist über die Hofdamen zu lösen, der Peel 1839 das Amt gekostet hatte. Der Zeitpunkt war geschickt gewählt: Melbourne sah wegen der Staatsfinanzen das Ende seiner Regierung nahen, Neuwahlen ließen einen großen Sieg der Tories erwarten, und Peel war über das frühzeitige Einlenken des Hofes so gerührt, daß er nur ein kleines Zugeständnis verlangte: drei liberale Hofdamen gaben ihr Amt «freiwillig» auf. Die Königin ging zwar an die Decke, und Anson wurde Zeuge einer unerfreulichen Auseinandersetzung,[27] aber im Grunde war sie froh, von diesem dornigen Thema befreit zu sein. Albert und Peel wurden Freunde. Im Herbst verloren die Whigs die Wahlen, Peel wurde Premierminister. Im Januar 1842 kam es zur großen Krise über die Baronin Lehzen.

Die kleine Pussy, ein gutes Jahr alt, war ein schwächliches Kind, kränkelte ständig und verlor an Gewicht. Victoria führte das auf die Ernährung zurück, Sir James Clark, der Leibarzt, ließ ihr ausschließlich Eselsmilch und Hühnerbrühe geben; Albert gab der Baronin die Schuld, die ja auch die Kinderstube beaufsichtigte. Mitte Januar kamen Victoria und Albert von einer kurzen Reise zurück, eilten als erstes ins Kinderzimmer und fanden

Pussy blaß und abgemagert vor. Über irgendein kritisches Wort Alberts und eine scharfe Antwort der Kinderschwester kam es zur Explosion. Die Königin, nach der kürzlich überstandenen zweiten Geburt in einer Depressionsphase, ließ ihrem berüchtigten Jähzorn freien Lauf, warf Albert ungeheuerliche Beschuldigungen an den Kopf. Albert verließ wortlos das Zimmer und schrieb seiner Frau einen Brief, der in dem Satz gipfelte, Victoria solle mit der Tochter nach Gutdünken verfahren, er wolle nichts mehr damit zu tun haben, doch wenn Pussy sterbe, dann werde Victoria die Tochter auf dem Gewissen haben.

Beide waren verzweifelt, ein paar Tage lang verkehrten sie nur schriftlich miteinander. Albert schüttete Stockmar sein Herz aus, Victoria Luise Lehzen, und Stockmar nahm schließlich die Fäden in die Hand. In der Sache war er auf Alberts Seite, der sich vor allem darüber beklagt hatte, daß Victoria der Lehzen mehr vertraue als ihm, daß sie ihm gar nicht zuhöre, wenn er mal von seinen Problemen sprechen wolle; und wenn Victoria heftig werde, dann könne er nicht ständig aus dem Zimmer gehen wie ein gescholtener Junge; wenn er aber auch heftig würde, dann entstünde ein solcher Jammer wie der gegenwärtige.

Stockmar schrieb der Königin, wenn sich solche Szenen wiederholen sollten, dann würde er sich vom Hof zurückziehen. Victoria hatte der Auftritt mit Albert längst leid getan, sie lenkte sofort ein. «Albert muß mir sagen», antwortete sie Stockmar, «was ihm mißfällt.» Es ist ein rührender Brief; sie begriff, daß sie zwischen Albert und der Baronin wählen mußte. Sie wünsche nur, der Lehzen ein ruhiges Heim als Lohn für ihre Verdienste zu geben. Und «wenn ich jähzornig bin, was, wie ich sicher hoffe, jetzt nicht mehr oft vorkommt, muß er die dummen Sachen nicht glauben, die ich dann sage, zum Beispiel, daß es ein Jammer sei, je geheiratet zu haben & so weiter, was ich nur dann sage, wenn ich mich nicht wohl fühle.»

Der Sturm war vorüber, eine Woche später wurde der Prinz von Wales getauft. Die Eheleute hatten auch später häufig Streit miteinander; doch eine solche Krise ereignete sich nie wieder. Die Entlassung der Baronin leitete Albert auf die gleiche Weise in die Wege wie die Entlassung der Hofdamen: Victoria schaute nicht hin und war dankbar, daß er ihr diese undankbare Aufgabe abnahm. Zwar ging sie wieder in die Luft, als er ihr mitteilte, daß die Baronin in zwei Monaten England aus Gesundheitsgründen verlassen wolle. Aber sie gab dann doch zu, daß es «für uns & für sie» das beste sei. Während Victoria und Albert in Schottland waren, reiste die Baronin ab, sie wollte der Königin wie sich selbst die Abschiedsszene ersparen. Victoria korrespondierte weiter mit ihr. Luise Lehzen setzte sich in Bückeburg zur Ruhe und starb 1870 im Alter von 86 Jahren.

Als Gouvernante wurde die ebenso nüchterne wie praktische Lady Lyttelton eingestellt. Pussy erholte sich, Ruhe und Frieden kehrten ins Haus ein, und Victorias einzige Beschwerde war, daß die Kinderzimmer im Buckingham Palast von ihrem Arbeitszimmer «buchstäblich eine Meile entfernt» waren, so daß sie nicht öfter hereinschauen und zusehen konnte, wie Albert die Kinder in einem Korb durch die Räume zog.

Victorias Popularität war während dieser Vorgänge wieder gestiegen: einmal durch die beiden Geburten, besonders natürlich durch die des Prince of Wales; und zweitens durch das erste von insgesamt sieben Attentaten. Das ereignete sich im Sommer 1840, im Sommer 1842 folgten zwei weitere. Am 10. Juni 1840 feuerte ein 18jähriger Schwachsinniger namens Edward Oxford zwei Pistolen auf den königlichen Wagen ab. Victoria zeigte sich bei diesem wie auch bei den beiden Pistolenattentaten zwei Jahre später völlig unerschrocken, aber sie verlangte strenge Bestrafung. Oxford wurde wegen Hochverrats verurteilt, doch statt am Galgen landete er im Irrenhaus – zur Erleichterung Alberts, der ein Gegner der Todesstrafe war. Wo immer das Paar nun erschien, gab es Beifall, in der Oper erhob sich das «ganze Haus, klatschte, schwenkte Hüte und Taschentücher», notierte die Königin im Tagebuch.

Stockmar schrieb sofort ein Memorandum – datiert noch mit dem Tag des ersten Anschlags –, wie dringend notwendig ein Regentschaftsgesetz sei für den Fall, daß Victoria nach der Geburt des ersten Kindes etwas zustoßen sollte – noch immer stand der allseits unbeliebte Cumberland als Thronfolger vor der Tür. Stockmar hielt es für selbstverständlich, daß dem Vater die Regentschaft für sein unmündiges Kind zustände, Vormund wäre er sowieso. «Es kann überhaupt nur von einer Alternative die Rede sein», schrieb er, «ob man den Prinzen zum Regenten ohne oder mit einem Regentschaftsrat macht.»[29] Er war gegen einen Regentschaftsrat. Aber er sah Schwierigkeiten voraus, nicht zuletzt deshalb, weil Albert ja selbst erst 21 Jahre alt war, und das Wichtigste bei solch einem Gesetz sei die Einmütigkeit der Parteien. Doch zu seiner großen Erleichterung war die zumindest bei den Parteiführern vorhanden; sowohl Melbourne als auch Peel schlossen sich seiner Meinung an: Alles, was er vom Prinzen gesehen und gehört habe, spreche zu dessen Gunsten, und er sehe nicht, welchen Nutzen es haben könne, ihm etwa den Herzog von Sussex in einem Regentschaftsrat an die Seite zu stellen. Melbourne stimmte zu: die Exekutivgewalt zwischen mehreren zu teilen, widerspreche dem Geist der englischen Verfassung. Einwände waren wieder einmal von den königlichen Onkels zu erwarten. Peel riet, Albert solle sich still und passiv verhalten, er werde dafür sorgen, daß von dieser Seite keine Hindernisse entstünden. So erklärte denn der Herzog von Sussex, er und die gesamte hannoversche Familie seien zutiefst beleidigt (und die Baronin Lehzen schloß sich an), aber mehr geschah nicht. Albert konnte dem Vater mitteilen, daß sich trotz mancher Intrigen keine Stimme sonst gegen das Gesetz erhoben habe.

Kurz darauf wurde er dann auch Mitglied des Kronrats. Sein Verhältnis zu Melbourne hatte sich entspannt, und die Tories waren inzwischen von seiner Unparteilichkeit überzeugt, so leisteten sie keinen Widerstand. Vor drei Monaten hätten sie das noch nicht gemacht, meinte der Premierminister zu Victoria, das sei ausschließlich Alberts Charakter zu verdanken. Auch Stockmar gewann allmählich nicht nur das Vertrauen, sondern auch die tatkräftige Unterstützung Melbournes, Peels und Aberdeens. Nur Gladstone konnte ihn nicht leiden und nannte ihn einen «schädlichen alten Kerl».[30] Das schönste, was Albert im ersten Jahr zustande brachte, war die Versöhnung Victorias mit ihrer Mutter. Die Herzogin nannte den Schwiegersohn «unseren guten Engel». Sie sah ein, daß es besser war, die Kinder allein zu lassen. Sie bekam eine kleine Hofhaltung im St.-James'-Palast und das Frogmore-Schlößchen im Park von Windsor. «Albert hatte sie aus dem Winkel hervorgeholt, in den man sie geschoben hatte», schreibt Edith Sitwell in ihrer Biographie, «und der Familie wiedergegeben. Alle fragten sie um Rat, und die vergangenen Jahre schienen nur noch ein böser Traum. Sie war vollkommen glücklich, und die Königin begriff gar nicht mehr, daß sie sich ihrer liebsten Mama jemals hatte entfremden können.»[31]

Dafür hatte Albert nun Sorgen mit seiner Coburger Familie, ganz besonders mit dem Bruder. Seit sie sich nach der gemeinsamen Bonner Studienzeit, nach 19 Jahren engstem Zusammenleben getrennt hatten, seit die strengere Moral Alberts und Florschütz' ihn nicht mehr bremste, war Ernst ständig in neue Schwierigkeiten geraten. Auch in London hatte er einen schlechten Ruf, was Albert nicht nur bekümmerte, sondern auch seinem eigenen noch geringen Ansehen nicht gerade förderlich war. Ernst war ein ewiger Schuldenmacher, der auch in England unbezahlte Rechnungen hinterlassen hatte. Er kam nie mit seinem Geld aus, und noch 1844, als die Krise zwischen den Brüdern schon überwunden war, bedauerte Albert, «daß Du Dich in Schulden gesteckt hast, doch glaube ich Dir gerne, daß die Reisen diesen Exzess hervorgebracht haben, besonders da Du so entsetzliche Einkäufe machst indem Du Dir nichts abschlagen kannst, was Du hübsch findest. Es versteht sich von selbst, daß ich gern bereit sein werde, Dir in der Weise beizustehen, die Du angibst, doch muß ich vor allem wissen, was die Forderung ist, die ich Dir abtreten soll ... Ich begreife nicht, wie unter diesen Umständen und im vollen Bewußtsein derselben Du vorhaben kannst ... eine lange Reise bald zu unternehmen, um über die Monate März, April und Mai zu kommen. Ich weiß nur so viel, daß, wenn ich auf diese Weise verfahren wollte, ich bald in der Queens Bench [Anklagebank] sitzen würde.» Für die letzte Englandreise hatte Victoria ihm 300 Pfund Sterling «Kredit» geben müssen.

Dann wieder hatte Ernst einen seiner Sekretäre vorschnell und, wie sich herausstellte, fälschlich verklagt. «Dein Benehmen ist nicht das, was es sein sollte», tadelte der Bruder. Vor allem aber waren es – wie einst beim Vater – immer wieder Frauenaffären. Im Sommer 1840 war Ernst von London aus zur Verwandtschaft nach Portugal gereist, als Albert ihm berichten mußte:

«In Coburg erhebt sich ein großer Sturm gegen Dich, von Dresden sind allerhand traurige Gerüchte und gewisse Nachrichten über Dich eingelaufen. Papa ist bis auf's Tiefste bestürzt und betroffen und betrübt. Wievielen Kummer Du mir damit gemacht hast, weißt Du, doch hoffe ich, Papa sollte nicht auch darunter leiden und hoffe nun zu Gott, daß er gegen jedermann schweige, um nicht noch einen größeren Skandal hervorzubringen.»[32]

Albert muß dem drängenden Vater schließlich berichten, was er von der Dresdner Affäre weiß, denn der Bruder ist in Lissabon nicht so schnell erreichbar: Ernst hat sich in seiner Dresdner Offiziersunterkunft mit einer Hausmagd eingelassen, die hat ihn dann mit ihrer angeblichen Schwangerschaft erpreßt. Ernst mußte schließlich den sächsischen Polizeiminister um Hilfe bitten, am Ende aber dem Mädchen monatlich acht Reichstaler zahlen. Offenbar weiß Albert auch nicht alles, denn immer wieder mahnt er den Bruder: «Wenn Du willst, daß ich auf irgendeine Weise Dir auch fernerhin noch nützlich sein soll, so muß ich die genaueste Aufrichtigkeit und Wahrhaftigkeit fordern, denn wenn ich Dich verteidigen will und man lacht mich aus und sagt, Du weißt ja garnichts davon, so steht es mit meinem Beistande schlimm.»[33] Albert verteidigt den Bruder, aber damit zieht er sich nur weitere väterliche Ungnade zu; der Herzog ist ohnehin erbost, daß er in Albert nicht die Stütze Coburger Interessen findet, die er nun aus London erwartet hatte. Albert rät dem Bruder, nach der Heimkehr dieses Thema von sich aus nicht mehr anzuschneiden, der erste Ärger des Vaters hat sich gelegt, überhaupt möglichst wenig von seinen Reiseerlebnissen zu erzählen. «Am allerwenigsten lasse es Dir einfallen, von Deinem Londoner Leben viel zu reden, was nur ein Schandregister für Dich sein würde.»

Ernst hat sich bei seinen Liebesabenteuern das zugezogen, was in den Biographien dezent «die große Heimsuchung» genannt wird. Sie war zum ersten Mal während seines Londoner Aufenthalts ausgebrochen und hatte dem Coburger Namen in der englischen Aristokratie natürlich geschadet; in Erinnerung an die Skandalgeschichten des Vaters waren auch die Gerüchte über Alberts angeblich uneheliche Geburt wieder aufgelebt.[34] Er spricht von dem «Todesstoß, den Dein Renomee wenigstens in diesem Lande erlitten hat». Ernst dagegen klagt in einem Brief an Victoria über sein «Leberleiden».[35] Jedenfalls unterminiert das alles Alberts Bemühungen, der Monarchie in England allmählich wieder ein solideres moralisches Fundament zu schaffen.

Noch vor kurzem hatte er Ernst geraten, bald zu heiraten, hatte ihm die Vorzüge der Ehe gepriesen. Jetzt rät er ihm dringend ab, für die nächsten zwei Jahre auch nur daran zu denken. «Zu heiraten würde ebenso unmoralisch als für Dich gefährlich und verderblich sein. Im schlimmsten Falle würdest Du Deine Frau um Gesundheit und Ehre bringen.» (Bei der Erörterung der Heiratsprojekte zeigte Albert jedoch mehr Verstand als der ehrgeizige Vater: Herzog Ernst wollte den Erben mit einer russischen

Großfürstin verheiraten. Albert warnt: als kleiner Fürst würde Ernst in das Schlepptau der russischen Außenpolitik geraten und seine Souveränität einbüßen.)

Es gibt kaum einen Brief Alberts zwischen 1840 und 1842, der nicht voller moralischer Ermahnungen, voll eifernden Tadels ist. Das ist Stockmars Schule: so wie der Baron ihn traktiert, so schulmeistert er nun den Bruder – sicher in bester, liebevoller Absicht, in der Sache auch immer gerechtfertigt; aber ohne Nachsicht für einen Mann, für einen künftigen Fürsten, der nun mal ein anderes Erbgut mitbekommen hatte und nicht über seine, Alberts, Charakterfestigkeit verfügte. Den gleichen Fehler sollte er später bei seinem ältesten Sohn wiederholen, mit weit bittereren Konsequenzen.

Ernst jedenfalls ist über diese ewigen Ermahnungen verstimmt. Zwar hat er ein schlechtes Gewissen, was in seinen Briefen deutlich zu spüren ist, er ist deprimiert, fühlt sich von allen verlassen; aber diese ewigen Vorhaltungen beleidigen ihn. «Von England her blitzt und donnert es seit einer geraumen Reihe von Monaten auf mich herunter, und ich fange an, die Art Wohlwollens zu langweilen», schreibt er Onkel Leopold nach Brüssel. «Ich kann nur die Menschen bedauern, welche sich überschätzen, und ich fürchte, daß Albert ... sehr dazu geneigt ist ... Das Urteil über Albert ist nicht mehr das, was es früher war.»[36] Nun ist wiederum Albert pikiert und bittet, «in Zukunft mein Urteil nicht mehr abzuverlangen ... Ich werde Dir künftig vom Wetter schreiben und Deinen moralischen Untergang nicht aufhalten.»

Er lädt den Bruder, der zur Taufe nach London kommen wollte, aus. Als Ernst im Mai 1842 dann doch heiratet, und zwar die Prinzessin Alexandrine von Baden (nachdem ehrgeizigere Pläne gescheitert waren), da gibt er zwar freundliche Ratschläge eines erfahrenen Ehemannes, lehnt aber mit fadenscheinigen Begründungen ab, zur Hochzeit nach Karlsruhe zu kommen. «Es liegt kein positives Hindernis vor», schreibt er der Stiefmutter nach Coburg, «aber verschiedene politische und moralische Gründe stellen sich auf die Seite der Vernunft gegen meine Neigung, und daher muß ich mir dieselbe vergehen lassen.»[37] Victoria sah das offenbar nicht so streng: sie lud Ernst und die neue Schwägerin ein, die Flitterwochen bei ihnen zu verbringen.

Der Briefwechsel der Brüder war vorübergehend zwar spärlicher, aber er riß nicht ab. Albert versicherte Ernst immer wieder seiner brüderlichen Zuneigung, bot ihm sein Vermögen an, wenn er es zum Heiraten benötige, und unterschrieb jeden Brief unverändert «Dein treuer Bruder Albert». Als Ernst und Alexandrine dann auf der Hochzeitsreise nach London kamen, haben sich die Brüder offenbar ausgesprochen. Zwar hatte Albert auch weiterhin gelegentlich über die Schulden zu klagen und mußte hilfreich einspringen. Aber Alexandrine hatte einen sehr guten Einfluß auf Ernst,

Albert verzichtete auf weitere Moralpredigten, und das Verhältnis der beiden normalisierte sich wieder.

Alberts Moralvorstellungen sind für die persönlichen wie für die politischen Leitlinien wichtig, denen er folgte. Sie lassen sich nicht als reine Prüderie abtun, obgleich sie wohl auch damit zu tun haben. Als Vater von letztlich neun Kindern war er offensichtlich nicht unempfindlich für sexuelle Reize. Basis dieser Moral war jedoch Verantwortungsbewußtsein. Die Folgen der Leichtfertigkeit in diesem Bereich hatte er als Kind am eigenen Leibe, in der eigenen Familie zu spüren bekommen, und Victorias Familiengeschichte hatte ähnliche Tragödien zu verzeichnen. Hier folgte Albert den Lehren von Florschütz und Stockmar. Er hatte seine Begierden unter Kontrolle und neigte eher dazu, sich seelisch zu geißeln als ihnen ungehemmt nachzugeben, wie Ernst das tat. Trotzdem war die Verbundenheit mit seinem älteren Bruder auch durch gelegentliche Spannungen so wenig zu erschüttern wie seine wachsende Neigung zu Victoria.

13. Kapitel

Die Wende: Der heimliche König

Bei den Parlamentswahlen im Herbst 1841 wurden die Whigs erwartungsgemäß geschlagen. Die Tories erhielten doppelt so viele Stimmen (530000 gegen 273000) und eine stolze Parlamentsmehrheit von 91 Sitzen. Die Königin hatte es nun mit Sir Robert Peel zu tun statt mit dem lieben Lord Melbourne. Sein Antrittsbesuch «verlief reibungslos», notierte sie erleichtert. Albert hatte vorgearbeitet. Der verdienstvollste Rat, den Melbourne ihr bei der Verabschiedung gab, lautete, sie solle sich von nun an ganz Alberts Führung anvertrauen. «Der Prinz versteht von allem sehr viel und ist ein kluger Kopf.» Beglückt hielt Victoria das im Tagebuch fest. «Ich bin so froh, Lord M. das sagen zu hören.»

Die Amtsübernahme des 53jährigen Peel bedeutete die Wende für Albert; einige Monate später hatte er auch das Problem Lehzen überstanden. Peel und er waren sich in vielem sehr ähnlich: in ihrem Wunsch nach praktischen Verbesserungen zum Beispiel, in ihrer Abneigung gegen den lärmigen Parteienbetrieb. Beide erkannten die Notwendigkeit sozialer Reformen. Beide waren an Wissenschaft und Kunst interessiert, sammelten Bilder. Albert schickte Peel das Nibelungenlied, Peel bat Albert in die Royal Arts Commission. Beide zogen das Landleben vor, experimentierten in der Landwirtschaft. Beide legten wenig Wert auf äußerliche Ehrungen (Peel lehnte den Hosenbandorden ab). Und Peel hatte großes Verständnis für die deutschen Probleme. Auch er war, obwohl Tory, ein Liberaler – was schließlich zur Spaltung der Fraktion führte und ihn das Amt kostete. Als er mit Albert sozusagen privat die «Hofdamen-Kabale» aus der Welt schaffte, hatte er erkannt, daß der Prinz ehrliche Absichten verfolgte und die Krone aus der traditionellen Parteilichkeit lösen wollte. Beim Regierungswechsel sah er das erste Resultat der Bemühung: die Königin respektierte, anders als 1839, die Parlamentsentscheidungen, mochte sie auch im stillen stets den Whigs zuneigen. Diesem Prinzen konnte man vertrauen. Für ihr Verhältnis mag folgende Episode als Beispiel dienen: Der Prinz hatte über ein wichtiges Gespräch mit Peel ein Gedächtnisprotokoll angefertigt, das gab er dem Premierminister bei nächster Gelegenheit zu lesen, um zu kontrollieren, ob er ihn richtig zitiert habe. Peel war irritiert, daß seine sehr freie Meinungsäußerung zu Papier gebracht worden war. Albert warf es sofort in den Kamin: nichts sollte Peel hindern, ohne die geringste Zurückhaltung zu sprechen. Kontroverse Themen besprach man besser mit dem Prinzen als mit der schnell aufbrausenden Königin, das hatten bald alle begriffen. Daß Peel der Hauptverantwortliche für die drastische Kürzung von Alberts Bezügen gewesen war, darüber wurde nie ein Wort verloren.

Noch etwas anderes erlaubte Albert ein entspannteres Verhältnis zu diesem neuen Premierminister. Melbourne war das Haupt einer Whig-Aristokratie, in der viele Mitglieder weit reicher waren als so mancher deutsche Fürst. Sie fühlten sich über Prinzen solcher «Pumpernickel-Staaten» hoch erhaben und ließen nie vergessen, daß ihre Ahnen seinerzeit das Haus Hannover für den englischen Thron engagiert hatten. Peel, Sohn eines Fabrikanten und Selfmade-Millionärs, war nicht weniger reich, hatte die gleiche Erziehung und Ausbildung genossen wie die Upper Class, aber fühlte sich dort nicht wohl. Er war gehemmt, ähnlich schüchtern wie Albert, wirkte «wie ein Tanzlehrer», sein Lächeln «glich silbernem Sargschmuck», höhnte einer seiner Gegner, der irische Volkstribun Daniel O'Connell. Auch die alten Tories betrachteten ihn nie so ganz als einen der Ihren, er saß lieber am Schreibtisch als im Club oder im Salon – und er war ungewöhnlich fähig.

Albert und Peel waren kongeniale Charaktere, und obwohl die Königin auch weiterhin mit Melbourne Briefe wechselte, was zu einer kurzfristigen Irritation führte, betrachtete auch sie den neuen Premierminister, der «ihrem lieben Engel» so nahestand, bald als «freundlichen und treuen Freund». Noch 1842 besuchten sie Peel auf seinem Landsitze – was, nebenbei gesagt, seinerzeit ein strapaziöses Unternehmen war: An einem Novembermorgen fuhren die Königin und der Prinz mit drei Kutschen samt Vorreitern sehr früh von Windsor nach Uxbridge; nach einem Pferdewechsel weiter nach Watford; dort stiegen sie in die Eisenbahn, die Kutschen wurden verladen; in Rugby mußte man umsteigen; in Tamworth wartete Peel zu Pferde, von da waren es noch drei Meilen bis zu seinem Haus Drayton Manor – und abends gab es ein Diner für 21 Personen.[1] «Wir können keinen besseren & verläßlicheren Minister für das Wohl des ganzen Landes & den Frieden ganz Europas haben», schrieb die Königin nun Onkel Leopold. Als Peel Großvater wurde, bot sie sich als Patin an.

Victoria wurde von Alberts Neigungen angesteckt. Die größte Veränderung, die er zustande brachte, war die, daß sie nun plötzlich dem Privatleben den Vorzug gab vor dem höfischen und dem Landleben vor dem Stadtleben. Herbeigeführt hatte das einesteils Alberts Geduld, ja Selbstverleugnung, die er anfänglich aufbringen mußte; noch mehr aber war es die Macht, die er nun über Victoria hatte, dank ihrer leidenschaftlichen Liebe zu ihm. Vorüber waren die langen Nächte im Ballsaal (wozu allerdings Victorias häufige Schwangerschaften das ihre taten: in den ersten zehn Ehejahren wurden sieben Kinder geboren). Vorüber waren die langweiligen Abende im Kreise der Hofgesellschaft, wo nur der Klatsch blühte. Jetzt las das Ehepaar zusammen Goethe, musizierte und malte. Interessante Gäste kamen, zum Beispiel Felix Mendelssohn, um den sich die Londoner Gesellschaft damals förmlich stritt. Er wurde wiederholt im Wohnzimmer empfangen, wo er sich «so recht behaglich» fühlte, wie er seiner Mutter schrieb. Er spielte vor. «Die hübsche, allerliebste Königin Victoria, die so mädchenhaft und schüchtern, freundlich und höflich ist, und so gut deutsch spricht und all meine Sachen so gut kannte» – Victoria sang, auch Albert sang und spielte auf der Orgel. Nach der ersten Aufführung des «Elias» schickte er Mendelssohn das Textbuch, das er benutzt hatte, mit einer langen Widmung; Mendelssohn widmete dann der Königin seine 3. Symphonie, die «Schottische».

Ebenso gründlich verlief der Rückzug aus der Stadt. «Hier bin ich frei, hier kann ich atmen!» hatte Albert gleich nach dem Hochzeitsrummel aus Windsor geschrieben. Im Januar 1841 notierte die Königin in ihrem Tagebuch: «Ich sagte Albert, früher hätte ich mich immer auf die Stadt gefreut & sei unglücklich gewesen, wenn ich London verließ; aber jetzt sei ich ganz unglücklich, wenn ich nicht auf dem Land sein könnte, & wäre es zufrieden, niemals in der Stadt zu wohnen. Die soliden Freuden eines friedlich stillen & doch heiteren Landlebens an der Seite meines unschätzbaren Mannes & Freundes, der mein Ein & Alles ist, die sind viel dauernder als die Vergnügungen in London.» Trotzdem drang der Prinz darauf, daß die Königin so oft wie möglich in der Hauptstadt war. Der Buckingham Palast, so ungemütlich es sich dort auch wohnte, war nun einmal der Mittelpunkt der Monarchie, das Geschäftszentrum für den Verkehr mit den Ministern. «Ich soll heute in Windsor essen und übernachten!» stöhnte Peel in einem Brief an seine Frau. «Am letzten Tag, bevor das Unterhaus zusammentritt, wo mir morgen früh jede Minute kostbar sein wird!» Von Windsor nach Whitehall brauchte die Kutsche drei Stunden.

Albert stand nun auch bei jeder Ministeraudienz an der Seite der Königin. Sie sagte nicht mehr «Ich», sondern «Wir». Die Rolle des Ehemanns einer Monarchin reizt ja meistens nur zum Spott und zur Karikatur. Albert war einer der wenigen, die es verstanden haben, aus dieser Rolle eine sinnvolle Position in eigenem Recht zu schaffen, gleichgültig, mit welchem Titel. Melbourne und die Baronin Lehzen waren von der Bildfläche verschwunden, nun übernahm Albert die Rolle des Beraters und Privatsekretärs, wurde Mädchen für alles, und für Victoria begann die glücklichste Zeit ihres Lebens: es kündigte sich an, was später das «Viktorianische Zeitalter» genannt wurde. Victoria verlor ihre Nervosität, wurde ruhiger und fühlte sich sicher, wenn Albert neben ihr war. Ihre Warmherzigkeit und sein kühler Intellekt gelangten zu gemeinsamen Urteilen, die den Umständen zumindest nahe kamen. Es war diese liebevolle, glückliche Zusammenarbeit an benachbarten Schreibtischen, die der Krone so viel neue Stärke gab. Im Land begann man die Vorzüge einer untadeligen Häuslichkeit zu schätzen und zu würdigen. Wenn sie durch die Straßen fuhren, erhielten sie spontan Beifall. Victoria schrieb Onkel Leopold, das sei nur auf ihr glückliches Familienleben zurückzuführen, das ein Beispiel gebe; und Albert drückte es Stockmar gegenüber ähnlich aus: er habe ja immer gesagt, wenn das Ansehen der Monarchie wieder wachsen solle, dann könne das nur geschehen, wenn der Souverän ein vorbildliches Leben führe und sich von der Parteipolitik fernhalte.

Die Königin hatte schon vor der Heirat zu Melbourne geäußert, das Regierungsgeschäft sei unnatürlich für eine junge Frau, und diese Abneigung wurde immer stärker.[2] Zunächst hatte Albert, als die Königin im Wochenbett lag, eigene Schlüssel zu den Dispatch Boxes erhalten: die Regierungspapiere wurden – und werden – dem Monarchen in schmalen Aktenkoffern überbracht. Der Prinz in seinem wohlorganisierten Büro las, notierte, fertigte Auszüge und Denkschriften an und schickte das Nötige eilends zurück. «Ich kann nicht beschreiben, welcher Komfort & welche Stütze mein geliebter Engel mir ist & wie gut & freundlich & wie ordentlich er ist», schwärmte die Königin Onkel Leopold vor. Diese starke Liebe wiederum festigte Alberts Stellung, gab ihr mehr Gehalt und Bedeutung: man gewöhnte sich an, sich von vornherein an den Prinzen zu wenden. Er übernahm, wenn Victoria im Wochenbett lag, die Empfänge und Audienzen, die Übernahme von Beglaubigungsschreiben, wenn das auch von gewissen Hofkreisen als Anmaßung getadelt wurde.[3] «Er ist so viel König, wie sie aus ihm machen kann, aber das macht ihn nicht populärer», vermerkt Greville.

Dabei drängte es ihn gar nicht in den Vordergrund. Wie er seine Stellung auffaßte, hat er mehrfach dargelegt, am eindrucksvollsten wohl in einem Brief an den alten Herzog von Wellington, als dieser ihn 1850 veranlassen wollte, an seiner Stelle den Oberbefehl über die Armee zu übernehmen. Albert, der inzwischen Ehrenoberst von sechs Regimentern war und den Titel eines Feldmarschalls trug, antwortete: «Eine Souveränin ist naturgemäß, verglichen mit der Stellung eines Souveräns, in vielen Beziehungen im Nachteil. Andererseits bietet ihre Lage, wenn sie vermählt ist und ihr Gemahl seine Stellung richtig auffaßt und seine Pflichten erfüllt, auch manche Vorteile... Allein dazu ist es erforderlich, daß der Gemahl seine individuelle Existenz ganz in der seiner Frau aufgehen läßt, daß er keine Macht durch sich selbst und für sich selbst erstrebt, jeden Streit meidet, keine gesonderte persönliche Verantwortlichkeit dem Publikum gegenüber trägt, sondern seine Stellung ganz und gar zu einem Teil der ihrigen macht, jede Lücke ausfüllt, unaufhörlich und ängstlich jeden Teil der öffentlichen Geschäfte überwacht, um ... ihr in jedem Augenblick bei jeder der vielfachen und schwierigen ... Fragen und Pflichten Rat zu erteilen und Beistand zu leisten.» Als Oberbefehlshaber – einer Aufgabe, die «jeder fähige General, der Erfahrungen im Felde gesammelt hat, besser als ich» erfüllen könne, wäre er ein «Exekutivbeamter der Krone», was mit seiner Stellung, wie er sie sehe, nicht in Einklang zu bringen sei. Da aber – der Verfassungstheorie nach – der Souverän die Armee befehlige, wolle er, Albert, den Angelegenheiten der Armee besondere Sorgfalt und Aufmerksamkeit widmen.[4]

Einst hatte Stockmar ihn wegen seiner politischen Interesselosigkeit getadelt – jetzt informierte sich der Prinz über alles, über die Steuerreform wie über Irland, dessen Loslösung O'Connell betrieb. Er ritt durch London, um Neubauten und Künstlerateliers zu besuchen. Er analysierte die Chancen der Regierung, schrieb Memoranden und konnte dem König von Preußen 1847 versichern, daß Victorias und seine eigenen Ansichten eins seien; da war er 28 Jahre alt und gerade sieben im Land. Er war persönlich und tief involviert in die Politik: er war verantwortlich für die politischen Ansichten der Königin und ihren Rat an die Minister. Die Minister wußten das, die Abgeordneten wußten es, die Presse wußte es. «Er fühlt mit mir und für mich», schrieb Victoria nach Brüssel, «und doch hält er sich zurück, um mich nicht in eine bestimmte Richtung zu drängen ... und sein Urteil ist ... gut und ruhig.»

Stets handelt er im Namen der Königin. «Die Königin ersucht mich ...», beginnt ein Memorandum an den Kolonialminister Lord Grey, das verlangt, die Ernennung eines neuen Generalgouverneurs für das unruhige Kanada solle sicherstellen, daß die Politik des Vorgängers beibehalten wird. «Die Königin ist Ihnen sehr verbunden ...», beginnt ein Brief an den Außenminister Lord Palmerston. Dem Dekan von Westminster legt er dar, welche Haltung ein Bischof als Mitglied des Oberhauses einnehmen sollte: «Ein Bischof sollte sich vollständig der Einmischung in die Politik des Tages enthalten ... aber auftreten, so oft die Interessen der Menschheit auf dem Spiele stehen ... ich meine Fragen wie die der Negeremanzipation, Volkserziehung, Verbesserung des Gesundheitszustandes der Städte, Maßnahmen zur Erholung der Unbemittelten, zur Regulierung der Fabrikarbeit, gegen Tierquälerei usw.»[5] Es war viel Einfluß, und der erregte natürlich auch viel Kritik, so empört Victoria auch darüber war.

Albert schaute mit Erfolg der Verwaltung des Herzogtums Cornwall auf die Finger, das königlicher Besitz war und im Verhältnis zu den Erträgen viel zu hohe Kosten verusachte. Er begann, die Hofhaltungen zu reorganisieren, wozu er Stockmars Hilfe erbat. «Es scheint mir stets, als ob eine Unzahl kleiner Quackeleien wie ein unendliches Gewicht an uns hingen, und im Gefühle, daß wir nie imstande sein werden, uns mit größeren, ernsteren Dingen zu beschäftigen, solange wir es immerzu mit Nichtigkeiten zu tun haben, habe ich hauptsächlich jene angegriffen.»[6] Stockmar kam und fertigte eines seiner berühmten Gutachten an.

Die Zustände der Hofhaltungen im Buckingham Palast wie auch in Windsor waren schier unglaublich. Besonders vernachlässigt war der Bukkingham Palast. Seit Jahrzehnten wurde an ihm herumgebaut, das Parlament stöhnte über die ständigen Geldforderungen, und was war dabei herausgekommen? Kein Mensch fand sich im Schloß zurecht. Dauernd stolperte Albert über Fremde, die den Weg suchten. Der französische Außenminister verirrte sich ins Ankleidezimmer der Königin, die gerade bei der Toilette war. Die Toilette, die er wohl suchte, war ausgerechnet über dem Schlafzimmer Victorias eingebaut worden. Lord Palmerston landete im Zimmer einer Hofdame. 1838 war ein zwölfjähriger Junge entdeckt worden, der seit einem Jahr im Schloß lebte, ohne daß er jemandem aufgefallen wäre. Im Dezember 1840 wurde der 17jährige Edmund Jones entdeckt: er schlief im Wohnzimmer der Königin unter dem Sofa, und das nicht zum ersten Mal. Das war nun nicht mehr komisch, nachdem die ersten Kinder geboren waren und die Königin die ersten Attentate überlebt hatte. «Eine Schande für den Souverän und die gesamte Nation», nannte Albert die Verhältnisse. Es gab im Palast einen Oberkammerherrn, einen Oberhofmeister und einen Oberstallmeister, jeder verteidigte erbittert seinen Amtsbereich; dazu hatte auch noch das Domänenamt seine Zuständigkeiten. Der Oberhofmeister war dafür verantwortlich, daß Holz vorhanden und der Kamin angelegt war – anzünden mußten die Leute des Oberkammerherrn. Da keiner von beiden im Palast wohnte, die Bediensteten undiszipliniert und nachlässig geworden waren, blieben die Räume meist kalt. An einem kalten Wintertag zeigte das Thermometer im Wohnzimmer 12 Grad, am nächsten Tag war die Königin stockheiser, zumal auch die Fenster nicht richtig schlossen – ohne daß dies die Entlüftung verbessert hätte. Der Oberkammerherr war für die Beschaffung der Lampen zuständig – reinigen und anzünden mußten die Untergebenen des Oberhofmeisters. Das Putzen der Fenster von außen war Sache des Domänenamts, für die Innenseite hatte der Oberkammerherr zu sorgen: das naheliegende Resultat war, daß es nie saubere Fenster gab. Albert entdeckte unter den Rechnungen eine über «Wein für das Rote Zimmer», und kam dahinter, daß seit Olims Zeiten der wachhabende Offizier in Windsor seinen Durst mit Hilfe der königlichen Kasse löschte, wie auch Hofdamen und Kammerherren gewohnt waren, sich auch dann auf Kosten der Königin zu ernähren oder sich Equipagen zu bestellen, wenn sie gar keinen Dienst bei Hofe hatten. Es gab einen Diener, der das Recht besaß, jeden Morgen die Kerzenstummel einzusammeln; der ersetzte auch die Kerzen durch neue, die gar nicht angebrannt waren.

Es war ein Augiasstall voller Unfähigkeiten und kleiner Korruptionsfälle, und bei der Inventur stellte Albert fest, daß man Geldsorgen hatte: Allein in den ersten drei Monaten des Jahres 1840 waren 24600 Gäste und «Gäste» auf Kosten der Königin bewirtet worden. Mit all dem war Schluß: Es wurde ein Oberhofmarschall eingesetzt, der für den gesamten Palastbetrieb zuständig war. Um die Zuträgereien der Dienerschaft an die Zeitungsredaktionen zu unterbinden, erschien nun ein «Official Daily Court Circular», in dem täglich über das Leben und Treiben der königlichen Familie Auskunft gegeben wurde (und noch heute wird). Natürlich trug das dem Prinzen keine Sympathien bei den Betroffenen ein, und das waren viele. Der Hof war wütend. Wer war dieser Doktor Stockmar, der überall seine Nase hineinsteckte, und welches Recht hatte dieser deutsche Prinz, die alten Gewohnheiten einfach umzukrempeln? Selbst die Erbämter des Adels wollte er wegrationalisieren. Doch da biß er auf Granit: auf die Titel wollte keiner verzichten. Der innere Betrieb jedenfalls war nun einigermaßen auf Linie gebracht. Die nötigen Umbauten und Erweiterungen im Haus waren erst Jahre später möglich. Peel sah sich gezwungen, die verhaßte Einkommensteuer wiedereinzuführen (drei Prozent für alle Jahreseinkommen über 150 Pfund), das war kein geeigneter Zeitpunkt, wieder mal Geld für den Buckingham Palast zu fordern.

Es waren Zeiten großer sozialer Spannungen. Im Sommer 1842 erfolgten innerhalb von fünf Wochen zwei Attentate auf die Königin; beim ersten ging der Schuß in die Erde, beim zweiten versagte die Pistole. «Ich hatte wirklich gar keine Angst», berichtete die beherzte Victoria Onkel Leopold, «gottlob ist auch mein Engel gesund.» Sie beschlossen nun doch, eine für den Herbst geplante Reise nach Irland abzusagen, wo Daniel O'Connell, der bestgehaßte unter den Radikalen, für die Trennung vom Vereinigten Königreich agitierte. Statt dessen ging die Reise nach Schottland, wegen Arbeiterunruhen in Mittelengland auf dem Seeweg, und diesmal verlautete nichts über Seekrankheit. Zum ersten Mal seit zwanzig Jahren betrat der Monarch wieder schottischen Boden, und daraus entstand eine große Liebe.

Nun war Albert nicht mehr nur der Mann, jetzt war er auch der Herr im Hause. Er begann, seine Mitarbeiter selbst auszusuchen, und verfuhr dabei oft sehr unorthodox, was den aristokratischen Gentlemen seiner Umgebung nicht gefiel. Sein Privatsekretär Sir Charles Phipps konnte sich noch Jahre später nicht daran gewöhnen und entrüstete sich über die Anstellung des Wissenschaftlers Lyon Playfair – auf Empfehlung Peels. «Dr. Playfair besitzt die Qualitäten eines gelernten Chemikers, Geologen und Professors – keine davon scheinen mir Kenntnisse zu sein, die einen Mann befähigen, Eurer Königlichen Hoheit als Zeremonienmeister zu dienen. Dr. Playfair ist von einfacher Herkunft, gewöhnlicher Erscheinung und plumpen Manieren ... Anstellungen können auf solidem Talent und wissenschaftlicher Befähigung beruhen, aber meiner unmaßgeblichen Meinung nach sollten diese Befähigungen mit den notwendigen Qualifikationen von Geburt oder Stand verknüpft werden ... Ein Hof ist notwendigerweise aristokratisch.»[7] Für Albert war nicht Playfairs Funktion als Zeremonienmeister von Interesse, das war eine Planstelle im Haushalt und keine bedeutende; ihm war wichtig, von interessanten und gebildeten Leuten umgeben zu sein, und Playfair war der richtige Gesprächspartner für Alberts Vorstellungen von besserer Abwässerbeseitigung – Hygiene war eines der Schlüsselthemen dieses Jahrzehnts. Ebenso holte er sich nun einen der ersten Fotografen aus Deutschland, auch zwei Bibliothekare.

Besucher und Gesprächspartner, die den Prinzen im kleinen Kreis kennenlernen, sind beeindruckt. «Mit der Königin und dem Prinzen zusammen zu sein, ist immer eine Erfrischung für Bunsen», berichtet die Frau des preußischen Gesandten. «Seine hohe Meinung von der Einsicht und dem Urteil des Prinzen Albert wächst in demselben Verhältnis, wie er besser mit dessen Auffassung verschiedener Dinge bekannt wird.»[8] Der König von Sachsen kommt zu Besuch, der russische Zar. «Ich würde mich freuen, wenn wir uns eines Tages auf dem Schlachtfeld begegnen würden», sagt der Zar, als er Albert als Chef einer Parade erlebt, «aber auf derselben Seite!»[9]

Lord Normanby, der englische Gesandte in Paris, schreibt seinem Bruder: «Ich war erstaunt, ... wie genau er sich aller Einzelheiten erinnert und ein wie korrektes Urteil er sich ... gebildet hat.»[10] Der maliziöse Greville notiert 1847: «Die Königin ist nicht intelligent, der Prinz macht alles und ist nun in jeder Hinsicht König ... Sie handelt in jeder Weise nach seiner Anregung und schreibt keinen Brief, den er nicht Wort für Wort diktiert hätte. Sein Wissen und seine Informiertheit sind erstaunlich, und es gibt kein Ministerium, über dessen Einzelheiten er nicht besser Bescheid weiß als der Minister.»[11] Was eine leichte Übertreibung sein mag, andererseits auch nicht verwundert; von wenigen Fachleuten abgesehen, wechselten dieselben Männer ständig auf andere Posten – einem Ministerium vorzustehen, war noch kein Beruf. Immerhin hatte Albert offensichtlich selbst einen Zyniker wie Greville überzeugt.

Daß Albert in jeder Hinsicht die Rolle eines Königs ausfüllte, gab die Königin in ihrem Tagebuch ehrlich zu: «Er müßte es sein, er ist mir wirklich in allem über, & so wünschte ich, er könnte mir im Rang gleich sein.» Sie hätte ihn gern zum «Königsgemahl» gemacht, Prinzgemahl schien ihr schon nicht mehr genug. Das gelangte als Gerücht in die Fleet Street, woraufhin die «Morning Chronicle» befürchtete, ein solcher Titel wäre sicher nur die Vorankündigung höherer Geldforderungen. Es blieb alles beim alten.

Doch auch Albert mußte Lehrgeld zahlen, das erste an Frankreich. Unbestreitbar war England die führende Weltmacht, allerdings mit einer Menge Unruhen im eigenen Imperium: Gespannte Beziehungen zu den USA wegen der kanadischen Grenze und der Londoner Maßnahmen gegen die Sklavenhändler; Aufstände in Afghanistan, Südafrika und Westindien; Rebellion in Irland, der Opiumkrieg mit China. «Die Königin hat ein tiefes Interesse an all diesen Angelegenheiten», schrieb Albert 1844 an das Foreign Office, «und da sie das auch als ihre Pflicht ansieht, bittet sie Lord Aberdeen, sie ständig darüber informiert zu halten, was in seinem Ministerium anfällt.»[12] Es war wohl mehr sein eigenes Intersse. Wie er in der Außenpolitik mitzuspielen versuchte, zeigt ein Brief des 24jährigen an König Friedrich Wilhelm IV. von Preußen; es geht um Griechenland, dort war dem Wittelsbacher König Otto durch einen Putsch eine Verfassung mit einem Zweikammersystem abgefordert worden, was dem Preußenkönig nicht gefiel. «Die Regierung des Königs Otto hat nicht nur den Charakter der Tüchtigkeit nicht gehabt, sondern auch den der Antinationalität an sich getragen, indem sie den Griechen nur wenig Teilnahme an derselben gestattete ... Ich kann Eurer Majestät die beruhigende Versicherung geben, daß von hier aus alles getan wird, um darauf zu wirken, daß die neue Verfassung eine ‹vernünftige und wirkliche› werde. Lord Aberdeen hat die strengsten Instruktionen gegeben, um zu verhindern, daß der Titel des Königs von Griechenland in den des Königs der Griechen verwandelt werde sowie daß an die Sukzessionsordnung im geringsten gerührt werde.»[13]

Nun wollten Victoria und er sich auch in den Beziehungen zu Frankreich nützlich machen. Paris war auch weiterhin einer der Irritationspunkte, die das britische Weltreich störten. Mit französischer Hilfe war es dem Pascha von Ägypten im Laufe der Jahre gelungen, sich von der Pforte unabhängig zu machen und Gebiete wie Kreta und Syrien zu erobern, wodurch nun der Bestand des Osmanischen Reiches ernsthaft gefährdet war. Französischer Einfluß in Ägypten – das konnte London jetzt so wenig dulden wie zu Zeiten Napoleons. Das beschäftigte die Regierenden so, daß Victoria, die zu der Zeit ihr erstes Kind erwartete, Onkel Leopold schrieb: «Mir scheint, unser Kind müßte ... auch den Namen Turco Egypto bekommen, da wir an nichts anderes denken.» Mit Rußland, Preußen und Österreich wurde ein Viererbündnis zum Schutz der Türkei geschlossen, Außenminister Palmerston trieb Kanonenbootdiplomatie. Frankreich mußte zurückstecken, Ägypten mußte Kreta und Syrien wieder herausgeben. Frankreich fühlte sich gedemütigt (und erneuerte in seinem Zorn seine alte Forderung auf die Rheingrenze). Alle notwendigen Konferenzen und Vertragsabschlüsse fanden in Londen statt, auch die Unterzeichnung des – gegen Rußland gerichteten – Meerengen-Vertrags, in dem die fünf Großmächte vereinbarten, daß in Friedenszeiten kein ausländisches Kriegsschiff den Bosporus und die Dardanellen passieren solle.

Zudem war ein uralter europäischer Konfliktstoff mit Frankreich wieder akut geworden, und nun wollten Victoria und Albert die Familienbeziehungen nutzen. Schließlich war König Louis Philippe in seiner Exilzeit nach der Revolution freundschaftlich mit Coburg und England verbunden gewesen und war jetzt der Schwiegervater Onkel Leopolds. Bei diesem Konflikt ging es um die spanische Erbfolge.

Königin Isabella war 13 Jahre alt und mußte bald verheiratet werden. Das Problem war: mit wem? England duldete keinen französischen Einfluß in Spanien und Frankreich keinen britischen; König Leopold wollte wieder einen Neffen lancieren, diesmal einen Sohn seines Bruders Ferdinand. Im Spätsommer 1843 kreuzten die Königin und der Prinz mit ihrer neuen Yacht «Victoria and Albert» im Kanal und statteten dabei Louis Philippe und seiner Familie einen Besuch ab – keinen Staatsbesuch in Paris, sondern einen ganz privaten im Schloß d'Eu in der Normandie. Es war schließlich das erste Zusammentreffen der Monarchen beider Länder seit Heinrich VIII., und die europäischen Mächte beobachteten das mißtrauisch. Es war rundherum ein Erfolg. «Ich fühle mich zu Hause hier als gehörte ich zur Familie», heißt es in Victorias Tagebuch, und Albert schrieb an Stockmar: «Will man keinen Krieg machen und muß doch beständig mit Frankreich verkehren, so ist nichts gefährlicher, ... als das französische Publikum in einem Zustande wahnsinniger Gereiztheit zu lassen... Der Kaiser von Rußland wird sich ärgern, doch das tut nichts.»[14] Stockmar gratulierte ihm. Schon im Jahr darauf stattete Louis Philippe Windsor einen Gegenbesuch ab, nannte Albert «mon frère», äußerte «Prinz Albert, das ist in meinen Augen der König», was Victoria zutiefst beglückte, und erhielt den Hosenbandorden, was wiederum sein Selbstgefühl erhöhte. Der Begriff «Entente Cordiale» wurde geboren. Unter dem Eindruck der allgemeinen Hochstimmung wurde nun eine Vereinbarung wegen der spanischen Heirat getroffen: England würde den Coburger Heiratskandidaten nicht unterstützen, wenn Louis Philippe keinen seiner Söhne als Bewerber auftreten lasse; Isabella solle unter den spanischen Prinzen wählen. Alles schien in schönstem Einvernehmen. «Das gute Ende unserer Schwierigkeiten mit Frankreich ist eine große Wohltat», schrieb die Königin an Onkel Leopold.

Doch man hatte Außenminister Guizot und die cleveren französischen Diplomaten unterschätzt. Es war zu erwarten, daß Isabella nun einen Vetter, den Herzog von Cadiz, heiraten würde, und der galt als impotent. Also verheirateten die Franzosen Louis Philippes Sohn, den Herzog von Montpensier, mit Isabellas jüngerer Schwester Fernanda, über die war mit den Engländern nichts vereinbart; und wenn Isabella keine Kinder bekommen würde, dann wären Fernanda oder ihre Kinder die Thronfolger. Außenminister Aberdeen und Palmerston, der ihm 1846 im Amt folgte, schenkten der Sache zu wenig Aufmerksamkeit. Die Königin jedoch und Albert fühlten sich düpiert. «Wir sind schamvoll betrogen worden», klagte Albert seinem Bruder. Es war die erste Erfahrung, daß Familienbande in der Außenpolitik des 19. Jahrhunderts nicht mehr viel Gewicht hatten. «Und das nennt man Entente Cordiale!» notierte Victoria wütend. Das gute Einvernehmen war wieder dahin. Selbst Metternich sagte dem englischen Gesandten in Paris, Lord Normanby: «Bestellen Sie Herrn Guizot von mir, daß man nicht ungestraft großen Ländern kleine Streiche spielt.»[15]

Es kam dann alles ganz anders. Über den Hauptakteuren schien ein sonderbares Verhängnis zu walten: Louis Philippe und die Königin samt dem Herzog von Montpensier und Fernanda landeten 1848 als Flüchtlinge in England; Königin Isabella wurde 1868 abgesetzt, ihre Nachfolge wurde der Anlaß für den deutsch-französischen Krieg von 1870/71.

Auch Alberts demonstratives Erscheinen im Unterhaus 1846 war ein Fehler, den er nie mehr wiederholte. Er wollte seinem Freund Peel damit helfen und bewirkte das Gegenteil. Der Premierminister hielt eine wichtige

Rede zur Herabsetzung der Getreidezölle. Der Prinz wollte das Vertrauen der Krone in Peel und damit auch ihre Sympathie für diese Maßnahme zeigen, die verständlicherweise von den Farmern und Landbesitzern erbittert bekämpft wurde. Seit 1838 war der Staatshaushalt im Defizit. Das hätte durch Steuer- und Zollerhöhungen ausgeglichen werden können. Aber das war dem wachsenden Proletariat, das ohnehin ständig aufmuckte, nicht zuzumuten; dazu herrschte in Irland Hungersnot. Also entschloß sich die Regierung Peel halb aus Einsicht, halb aus Not zum entgegengesetzten Weg, den die Freihandelsliga ohnehin seit Jahren verlangte und den die City befürwortete: zum Freihandel. Ein erstes und letztes Mal verstieß Albert hier gegen seinen eigenen Grundsatz, daß sich die Krone aus der Tagespolitik herauszuhalten habe. Lord Bentinck, einer der führenden Protektionisten bei den Tories, attackierte den Prinzen heftig. «Ich kann nur annehmen, daß er schlecht beraten war, als er sich vom Premierminister vergewaltigen ließ, hier in dieses Haus zu kommen, einen Eklat zu verursachen und den Eindruck zu vermitteln, als sanktioniere Ihre Majestät eine Maßnahme, die eine große Mehrheit des Landadels als eine tiefe Ungerechtigkeit, als drohenden Ruin betrachtet.»[16] Die Königin war außer sich, sie fand es empörend, daß ihr Engel von «Gentlemen» kritisiert wurde, «die den ganzen Tag nichts weiter tun als auf die Jagd zu gehen, die abends Claret oder Portwein trinken & nie etwas über diese Probleme lesen».

Noch vier Wochen zuvor hatte der radikale EXAMINER in einem Leitartikel lobende Worte für den Hof gefunden: «Bei den Sprüngen und mutwilligen Streichen der letzten drei Wochen ist eine Rolle höchst fehlerlos gespielt worden: die eines konstitutionellen Souveräns. Auf den Blättern der Geschichte werden die Geradheit, die Aufrichtigkeit, die gewissenhafte Beachtung verfassungsgemäßer Regeln, die das Benehmen Ihrer Majestät unter höchst kritischen Umständen gekennzeichnet haben, einen Ehrenplatz einnehmen. So wenig wir gewohnt sind, der Monarchie zu huldigen, müssen wir doch sagen, daß nach unserer Meinung nie das Herz eines Monarchen den Interessen des Volkes so warm ergeben... war.»[17] Bezüglich des Verhältnisses zu Frankreich hatte Albert Stockmar geschrieben «Confidence is of slow growth», Vertrauen wachse langsam (häufig flossen nun englische Brocken in seine deutschen Briefe ein). Das galt für ihn ebenso: ein Stück Kredit hatte er verspielt. Er ging nie wieder ins Unterhaus.

Peel brachte sein Freihandelsgesetz mit den Stimmen der Whigs durch – gegen zwei Drittel seiner eigenen Tories, angeführt von Benjamin Disraeli. Doch in derselben Nacht, in der das Oberhaus das Gesetz verabschiedete, verlor Peel im Unterhaus die Abstimmung über ein Irland-Gesetz und trat zurück. Sein Nachfolger war Lord John Russell, Außenminister wurde wieder Palmerston, der nun für zwei Jahrzehnte die britische Politik beherrschte. Der Freihandel – neben anderen Umständen – beendete die Epoche der ständigen Wirtschaftskrisen, die Kolonien entwickelten sich mit großer Geschwindigkeit zu Absatzmärkten, die englische Fertigwaren aufnahmen. Die Wirtschaft blühte auf, und im Unterschied zum Kontinent verlief das Jahr 1848 in Großbritannien ohne Aufruhr und Revolution. All das förderte wiederum die Verwandlung der Parteien: Aus den Whigs wurden die Liberalen, aus den Tories die Konservativen.

Des Prinzen Übereifer, zu allem und jedem einen Beitrag leisten zu wollen, trug ihm gelegentlich eine Menge Spott ein. Zum Beispiel entwarf er einen neuen Helm für die Infanterie, die anstelle ihres Tschakos nach einer leichteren Kopfbedeckung verlangte. Zwar sah der Kopfschutz jener Zeit bei allen Armeen recht skurril aus, aber was Albert sich vorstellte, das reizte nicht nur den PUNCH zum Lachen: ein eher zivil wirkender, konisch geformter Zylinderhut mit Borten und einer Art Eisernem Kreuz auf der Vorderseite. Zehn Jahre lang karikierte der PUNCH den Prinzen nur noch mit diesem Hut. Trotzdem kümmerte sich Albert, wie dem Herzog von Wellington versprochen, auch weiterhin um das Militär: forderte beim Bruder ein Zündnadelgewehr, beim Gesandten in Wien österreichische Ausrüstungsgegenstände an, um Uniformen und Bewaffnung zu verbessern, korrespondierte mit Palmerston über den notwendigen Ersatz der englischen Muskete, mit Wellington über den Nutzen von Manövern.[18] Seinem Drängen war es zu verdanken, daß in der Armee die Unsitte des Duellierens aufhörte – strafbar war es bereits. Nach einem aufsehenerregenden Duell im Jahre 1843 schrieb der 24jährige dem Oberbefehlshaber Wellington einen ausführlichen Brief, der von sehr viel Verständnis für das Problem zeugt. «Abstrakt genommen, ist die Ehre unverletzlich ... Aber es gibt eine Ehre, die sich ganz auf die Meinung der Welt gründet und daher von anderen abhängt. Jemand, dessen Ehre in diesem Sinne des Wortes verletzt ist, muß ein Mittel haben, durch welches er den ihm genommenen Schatz wiedererlangen kann. In alten Zeiten war der Appell an das Schwert das anerkannte Mittel. Mit dem Fortschritt der Zivilisation und unter dem Einfluß des Christentums wurde diese ... Sitte ... gesetzlich verboten und streng bestraft; aber kein Ersatz wurde gewährt, und der Offizier, dessen ganze Existenz auf der Ehre beruht, ist vor die Alternative gestellt, entweder das Gesetz der Religion und des Staates zu übertreten ... oder in der Achtung seiner Berufsgenossen und der Welt seine Berufsehre zu verlieren.»[19] Was dem Prinzen vorschwebte, waren Ehrengerichte, die sich in der bayerischen Armee als wirksam erwiesen hatten. Das Kabinett fand eine noch einfachere Lösung: die «Kriegsartikel» wurden ergänzt, die Verhaltensvorschrift für die Soldaten. Sie erklärten es nun «dem Charakter von Ehrenmännern angemessen, sich für Beleidigungen oder verübtes Unrecht zu entschuldigen und ebenso für den gekränkten Teil, solche Erklärung oder Entschuldigung anzunehmen.» Und das bereitete praktisch den Duellen ein Ende.

Ebenso engagierte er sich gegen die Sklaverei. Sie war zwar im Königreich seit 1832 abgeschafft, aber der internationale Sklavenhandel, besonders mit den amerikanischen Südstaaten, blühte weiter, und englische Kontrollen der Schiffahrt führten zu Spannungen mit Washington. Schon Alberts allererste Rede in England, die er mit viel Lampenfieber auswendig gelernt hatte, zeigte mehr Biß, als man von ihm erwartet hatte. Er behandelte das Thema ausschließlich unter Aspekten der Menschlichkeit und des Christentums, aber ließ keinen Zweifel, wo er in dieser nationalen Frage stand.

Gleichermaßen verhielt er sich in bezug auf die sozialen Verhältnisse im Lande. Auch in England beruhte alles, was die Gesellschaft zur Linderung von Not und Elend unternahm, auf Freiwilligkeit und praktischer Nächstenliebe. Die Menschen lebten in der Vorstellung, die Gesellschaft sei eine Pyramide, in der es naturnotwendig auch untere, arme Schichten gab. Daß sie die meiste Last zu tragen hatten, war vielleicht nicht gottgewollt, aber es war nie anders gewesen. Der Weg, diese Ordnung gewaltsam grundlegend zu ändern, war durch die Revolution in Frankreich diskreditiert. Doch Reichtum verpflichtete zur Wohltätigkeit. In diesen Vorstellungen war auch die Königin erzogen worden. So gab es eine große Anzahl von Gesellschaften und Vereinen, die sich sozialen Aufgaben widmeten: dem Hausbau für die Armen, besserer Erziehung (die allgemeine Schulpflicht wurde erst in den 70er Jahren eingeführt), der Altersversorgung von Hausangestellten oder bessere Abwässerbeseitigung – Hygiene und Gesundheit waren überhaupt ein zentrales Thema der 40er Jahre.

Albert war «entsetzt» über die Zustände, die er in seiner neuen Heimat vorfand – so drückte er sich jedenfalls gegenüber Lord Ashley aus, der sich aus religiöser Überzeugung bemühte, das Los der Arbeiter zu verbessern. Es war eine Zeit dauernder Streiks und Unruhen. 1845 erschien Friedrich Engels' berühmtes Buch über die «Lage der arbeitenden Klassen in England». «Diese Klasse unserer Gesellschaft hat die größte Mühsal und die wenigste Freude in dieser Welt», appellierte Albert. Die sozialen Ungerechtigkeiten erkannte er besser als die Königin und versuchte sie mit den beschränkten Mitteln, die ihm zur Verfügung standen, zu lindern. Man müsse Möglichkeiten finden, schrieb er dem Bruder, nicht den Reichtum zu enteignen, wie die Kommunisten das wollten, sondern Chancen für die Armen zu schaffen. Er sah in Englands ungeheuerem industriellen Vorsprung und Wohlstand die Möglichkeit, den Lebensstandard der unteren Klassen ebenso wie ihre Moral und ihren Geschmack zu verbessern und war zutiefst überzeugt, daß dabei die Kunst mithelfen müßte und könnte.

Die Königin war ein warmherziger, jederzeit hilfsbereiter Mensch, wenn es um das Schicksal einzelner ging. Sie hätte «am liebsten immerzu geweint», als eine alte Hofdame gestorben war, lag im Bett «eine halbe Stunde in Tränen», schrieb sie in ihr Tagebuch. Ein soziales Gewissen hatte sie nicht. Melbourne hatte sie stets darin bestärkt, sich lieber mit ihrer eigenen Welt zu beschäftigen. Doch unter Alberts und Peels Anleitung wurde nun auch ihr Interesse für das allgemeine Wohlergehen geweckt, so daß sie nun z. B. im Tagebuch vermerkte: «Sprachen über die extreme Notlage in Irland & die Furcht, daß Landbesitzer versuchen, die geplante Arbeitsbeschaffung für die Armen zur Verbesserung ihres eigenen Besitzes auf öffentliche Kosten auszunutzen.» In Alberts Journal sprach im Oktober 1845 eine Notiz nach der anderen von seiner Besorgnis wegen Mißernten und Kartoffelseuche. «Sehr schlimme Nachrichten aus Irland – Besorgnisse vor einer Hungersnot.»[20]

Er war Präsident vieler solcher wohltätigen Gesellschaften. In vielen Annalen ist festgehalten, wie er sich für die Menschen einsetzte – etwa für die Londoner Hafenarbeiter – oder sie beriet, wie etwa einen Mann namens John Clabon, der eine Art alkoholfreies Clubhaus für die Armen schaffen wollte, um sie von den Pubs fernzuhalten. Im Laufe der Zeit häuften sich seine öffentlichen, oft lästigen Verpflichtungen zu einer Unzahl; wenn sie jedoch im Zusammenhang standen mit Technik und Wissenschaft, mit Medizin und Hygiene, hat er kaum eine versäumt. Er eröffnete die große Brücke in Saltash, die Cornwall mit England verbindet, den Viehmarkt in Islington, die neuen Dockanlagen in Liverpool, die seinen Namen tragen; er legte Grundsteine für Krankenhäuser, Seemannsheime und Obdachlosenasyle. Er hielt Reden vor der Landwirtschaftsgesellschaft und der Wohltätigen Gesellschaft der Hausangestellten, vor dem Schulverein und vor kirchlichen Versammlungen. Besonders aktiv war er als Präsident der «Gesellschaft für die Verbesserung der Lage der Arbeiterklasse». Deren Hauptanliegen war es in jenen Jahren, billige, aber hygienische Reihenhäuser für Familien wie für Junggesellen zu bauen. Die letzten kann man noch im Londoner Stadtteil Battersea und in Windsor betrachten: Aus eigens entwickelten Hohlziegeln feuerfest gebaut, mit Wasserleitung und WC – für die damalige Zeit unerhört modern. Die Kapitalkräftigen, die zum Bau solcher Wohnungen mithülfen, würden finden, daß sie «durch die Gewährung dieses häuslichen Komforts an ihre ärmeren Brüder gleichzeitig ihr eigenes Interesse und ihren eigenen Vorteil wahrnehmen», sagte der Prinz in einer öffentlichen Versammlung.[21]

Er fuhr in die Hochburg des Chartismus, nach Birmingham, so sehr das Kabinett auch um seine Sicherheit besorgt war und neue Demonstrationen befürchtete. Nichts geschah. Er besichtigte Fabriken und Wohnungen, sprach mit Arbeitern, und sein Sekretär Anson berichtete, die Gutwilligkeit und Freundlichkeit der Bevölkerung sei nicht zu überbieten gewesen. Der Bürgermeister versicherte gar, die Königin habe nirgendwo loyalere Untertanen. Albert wurde in Innungen der Goldschmiede wie der Fischhändler aufgenommen, informierte sich über die Landwirtschaft in Lincolnshire ebenso wie über die Bienenzucht, wie die «Illustrated London News» im August 1844 berichtete. Er schrieb gegen die Unterdrückung der Neger und für die Verkürzung der Arbeitszeit in den Fabriken. Er arrangierte einen

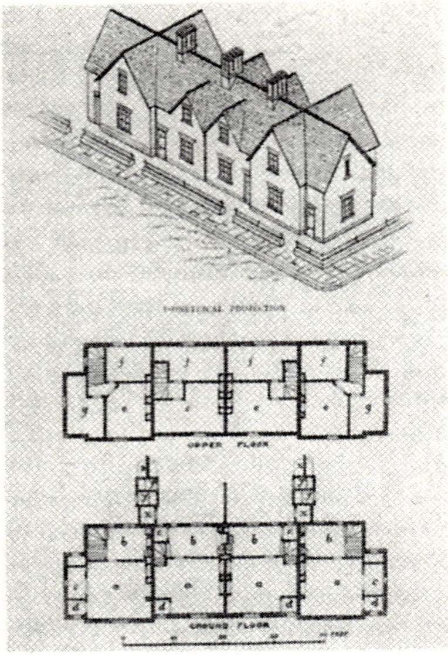

Muster eines Arbeiter-Reihenhauses. Gebaut von der Royal Windsor Society

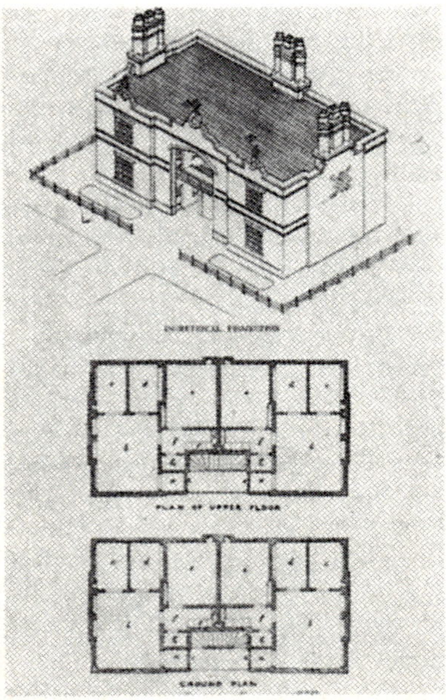

Muster eines Arbeiterhauses. Das Modell war während der Weltausstellung 1851 im Hyde Park zu sehen

Kostümball (über den die Presse spottete), um den arbeitslosen Seidenwebern von Spitalfields zu helfen und bestand darauf, daß bei Hof nur in Großbritannien gefertigte Kleidung getragen wurde (was natürlich die Freihändler ärgerte).[22] In Windsor wurden zu Weihnachten alle armen Familien beschenkt mit Fleisch und Brot, Kartoffeln, Kohlen, Bier und Plumpudding; und oft korrigierte Albert abends die Schulhefte der Kinder seiner Farmarbeiter und Gärtner.

So wurde allmählich eine Brücke zwischen den unteren Klassen und der Monarchie gebaut – mit seiner Distanzierung von der Parteipolitik wollte Albert ja den Einfluß der Monarchie nicht mindern, sondern im Gegenteil stärken. Unmerklich löste er die Identifikation der Krone mit dem Hochadel und schuf dem Königtum ein neues Profil, ein neues Image, das mehr Verständnis für das Bürgertum und die Arbeiter beinhaltete.

Wie sehr dem Prinzen eine Verbesserung der Bildungseinrichtungen am Herzen lag, war bekannt. Doch war das nicht der Grund, daß er 1847 zum Kanzler der Universität Cambridge gewählt wurde (dreifacher Ehrendoktor war er schon), ganz im Gegenteil. Die Universität sah sich plötzlich in die Politik verstrickt, die Regierung verlangte Reformen, kündigte eine Untersuchungskommission an, und da meinten die Honoratioren, der Mann der Königin an der Spitze würde dafür sorgen, daß sie ungeschoren blieben – zu sagen hatte der Kanzler sowieso nichts, das war ein Ehrenamt, das zuletzt der Herzog von Northumberland bis zu seinem Tode innegehabt hatte. Es stellte sich schnell heraus, daß sie falsch spekuliert hatten.

Die Zustände in den Colleges waren ebenso archaisch wie das Studienprogramm. Außer den klassischen Fächern und Mathematik konnte man in Cambridge nichts lernen, und auch das wenige war nur Angehörigen der englischen Hochkirche zugänglich. Auf dem Lehrstuhl für Geschichte saß seit vierzig Jahren derselbe Professor; allerdings hielt er keine Vorlesungen: weil keine Studenten mehr kamen, und die kamen schon lange nicht mehr, weil Geschichte kein Prüfungsfach war. Die Studenten des King's College hatten es besser, sie brauchten überhaupt keine Prüfungen abzulegen, sie besaßen das Privileg, ihre akademischen Grade auch ohne solche Mühsal zu erlangen.[23] «Das reicht nicht mehr aus, um einen jungen Menschen für die fortschreitende, expandierende Welt des 19. Jahrhunderts zu rüsten», sagte Albert in einer Rede in Birmingham. Selbstverständlich war er für Reformen – aber die Universität sollte sich selbst reformieren und sich keine Vorschriften von der Regierung machen lassen.

Er wurde mit einer mageren Mehrheit gewählt. Die Königin war so verärgert über Lord Powis, der es gewagt hatte, als Gegenkandidat aufzutreten, daß sie nicht mehr mit ihm sprach. Der Vizekanzler war zwar der Meinung, es sollte jeweils ein Jahrhundert vergehen, bevor ein neuer Zweig der Wissenschaft in Cambridge eingeführt würde – aber dann hatten sie den Falschen gewählt. Albert drängte auf mehr Geschichte, auf Volkswirtschaft,

Geographie und Astronomie, Chemie und Psychologie, auf geringere Gebühren und bessere Prüfungsmöglichkeiten. Schließlich wurde ein Ausschuß eingesetzt, und am 1. November 1848 konnte Albert notieren: «Für meinen Plan der Studien in Cambridge hat sich eine große Mehrheit erklärt.»[24]

Dieser Plan beruhte teilweise auf Vorarbeiten des Vizekanzlers Professor Philpott, wie überhaupt manches, was Albert zugeschrieben wird, Plänen anderer entsprang. Stockmars zum Beispiel. Aber letztlich war es dem Prinzen zu danken, daß diese Pläne durchgesetzt wurden; ohne ihn wäre vieles Papier geblieben. Zwar ulkte der PUNCH, daß nun eine allgemeine Germanisierung in Tracht und Erscheinung der Professoren erfolgen werde und zeichnete die entsprechenden Karikaturen. Doch der alte William Wordsworth dichtete eine – ziemlich banale – Ode auf den Prinzen, und die TIMES, im allgemeinen sehr zurückhaltend ihm gegenüber, kommentierte: «Viele hunderte junger Männer aus den ersten Familien ... werden jedes Jahr Veranlassung haben, die Veränderung zu segnen ... Die Nation hat eine Dankesschuld dem Prinzen abzutragen.»

Diese Dankesschuld war in anderer Hinsicht noch größer: Albert hatte begonnen, das Verhältnis zwischen Königin und Regierung, zwischen Krone, Parlament und Volk im Rahmen der Verfassung neu zu definieren. Die britischen Historiker sind sich weitgehend darin einig, daß dies seine größte Leistung war.

In der Politik hatte sich ein bedeutsamer Wandel vollzogen. Was bis in die dreißiger Jahre hinein an politischer Organisation existierte, beschränkte sich auf die lokale Ebene. Wahlen waren von Besitz, Einfluß, Persönlichkeit, auch von Korruption und Einschüchterung geprägt. Im Parlament saß ein Club von Individualisten, die sich, je nach Interessenlage, um hervorragende Persönlichkeiten scharten; der Handlungsspielraum des Kabinetts hing vom Wohlwollen des Monarchen ab. Dann hatte sich mit der ersten Wahlrechtsreform von 1832 – eine sehr bescheidene Erweiterung des Wahlrechts – der Ansatz zur Bildung moderner politischer Parteien ergeben: die Macht des Premierministers hing jetzt nicht mehr von der Gunst des Monarchen, sondern von einer ausreichenden Parlamentsmehrheit ab. Victoria hatte das noch nicht erkannt, als sie 1839 Sir Robert Peel die Berufung verweigerte, um sich weiter an Melbourne klammern zu können. Doch es war das letzte Mal, daß ein britischer Monarch eine Kabinettsbildung verhindern konnte, weil sie seinen eigenen politischen Ansichten nicht entsprach.

Überall auf dem Kontinent begann sich der Verfassungsstaat allmählich vom Fürsten zu emanzipieren, auch wenn er vorerst die Monarchie bestehen ließ. Daß es in England zu keinem Konflikt mehr kam, lag weitgehend daran, daß sich Victoria und Albert nicht gegen die Weiterentwicklung der parlamentarischen Regierung sträubten, wenn auch diese Weiterentwicklung später nicht mehr Alberts ursprünglichen Vorstellungen entsprach; die Verfassung war ein so flexibler Rahmen, daß sie keiner vernünftigen Entwicklung im Wege stand. Stockmar wies den Prinzen darauf immer wieder hin. Noch 1854 schrieb er ihm: «Ich liebe und ehre die englische Konstitution aus Überzeugung, denn ich glaube, daß sie bei richtiger Handhabung einen Grad gesetzlicher, bürgerlicher Freiheit zu verwirklichen vermag, der den Menschen erlaubt, menschlich zu denken und zu handeln . . . mir ist die englische Verfassung Grund-, Schluß- und Eckstein der ganzen gegenwärtigen und kommenden staatlichen Zivilisation des Menschengeschlechts.»[25] Albert selbst war ein gutes Beispiel für die Trefflichkeit dieser Verfassung: er war nun der erste Ratgeber eines Reiches, dessen Verfassung die Existenz eines solchen Mannes gar nicht vorsah.

Seine Vorstellung von der Rolle der Monarchie, zu der er Victoria bekehren konnte, war für England neu. Der Souverän war nicht nur dazu da, den Status quo zu repräsentieren. Er hatte ständig zu arbeiten, um das Wohl seiner Untertanen im besonderen und den Frieden in der Welt im allgemeinen zu fördern. Er hatte kein Recht, sich im Glanz seiner hohen Stellung zu sonnen, alle Vorteile in Anspruch zu nehmen und die Pflichten auf andere abzuwälzen. Der Höchste im Lande hatte allen das höchste Vorbild zu sein, auch was die Moral betraf. Man hörte nichts mehr von Mätressen, Bastarden, Spielverlusten und Schulden, und die Briten gewöhnten sich an die Vorstellung, «daß es selbstverständlich ist, einen tugendhaften Souverän zu besitzen».[26]

Aus dem inneren Streit der Parteien zieht sich der Souverän zurück und nimmt keinen erkennbaren Anteil daran. Er denkt auch nicht mehr daran, auf die Beschlüsse des Parlaments einzuwirken, und diesen Beschränkungen müssen sich alle Mitglieder der königlichen Familie unterwerfen. Er regiert nicht «von Gottes Gnaden». Als Gesetzgeber ist er nur noch Symbol, wie er schon längst nur noch Symbol als oberster Richter, Feldherr und Kirchenfürst ist. Aber ohne seine Unterschrift wird kein Rechtsakt wirksam. Er bleibt Ratgeber seiner Minister, und er bleibt Mithandelnder in den internationalen Beziehungen. Wie groß sein Einfluß ist, hängt von seiner Persönlichkeit ab. Drei Befugnisse bleiben ihm, die Walter Bagehot in seinem Werk über die englische Verfassung so formuliert hat: Um seine Meinung gefragt zu werden, zu ermutigen und zu warnen.[27]

Da die Krone nun nicht mehr eine Partei, sondern die ganze Nation repräsentiert, gewinnt höfischer Prunk als symbolische Darstellung des Königtums höhere Bedeutung und kommt gleichzeitig dem Bedürfnis der Bevölkerung nach Mystik entgegen. Albert hielt diesen Pomp für notwendig; er erkannte, daß durch solche Darstellung ihres Selbstbewußtseins die Krone die loyale Zuneigung der Bürger fesseln konnte.[28] Loyalität zur Königin war nun nicht mehr identisch mit Unterstützung der Regierung, und Opposition bedeutete nun nicht mehr Treulosigkeit der Krone gegenüber, denn sie wurde nun «Her Majesty's Opposition». Treue schuldete ein Brite nicht der Regierung, sondern Ihrer oder Seiner Majestät. Dadurch wurde die Beziehung auch der politisch ungebildeten Bevölkerung zur Monarchie enger als zur parlamentarischen Regierung. Natürlich hatten auch die Königin und der Prinz ihre politischen Ansichten und waren darin manchmal ebensowenig konsequent wie andere Menschen auch; aber in der parlamentarischen Auseinandersetzung blieben sie neutral. Seit George I. waren die Welfen «Parteikönige» gewesen. Diese hannoversche Tradition hat Albert abgeschafft und statt dessen das «Coburger Modell» durchgesetzt, wie Robert Blake, Rektor des Queens College Oxford, die Auffassung Alberts und König Leopolds von Belgien über die Rolle der Monarchie nennt.[29]

Im Jahr 1850 konnte Albert seine Aufgaben in einem Brief an den Herzog von Wellington folgendermaßen definieren: er sei «das natürliche Familienoberhaupt, Oberinspektor des königlichen Haushalts, Manager der Privatangelegenheiten der Königin, einziger vertrauter Berater in politischen Fragen, einziger Gehilfe in ihren Beziehungen zu den Mitgliedern der Regierung, außerdem ihr Ehemann, Erzieher der Kinder, Privatsekretär der Königin und ihr ständiger Minister.»

Victoria hatte einen «perfekten Ehemann», sieben Kinder zu diesem Zeitpunkt, und schrieb an Onkel Leopold: «Ich bete zu Gott, daß er mich Albert nicht überleben läßt.»

14. Kapitel

Europas vorbildliche Familie

Als erste erschien am 20. November1840, drei Wochen zu früh, Victoria, Princess Royal, genannt Pussy, später Vicky. «Nichts fertig», schrieb die Königin enttäuscht ins Tagebuch.

So war es. Am 9. November 1841 wurde Albert Edward geboren, Bertie gerufen. «Ein wunderbar großes & starkes Kind mit sehr großen dunkelblauen Augen, einer gut geformten, nur etwas großen Nase & einem hübschen kleinen Mund», berichtete Victoria Onkel Leopold. «Ich hoffe & bete, daß er genau so wie sein liebster Papa wird.»

Am 25. April 1843 folgte Alice, am 6. August 1844 Alfred, genannt Affie, am 25. Mai 1846 Helena, am 18. März 1848 Louise («nach der seeligen Mama»), am 1. Mai 1850 Arthur, «anfangs etwas blau, aber jetzt schön rosenfarben», schrieb Albert dem Bruder. «Du und Alexandrine werdet... den Kleinen in Euer Herz schließen, wo er jetzt noch gut Platz finden kann.»[1] Am 7. April 1853 kam Leopold an und zum Schluß am 14. April 1857 Beatrice. Da war Victoria 38. Vom dritten Kind an war das ein Thema der Witzblätter. In Victorias Tagebuch oder Alberts Schriftwechsel – soweit erhalten – werden die übrigen kaum noch erwähnt. Dank Stockmars vernünftigen medizinischen Ratschlägen und der resoluten Lady Lyttelton als Gouvernante überlebten alle neun. Sorgen gab es nur mit dem 1853 geborenen Leopold, der ein Bluter war. Dabei hatte Victoria nach der ersten Geburt auf Onkel Leopolds Glückwunsch geantwortet, er könne ihr doch wohl nicht im Ernst eine große Familie wünschen. «Kinder zu kriegen ist das EINZIGE, wovor ich Angst habe.» Babys seien häßlich, sähen aus wie kleine Frösche, fand sie. Kinderlieb war sie nie. Sie begründete das damit, daß sie selbst als Einzelkind immer nur mit Erwachsenen zusammengewesen war. Über die zweite Schwangerschaft war sie wütend und sehr deprimiert. Aber sie glaubte angesichts der damaligen Möglichkeiten auch nicht an Familienplanung, denn sie war auch sexuell sehr temperamentvoll – es lag letztlich in Gottes Hand. Ebenso wie sie als erste der königlichen Familie geimpft worden war, ließ sie sich auch als erste unter Chloroform entbinden – bei der Geburt von Leopold – und machte die schmerzlose Geburt damit respektabel (die erste Frau, die das ausprobiert hatte, eine Ärztin, taufte voller Begeisterung ihre Tochter Anästesia). Was Victoria am Kinderkriegen vor allem verabscheute, war der körperliche Vorgang dabei. Sie war zwar eine gesunde Frau von robustem hannoverschem Naturell, gar nicht prüde im Ausdruck auch erotischer Gefühle, aber gegenüber körperlichen Funktionen empfand sie starken Widerwillen. Die Tradition der «öffentlichen Geburt» hatte Albert schnell abgeschafft. Die Umstände waren günstig: Pussy war drei Wochen zu früh gekommen; bei Bertie gab es so oft falschen Alarm, daß der Erzbischof von Canterbury und der Lordpräsident des Kronrats, als es dann soweit war, zu spät erschienen – und dabei blieb es dann: künftig wartete als einziger Kronzeuge nur noch der Premierminister im Vorzimmer. Der Prinz war jedesmal bei seiner Frau, wie er in diesen Wochen überhaupt ständig um sie war. «Er wollte weder ins Theater noch sonst wohin gehen, speiste gewöhnlich allein mit der Herzogin von Kent, bis die Königin wieder bei der Tafel erscheinen konnte. Im verdunkelten Zimmer bei ihr zu sitzen, ihr vorzulesen, für sie zu schreiben, das wurde ihm nicht zuviel.»[3] Hatte Victoria das Kinderkriegen zunächst nur eine «Unbequemlichkeit» genannt, so sprach sie später nur noch von der «Schattenseite» der Ehe (sie benutzte stets dieses deutsche Wort), vor der sie junge Frauen warnte. Bezeichnenderweise machte sie ihrem geliebten Albert nie die Spur eines Vorwurfs; die Kinder waren halt eine Art unvermeidliches Nebenprodukt und rangierten in ihrer Zuneigung erst lange, lange nach dem Gatten.

Albert dagegen ist ein begeisterter Vater, der im Kinderzimmer erscheint, so oft es seine Zeit erlaubt. «Es würde Dich amüsieren, zu sehen», schreibt Victoria nach Pussys Geburt Onkel Leopold, «wie Albert mit ihr im Arm tanzt. Er würde ein treffliches Kindermädchen abgeben (ich nicht, sie ist mir viel zu schwer zu tragen), & sie scheint so glücklich, wenn sie zu ihm kann.» Die Amme kommt zweimal täglich mit dem Baby zu ihr. Nach sechs Wochen schaut Victoria beim Baden zu, stellt erfreuliche Fortschritte fest und meint, die Kleine sei «ein hübsches Spielzeug für uns». Im Tagebuch nennt sie Pussy nur «das Kind».

Albert berichtet seiner Stiefmutter in Coburg, wie sehr es ihn fasziniert, «die Entwicklung der Gefühle und der Fähigkeiten eines kleinen Kindes» zu beobachten. Mit drei Jahren ist Pussy «jetzt ganz eine kleine Person», berichtet er Stockmar, «sie spricht englisch und französisch mit großer Geläufigkeit und in gewählten Ausdrücken».[4] Pussy/Vicky beginnt denn auch sehr früh, ihren Vater ebenso zu bewundern wie es die Mutter tut. Sie hat des Vaters nachdenkliche Art, liest und grübelt viel, im Unterschied zum Bruder Bertie, der sich nicht viel aus Büchern macht. Alberts Beschäftigung mit den Kindern war ein beliebtes Thema für Lithographien und Karikaturen dieser Jahre: eine Illustration zum Beispiel zeigt, wie er mit der kleinen Alice auf dem Rücken auf allen vieren durchs Zimmer kraucht.

Als Bertie, der Thronfolger, geboren wurde – die Königin hatte eigentlich den Premierminister zum Abendessen eingeladen –, war der Jubel groß. Nun schien nach all dem georgianischen Durcheinander endlich wieder Ordnung in die Thronfolge zu kommen. «Ein einheitliches allgemeines Gefühl der Freude herrscht im gesamten Königreich», gratulierte die TIMES. Der Lord Mayor von London gab ein Bankett, über der Guildhall prangte ein Transparent «God save the Prince of Wales» in beleuchteten Buchstaben, die Universität Cambridge machte die Geburt zum Thema eines Preisgedichts, ein Mann namens Sir Henry Maine gewann den Preis mit einer banalen Reimerei.

Gleich gab es Schwierigkeiten mit Paten und Taufe. Onkel Leopold konnte ebensowenig Pate stehen wie der König von Sachsen, weil sie beide katholisch waren. Vater Ernst schrieb aus Coburg beleidigte Briefe, weil der Junge nicht Ernst, sondern Albert Edward (Edward nach Victorias Vater) heißen sollte und weil er dann weder als Pate noch zur Taufe eingeladen wurde. Ebenso wütend war Onkel Cumberland, der König von Hannover, der auch nicht gefragt war. Statt dessen taten die Eltern, auf Stockmars Rat hin, etwas völlig Unerwartetes: Sie baten den Herrscher des größten protestantischen Königreichs auf dem Kontinent zum Paten, König Friedrich Wilhelm IV. von Preußen. Das paßte auch Peel nicht in den Kram, weil er eine Entente mit Frankreich ansteuerte. Weitere Paten waren Alberts Stiefmutter Marie, die Großmutter in Gotha, Onkel Cambridge, Kusine Sophie und Vetter Ferdinand. Der König von Preußen sagte nicht nur zu, sondern kam mit Frau und großem Gefolge (Alexander von Humboldt war dabei) mitten im kalten Januar persönlich zur Taufe. Stockmars und Alberts Absicht erfüllte sich: es wurden neue Beziehungen zu Preußen geknüpft, auf die beide große Hoffnungen setzten.

Stockmar fertigt sogleich ein Memorandum über die richtige Kindererziehung an. «Eine gute Erziehung kann nicht zu früh beginnen», schreibt er unter dem 6. März 1842. Sie lasse sich bewerkstelligen, indem man «die Kinder nur mit denjenigen umgibt, die gut und rein sind, die nicht nur durch Vorschriften, sondern durch lebendes Beispiel belehren; denn Kinder sind scharfe Beobachter und geneigt, nachzuahmen, was sie hören oder sehen, sei es gut, sei es schlimm.»[5] Seine umfangreichen Denkschriften werden im Laufe der Jahre, mit zunehmendem Alter der Kinder, immer detaillierter. Als 1846 die Frage auftaucht, welchen Erzieher der Prinz von Wales bekommen soll, empfiehlt er in weiser Voraussicht: «Wenn kommende Ereignisse ihre Schatten vorauswerfen, so können wir ohne Anmaßung sagen, daß die Schatten großer und wichtiger Veränderungen in den sozialen Verhältnissen Großbritanniens bereits so deutlich erkennbar sind, daß die Veränderungen selbst nicht fern sein können. Die... Hauptfrage ist daher, ob die Erziehung des Prinzen derartig sein sollte, daß sie ihn für kommende Ereignisse vorbereite, oder ob sie seinem jugendlichen Gemüt einen vielleicht unauslöschlichen Eindruck von dem geheiligten Charakter aller bestehenden Institutionen aufdrücke und ihn lehre, daß jeder Veränderung Widerstand zu leisten zugleich der Sache Gottes und seines Landes dienen heiße.»[6]

Stockmar plädierte natürlich für die erste Methode. Solche und andere Überlegungen waren damals durchaus nicht so abwegig; es war der europäische «Vormärz», und auch Victorias Vorgänger hatten sich lange genug gegen die Zeit gestemmt. Bertie wurde schon jetzt mit so vielen Ehren und Titeln überhäuft, daß er eines Tages seine Herrscherrolle vielleicht reaktionärer auffassen könnte, als sein Vater das im Sinn hatte. Bertie war noch keinen Monat alt, da ernannte ihn die Königin schon zum Prince of Wales. Damit wurde er automatisch Earl of Chester, Duke of Cornwall, Duke of Rothesay, Earl of Carrick, Baron of Renfrew, Lord of the Isles und Great Steward of Scotland. Das brachte auch finanzielle Einnahmen, die Albert nun verwaltete und mehrte. Ebenso wurde Bertie Herzog von Sachsen als väterliches Erbteil, was allerdings außer dem Titel nichts einbrachte; und der preußische König hatte als Taufgeschenk gleich den Schwarzen Adler-Orden mitgebracht.

Um die nächsten Kinder wurde nicht mehr so viel Wesens gemacht. Ärgerlichkeiten gab es bei der Taufe von Alice. Man konnte den König von Hannover nicht ewig als Paten ausschließen: Die Taufe wurde allerdings so kurzfristig angesetzt, daß mit seinem Erscheinen nicht zu rechnen war. Er kam aber doch und ließ die Taufgesellschaft dann absichtlich warten. «Mit dem König sind wir fast zu Faustschlägen gekommen», berichtete Albert dem Bruder. Ernst August verlangte bei jeder Handlung den Vortritt vor Albert als dem Vater, den Victoria ihm resolut mit Körpereinsatz verweigerte. Er stürmte schließlich wütend aus der Kirche, stolperte auf der Treppe zum Vergnügen der Beobachter und prellte sich ein paar Rippen.[7] Von da ab hatte Victoria keinen Ärger mehr mit ihren königlichen Onkeln.

Alle britischen Biographen stimmen darin überein, daß der Vater den Kindern näherstand als die Mutter – nicht nur, weil er den Kinder Schneemänner baute, mit ihnen rodelte und Schlittschuh lief. Er behandelte sie als gleiche. Selbstverständlich waren sie bei Familienmahlzeiten und Familienfesten dabei. Am ältesten Sohn sollten Alberts Erziehungskünste zwar scheitern, was nicht Berties Schuld war. Aber auch Sir Philipp Magnus, einer der Biographen Edward VII., schildert, wie es den Kindern gelang, Alberts äußere Hülle von Steifheit und Kühle zu durchbrechen, weil sie nicht nur instinktiv spürten, daß er sie liebte, sondern daß er sich an ihnen freute und ihre Gesellschaft brauchte.[8]

In der Erziehung war er jedoch strikt: Da kommen einmal zwei der kleinen Töchter in einen Raum, in dem ein Hausmädchen gerade die Ofenroste schwärzt. Sie erklären, helfen zu wollen, erwischen die Bürsten und polieren das arme Mädchen, das sich nicht zu wehren traut, von oben bis unten mit schwarzer Wichse. Endlich kann sie flüchten, trifft auf dem Korridor den Prinzen und muß ihm widerstrebend erzählen, was vorgefallen ist. Kurze Zeit darauf geht die Königin mit den beiden Übeltäterinnen an der Hand über den Hof in den Personaltrakt. Die Kinder müssen sich entschuldigen und von ihrem Taschengeld ein neues Kleid und eine Schürze kaufen – was ihnen angeblich nichts ausmachte, nur die Entschuldigung fiel ihnen schwer.[9]

Victorias und Alberts Ehe ist ja längst Legende geworden. Schon im 19. Jahrhundert galt sie als die vorbildlichste Ehe Europas, und das nicht erst, als Victoria sie nach Alberts Tod noch weiter verherrlichte. Gleich in den ersten Jahren hatte sie Onkel Leopold vorgeschwärmt, «keine Ehe der Welt, schon garkeine Fürstenehe» komme der ihren gleich.[10] Und ohne Zweifel war es die erfolgreichste und glücklichste, die es jemals bei englischen Monarchen gegeben hat. Nach 21 Ehejahren und neun Kindern waren sich Victoria und Albert noch ebenso zugetan wie zu Beginn und kannten kein größeres Glück, als zurückgezogen gemeinsame Tage verleben zu können. Diese anhaltende Harmonie hängt sicher damit zusammen, daß beide eine unausgeglichene Kindheit voller seelischer Belastungen verlebt hatten. Elizabeth Longford zieht in ihrer vorzüglichen Victoria-Biographie daraus folgende Erkenntnis: «Victoria war vaterlos, Albert mutterlos. Aber während Victoria mit ihrer elastischen Persönlichkeit die Schocks, die sie in ihrer Kindheit erlitt, überwinden konnte, ließ in Albert die Trennung von der Mutter eine dauernde Wunde zurück. Dem jungen Albert hatte einerseits mütterlicher und schwesterlicher Einfluß gefehlt, andererseits aber bewahrte er die Erinnerung an die reizende Erscheinung seiner Mutter und sträubte sich anfangs gegen jeden Versuch, einer anderen Frau ihren Platz einzuräumen. In Erinnerung an seine Mutter betrug sich der Heranwachsende Frauen gegenüber bewußt ritterlich und verabscheute die männliche Zügellosigkeit, die am Schicksal seiner Mutter schuld gewesen war. Im Gedanken an seinen Vater und seinen Bruder schrak er vor der weiblichen Sittenlosigkeit zurück, der er die Verderbtheit seiner männlichen Verwandten zuschrieb. Alberts Gehemmtheit im Umgang mit Frauen, durch seine Jugenderlebnisse hervorgerufen, stellte Victoria als Königin (nicht jedoch als Ehefrau) vor ein Problem, das sie nicht immer lösen konnte.»[11]

In gewisser Weise ersetzte ihm Victoria in der Ehe auch die Mutter, umgekehrt Albert ihr den Vater. Sie war eine intelligente, aber schlecht erzogene Frau.[12] In der Einleitung zu der neunbändigen Ausgabe ihrer Briefe und Tagebücher zeichnen die Herausgeber Arthur C. Benson und Reginald Brett Esher ein kurzes, treffliches Porträt der Königin. «Sie war fröhlich und eigenwillig, aufopfernd liebevoll und beinahe typisch weiblich. Sie besaß ein starkes Gefühl für Pflicht und Würde und starke persönliche Vorurteile. In mancher Beziehung war sie selbstsicher, aber hatte doch den hochentwickelten weiblichen Instinkt, daß sie von einem männlichen Ratgeber abhängig war. Sie war hochgemut, genoß das Leben und seine Ereignisse in vollen Zügen...» Zahlreiche Biographien werten ihre Charaktereigenschaften weit kritischer, aber sicher ist: Sie liebte und verehrte Albert bis zur Vergötterung. Und wenn er zum Nordpol müßte, würde sie ihm folgen, schrieb sie ein Jahr nach der Hochzeit Onkel Leopold. Ihre

Briefe sind Ausdruck eines grenzenlosen Glücks. Nur selten nennt sie Albert bei Namen: er ist my beloved one, my dearest angel, my all in all, my dearest master. Wenn jedoch ihr cholerisches Temperament durchbrach – und sie war leicht erregbar und reizbar –, dann warf sie ihm auch in manchmal hysterischem Zorn die unglaublichsten Beleidigungen und Verdächtigungen an den Kopf – die sie sofort bitter bereute. Sie litt unter ihren eigenen Stimmungen, unter nervösen Spannungen, was schließlich kein Wunder ist: neben den häufigen Schwangerschaften und mütterlichen Kümmernissen hatte sie ja auch noch ein Amt auszufüllen. Sie erkannte stets an, daß es für Albert ein Opfer gewesen war, nach England zu übersiedeln. Doch auch sie brachte Opfer: den Rückzug aus der Großstadt aufs Land, den Verzicht auf Bälle und Festlichkeiten mit Rücksicht auf Alberts fast krankhaftes Schlafbedürfnis. Er schlief selbst in der Oper ein oder während des Hauskonzerts bei Lady Normanby: «Vetter Albert sah wunderschön aus und schlief neben Lady Normanby so friedlich wie gewöhnlich», vermerkte die königliche Verwandschaft.[13] Victoria lernte sogar Schachspielen, um ihrem liebsten Engel zu gefallen.

Die Herzogin von Bedford, eine ihrer Hofdamen, stellt fest, daß die Königin «bis über beide Ohren verliebt ist»; der Prinz macht ihr diesen Eindruck nicht. Bruder Ernst entdeckt bei einem Besuch nach zwei Jahren eine «sichtliche Veränderung. Ihr besseres Ich ist geweckt und man kann ohne Mühe bemerken, welchen wohltuenden Einfluß dies selbst auf ihre äußere Erscheinung gemacht hat», vermeldet er Onkel Leopold.[14] «Ich wünschte, ich dürfte mir sagen, ich habe EINEN so glücklich gemacht wie er mich», schreibt sie dem Onkel.[15] Sicher ist sie offenbar nicht.

Und Albert? Wieweit bei ihm das gemeinsame Glück auf Vernunft, Notwendigkeit, Kameradschaft oder Liebe gegründet war, ist nicht leicht zu entscheiden. «Es freut mich doch sehr ... zu hören», schreibt er dem Bruder, «daß alles so viel besser ginge und aussähe als vor meiner Zeit und Victoria besonders sich so sehr zum Vorteil verändert habe.»[16] Am ersten Hochzeitstag gedenkt er in einem Brief an die Großmutter nicht seiner Ehe und Victorias, sondern erzählt, daß er beim Schlittschuhlaufen eingebrochen sei und schwimmen mußte, und dann: «Ich kann mir kaum denken, daß ich schon ein Jahr und zwei Tage verheiratet bin und es erinnert mich auf's neue, daß wir schon so lange getrennt sind. Ich gebe doch die Hoffnung, Dich einmal hier oder wenigstens in Ostende zu sehen, nicht auf.»[17] Victoria dagegen ist gekränkt, daß 1843 Onkel Leopold ihren Hochzeitstag vergessen hat, den sie den «dearest happiest day» ihres Lebens nennt.

Albert liebte auf die Art, zu der er fähig war. Es war nicht Leidenschaft wie bei Victoria, es war mehr liebende Besorgtheit; und insofern erwiderte er die Liebe. Es ist fraglich, ob er bei einer anderen Frau zu mehr fähig gewesen wäre; er war im Grunde eine zölibatere Natur. Es war die *Pflicht* eines Mannes, seine Frau zu lieben. Pflichterfüllung war ihm von Kindesbeinen an eingeimpft worden, von Florschütz, von Onkel Leopold, vor allem von Stockmar. Sein Lebensgesetz waren die Zehn Gebote. So geriet er nie in Versuchung. Er war scheu, auch steif, starrsinnig, gewissenhaft. Er brauchte Großmutter und Stiefmutter, Familie, Verwandtschaft, er brauchte Victoria, um möglichst viel er selbst sein zu können. Er gab seiner Frau jedes Zeichen von Zärtlichkeit, zu dem er fähig war. Nach seinem Tod erinnerte sie sich, daß während ihrer Schwangerschaften nur er allein sie vom Bett aufs Sofa trug und wenn sie in eine anderes Zimmer gerollt werden wollte, Hand anlegte. Wenn er zu solchen kleinen Hilfeleistungen gerufen wurde, kam er sofort, wo immer im Schloß er sich auch aufhalten mochte.[18] Als ihre Mutter starb, vermerkte Lady Augusta Bruce, eine der Hofdamen: «Ich habe noch nie solche Zartheit erlebt.» Albert ließ seine Frau nie im Stich – außer durch seinen Tod.

Als er um den Vater trauert, schreibt er Stockmar: «Ein solcher (tröstender Engel) ist mir Victoria, die meinen Schmerz fühlt und teilt und auf deren Besitz meine ganze Existenz gebaut ist. Unser Verhältnis läßt nichts zu wünschen übrig; es ist ein inniges, einiges und darum edles, und die armen Kinder sollen darin ihre Wiege finden, um dereinst sich ein ähnliches Glück bereiten zu können.»[19] In seinen Briefen an den Bruder finden sich viele ähnliche Äußerungen. «Gott erhalte uns unsere treuen Frauen!» Oder «Laß uns diese Juwelen pflegen, lieben, schützen, in deren Besitz und Liebe wir glücklich sein können.»[20] Eine geistige Gemeinschaft hat nie bestanden. Von den intellektuellen und künstlerischen Strömungen ihrer Zeit blieb die Königin fast völlig unberührt. Alberts Versuche, die Lücken auszufüllen, hatten nur gelegentlich und bestenfalls ein passiv-rezeptives Ergebnis.

Er gibt sich Mühe. Aber sosehr er auch bestrebt ist, Aufregungen und Reibungen zu vermeiden, sooft er nachgibt, um Streit zu verhindern – es gelingt nicht immer. Victoria ist über die Maßen eifersüchtig. Daß er auf eine kurze Reise ihr Bild nicht mitgenommen hat, ist ihr ein Beweis mangelnder Liebe. Sie sei selbst auf Männer in Alberts Umkreis eifersüchtig, vermerkt Anson ebenso wie Greville. Er sagt zur Verstimmung der Gastgeber kurzfristig ein Essen ab, das ihm zu Ehren stattfinden soll: aus «familiären Rücksichten» – was heißt, daß Victoria nicht allein bleiben wollte.[21] Die schönste Pirsch oder Jagd muß abgebrochen werden, weil Victoria ihn zum Lunch daheim haben will;[22] und sie läßt ihn auch bei aller abgöttischen Liebe nie vergessen, daß sie die Köngin ist. Er blieb selten mehrere Tage weg – er wagte nicht, sie länger allein zu lassen. Schrieb er ihr dann aus eigenem Antrieb zweimal, gar dreimal täglich? Die Briefe klingen nicht so. Er hätte immer Angst, daß Victoria beim geringsten Widerstand gegen ihren Willen aufbrause, bekannte er einmal dem Earl of Clarendon. Schon deshalb mußte er im Alltag oft den Friedensstifter spielen. *Er* schaffte es, dem widerspenstigen Bertie die Handschuhe anzuziehen, staunte Lady

Lyttelton. «Albert trägt Ketten von Rosen», äußerte Großmutter Gotha zur Prinzessin Augusta von Preußen, «aber es bleiben doch immer Ketten.» Doch Alberts Grundstimmung war Zufriedenheit mit einem Hauch Heimweh und Resignation. Er beschied sich, er fand sich ab mit seinem Los – und das befähigte ihn andererseits, Einfluß auszuüben.

Kein Zweifel, daß die königliche Familie – nimmt man alles in allem – eine glückliche Familie war, die ein erstaunlich normales Leben führte, besonders dann, wenn sie den offiziellen Residenzen entfliehen konnte. Der Prinz liest abends vor, die Königin ist mit einer Stickerei beschäftigt und hört andächtig zu, notiert Lady Lyttelton, «ein Bild von Glück und Tugend».[23] Die Kinder werden geliebt, aber nicht verwöhnt. Ob Lady Lyttelton oder Lady Augusta Stanley, die Vertraute der Herzogin von Kent – selbst Greville, der alte Zyniker, vermerkt die Liebe und Wertschätzung der Ehegatten.

Der Tagesablauf hatte sich schon bald nach der Hochzeit beträchtlich verändert. Jetzt stand Victoria um ½7 auf, im Winter um 7, beide gingen in die Kapelle zur Morgenandacht, um 9 gab es Frühstück. Die Königin verbrachte eine halbe Stunde im Kinderzimmer: die beiden Ältesten stritten viel und waren doch unzertrennlich. Pussy war ihrem Alter weit voraus, Bertie ebenso weit zurück, und Alice war zu dick. Dann empfing die Königin den Haushofmeister, besprach Termine, besuchte den Reitstall. Um 11 war Audienz, um 12 gab es Lunch im Familienkreis, um 15 Uhr fuhr oder ritt man aus, machte Besuche, erledigte karitative Angelegenheiten. Das Abendessen war zeremoniell, wobei Victoria die Tafelfreuden sehr genoß. («Eine Königin trinkt keine Flasche Wein zum Essen», rügte Stockmar.) Danach saß man im Wohnzimmer, Albert am Klavier oder er las vor oder zeigte der Familie ein neues Spiel oder sie spielten Blindekuh. Gesprochen wurde deutsch, die Kinder sprachen es ohne Akzent, berichtet der Gesandte von Bunsen.[24] Um 10, spätestens um 11 ging es zu Bett. Wenn Bunsen den Kindern Bilderbücher mitbrachte, saßen sie alle zusammen auf dem Fußboden. Rauchen war verboten, in Windsor sogar im ganzen Schloß. Mußestunden wurden gern mit Zeichnen, Malen oder Radieren verbracht, in Windsor saß Albert in seiner Freizeit meistens in der Bibliothek und ermunterte auch die Kinder und den Haushalt, die Bücher zu nutzen. Häufig gab es Konzerte, oft sangen Victoria und Albert dabei selbst, in den Buckingham Palast wurden zu solchen Veranstaltungen mit der Zeit bis zu 300 Personen eingeladen. In Windsor wurde sowohl Amateur- als auch professionelles Theater gespielt, dafür gab es ab 1848 sogar einen eigenen Theaterdirektor. Regelmäßig ging das Ehepaar in die Oper, sie bevorzugte die italienische, er «weniger frivole» Musik, Gluck etwa.

Weihnachten, Alberts Lieblingsfest, wurde stets in Windsor begangen, und zwar nach deutscher Sitte, wie es auch Victoria von Kind auf gewohnt war. Den Tannenbaum hatte zwar schon ihre Großmutter, Charlotte von

Mecklenburg-Strelitz, nach England mitgebracht, aber erst jetzt wurde er populär, und England rechnete das dem Prinzen als Verdienst an. Viele kleine Bäume wurden geschmückt: einer für die Kinder, für die Eltern, für die Schwiegermutter, einer für das Personal. Die Geschenke gab es am Heiligabend, dann wurden die Kerzen gelöscht und am Weihnachtstag und Silvester noch einmal angezündet. Albert organisierte Schlittenpartien, schob Victoria über das Eis oder spielte Eiskockey. Auch an Geburtstagen wurde ein Gabentisch bereitet, die Kinder sagten deutsche Gedichte auf. Zu ihrem 25. Geburtstag hatte die Königin einen ausgefallenen Wunsch: Albert sollte sich von Robert Thorburn in Ritterrüstung malen lassen, was er denn auch tat. Das weiche, verträumte Gesicht paßt überhaupt nicht zu Harnisch und Schwert; aber sie hat dieses Bild ganz besonders geliebt.

Wenn man die Meinungen der Zeitgenossen über Albert liest, glaubt man bisweilen, da werde über zwei ganz verschiedene Menschen geschrieben. Die Londoner Gesellschaft macht sich lustig über ihn, für die meisten Aristokraten ist er ein langweiliger, prüder deutscher Besserwisser. Victorias Halbschwester Feodora dagegen, die Herzogin von Kent, die engsten Vertrauten schwärmen, wie unterhaltsam er sein konnte, wieviel es – wenigstens in den ersten Jahren – bei den gemeinsamen Mahlzeiten zu lachen gab, wie sehr der Prinz zu Faxen und Späßen aufgelegt war, einen Minister oder einen Herzog nachzuahmen verstand. Nur im Kreis der Familie fiel seine Steifheit ab, nur unter Vertrauten oder kongenialen Geistern erschloß sich seine Persönlichkeit.

Der Hof entsprach nun den bürgerlichen Moralvorstellungen. Es war eine bescheidene Familie, niemals verlangte sie vom Parlament mehr Geld, und bei öffentlichen Sammlungen nach Hungerjahren oder Unglücksfällen spendete auch sie ihren Teil. Die Einkünfte wurden sparsam verwaltet, das Vermögen durch gute Anlagen und Grundstückskäufe vermehrt. Das Familienleben war solide, das gesellschaftliche Leben bei Hof überhaupt nicht nach dem Geschmack der adeligen Würdenträger – sie fürchteten die ohnehin nicht häufigen Einladungen, die Langeweile versprachen. Die Eltern kümmerten sich um die Erziehung der Kinder, das Land durfte an ihren Sorgen teilnehmen. Der Religion wurde korrekt, ja eifrig Tribut gezollt, so daß die Kirche am Thron wieder eine Stütze fand. Dem Bürgertum behagte diese Art von Monarchie durchaus, und die Arbeiterklasse fand sie immerhin besser als die frühere.

1842 konnten die Königin und der Prinz zum ersten Mal mit der Eisenbahn von London nach Windsor fahren, in 30 Minuten «ohne Staub und Menschenansammlungen». Victoria war «ganz entzückt davon», Albert war jedoch besorgt wegen der Geschwindigkeit (1835 hatte ein Gutachten bayerischer Ärzte vor dem «Delirium furiosum» gewarnt). Bei der Ankunft in Windsor mahnte er: «Beim nächsten Mal bitte nicht ganz so schnell, Herr Zugführer!» Künftig reiste man nachts im eigenen Schlafwagen. Auch die Seereisen wurden nun bequemer, nachdem das Parlament als Ersatz für den alten königlichen Raddampfer eine Yacht mit Schraubenantrieb bewilligte, die «Victoria and Albert» getauft wurde – was die Aversion des Prinzen gegen Seereisen allerdings wenig minderte. Immerhin war man nun beweglicher. Das erleichterte die Suche nach einem neuen Heim.

Die Königin konnte über drei Wohnungen für ihre Familie verfügen. Da war erstens der Buckingham Palast, die Zentrale des Königreichs, gerade erst umgebaut, um dem Monarchen eine repräsentative Londoner Residenz zu geben. Repräsentativ war er, aber unpraktisch für eine wachsende Familie. Er war allzu weitläufig, hatte viel Raum, aber wenig Platz; die Kinderzimmer mußten unter dem Dach eingerichtet werden. Dafür gab es einen privaten Garten. Den gab es in Schloß Windsor, der zweiten Wohnung, nicht, dafür konnten die Wohnräume praktischer angeordnet werden. Schließlich war da noch Brighton. Da existierte weder das eine noch das andere. Zudem lag dieses exotische, extravagant-unpraktische Monstrum von orientalischem Palast, den sich George IV. in seiner Prinzregentenzeit erbaut hatte, jetzt mitten in der Stadt und zog pausenlos Neugierige an; Brighton war zu einem populären Seebad erwachsen, seit 1841 war es mit London durch die Eisenbahn verbunden. Die Königin klagte, beim Spazierengehen sei die Familie dauernd taktlos belästigt worden. Sie besaß drei Schlösser, aber kein Heim.

Peel verhalf ihnen dazu. Er hatte erfahren, daß Lady Isabella Blachford ihren Besitz auf der Isle of Wight, Osborne House, mit 400 Hektar Grund, verkaufen wollte. Albert fuhr hin und war begeistert: eine abgelegene Inselecke, eigenes Ufer, unverbauter Blick auf den Solent, der ihn an Neapel erinnerte, dazu herrlicher alter Baumbestand; und gut von London zu erreichen. Das etwas vernachlässigte Haus hatte nur einen Nachteil: es war trotz der 16 Schlafzimmer zu klein. Denn auch hier brauchte die Königin natürlich Sekretäre und Kuriere, Kanzleipersonal und andere Bedienstete, auch mußten Gäste und Verwandte untergebracht werden.

Auch Alberts Vater war schon ein Finanzkünstler gewesen. 1822 hatte er das Patengeschenk des Kaisers von Österreich für 8000 Gulden verkauft, die mußten die Coburger Stände, um die Staatsverschuldung zu mindern, für vier Prozent leihen, wobei die Zinsen jeweils der Summe zugeschlagen wurden.[25] Albert hatte die Begabung geerbt: 1849 wies er zum Beispiel seinen Finanzverwalter in Coburg an, wegen des zu hohen Papiergeldumlaufs seine Staatspapiere in Hypothekenbriefe umzutauschen, aber keine österreichischen – Österreich schien ihm auf den Staatsbankrott zuzusteuern.[26] Nun hatte ja auch der Prinz von Wales bereits Einnahmen, und Albert hatte nach dem Ausscheiden der Baronin Lehzen die Familienfinanzen so geschickt verwaltet, daß Osborne gekauft werden konnte: für 26000 Pfund. Das Haus wurde abgerissen. Mit Hilfe des Bauunternehmers Thomas Cubitt, ohne Architekten, entwarf der Prinz eine italienische Villa mit

Campanile und Loggia, die außen wie innen den Inbegriff viktorianischen Geschmacks darstellt. Dabei wurden die Flügel so gegeneinander abgesetzt und verschoben, daß die Familie unter sich war, in Zimmern von menschlichen Ausmaßen lebte und nicht gestört wurde: Unten ein zentrales Wohnzimmer mit Tür auf die Terrasse, links und rechts davon ein Billard- und ein Eßzimmer; im Stockwerk darüber zentral das gemeinsame Arbeitszimmer (in allen Schlössern standen die Schreibtische der Königin und des Prinzen nebeneinander), links und rechts davon Alberts Studio, ihr gemeinsames Schlaf- und die Badezimmer mit fließend Wasser und WC – ein Luxus, den weder der Buckingham Palast noch Windsor besaßen. Im Stockwerk darüber die Kinderzimmer, und sämtliche Räume mit Seeblick. Alles andere daneben und dahinter war notwendig, mußte sein, gehörte aber nicht zur Wohnung.

Die Räume waren in kräftigen Farben gehalten, viel Blau, Rosa und Gold; Chintz, Mahagoni, Stuck und falscher Marmor, viel Ornament und Schnörkel; die Wände vollgehängt mit Bildern: Mantegna, Giorgione, Bellini und Winterhalters Familienporträts; Tische und Konsolen vollgestellt mit Kleinigkeiten und Erinnerungen; Vitrinen voller Porzellanmalereien; Korridore mit Nischen, in denen große Vasen oder kleine Statuen und Büsten standen: die sogenannten «Albert Marbles», von den Bildhauern Thornycroft, Theed und Edgar Boehm geschaffen: Victoria als Königin Philippa, der Prinz als Edward III., der Prinz in römischer Rüstung, auf Kissen die Hände und Füßchen der Kinder in Marmor, Hunde und Ponys – der Geschmack der Zeit. Überall steht oder hängt etwas herum, Bilder selbst über der Badewanne, Alberts eigene Ölgemälde. Und überall die verschlungenen Initialen V und A.

Als am ersten Abend im neuen Heim die Tischgesellschaft auf Victorias und Alberts Gesundheit trinkt, erwidert der Prinz: «Unseren Ausgang segne Gott, unseren Eingang gleichermaßen; segne unser täglich Brot, segne unser Tun und Lassen; segne uns mit sel'gem Sterben und mach' uns zu Himmelserben.» Wie es im Coburger Gesangbuch steht.[27] Victorias Tagebuch beschreibt einen perfekten Julitag 1849: Blauer Himmel, blaues Meer, Frühstück im Gartenpavillon, Briefe schreiben, eine Zeichenstunde; nach dem Lunch eine Unterrichtsstunde für Prinzessin Helena, Ausritt mit Albert, bis acht Uhr mit den Kindern Erdbeeren pflücken, Abendessen mit Albert allein, auf der Terrasse in den Mond und aufs Meer starren. «Wie glücklich wir hier sind! Nichts freut oder beruhigt mich mehr, als wenn ich so viel mit meinem geliebten Albert beisammen sein & ihm überallhin folgen kann.» Und Albert schrieb der Stiefmutter nach Coburg: «Wenn wir auf der Isle of Wight sind, ist unser Leben ganz ruhig und einfach.» So war es nach seinem Geschmack. Für das nahe Whippingham, wo sonntags der Gottesdienst besucht wurde, entwarf er eine neue Kirche. Bekam Victoria einen Badewagen (ebenfalls sein Entwurf), mit dem sie in das flache Wasser fahren und diskret untertauchen konnte – was sie laut Tagebuch am 30. Juli 1847 zum ersten Mal in ihrem 28jährigen Leben tat –, so wurde für die Kinder im Park in wohltuender Entferung das «Schweizerhaus» errichtet: ein Blockhaus aus dunklen Stämmen mit kleinen Räumen, in denen Nützliches getan wurde. Die Prinzessinnen lernten kochen und backen, die Buben schreinern, im Garten bearbeitete jeder ein Beet, und jeder mußte irgend etwas sammeln: Pflanzen, Steine, Scherenschnitte, was er wollte. Der Vater gab dazu Naturkundeunterricht. (Victoria wies auf einen Tulpenbaum hin, «noch vor einem Jahr konnte sie eine Ulme nicht von einer Eiche unterscheiden», notiert Lady Lyttelton.[28]) Prinz Arthur baute sich hinter dem Haus aus Ziegelsteinen ein ganzes Festungswerk mit Kasematten, Geschützständen und Fahnenstangen, er wurde später auch folgerichtig Feldmarschall. In die Dachbalken rund um das Blockhaus wurden Ermahnungen des Vaters an die Kinder eingeschnitzt, in deutscher Sprache. «Den Kopf kalt, die Füße warm, das macht den besten Doktor arm» steht da. Oder «Früh zu Bett, früh wieder auf, stärkt zu munterm Lebenslauf.» Oder «Viel leichter trägst Du, was Du trägst, wenn Du Geduld zur Bürde legst.»

Er selbst legte auch hier eine Musterfarm an. Nebenan in Barton Manor, das dem Grundstück angegliedert wurde, experimentierte er mit der Aufzucht von Korkeichen und Zypressen, gestaltete den Park um, wer zu Besuch kam, mußte einen Baum pflanzen; er setzte Rhododendron, ließ einen Teich anlegen, damit man im Winter Schlittschuh laufen konnte. Entwarf ein Kühlhaus zur Eisproduktion, ein Wasserreservoir zur eventuellen Brandbekämpfung. «Es ist ein Vergnügen», vermerkte Lady Lyttelton, «zu sehen, wie ernstlich Prinz Albert bemüht ist, in der besten Weise auf dieser Besitzung zu wirken, indem er so vielen Arbeitern wie möglich Beschäftigung gibt, sie aber durchaus nicht treibt, sodaß es von Dauer ist ... Der Verwalter hat zur Erntezeit eine Menge Leute entlassen, damit sie für andere arbeiten können, und hat ihnen gesagt, sobald einer ohne Beschäftigung wäre, könne er wiederkommen und sicher hier Arbeit finden. Das nenne ich, sehr weise Gutes tun.»[29] Der Prinz ließ für die Arbeiter vorbildliche Cottages bauen mit Stall und einem Garten, dazu eine Schule; sie wurden auch kostenlos ärztlich versorgt.[30] «Ein Paradies!» schwärmte Victoria. «Mein Liebster ist so glücklich hier!»

Osborne war auch unter psychologischen Gesichtspunkten wichtig für ihn: Es war ein Ventil für seine ungenutzten Energien, seine Frustration der letzten Jahre; und es war sein Eigentum, es war aus dem Familieneinkommen gebaut, hier mußte er nicht das Parlament bitten oder mit Ministern und Behörden verhandeln, wenn er etwas geändert haben wollte. Er hatte für seine Frau und seine Kinder ein Heim geschaffen.

Auf ähnliche Weise entstand Balmoral. Von einer kurzen Landung George IV. in Edinburgh abgesehen, hatte sich seit den Stuarts kein Monarch

Schweizer Haus in Osborne. Aquarell von W. L. Leitch, 1855.

mehr in Schottland blicken lassen. Victoria und Albert reisten 1842 zum ersten Mal hin und wurden begeistert empfangen. Zwei Wochen lang weilten sie auf verschiedenen Adelssitzen, und obwohl es dauernd regnete, entwickelte sich daraus ihr Schwarm für die Highlands, für das Hochland. «Unlike anything else», notierte Victoria, unvergleichlich, und Albert schwärmte der Großmutter von Luft und Landschaft und den einfachen, treuherzigen Menschen vor. Beim Besuch in Scone bekam der Prinz ein Paar Curling-Steine geschenkt, mit denen er auf dem Wohnzimmerparkett übte. Wenn sie auf dem See fuhren, sangen die Bootsleute gälische Lieder. Victoria malte, Albert wurde in die Pirsch eingeführt, wie sie in Schottland üblich ist. Sie waren mit einfachen Leuten zusammen, für deren Stolz und Unabhängigkeit, für deren Aussehen und Bescheidenheit sie große Sympathie, ja Bewunderung empfanden.

Schottland wurde ein regelmäßiges Ferienziel, man mietete das Schloß eines der vielen Lords. «Wir leben ein etwas primitives, aber romantisches Gebirgsleben», schrieb Albert im Herbst 1844 der Stiefmutter. «Pussys Backen sehen aus als wollten sie platzen, so rot und voll sind sie geworden. Sie lernt Gälisch, geht aber entsetzlich mit den Namen der Berge um.»

Bald entstand der Wunsch, ein eigenes Heim dort zu finden. Albert begann zu kränkeln, die Londoner Luft war geradezu giftig, er wie auch Victoria klagten über Rheumatismus, der Arzt empfahl Gebirgsluft. 1848 bot Lord Aberdeen an, Balmoral Castle zu pachten, das seinem eben verstorbenen Bruder gehört hatte: ein typisch schottisches Schloß mit dicken Mauern, Türmen und Zinnen im lieblichen Tal des Dee, wo das Klima trockener und sonniger ist als sonst im Hochland. Albert entdeckte Ähnlichkeiten mit Thüringen. Balmoral wurde gepachtet. Im September 1848 verbrachten sie ihren ersten Urlaub dort. «Wir haben uns für eine kurze Zeit in eine komplette Bergeinsamkeit zurückgezogen», schrieb der Prinz, «wo man nur selten ein menschliches Antlitz sieht, der Schnee schon die Berggipfel bedeckt und das Wild um das Haus schleicht.» Victoria beschrieb Haus und Umgebung mit dem Auge der Malerin. «Der Blick auf das Haus herab ist ganz reizend. Links auf die prachtvollen Höhen im Loch-na-Gar, rechts nach Ballater hin die Schlucht, durch die der Dee sich windet, mit schönen waldigen Bergen ... Wir wanderten am Dee, einem schönen, reißenden Strom, dicht hinter dem Haus ... Man betritt eine hübsche kleine Halle, ein Billardraum & ein Eßzimmer. Eine gute breite Treppe führt einen nach oben, über dem Eßzimmer liegt unser Wohnzimmer ... ein schöner großer Raum, von da aus in unser Schlafzimmer usw. ... Die Kinder & Miss Hildyard (die Gouvernante) sind auf demselben Flur.»

Auch Balmoral war wieder zu klein für einen noch so eingeschränkten, doch unumgänglichen Hofstaat, der jetzt schon mit der Eisenbahn nach Schottland reisen konnte. Nach langwierigen Verhandlungen konnte Albert den Besitz 1852 schließlich für 30000 Guineen erwerben, konnte um- und anbauen wie in Osborne, und 1855 war alles fertig. Von Alberts Inneneinrichtung waren nicht alle Besucher so begeistert wie seine Frau und Lady Bruce. «Das Holzwerk ist in lichten Farben gehalten», berichtete sie ihrer Schwester, «meist Ahorn und Birke, mit versilberten Schlössern und Beschlägen ... Kronleuchter aus Biscuitporzellan, wunderschöne Figuren von Hochländern als Lichthalter, Tafelzierat in gleichem Stil und eine Menge eigenartiger, geschmackvoller und sorgfältig ausgeführter Gegenstände.» Anderen Besuchern jedoch schwamm es vor den Augen ob der «Tartanitis»: Teppiche und Tapeten, Vorhänge und Polster, alles in Variationen des königlichen Tartans der Stuarts. Dazu zahllose Geweihe, und überall Schottlands Wahrzeichen, die Distel. «Sie würden das Herz jedes Esels höher schlagen lassen, wenn sie so aussähen wie seine Lieblingspflanze, was sie jedoch nicht tun», spottete Lord Clarendon, einer der Minister. Natürlich trug auch Albert nun die Volkstracht und kam zu spät zum Abendessen, weil er «so lange mit seinem Kilt gekämpft hat».

In Balmoral erlebte der scharfzüngige Charles Greville, der als Kabinettssekretär den Premierminister Lord Russell begleitete, den Prinzen

Schloß Balmoral. Wohnzimmer. Gemälde von J. Roberts

zum ersten Mal in persönlichem Kontakt. Sie frühstückten zu dritt, und danach fand Greville ganz neue Töne: «Ich war höchst fasziniert von ihm. Ich sah sofort (was ich immer nur gehört hatte), daß er sehr intelligent und höchst kultiviert ist, und mehr noch, daß er ein nachdenklicher Charakter ist und über Dinge sinniert, die es wert sind. Er wirkte sehr gelöst, sehr heiter, liebenswürdig und ohne die geringste Steifheit oder Unnahbarkeit.»[31] Auch die Königin nahm es in Balmoral nicht so genau mit der Etikette. Es ging familiär zu. «Sonntagabend kamen die Königin und der Prinz nach dem Dinner mit ungeheueren gälischen Wörterbüchern bewaffnet... und darin haben sie die ganze Zeit studiert», berichtete Lady Bruce.[32]

Es waren die ungetrübtesten Jahre des Ehepaars, einige wenige nur. Sie ritten auf Ponys, veranstalteten Picknicks, lernten zusammen mit den Kindern die schottischen Tänze. Staatsgeschäfte mußten gelegentlich auf dem Bettrand sitzend besprochen werden, weil es zunächst so wenig Platz gab. Ihr liebster Aufenthalt war eine abgelegene Schutzhütte im Gebirge, Albert fing Forellen, der Jagdpächter spielte Dudelsack und Victoria trocknete die roten Strümpfe des Prinzen von Wales am Torffeuer. Und wieder läßt Albert neue Häuschen und eine Schule für die Gutsleute bauen, Lehrer anstellen, eine Bücherei eröffnen, zieht Arbeiter und Handwerker an den

Hof, vermietet die Häuser samt Garten und einer kleinen Viehweide zu billigem Preis und regt bessere Anbaumethoden an. Sir Edwin Chadwick, Regierungskommissar für das Gesundheitswesen, stellte fest: «Wenn alle Arbeiterwohnungen so gut unterhalten würden, ... würde der Tribut an Toten um mehr als ein Drittel, wenn nicht um die Hälfte reduziert werden.»[33] Auch aus dem Urlaub korrespondierte Albert über bessere Lebensbedingungen für die Arbeiter, etwa mit Sir Charles Phipps, seinem Privatsekretär nach Ansons frühem Tod 1849. «Die Verbesserung ihrer Lage», schrieb er ihm im September 1849, «kann praktisch nur auf vier Wegen erstrebt werden: 1. durch die Erziehung der Kinder und deren industrielle Ausbildung, 2. durch Verbesserung der Arbeiterwohnungen, 3. durch Zuweisung von Ländereien neben den dazugehörigen Häusern, 4. durch womöglich von ihnen selbst ... nach gesunden ökonomischen Prinzipien geleitete Sparkassen und wohltätige Gesellschaften. Ich werde diese vier Zwecke fördern, wo und wann ich kann.»[34] Und auf der Reise nach oder von Schottland versäumte der Prinz nie, in Aberdeen die Granitsteinbrüche oder die Universität oder das Museum zu besuchen.

Einer, der oft mit dem Hof mitwanderte, war der Baron Stockmar. Im Buckingham Palast wie in Windsor und Osborne standen ihm eigene Räume zur Verfügung, die ständig für ihn bereit waren. Er kam bis zum Winter 1856/57 – da war er dann 70 –, wann immer er gebraucht und gerufen wurde. Und er wurde oft gebraucht, mal als Arzt, mal als politischer Ratgeber, mal um einen Streit zu schlichten. Er war nicht nur Vertrauter – er war der Hausfreund. Meist verbrachte er den Winter in England, den Sommer in Coburg, und so war er im Grunde nirgendwo daheim. Außerhalb des Hofes hatte er wenig Umgang, am Hof hieß er einfach «der Baron». Politikern, die nicht zu seinem Bekanntenkreis gehörten, und der Presse war seine Anwesenheit unheimlich. War er ein Agent des belgischen Königs? Oder gar ein Spion in englischen Diensten? Oder nur ein Coburger Intrigant? In Wahrheit sei er wohl eine Art zweiter Vater für die Königin und den Prinzen, urteilte Lord Liverpool. Stockmar hatte eine dicke Haut.

Albert wandte sich nach wie vor um Rat an ihn, und Stockmar sagte: «Ich habe ihn lieb wie einen Sohn.»[35] Dabei fand er fast nur Ermahnungen, selten einmal Anerkennung für den Prinzen. Albert fand das ganz normal. «Er ist eine selten edle Erscheinung», schrieb er dem Bruder, «die aufgesucht sein will, aber es der Mühe lohnt.»[36] Friedrich Carl Meyer, einer der Sekretäre Alberts, der später im deutschen diplomatischen Dienst tätig war, berichtet: «Gewöhnlich gegen Abend, ... die Arme voller Papiere und Dispatch Boxes, kam der Prinz mit dem ihm eigenen heiteren Ungestüm in das Zimmer des Barons gerannt (er hatte sich in allem, auch im Gang auf den langen Korridoren der Paläste, das rascheste Tempo angewöhnt) und warf sich berichtend, fragend, ausruhend auf das Sofa, während der alte Freund erst klug zuhörend, bald selbst erzählend, im Zimmer auf und nieder schritt.»[37] Ebenso gern kamen die Kinder in sein Zimmer, denn da waren sie frei von der Aufsicht des Haushofmeisters und der Gouvernante. Begreiflicherweise suchte auch so mancher Stockmars Hilfe, der seinen Einfluß auf die Königin und den Prinzen nutzen wollte. Er erwähnt in seinen Aufzeichnungen zum Beispiel einen sehr wohlhabenden Schriftsteller, Mitglied des Parlaments, der ihm 10000 Pfund Sterling versprach, wenn er sein Gesuch um Erhebung in den Adelsstand befürworte. Stockmar antwortete: «Ich trete jetzt ins Nebenzimmer, um Ihnen Zeit zu lassen. Wenn ich wiederkomme und Sie noch hier finde, lasse ich Sie durch den Bedienten hinauswerfen.» Er war ebenso unbestechlich wie unabhängig, unterhielt gute Kontakte zu Konservativen wie Liberalen, zu Peel und Aberdeen wie zu Melbourne und Palmerston. Auch in die Hofetikette ließ er sich nicht zwingen. Er durfte in bequemerer Kleidung zum Abendessen erscheinen und sich sofort hinterher in seine Räume zurückziehen. Ebenso wie Förmlichkeiten haßte er das Abschiednehmen. Ohne jede Andeutung pflegte er plötzlich wieder nach Coburg zu entschwinden. «Ein altes Original», amüsierte sich Bunsen. 1849 schrieb Albert ihm einen rührenden Brief. «Ich schreibe Ihnen heute an meinem 30. Geburtstag ... und erinnere mich dabei mit Dankbarkeit all der guten Lehren und Lebensmaximen, welche ich von Ihnen empfangen habe, und all der wichtigen Hilfeleistungen, die Sie mir zur Errichtung meiner politischen Stellung gewährt haben. Ich kann sagen, daß ich mit allem zufrieden bin und mir nur noch mehr Tatkraft und Beharrlichkeit wünschte, so viel Gutes zu wirken, als die Gelegenheiten erlauben.»[38]

Der Coburger Herzog hatte den Sohn in England immer wieder in Verlegenheit gebracht. Nach dessen Heirat erwartete er mehr Unterstützung aus London. Als sie ausblieb, spielte er mit dem Gedanken, nun politisch auf die russische Karte zu setzen. Das Verhältnis zum Sohn trübte sich erneut. Albert war ärgerlich über die dauernden Forderungen des Vaters, Ernst I. war ärgerlich über die ständigen Ablehnungen. «Er wollte von Victoria das Geld haben, um Deine Reisekosten zu decken», schrieb Albert dem Bruder. «Ich erwiderte, daß aus Liebe zu Dir ich den Antrag nicht stellen könne. Er wollte Stockmar zum Coburgischen Hausminister machen. Ich bemerkte, daß dann seine Wirksamkeit hier untergraben sein würde. Er wollte Murray den Hausorden geben, ganz ohne Veranlassung, ich riet ab, da dieser ihn nie würde tragen dürfen. Er wollte Dich an eine Großfürstin verheiraten, ich erklärte dies für einen politischen Fehlgriff. Er wollte die Insel Kandia (Kreta) haben, um deren Besitz willen jetzt das Schicksal Europas aufs Spiel gesetzt wird; ich mußte erwähnen, jetzt sei der passende Moment nicht dazu. Er wollte die ‹Königliche Hoheit›, ich habe sie mit allem Eifer noch nicht garantiert erhalten können. Er wollte, ich sollte mir Mühe geben, jetzt auch die 50000 Pfund herauszubekommen und dann auch nicht mein kleines Vaterland vergessen, ich hielt es für besser, darüber zu schweigen. Dies hat ihn gegen mich aufgebraucht, und ich finde es natürlich, doch ist das nicht meine Schuld.»[39]

Ebenso lehnte Albert ab, in Österreich um den Feldmarschalltitel für den Vater nachzusuchen. Der Herzog beauftragte nun den ältesten Sohn, wegen der «Königlichen Hoheit» Verhandlungen zu führen; aber auch zweigleisig wurde nichts daraus. Er schrieb dem Ältesten, er empfinde es als Alberts Pflicht, nachdem er mit einer reichen Frau verheiratet sei, dem Bruder, der in Armut lebe, ein Jahresgehalt auszusetzen. Ernst schickte dem Bruder diesen Brief zu, und Albert stöhnte: «Die Prinzipien, die er darin ausspricht, können einem wirklich bis tief in die Seele wehe tun. Immer Geld und ewig Geld!»[40] Er machte Ernst keinerlei Hoffnungen. Die Coburger überschätzten sein und Victorias Vermögen in diesen ersten Jahren ebenso wie die Möglichkeiten ihrer Stellung. Albert konnte dem Bruder nur seine privaten Gulden anbieten, falls er sie zum Heiraten brauche.

Am 29. Januar 1844 starb Herzog Ernst I. im Alter von 60 Jahren. Auch wenn sie sich an ihre Kindheit und Jugend erinnerten, hatten die Brüder wenig Grund zur Trauer. «Ich habe durch manche harten Zeiten gehen müssen», klagte Ernst junior Onkel Leopold zwei Jahre zuvor. «Obgleich Papa alle Mittel in den Händen hat, um glücklich zu sein, so ist er es dennoch so wenig gewesen, weil er durch Ungeschicklichkeit und einen großen Mangel an Aufrichtigkeit sich stets alle entfremdete ... Gnade und Ungnade folgt hier wie Regen und Sonnenschein ... Du kannst es mir glauben, lieber Onkel, daß dieser traurige Umstand es recht schwer macht, den Aufenthalt in der Heimat erträglich zu finden.»[41] Spätere Briefe klangen ähnlich. Und nun kam die Todesnachricht.

«Verwaist stehe ich nun da», klagt Ernst dem Onkel, «die Macht der Tränen» zwingt ihn, den Brief zu schließen. «Ich schreibe Dir mit zerrissenem Herzen und mit quellenden Tränen», schreibt Albert dem Bruder. «Ist es denn wirklich wahr, daß der teure Papa aus unserer Mitte geschieden ist, ich ihn hienieden nie wiedersehen soll? ... Wir haben kein Vaterhaus mehr, dies ist ein schrecklicher Gedanke.»[42] Daß Ernst II. in seinen Erinnerungen dreißig Jahre später den Vater glorifiziert, ist menschlich verständlich. Das Ausmaß des Jammers bei der Todesnachricht verblüfft.

«Bester Stockmar», schreibt Albert, «mein Herz drängt mich, mich an der Brust eines treuen liebenden Freundes auszuweinen. Ich habe einen entsetzlichen Verlust erlitten.» Hoftrauer wird verfügt, die Kinder begreifen nicht, warum die Eltern und alle anderen in tiefstem Schwarz herumlaufen. Alberts Tränen bereiten den Sekretären Kopfweh – man findet das ein bißchen übertrieben. Aber «man genießt die Trauer», gesteht Victoria Onkel Leopold. «Oh wenn Sie jetzt bei uns sein könnten», klagt auch sie dem Baron, «mein geliebter Albert steht so allein & sein Kummer ist so groß & so rührend ... Er sagt (verzeihen Sie mein schlechtes Schreiben, aber meine Tränen blenden mich), ich sei jetzt alles für ihn.»[43] Über Wochen hinweg spricht Albert in den Briefen von seinem Schmerz, das Briefpapier hat einen dicken schwarzen Rand.

Gewiß, ehrfürchtige Äußerungen über Vater und Mutter gehören zu den Klischees jener Epoche. Es ist ein tränenreiches Zeitalter, man gibt sich gern seinem Schmerz hin. «Trauern war eine Pflicht und eine Körperfunktion», schreibt Arthur Ponsonby in seinen «English Diaries».[44] Albert, der sich selbst oft der Gefühlskälte zeiht, bildet da keine Ausnahme. Von Anfang an ziehen sich Victoria und er an Familiengedenktagen zurück und essen allein, auch wenn es sich nur um sehr entfernte Verwandte handelt.[45] Doch bei aller inneren Distanz zum Vater bedeutet dieser Tod mehr für Albert: es war der erste im engsten Familienkreis. Der Tod der fernen Mutter konnte ihm nicht sehr nahegehen, sie schien irgendwie wesenlos. Schon als Kind war ihm der Gedanke ans Sterben nicht fremd; jetzt erlebt er es zum ersten Mal ganz nahe. Der Tod des Vaters betrifft seine eigene Existenz, er zerschneidet ein wichtiges Band, das Albert mit der Coburger Heimat verbunden hat. Er schreibt an Stockmar: «In meinem Leben ist eine neue Periode eingetreten ... Die Jugend mit allen den damit verknüpften Erinnerungen ist mit dem, der ihr Mittelpunkt war, zu Grabe getragen ... Ich bin nun ganz auf meine hiesige Existenz, meine independente Familie angewiesen.»

Dem Lamento von Bruder Ernst macht Onkel Leopold ein Ende. «Zum Schluß muß ich bemerken», schreibt er ihm, «daß das Leben weder über- noch unterschätzt werden muß, es ist kein Paradies, es ist aber auch kein Jammertal, es ist nur ein Aufenthalt temporärer Natur. Und so kindisch es sein würde, außer sich zu geraten, weil man in einem Wirtshaus nicht ganz nach Erwarten bedient wurde, ebenso kindisch ist es, über manche Plagen, die dem Erdenleben anhängen, ganz außer sich zu sein. Leider muß sich überdies fast jeder zugestehen, daß vieles, was ihm das Leben mehr oder weniger verbittert oder verbittert hat, of his own making war.»[46]

Albert wie auch Stockmar sahen der Herrschaft Ernst II. mit einiger Sorge entgegen. Bei all seinen liebenswerten Eigenschaften hatte Ernst genau wie der Vater über Coburgs Grenzen hinaus keinen guten Ruf. Albert hatte dem Bruder das oft genug vorgehalten. Die Möglichkeit, daß der Schwager der englischen Königin in einen Skandal verwickelt werden könnte, während sein Bruder Maßstäbe höchster Moral anlegte – das waren unerfreuliche Aussichten. In einem bedacht formulierten, langen Brief meditierte Stockmar darüber, wie sehr Coburgs neuer Herzog des brüderlichen Rats und aller Hilfe bedürfe. Albert entschloß sich, Victoria allein zu lassen und nach Coburg zu reisen. «Wird das Wiedersehen auch schrecklich sein», schrieb er dem Bruder, «so wird mit Euch weinen zu können doch eine Beruhigung für mich sein.»[47]

Er schreibt fast jeden Tag an seine «Liebe gute Kleine», oft gleich zweimal. «Meine liebe kleine Strohwitwe» beginnen die Briefe, oder «Liebes teures Kind». Viel Nostalgie. Er schickt ihr Aurikeln und Stiefmütterchen aus Reinhardsbrunn, Ostereier aus Coburg, er lebt auf, aus jeder Zeile spürt man, wie glücklich er ist, wieder in der vertrauten Heimat zu sein. Doch nichts darüber, was mit Ernst an Problemen zu besprechen war. Zum Beispiel, daß der Bruder und Alexandrine keine Kinder haben würden, daß also ihr kleiner Alfred eines Tages Herzog von Sachsen-Coburg und Gotha sein würde.

Seltsamerweise hatte Albert noch vor seiner Übersiedlung nach England den Vater gedrängt, in einem neuen Familienstatut die Erbfolge festzulegen, was der Herzog am 21. Januar 1840 tat. Und seltsamerweise war darin auf Alberts Wunsch ausführliche Vorsorge getroffen für den Fall, «wo nach dem in dem Willen der göttlichen Vorsehung beruhenden Abgange der männlichen Linie unseres vielgeliebten erstgeborenen Sohnes ... die Succession auf die männlichen Nachkommen unseres ... zweitgeborenen Sohnes ... übergehen sollte.» War es nur eine Ahnung, oder war damals bereits klar, daß Ernst wahrscheinlich kinderlos bleiben würde? Jedenfalls wurde bereits vor Alberts Hochzeit verfügt, daß in diesem Fall sein zweitgeborener Sohn und dessen männliche Nachkommenschaft das Erbe übernehmen solle – der zweitgeborene deshalb, weil ja der erstgeborene englischer König werden würde und eine Personalunion nicht wünschenswert war. Der künftige Herzog mußte «seinen wesentlichen Aufenthalt» im Lande nehmen, durfte den Regierungssitz nicht nach außerhalb verlegen und mußte Protestant sein. Wenn kein zweiter Sohn vorhanden wäre, sollte der englische König das Amt übernehmen und in Coburg-Gotha eine Regentschaft einsetzen.[48] Aber nun war ja in England ein zweiter Sohn vorhanden, und man mußte für die klare Regelung dankbar sein.

«Am 11. (April) zurückgekehrt», vermerkte Albert lakonisch im Tagebuch. «Um 6 Uhr abends kam ich in Windsor an. Große Freude.»[49]

15. Kapitel

Heimweh – Deutschland 1848

«Wie sonderbar er ist», notierte Lady Lyttelton, als sie den Prinzen einmal Orgel spielen hörte. «Niemand außer seiner Orgel weiß, was in ihm vorgeht.»

Daß er mit den Umständen seines privaten Lebens zufrieden sei, beteuerte er immer wieder; glücklich war er ganz sicher nicht. Er wurde nicht warm in England, das Heimweh quälte ihn ohne Unterlaß. «Du sitzest jetzt glücklich auf der lieben Rosenau», schreibt er dem Bruder, «mir wurde es schwer, mich von dem schönen Orte loszureißen, auf den meine Gedanken sich noch oft zärtlich richten ...» Nachdem am ersten gemeinsamen Silvesterabend um Mitternacht Glocken und Posaunen verklungen sind, vermerkt Victoria im Tagebuch: «Der gute Albert war so gerührt, daß er blaß wurde & mir mit Tränen in den Augen innig die Hand drückte. Auch mich ergriff es, denn ich fühlte, daß er an sein liebes Heimatland denken mußte, das er um meinetwillen verlassen hat.» Alle Erinnerungen kreisen um die Rosenau, alle englischen Landschaften mißt er daran. «Die Gegend hier ist sehr hübsch und gleicht sehr der um die Rosenau, besonders nach dem Fischbacher Tal hin», berichtet er nach dem Besuch in Woburn Abbey. «Ach, wie vielerlei Gefühle bestürmen mich, Erinnerung, Schmerz, Freude, dieses alles zusammen bringt eine eigene Wehmut hervor», schreibt er Victoria aus Gotha, als er nach dem Tod des Vaters zum ersten Mal wieder daheim ist. «Wie schön und freundlich ist diese liebe alte Gegend!» heißt es aus Coburg. Balmoral erinnert ihn an Thüringen. «In der kleinen Heimat gibt es doch mehr Herzlichkeit als in der großen kalten Welt, wo die Mehrzahl doch eigentlich steinerne Herzen hat», klagt er Ernst.[1] Um die Weihnachtszeit ist es besonders schlimm. «Diese schönen Feste bringen mich immer doppelt im Geiste in Berührung mit Euch Lieben in der Heimat», schreibt er der Großmutter nach Gotha, und der Stiefmutter nach seinem 31. Geburtstag: «Ich dachte am 26. recht an die Heimat, das väterliche Haus, die frühe Jugend zurück mit Wohlbehagen und Wehmut!»[2]

Er werde auch in England ein treuer Deutscher, Coburger und Gothaner bleiben, hatte er der Großmutter vor seiner Hochzeit gelobt, und der Heimat Gutes tun, von der er so viele Wohltaten empfangen habe. Bei allem pflichteifrigen Wirken für das Wohl und die Interessen seines zweiten Heimatlandes hat er dieses Versprechen in vielfacher Weise gehalten. Sofern es materielle Bedürfnisse betraf, hat er dazu den größten Teil seiner deutschen Einkünfte verwendet. Im Coburger Staatsarchiv findet sich ein dicker Akt voller Bettelbriefe:[3] Da bittet eine verarmte Pfarrerswitwe um finanzielle Unterstützung, da soll Albert Mitglied von Kunstvereinen werden oder Zeitschriften beziehen; Graf Pölzig, der zweite Mann der verstorbenen Mutter, fühlt sich durch den einst mit Herzog Ernst I. geschlossenen Vergleich übervorteilt und verlangt seine Güter zurück – Albert erkennt an, daß der Graf damals «ungeheuer geprellt» worden ist und will das mit einer Pension wieder gutmachen.[4] Da stiftet er jährlich hundert Taler für die Unterstützung bedürftiger Familien in Gotha; 500 Gulden für arme Handwerker, vor allem arbeitslose Weber; unterstützt in Not geratene Grubenarbeiter im Saalsfelder Revier, an dessen Bergwerken er Anteile besitzt. Er stellt 3000 Gulden aus dem Verkauf einer Münzsammlung für soziale Zwecke zur Verfügung, schickt aus England neue Maschinen: zum Beispiel einen Dampfpflug, eine Tonmühle und eine Röhrenpreßpumpe, damit daheim Röhren billiger produziert werden können und dann die Drainage verbessert werden kann.[5] Er stiftet jährliche Prämien für zwei arme Mädchen, die heiraten wollen, Stipendien für arme Lehrlinge.[6] Auch die Museen unterstützt er, kauft in Gotha eine Kupferstichsammlung, bezahlt die ersten Ankäufe der auf seine Anregung hin entstandenen Luther-Bibliothek in Coburg.

Wenn der Bruder jedoch wieder einmal zu unbekümmert mit dem Geld umgeht, ist Albert pedantisch. Ernst hat das Erbe des Gothaer Großvaters beliehen, steht auch bei Privatleuten hoch in der Kreide, trifft über eine Ablösung der Rente aus dem Erbe der Mutter mit seinem Landtag Vereinbarungen, ohne die anderen Erbberechtigten zu fragen – da führen dann die beiderseitigen Finanzbeauftragten einen jahrelangen häßlichen Briefwechsel mit endlosen Aufstellungen über den Holzwert einzelner Forsten, und Juristen und Minister streiten sich, was Staats- und was Privateigentum ist, ob Wäsche und Silber zur Primogenitur gehören oder nicht.[7] Albert läßt hier auch für die Rechte seines Sohnes streiten, denn es steht ja bereits fest, daß Prinz Alfred eines Tages die Nachfolge in Coburg antreten wird.

Die Erledigung solcher materiellen Angelegenheiten überließ der Prinz im wesentlichen seinen Sekretären und Verwaltern. Seine eigene Beschäftigung mit der alten Heimat ging weiter und tiefer. Zunächst einmal konnte er sie 1845 seiner Frau zeigen. Im Lande herrschte Ruhe, selbst in Irland einmal. Die Verkehrsverbindungen waren inzwischen so gut, daß die Königin schon mal für ein paar Wochen ins nahe Ausland reisen konnte, ohne daß für die Zeit ihrer Abwesenheit ein Regentschaftsrat gebildet werden mußte. Der Premierminister redete zu, Albert war überglücklich. Sein Bruder weniger.

Für einen kleinen Coburger Fürsten ist ein Besuch der englischen Königin ein Jahrhundertereignis, das monatelanger Planung bedarf, und die Planung wird dadurch kompliziert, daß Albert das Unternehmen möglichst privat und deshalb möglichst lange geheimhalten will. Ernsts Briefe an Onkel Leopold in Brüssel klingen in diesen Monaten recht sorgenvoll. «Victorias

Reise zu uns, wenn man sie allein von der politischen Seite für uns betrachtet, kann nur als ein sehr günstiges und wichtiges Ereignis erscheinen. Das Band der Verwandtschaft knüpft sich enger, die deutschen Höfe müssen bemerken, wie sehr Victoria an ihrer deutschen Familie hängt... Albert dagegen muß manches Vorurteil über Leute und Zustände bei näherer Prüfung aufgeben.» Die persönlichen Spannungen der letzten Jahre sind noch nicht ganz beseitigt. Was dem Herzog Sorgen macht, ist die Abwicklung einer solchen Staatsvisite. «Betrachte ich aber die Reise von der praktischen Seite, wie ich so viele hohe und bewegliche Gäste bewirten, beherbergen und amüsieren will, so fällt mir sehr der Mut... Victoria muß, um die Sache nur möglich zu machen, weder als Königin anreisen noch hier auftreten wollen und sich allein als Prinzessin unseres Hauses gerieren.» Das heißt, sie müsse sich auch die zu erwartenden Höflichkeitsbesuche anderer Fürsten in Coburg verbitten, müsse auf große Zeremonien verzichten, auch Leopold müsse als Mitglied der Familie und nicht als König der Belgier erscheinen; und die englischen Gäste müßten sich in allem und jedem bescheiden. Und selbst dann seien so viele und umfangreiche Vorbereitungen notwendig, daß Alberts Wunsch nach Geheimhaltung unerfüllbar sei.[8]

Das war er tatsächlich, denn der geplante Besuch daheim weitete sich zu einer offiziellen Deutschlandreise aus. Albert beruhigte den Bruder: an Gefolge würden nur Lady Canning und Lady Gainsborough, Lord Aberdeen und Lord Liverpool mitkommen; mit diesen Herrschaften seien sie schon gereist und hätten im letzten Herbst in einem miserablen kleinen Haus in Schottland zusammen gewohnt – die seien nicht anspruchsvoll. Hauptsache sei, die ganze englische Gesellschaft beieinander zu lassen. Besondere Festlichkeiten würde man nicht erwarten, auch keine Treibjagd, die Victoria verabscheue (sie mußte dann doch eine über sich ergehen lassen), mit den landesüblichen Vergnügungen werde man völlig zufrieden sein.

Nach einer wieder einmal unruhigen Kanalüberquerung kommen sie am 10. August 1845 abends in Antwerpen an, es regnet in Strömen. In Aachen empfängt sie Friedrich Wilhelm IV., der König von Preußen. In Köln werden sie enthusiastisch bejubelt, als sie im Wagen durch die engen, fahnengeschmückten Gassen fahren. Einen Teil des Weges hatten die Behörden mit Kölnisch Wasser besprengen lassen – um den damals sprichwörtlich schlechten Geruch zu verheimlichen oder aus Reklamegründen für das berühmte Kölner Produkt: der Grund war der Königin nicht klar.[9] In Schloß Brühl ist Quartier gemacht, dort findet ein Festbankett und ein großer Zapfenstreich bei Fackelschein mit 500 Militärmusikern statt. So schön habe sie das «God save the Queen» noch nie gehört, versichert die Königin. Sie ist in diesen Tagen über alles und jedes begeistert oder gerührt: als sie alle Menschen deutsch sprechen hört, als der preußische König einen Toast auf den lieben Albert ausbringt – sie ist ganz bereit, sich von allem beeindrucken zu lassen.

Bonn wird besucht, Alberts Studierstube und das Mineralienkabinett in Poppelsdorf. Die Professoren von damals machen ihre Aufwartung, der Prinz nimmt die Gelegenheit wahr, den 27jährigen Chemiker August Wilhelm Hofmann nach England zu holen, wo er der erste Direktor des neuen Royal College of Chemistry wird. Leichte Peinlichkeit entsteht bei der Enthüllung des Beethoven-Denkmals: als die Hülle fällt, wendet der Gefeierte den Hoheiten den Rücken zu. Unter den Studenten entdeckt die Königin «viele schöne junge Männer mit langen Haaren und der Pfeife im Mund, verwegen aussehend, und die meisten mit Säbelhieben im Gesicht». Meyerbeer dirigiert ein Festkonzert zu Ehren der Gäste, bei dem auch Franz Liszt und die Sängerin Jenny Lind mitwirken. In Köln wird – im Regen – vom Dampfer aus die Illumination der Stadt und ein großes Feuerwerk bewundert. Der Dom wird besichtigt, die Königin spendet 500 Pfund für die Vollendung des Turmes, was die Stadt als reichlich knauserig empfindet.

Zu Schiff geht es den Rhein hinauf. Die Kanonen der Feste Ehrenbreitstein böllern so gewaltig, daß die Gäste ihnen die Schuld an dem neuerlichen Regen geben. Auf seiner Burg Stolzenfels bewirtet der preußische König die Gäste anderthalb Tage lang, sie begegnen Fürst Metternich und Alexander von Humboldt, den Albert sehr verehrt. In Mainz warten der preußische Thronfolger und Frau Dr. Siebold, die ja Victoria und Albert entbunden hat und jetzt in Darmstadt praktiziert. Prinz Karl von Hessen stellt seinen achtjährigen Sohn vor, der als möglicher künftiger Schwiegersohn vorgemerkt wird und dann auch 1862 die zweitälteste Tochter Alice heiraten wird.

Dann steigt die Reisegesellschaft in Kutschen um, sechs Stück und ein Gepäckwagen sind es an der Zahl; über Frankfurt, Aschaffenburg, Würzburg und Bamberg geht es mit vielen Pferdewechseln langsam weiter. Je näher sie Coburg kommen, desto bewegter werden Victorias Notizen. Unter einer Ehrenpforte an der Grenze erwartet Herzog Ernst II. in voller Uniform den Bruder und die Schwägerin. In Ketschendorf steigen Onkel Leopold und seine Frau Louise zu, die aus Brüssel angereist sind, in Coburg wartet auf der Freitreppe der Ehrenburg die gesamte Verwandtschaft, voran die Herzogin von Kent, die vorausgefahren war, um in ihrer Heimat die Tochter im großen Familienkreis empfangen zu können. Schließlich begleitet Ernst sie in die Rosenau, wo die Gäste untergebracht sind. «Meines liebsten Alberts Geburtsort, der Ort, den er am meisten liebt. Er ist so sehr glücklich, hier zu sein.» Auch ihr scheint alles wie ein Traum. «Wäre ich nicht, was ich bin, würde dies mein wirkliches Heim sein.»

Der Herzog hat ein volles Programm arrangiert, die Woche vergeht wie im Fluge mit Serenaden und Blaskonzerten, Ehrenpforten und Ehrenjungfrauen, kleinen Ausflügen und Theater, einem Kinderfest auf dem Anger und Bratwürsten. Die Menschen sind schlicht und freundlich und sagen «Guten Morgen» oder «Guten Tag». Die Königin schreibt Seiten über

Seiten mit ihren Eindrücken voll (von Alberts Hand besitzen wir nichts). Sie notiert jede Einzelheit: daß das Diner im Marmorsaal besser serviert worden sei als das beim König von Preußen, überhaupt gefällt ihr – vom Coburger Straßenpflaster abgesehen – der ganze Rahmen besser als in Brühl, selbst der «Mehlbrei» zu Mittag schmeckt ihr, vom Bier ganz zu schweigen: solch ein «Familien-Verein» ist «delightful».

Alberts 26. Geburtstag, ein heißer Augusttag, wird ausgiebig gefeiert, mit Ständchen und Glückwunschadressen und Festessen, aber auch mit stillen Stunden: sie stehen beide in dem Zimmer, in dem er geboren wurde, am Fenster und schauen in den Park hinaus, machen einen Spaziergang an der Itz entlang, treffen Lord Aberdeen, mit dem Albert sich unterhält, während Victoria Frauen bei der Heuernte skizziert – sie hat viel gezeichnet in diesen Tagen. Eine der Mägde kommt zu ihr, gibt ihr die Hand und sagt «Guten Abend». Victoria schenkt ihr Geld und notiert später: «Ich glaube nicht, daß sie die leiseste Ahnung hatte, wer ich bin.» Sie ist ebenso unglücklich wie Albert, daß dies ihr letzter Tag in Coburg ist.

Am nächsten Morgen wird die Rückreise angetreten: über Schloß Reinhardsbrunn – ein weiteres Entzücken für die Königin – und Gotha, wo sich die Baronin Lehzen zu einer wehmütigen Begegnung eingefunden hat; über die Wartburg, Fulda und Frankfurt, wo Bayerns König Ludwig I. wartet, den Rhein hinunter nach Antwerpen, und dann können Victoria und Albert – einen ganzen Monat sind sie unterwegs gewesen – nach einer diesmal ruhigen Kanalüberquerung in Osborne die wartenden Kinder in die Arme schließen.

Es war reinstes deutsches Biedermeier, was die Königin und Albert in Coburg erlebt, noch einmal erlebt hatten. Albert wußte, daß die Idylle zu Ende ging. In ganz Europa, auch in Deutschland, standen die Zeichen auf Veränderung – das Zusammentreffen mit dem 72jährigen Metternich hatte das augenfällig genug gemacht. Es war nicht einmal so sehr das schreckliche soziale Elend in der Industriewelt, das zu unkontrollierbaren Explosionen zu führen drohte; die staatliche Macht hatte die Chartisten in England ebensowenig zu fürchten wie die aufständischen Weber in Schlesien oder die neue Bewegung der Kommunisten. Es war vielmehr der wachsende Druck aus dem Bürgertum, der Unruhe schuf und die Notwendigkeit von Änderungen voraussehen ließ: die Forderung nach mehr politischer Mitwirkung, nach nationaler Selbständigkeit und Unabhängigkeit. Im Habsburgerreich waren es die Spannungen mit Ungarn und Tschechen, Preußen hatte ebenso wie Rußland Schwierigkeiten mit seinen polnischen Untertanen, in Italien häuften sich Verschwörungen und Aufstände, in der Schweiz brach ein schwerer Verfassungskonflikt unter den Kantonen aus, die Iren verlangten Home Rule, Selbstregierung. Die reformfeindliche Politik in Frankreich wie in Spanien und Portugal ließ nichts Gutes erwarten, in Griechenland hatte ein Militärputsch bereits eine parlamentarische Regierung erzwungen.

In Paris saßen die polnischen Emigranten und knüpften Fäden zu allen demokratischen und revolutionären Bewegungen Europas; und die deutsche Nationalbewegung erhielt immer mehr Zulauf. Zum Funken am europäischen Pulverfaß drohte der Konflikt um Schleswig-Holstein zu werden (wenn nicht Polen oder Italien), nachdem der dänische König Christian VIII. proklamiert hatte, das dänische Erbfolgerecht gelte künftig auch für Schleswig. Das widersprach dem alten Recht des Herzogtums Schleswig-Holstein: Auf ewig ungeteilt. Es war ein höchst verwickelter, schwer durchschaubarer Rechtsstreit. Preußen marschierte jedenfalls in Dänemark ein, mußte unter dem Druck der Großmächte wieder zurückstecken, und auch Dänemark mußte schließlich nachgeben. Erst 1852 kam es mit Hilfe Außenminister Palmerstons zu einem wiederum in London geschlossenen Vertrag, der die Erbfolge für Dänemark wie für Schleswig-Holstein neu regelte. Nachdem Bismarck den Fall auf seine Weise aus der Welt geschafft und Schleswig-Holstein annektiert hatte, äußerte Lord Palmerston, nur zwei Menschen hätten das Problem wirklich begriffen: er selbst und Prinz Albert; doch Albert sei tot, und er selbst habe alles wieder vergessen.

In seiner Sorge um die europäischen Spannungsgebiete begann Albert 1846, den Ministern lange Memoranden zu schreiben, vor allem über die deutschen und die italienischen Angelegenheiten.[10] Nach dem Kabinettswechsel hatte er es nun nicht mehr mit seinem Freund Peel und dem Außenminister Lord Aberdeen zu tun, die beide «Europäer» waren, sondern mit dem schwachen Premierminister Lord John Russell (dessen Familie England seit den Tudor-Zeiten mitregiert hatte, wie er stolz vermerkte) und seinem starken Mann, Lord Palmerston, der zum dritten Mal Außenminister geworden war, auch «Lord Feuerbrand» genannt; und mit Lord Palmerston geriet Albert von Anfang an und für viele Jahre auf Kollisionskurs.

Palmerston war einer der bedeutendsten Staatsmänner des 19. Jahrhunderts, Erbe des zweiten Viscount Palmerston, standesgemäß erzogen, ein versierter Politiker und brillanter Diplomat, zuerst Tory und Kriegsminister, dann Whig und Außenminister. Palmerston war kein Liberaler, er verachtete Demokraten und Republikaner. Aber er teilte den Wunsch der Whigs nach gemäßigten Reformen der Regierungssysteme auf dem Kontinent und war ein absoluter Gegner der konservativen Allianz zwischen St. Petersburg, Wien und Berlin; vor allem anderen war er um das europäische Gleichgewicht besorgt. 1847 war Palmerston 63 Jahre alt, sehr populär und noch lange nicht am Ende seiner Laufbahn. Charakterlich war er das völlige Gegenteil des Prinzen: er besaß das Selbstbewußtsein und die Sicherheit eines gutaussehenden englischen Aristokraten, war voller lärmiger guter Laune, den Frauen zugetan, egozentrisch, oft theatralisch, impulsiv, gleichgültig gegenüber Kleinigkeiten und Formalitäten. Er konnte geduldig verhandeln (wie 1830 bei der Gründung des Königreichs Belgien oder jetzt bei der Vermittlung im Streit um Schleswig-Holstein), doch er riskierte ebenso gern «Kanonenbootdiplomatie» wie 1840 im orientalischen Konflikt: England habe keine permanenten Freunde oder Feinde, es habe nur permanente Interessen, erklärte er einmal im Unterhaus.[11] Albert tat ihm Unrecht, wenn er äußerte: «Ich kann diesen Menschen nicht achten, weil er immer das Interesse des Staates dem seinigen nachsetzt.»[12] Palmerstons meist impulsive Entscheidungen mochten diesen Anschein gelegentlich erwekken, besonders wenn sie dann manchmal den Erfolg seines diplomatischen Geschicks vereitelten. Doch zeigt sich hier eher, welche Schwierigkeiten der Prinz nach wie vor mit dem englischen Pragmatismus hatte. Er besaß jetzt für sein Alter erstaunlich klare Vorstellungen von Außenpolitik und den internationalen Verhältnissen, und er gelangte dabei zu anderen Positionen als Palmerston. Albert befürwortete Schleswig-Holsteins Einbeziehung in ein vereinigtes Deutschland, Palmerston unterstützte den dänischen Anspruch. Der Außenminister sympathisierte mit Italiens Unabhängigkeitsbestrebungen, der Prinz wollte das Habsburger Imperium nicht demontiert sehen. Er und Victoria bauten auf die gekrönten Häupter, der Außenminister sah in ihnen die Feinde der Freiheit. Er freute sich über Louis Philippes Sturz, Victoria und Albert bedauerten die französischen Verwandten. Albert hielt die Rüstung von Armee und Marine für unzureichend, Palmerston nicht. Albert, der Idealist, wollte auch in der Außenpolitik ethische Maximen und Gerechtigkeit geübt sehen, Palmerston handelte spontan entsprechend der englischen Interessenlage.

Seine außenpolitischen Maximen hat der Prinz sehr klar in einem Memorandum an den Premierminister Lord John Russell über die italienischen Freiheitsbestrebungen dargelegt. «Englands Mission, Pflicht und Interesse ist es, sich an die Spitze der Verbreitung der Zivilisation und der Erreichung der Freiheit zu stellen. Es möge jedoch in der Weise vorgehen, daß es jede Bemühung eines Staates, in dieser Richtung fortzuschreiten, fördere und schütze, nicht aber irgendeinem Staate einen Fortschritt aufdränge, zu welchem er nicht selbst den Impuls gegeben hätte. Zivilisation und liberale Institution müssen organisch gewachsen und national entwickelt sein, wenn sie gedeihen und einem Volk zu seinem Glück dienen sollen. Jede Versäumnis eines Stadiums dieser Entwicklung ... muß unfehlbar zur Verwirrung führen und eben die Entwicklung, welche wir wünschen, verzögern. Institutionen, die den Zuständen der Gesellschaft, für die sie bestimmt sind, nicht entsprechen, können nicht die richtigen sein, selbst wenn sie besser sein sollten als Zustände, in denen sich die fragliche Gesellschaft befindet. England ... erkläre sich für den Beschützer und Freund aller auf dem Wege des Fortschritts begriffenen Staaten ...»[13]

Außenminister Palmerston, dem Albert dieses Memorandum zeigte, hatte zwar gegen solche theoretischen Erörterungen nichts einzuwenden. Aber der erfahrene, 63jährige Politiker hatte sich noch nie von einem

Kabinettskollegen, nicht einmal vom Premierminister in seine Amtsführung hineinreden lassen und nun schon gar nicht von einem 28jährigen deutschen Prinzen. Ebendarin aber lag der tiefere Grund des Konflikts: bei allem Bemühen, die Krone aus der Tagespolitik fernzuhalten, verteidigte Albert das verfassungsmäßige Recht des Monarchen, in außenpolitischen Angelegenheiten informiert und gefragt zu werden, alle wichtigen Akten vorgelegt zu erhalten und in Grenzen auf die Entscheidungen Einfluß zu nehmen. Sein Anspruch ging noch weiter: der Souverän habe eine außerordentliche moralische Verantwortung für die Regierung, erklärte er Lord John, und die Pflicht, sie zu beobachten und zu kontrollieren.

Eben diese Definition königlicher Autorität lehnte Palmerston ab und boykottierte sie, wo es anging, zumal es Albert war, der nun in allem, außer dem Titel nach, König war; Victoria wurde im Lande «Königin Albertine» genannt. Palmerston informierte nicht, legte Akten nicht vor, verzögerte Depeschen, erschien nicht zu Audienzen. Das schürte bei Victoria und Albert die Abneigung bis zu knirschender Gehässigkeit: sie nannten den Außenminister nur noch «Pilgerstein» und drängten auf seine Ablösung.

Beim Besuch in Coburg hatte Albert mit den Verwandten ausgiebig die deutschen Angelegenheiten erörtert. Es war beschlossen worden, aktiv an der nationalen Einigung des Vaterlandes und an einer deutsch-englischen Allianz mitzuwirken. Daraus entstand der sogenannte «Coburger Kreis». Zu seinem Kern gehörten neben Bruder Ernst, dem regierenden Herzog, ihr Vetter Fürst Karl von Leiningen, Victorias Halbbruder, der in München als Präsident der Ersten Kammer der Reichsräte einer der einflußreichsten Männer in Bayern war und dann 1848 für kurze Zeit Reichsministerpräsident wurde. Dann gehörten dazu Stockmar und der preußische Gesandte in London, Freiherr von Bunsen, und mit gewissen Einschränkungen auch Onkel Leopold: als König der Belgier betrachtete er die Aussicht auf einen gesamtdeutschen Staat als Nachbarn mit anderen Augen als seine Neffen.

Es ist nicht die Aufgabe dieser Biographie, politische Entwicklungen darzustellen oder die Ereignisse um das Jahr 1848 in allen Phasen nachzuzeichnen – es gibt darüber jede Menge gelehrter Arbeiten. Doch stellt Prinz Alberts Versuch, die deutsche Einigungsbewegung zu fördern und ein engeres Zusammengehen zwischen einem geeinten Deutschland und England zu bewerkstelligen, in seinem Leben einen so bedeutenden Abschnitt dar, daß der Ablauf der Ereignisse auf dem Kontinent wenigstens punktuell angesprochen werden muß.

Es ist hier auch nicht der Raum, die letztlich vergeblichen Bemühungen des Coburger Kreises im einzelnen darzulegen. Albert übernahm es jedenfalls, einesteils die deutsche Situation in England zu erläutern in dem beschränkten Rahmen, den seine Stellung ihm bot; und andererseits in eben diesem Rahmen auf den preußischen König einzuwirken: ihn zu drängen, seinem Staat eine verfassungsmäßige Grundlage zu geben und die Führung in Deutschland zu übernehmen. Daraus entstanden lange, interessante Korrespondenzen, die hier nur gestreift werden können.

Nennenswerte Einflußmöglichkeiten in England besaß der Prinz nicht. Einmal hinderte ihn das gespannte Verhältnis zu Palmerston, der die Außenpolitik bestimmte (obgleich sie beide in der deutschen Frage weitgehend einer Meinung waren); und zweitens betrachtete die britische Diplomatie die deutschen Einheitsbestrebungen mit skeptischer Neutralität (es gab dringendere Probleme in Europa) und Alberts Bemühungen darum als seine Privatangelegenheit. Nicht daß England ein Hindernis gewesen wäre. Zwar machte Palmerston in einem Brief an den Prinzen deutlich, daß die Schutzzölle des Deutschen Zollvereins ein ernsthaftes Hemmnis für Englands Handelsinteressen seien und daß für eine engere Bindung, die politisch durchaus wünschenswert wäre, eine Revision der preußischen Zolltarife erforderlich sei.[14] Vor allem aber wollte Palmerston erst einmal sehen, von wem ein geeintes Deutschland regiert werden würde. Englands traditionellen Feinde waren das autokratisch strukturierte Rußland und das ewig Unruhe stiftende Frankreich; ein stabileres Mitteleuropa, von einem liberalen, protestantischen Preußen statt von einem reaktionären, katholischen Österreich geführt, hätte durchaus in das englische Konzept gepaßt – vorausgesetzt, das europäische Gleichgewicht würde dadurch nicht gestört. Doch England zweifelte – und mit Recht, wie sich zeigte – an der einen Grundvoraussetzung, um die sich Prinz Albert so fleißig bemühte: an einem liberalen preußischen Verfassungsstaat. «Man hat seine Zweifel, seine Besorgnisse, nicht aber entschiedenen Widerwillen und Abneigung», stellte auch die Deutsche Zeitung in einem von Stockmar inspirierten Bericht aus London fest.[15]

Albert konnte also in London nicht viel mehr tun, als eine aufklärende Broschüre zu veröffentlichen und Memoranden zu schreiben. Deren bevorzugter Adressat wurde nun König Friedrich Wilhelm IV. Der familiäre Kontakt erwies sich als vorteilhaft, Victoria und Albert waren von Stockmar nützlich beraten gewesen, als sie 1841 dem Monarchen zum Gevatter für den Prinzen von Wales gebeten hatten. Seither hatte man regelmäßig Grüße und Bücher, Künstler und Pistolen ausgetauscht und sich gegenseitig über politische Tendenzen informiert. Nun wurde der Kontakt intensiviert. In einem überlangen Brief vom April 1847 suchte der Prinz dem König die Vorzüge eines Verfassungsstaates nahezubringen, die mögliche Rolle, die Preußen in Europa spielen könnte, die Chancen, die in einer Annäherung an England lagen.

Albert hatte für die deutsche Einigung durchaus nicht von Anfang an auf Preußen gesetzt. Das Haus Coburg hatte stets viel mehr und viel engere Beziehungen zu Habsburg als zu Hohenzollern. Onkel Leopold waren die Preußen seit Napoleons Zeiten zuwider. Doch hatte man im Coburger Kreis erkannt, daß in diesen Bemühungen mit Österreich nicht zu rechnen war. Von Habsburgs außerdeutschen Interessen einmal ganz abgesehen, war Preußen ökonomisch und gesellschaftlich der bei weitem fortschrittlichere Staat, das Modernitätsgefälle zu Österreich war erheblich. Politisch konservativ ausgerichtet waren sie beide – die Chance der Liberalisierung schien bei Preußen größer, wenigstens der Thronfolger, Prinz Wilhelm, schien den Ideen des Coburger Kreises mit Sympathie gegenüberzustehen. Der König war wohl ein Bewunderer des protestantischen England, seiner gewachsenen, nicht schriftlich formulierten Verfassung und seiner aristokratischen Regierungsmethode. Doch unsicher schwankte er zwischen Liberalität und konservativer Tradition hin und her, im Grunde war er noch ganz im Metternichschen System, in der Loyalität zu Habsburg und der Bindung an Rußland befangen. Er hätte es gern gesehen, wenn England wieder in die alte Viererkoalition der Tage von Waterloo zurückgekehrt wäre. Der Mann, der an der Spitze Preußens die deutsche Einigung bewerkstelligen konnte, war er nicht.

Stockmar beurteilte die kommenden Ereignisse richtig. «Ich sehe sehr große Umwälzungen voraus», schrieb er Albert Anfang 1847. «Auf die Weisheit unserer jetzt regierenden Staatsmänner baue ich wenig; man darf sich auf große Fehler gefaßt machen.»[16] Und an Bunsen: «Ich überzeuge mich immer mehr: wir sind in dem Anfang einer großen politischen Krise.»[17]

Albert schrieb im Herbst 1847 ein Memorandum, das an den preußischen König gerichtet ist.[18] Er geht davon aus, daß die öffentliche Meinung in Deutschland zwei Ziele anstrebe: eine populärere Regierungsform und ein geeintes Deutschland. Das ließe sich am schnellsten und einfachsten folgendermaßen in die Wege leiten: Die Regierungen der deutschen Teilstaaten schicken bedeutende Persönlichkeiten als ihre Vertreter in den Bundestag nach Frankfurt. Alle bisher zweiseitigen Verhandlungen finden künftig dort statt. Außerdem werden in Frankfurt ständige Kommissionen eingerichtet für Militärangelegenheiten, Verkehr, für die Vereinheitlichung von Maßen, Gewichten und Münzen, für Paß- und Polizeisachen – da könnten viele praktische Verbesserungen erzielt werden, und wenn die Verhandlungen darüber öffentlich stattfänden, würde das einen großen Eindruck auf die öffentliche Meinung machen. «Meine Ansicht ist, daß die ganze politische Reformation Deutschlands in der Hand Preußens liegt... Sollte Preußen den vorgeschlagenen Reformationsplan wirklich annehmen und furchtlos und konsequent durchführen, so würde es die bestimmende und leitende Macht in Deutschland werden.»

Die Ereignisse Anfang 1848 werfen alle Pläne über den Haufen. Im Januar beginnt der Aufruhr in Süditalien und Sizilien. Im Februar treten in Baden, Württemberg, Hessen und anderen Bundesländern Volksversammlungen zusammen, die mehr Freiheit fordern. Am 22. Feburar bricht in Paris die Revolution aus, König Louis Philippe flieht eilig mit seiner ganzen Familie nach England; die Republik fordert die Einverleibung Belgiens und der Rheinlande, England verstärkt vorsichtshalber seine Küstenverteidigung.

In Gotha ist Großmutter Caroline im Alter von 77 Jahren gestorben, Albert schreibt der Stiefmutter nach Coburg: «Ich kann mich nicht einmal so recht meiner Trauer überlassen, so drängt die furchtbare Gegenwart auf uns ein ... August, Clementine, Nemours und die Herzogin von Montpensier sind einzeln als Schiffbrüchige zu uns gelangt. Victoire, Alexander, der König, die Königin tanzen noch auf den Wellen oder sind nach anderen Gegenden verschlagen worden, wir wissen nichts von ihnen. Frankreich steht in Flammen, Belgien ist bedroht, wir haben eine Minister-, Geld- und Steuerkrise und Victoria soll niederkommen. Mein Herz ist schwer.»[19]

Am 13. März beginnt der Aufstand in Wien, Metternich flieht und kommt ebenfalls nach England. Am 18. beginnen die Straßenkämpfe in Berlin. Am 20. muß in München König Ludwig I. abdanken. In Mailand beginnt der Aufstand. Die Polen erheben sich im preußischen Posen wie im österreichischen Krakau, die Tschechen in Prag, die Ungarn setzen die Habsburger Dynastie ab. Die Schweizer «Muß-Preußen» im Kanton Neuenburg reißen sich los. Preußens Thronfolger, Prinz Wilhelm, wird vorsichtshalber nach England geschickt.

Auch in Coburg und Gotha kriselt es. Albert hatte seinem Bruder schon im Jahr zuvor empfohlen, «diese Entwicklung in seine eigene Hand (zu) nehmen und sie nach seiner eigenen Einsicht (zu) formen, anstatt zu warten, bis sie ihm abgerungen wird».[20] Ein Demokrat ist Albert nicht, er fürchtet den «roten Republikanismus». Doch ein überzeugter Reformer ist auch Ernst, sein Herzogtum hat eine «freisinnige» Regierung, die vieles von sich aus modernisiert hat, was in anderen Bundesländern erst auf der Liste der Forderungen von 1848 steht. Doch die Unruhe steckt an. «Liberale Gesellschaften» werden gegründet, aufreizende Reden gehalten. Die Ständeversammlung soll sofort einberufen werden, Pressefreiheit, Schwurgerichte, Volksbewaffnung werden verlangt. Die Feudallasten sollen abgelöst, gleichmäßigere Verteilung der Lasten erreicht, mehr Öffentlichkeit und weniger Verwaltung garantiert, eine demokratische Gesamtverfassung erarbeitet werden. «Die Forderungen selbst scheinen nichts zu enthalten, als was Du ohnehin im Sinne hattest», beruhigt Albert den Bruder.[21] Der Herzog spricht zu Versammlungen, empfängt Deputationen. «Wir kleinen deutschen Fürsten, vom Strom der Bewegung mit weggerissen, müssen zu schwimmen versuchen», schreibt er nach London, «das heißt, dem Liberalismus dienen, der aber leider von der Revolution und dem äußersten Demokratismus selbst verschlungen zu werden in Gefahr schwebt.»[22] Ernst geht in der Folge sogar noch viel weiter: der Landtag wird reformiert, die Bundesgesetze von 1819 und die Geheimbeschlüsse der Wiener Ministerkonferenz von 1832 werden annulliert, im amtlichen Sprachgebrauch werden Floskeln wie «Hochgeboren» oder «alleruntertänigst» abgeschafft – schließlich mündete das ganze Reformwerk 1852 in einer Gesamtstaatsverfassung, nach der die gesetzgebende Gewalt vom Herzog in Gemeinschaft mit den Landtagen in Coburg und Gotha ausgeübt wurde. Der Deutsche Bund focht diese Verfassung – vergeblich – an, weil sie nicht im Einklang mit dem monarchischen Prinzip stand, das im Grundgesetz des Bundes verankert war.[23]

In Ernsts Herzogtum ist der gröbste Märzsturm jedenfalls schon nach wenigen Tagen vorüber, ohne Schaden angerichtet zu haben. Ernst kann Onkel Leopold, dessen Belgien die rühmliche, friedliche Ausnahme in Europa bleibt, schon am 15. März mitteilen, «daß es bei uns wieder ganz ruhig ist... Die Städte sind noch im Taumel, der ruhige Landmann ist bereits nüchterner geworden und bemüht sich, mir Anhänglichkeit und Unterstützung in Aussicht zu stellen.»[24]

In London setzte sich Prinz Albert angesichts der veränderten Verhältnisse sofort an einen neuen Entwurf für die deutsche Einigung. Er wollte eine künftige Verfassung nicht als einen Akt der Revolution, sondern als Ergebnis von Verhandlungen zwischen den Fürsten und der Nationalversammlung sehen. Hatte er bisher besonders von den kleinen Fürsten erwartet, daß sie einen Teil ihrer Souveränität an den künftigen Gesamtstaat abtreten würden, so schien das jetzt nicht mehr praktikabel; die Mittelstaaten wie Bayern dachten nicht im Traum an so etwas, wiewohl sie auf ein gesamtdeutsches Reich drängten, und auch Herzog Ernst hatte Vorbehalte: die Kleinen fürchteten, von einem übermächtigen Preußen, das auch noch den Kaiser stellen sollte, geschluckt zu werden. Stockmar wollte, um diese Ängste zu zerstreuen, den preußischen Staat als Reichsland im Deutschen Bund mit einem preußischen Kaiser aufgehen lassen. Albert entwickelte eine «großdeutsche» Lösung, die Österreich einbezog: Aus dem deutschen Staatenbund sollte ein Bundesstaat mit einem Reichstag aus zwei Kammern werden. Alle Kronen und Dynastien würden bestehen bleiben. Die zweite Kammer würde aus indirekten Wahlen der Stände in den einzelnen Bundesländern hervorgehen, die erste, das Oberhaus, wäre ein Fürstenrat, der ein Vetorecht hätte und den Kaiser wählen würde, auf Lebenszeit oder für eine bestimmte Periode – also kein erbliches Kaisertum mehr, um den kleineren Fürsten die Angst vor der Mediatisierung zu nehmen. Eine dem Reichstag verantwortliche Regierung aus nur drei Ministerien – für Äußeres, Krieg sowie Handel und Verkehr –, ein unabhängiges Reichsgericht: der Entwurf geht bereits sehr in Einzelheiten. Albert schickte ihn gegen Stockmars Rat in die deutschen Hauptstädte, wo er kühl aufgenommen wurde.[25]

Seine Freunde im Coburger Kreis und der Verlauf der Ereignisse führten den Prinzen jedoch zu seiner ursprünglichen Überzeugung zurück: eine deutsche Lösung schien nur ohne Österreich möglich, und der Fortgang der Geschichte in den folgenden Jahren ließ diese Überzeugung immer fester werden – wenn sich Albert die Lösung auch nicht so vorstellte, wie sie dann Bismarck später praktizierte. «Österreich will Napoleons Politik von 1805 bis zu Ende führen», schrieb er seinem Bruder, «und ein einiges Deutschland auf immer unmöglich machen, indem es einen Bund von Königen herstellt, die sich beständig im Schach erhalten und so auf ewig schwach und untätig gemacht werden sollen.»[26] Künftig sah er die Lösung nur noch in einem von Österreich getrennten Deutschland, und dann müßten beide «das herzlichste Einvernehmen und das treueste Bündnis» bewahren.

Auch Großbritannien erlebte Anfang 1848 eine kurze Periode der Unsicherheit. Es befand sich wohl in einer ähnlichen Situation wie die Kontinentalstaaten. Der Unterschied war, daß hier nicht nationale Ambitionen oder Haß gegen Besatzungsmächte oder ungeliebte Herrscherhäuser für Spannungen sorgten, sondern das wirtschaftliche Elend, das mit den unvorhergesehenen Folgen der industriellen Revolution Hand in Hand ging.

Die Unruhen in den Industriezentren rissen schon seit Jahren nicht mehr ab, sie griffen auch auf die Landarbeiter und südenglische Städte über wie Exeter, Bath und Plymouth. Am 5. März wurde in Glasgow geplündert, Truppen mußten eingreifen, es gab Tote. Auf dem Trafalgar Square in London versammelte sich eine Menschenmenge, schrie «Vive la Republique!», drang in den Park des Buckingham Palastes ein und zerstörte Alberts Kegelbahn, bevor sie von der Polizei vertrieben wurde. Der Prinz schickte dem Premierminister ein Memorandum. «Ich habe mich etwas näher mit der Arbeitslage in London befaßt und muß zu meinem großen Bedauern feststellen, daß die Zahl der Arbeitslosen aller Berufe sehr hoch ist und daß sie noch gesteigert wird durch Entlassungen bei Regierungsarbeiten, die durch den Sparwunsch des Unterhauses zustande gekommen sind. ... Dies kann jedoch kaum der rechte Zeitpunkt sein, da die Steuerzahler auf Kosten der Arbeiterklasse zu sparen beginnen. ... so muß nach meiner Ansicht die Regierung alles tun, was sie kann, um den arbeitenden Klassen aus der gegenwärtigen Notlage zu helfen.»[27] Albert war tief pessimistisch.

Anfang April 1848 rechnet man auch in London mit dem Schlimmsten. Die Chartisten haben für den 10. April eine Massendemonstration angekündigt. Die Regierung rät der Königin, die gerade erst das Wochenbett verlassen hat – am 18. März ist das 6. Kind, Prinzessin Louise, geboren –, vorläufig nach Osborne zu übersiedeln und setzt die Hauptstadt in Verteidigungszustand: Rund um den Buckingham Palast werden ein Dutzend Artilleriestellungen ausgehoben, Regierungsviertel und Themsebrücken werden von 4000 Polizisten und 8000 Soldaten bewacht, 1500 Veteranen sollen die Zufahrtsstraßen nach Whitehall schützen. Das Büropersonal des Außenministeriums ist mit Gewehren ausgerüstet, die Fenster sind mit Zeitungsbänden verbarrikadiert, die Gewehrkugeln abhalten sollen. Den Oberbefehl hat der Herzog von Wellington, der Sieger von Waterloo. Der PUNCH meint allerdings: «Für die erwarteten Straßenkämpfe würde die Regierung besser Barrikaden aus Vier-Pfund-Broten und Bierfässern bauen und mit Semmeln und Schweineschinken schießen lassen, dann würde jegliche Unruhe sehr schnell beendet sein.»

Der 10. April wird für die Chartisten ein Fiasko. Statt einer halben Million kommen nur schätzungsweise 23000 nach London. Auf dem Gemeindeanger des Stadtteils Kensington werden viele und heftige Reden gehalten. Eine Abordnung soll ein Petition ins Unterhaus bringen, für die angeblich 3½ Millionen Unterschriften gesammelt wurden. Die Polizei läßt sie nicht durch: Umzüge sind verboten. Nach langen Verhandlungen einigt man sich darauf, die Pakete mit den Unterschriften in drei Pferdedroschken zu verladen und nach Whitehall zu transportieren – wo sie dann völlig unbeachtet bleiben.

Die gefürchtete Chartisten-Bewegung war erledigt. Sie hatte ihren revolutionären Schwung längst verloren. Die Regierung blieb besonnen, unterließ jeden Eingriff in die Presse- oder Redefreiheit; nichts wurde verboten, keine Kritik unterdrückt. Die Reformgesetzte nahmen den Chartisten den Wind aus den Segeln. Die Schutzzölle, die die Lebenshaltungskosten so sehr verteuert hatten, waren 1846 aufgehoben worden, die Wirtschaft befand sich im Aufschwung, man konnte wieder hoffen. Das war einer der Hauptgründe, warum 1848 eine Revolution vermieden werden konnte, wie sie Frankreich vorgeführt hatte. Zudem besaßen die Chartisten keine Führerpersönlichkeit, die faszinieren und mitreißen konnte. Aus Prinzip hatten sie nur Arbeiter in ihren Reihen aufgenommen, so fehlte es am intellektuellen Unterbau, an Organisation und Strategie – es ging alles solide und ordentlich zu. Die Chartisten-Bewegung hat den 10. April 1848 nicht überlebt, wenn auch die Tumulte noch eine Weile andauerten, besonders in Irland. «Gestern hatten wir unsere Revolution, die in Rauch aufging», berichtete Albert dem Baron Stockmar. «Ich hoffe, das wird auf dem Kontinent einen guten Eindruck machen.» Die Königin konnte nach London zurückkehren. «Albert ist fortwährend mein Stolz und meine Bewunderung», schrieb sie Onkel Leopold: «Seine Heiterkeit und sein Mut sind ein großer Trost und eine Beruhigung für mich. Aber glaube mir, ich bin oft sehr traurig.»

Einen guten Eindruck machte das auf dem Kontinent durchaus: England wurde zum Asyl für Tausende Italiener und Ungarn, Polen, Franzosen und Deutsche unterschiedlichster politischer Überzeugung; es war das einzige europäische Land, das trotz aller Proteste der kontinentalen Großmächte sein Asylrecht beibehielt. London war das Refugium sowohl des Fürsten Metternich als auch Giuseppe Mazzinis, des italienischen Freiheitskämpfers gegen die Habsburgerherrschaft. In England saßen der geflüchtete König Louis Philippe mit seinem ganzen Anhang – sehr lästige und undankbare Asylanten – einschließlich Sohn und spanischer Schwiegertochter, über die wenige Jahre zuvor die Entente Cordiale zerbrochen war. Da saßen Victor Hugo und Karl Marx, da kamen der Russe Alexander Herzen und der Ungar Ludwig Kossuth – Europa war wieder einmal in einem heillosen Zustand.

In Deutschland herrscht vor lauter Verfassungsentwürfen und der vielfachen Zahl von Einwänden völlige Verwirrung. Die Mühen des Coburger

Kreises führen zu nichts. Stockmar kommt als Coburger Gesandter zur Nationalversammlung nach Frankfurt, ist als Ministerpräsident vorgesehen, lehnt aber ab. Er erkennt, daß die wichtigen Entscheidungen nicht in Frankfurt, sondern in Berlin getroffen werden müssen. Er besucht König Friedrich Wilhelm, erkennt, daß dies nicht der Mann ist, die erwarteten Entscheidungen zu treffen und die deutsche Frage zu lösen, und zieht sich aus der Nationalversammlung zurück. Ebenso mißlingt Bunsens Berufung zum Außenminister. Für kurze Zeit wird Leiningen Reichsministerpräsident. Friedrich Wilhelm lehnt die ihm angebotene Kaiserkrone als «Revolutionskrone» ab, Albert hat Verständnis dafür: der Kaiser sollte von den Fürsten gewählt werden, nicht von der Nationalversammlung. In Sachsen wie im Südwesten bricht der Aufstand der Republikaner aus, Erzherzog Johann gibt das Amt des Reichsverwesers sang- und klanglos auf, die Nationalversammlung ist nach Stockmars Worten «dabei, sich selbst zu begraben». Der Traum der Liberalen ist zu Ende. Preußen erwägt eine Union in neuer Form, schließt ein Drei-Königs-Bündnis mit Sachsen und Hannover. Albert drängt in einem Brief an den Thronfolger, Prinz Wilhelm, dieses Bündnis schleunigst zum Kern eines künftigen Gesamtreichs auszubauen. «Denn darüber darf man sich keiner Täuschung hingeben, daß Österreich ... alle Mittel aufbieten wird, um die Einigung Deutschlands unter Preußen zu hintertreiben, und daß die Könige von Bayern, Württemberg und Hannover keinen Zoll von ihrem Souveränitätsdünkel aufgeben werden, wenn ihre Völker oder äußere Umstände sie nicht dazu zwingen.»[28] Österreich unter Schwarzenberg operiert geschickter. Zu den gesamtdeutschen Verfassungsmühen kommen der Konflikt um Schleswig-Holstein und der Verfassungskampf in Hessen hinzu. Truppen werden mobilisiert. Der preußische König läßt durch seinen Vertrauten, den General von Radowitz, bei Albert die Chancen für ein Kriegsbündnis mit England erkunden. Albert berät sich mit den Ministern und schreibt dem König ausführlich, sehr diplomatisch, aber deutlich genug seine Meinung. «Ich bin durch die letzten Ereignisse mehr als je in der Ansicht bestärkt worden, daß Preußen (die schwächste der fünf Großmächte) als bloßer Militärstaat in Deutschland Österreich gegenüber immer nur eine untergeordnete Stellung – und in Europa den vier Großmächten gegenüber gar keine einnehmen kann: nämlich nur eine als Anhängsel oder Werkzeug Rußlands und Österreichs; während ein Preußen, das als ehrlicher Repräsentant der konstitutionellen Monarchie auf dem Kontinent und zugleich mit patriotischer Uneigennützigkeit als Schutzherr der konstitutionellen Verbindung und Entwicklung der deutschen Staaten auftritt, eine moralische Macht besitzen wird, die hinreicht, ... jedem Angriffe die Spitze zu bieten, aber die dann auch der Sympathie und Unterstützung Englands (nicht) entbehren wird.»[29] Konkret muß Radowitz seinem Souverän melden: Wenn die deutsche Frage zu einem Krieg zwischen Preußen und

Österreich führe, seien die Wünsche Englands auf seiten Preußens, doch würde es unter dem Einfluß der öffentlichen Meinung strenge Neutralität beachten. Beteilige sich jedoch Rußland mittelbar oder unmittelbar am Krieg, sei England bereit, tätig für Preußen einzugreifen; eine Verpflichtung dazu im voraus würde es allerdings nicht übernehmen.

Inzwischen aber hatte Preußen im November bereits den Gang nach Olmütz angetreten, unter österreichischem Druck die Unionspläne fallenlassen, auf das Drei-Königs-Bündnis verzichtet, allen Führungsaufgaben in Deutschland, die sich so vielfältig angeboten hatten, abgesagt – es war reumütig in die von Österreich dominierte Allianz der nach Osten orientierten, konservativ-reaktionären Kräfte zurückgekehrt.

Übrig blieb der Deutsche Nationalverein, den zunächst kein Fürst in seinem Land dulden wollte und der schließlich bei Herzog Ernst Aufnahme fand, so daß Coburg nun als Zentrum national-liberaler Bestrebungen allmählich ein neues Profil im deutschen Staatenbund erlangte. Stockmar gab die deutschen Hoffnungen für die nächste Zeit auf, die Bemühungen waren gescheitert. Aber, schreibt Herzog Ernst in seinen Memoiren, «die epochemachenden Grundsätze der deutschen Zukunftspolitik mit solcher Schärfe ausgesprochen zu haben, bleibt in der Geschichte unserer Zeit das unbestreitbare Verdienst des Prinzen Albert».[30]

Der Prinz war zutiefst enttäuscht. Fast alle seine Briefe nach Deutschland und nach Brüssel lassen die Verbitterung darüber erkennen, daß seine Vision einer liberalen deutsch-englischen Allianz, verstärkt durch Belgien, vielleicht auch durch Holland und die Schweiz, zerstoben ist. Was ja gleichzeitig bedeutete, daß England weiterhin ohne potenten Bündnispartner auf dem Kontinent politisch isoliert war. Wäre Alberts Vision politische Wirklichkeit geworden, hätte die europäische Geschichte zweifellos einen anderen Verlauf genommen. Doch nun war der Bundestag wieder in seine alten, belangslosen Aufgaben und Rechte eingesetzt, Österreich hatte, nach russischer Hilfe, die Verfassung wieder aufgehoben und den absolutistischen Zentralismus reaktiviert, und selbst Frankreich war durch den Staatsstreich und die dann folgende Kaiserkrönung Napoleon III. in das legitimistische Lager zurückgekehrt. «Ich sehe Symptome in den deutschen Monarchen, alle alten Fehler wieder machen zu wollen, die ihnen eben fast den Kopf gekostet haben», hatte Albert der Stiefmutter schon zum Jahreswechsel 1848 geklagt. Jetzt schreibt er seinem Bruder: «Unsere Fürsten sind ein trauriges Geschlecht wie die ägyptischen Pharaonen, die nach jeder Plage, die über sie und Ägypten gebracht wurde, sogleich wieder verstockten Herzens wurden. Leider hat Deutschland noch nicht den rechten Moses gefunden.»[31] Und an Stockmar: «Deutschland scheint mir unter der unseligen Regierungs- und Souveränitätspolitik ganz zu verfaulen und der nächsten Revolution ein noch leichteres Spielwerk zu werden . . . Es ist gar zu traurig.»[32]

Stockmar sieht wieder einmal die Zukunft richtig voraus, als er dem Prinzen erwidert: «Unsere inneren Verhältnisse können nie auf dem Wege vernünftiger Verhandlung und Transaktion geordnet werden. Gewalt wird am Ende den Knoten zerhauen ... Dann kann es kommen, wie es schon so oft kam: die Not erzeugt den Mann und die Tat.»

Albert und seine Freunde hatten zu viel erwartet. Eine deutsche staatliche Einheit, ein neues parlamentarisches System und dazu eine außenpolitische Westorientierung – das waren drei Ziele, die gleichzeitig anzusteuern die politische Kraft des deutschen Volkes und seiner Fürsten zu dieser Zeit überstiegen. Mit der «Olmützer Punktation» war die deutsche Einigungsbewegung vorerst am Ende, die Chance war verspielt, Metternichs Schema von 1815 wurde weitergeführt. «Sie können sich nicht vorstellen, wie mich die Finger jucken, von Deutschland jetzt getrennt sein zu müssen!» hatte der Prinz 1848 Stockmar zugerufen. Jetzt hieß es: «Von deutscher Politik habe ich so viel Abscheu als Sie zu reden. Die Schlechtigkeit oder grenzenlose Unfähigkeit derjenigen, die das Regiment in Händen haben, ist zu empörend.»[33] Zum Jahreswechsel 1851 rekapituliert er in einem langen Brief an den preußischen Thronfolger noch einmal voller Bitternis die Ereignisse der letzten Jahre und Wochen. «So sehen wir nun Preußen vor Europa sowie vor Deutschland mit den unerwartetsten Demütigungen überschüttet: Die Landwehr unverrichteter Sache nach Hause geschickt, Baden aufgegeben, Hamburg geräumt, Hessen und selbst Kassel der Bundesarmee überliefert, die Bundesexekution in Schleswig-Holstein zugestanden, die Union aufgegeben und den Bundestag de facto anerkannt, ja, um dem öffentlichen Unmute die Möglichkeit eines Ausdruckes zu rauben, die Kammern selbst vertagt (vielleicht schon der Auflösung geweiht) und so gleichsam die Axt an die einzig übriggebliebene Grundfeste gelegt, auf der eine friedliche Entwicklung Preußens und Deutschlands zu deren Glück und Wohl möglich gewesen wäre.»[34] An Friedrich Wilhelm IV. wandte sich Albert nur noch einmal im September 1852, um ihn davon abzuhalten, sich mit der Armee den Schweizer Kanton Neuenburg zurückzuholen, der Preußen vom Wiener Kongreß zugesprochen worden war und sich 1848 losgerissen hatte – das hätte erneut internationale Verwicklungen zur Folge gehabt. Preußen überließ dann den Fall englischer Vermittlung, und Albert hatte der Schweizer Demokratie wie dem europäischen Frieden einen Dienst erwiesen.

Inzwischen hatte er die deutsche Einigung abgeschrieben, blieb nur noch «ein treuer Coburger und Gothaner» und konzentrierte sich wieder ganz auf die britischen Angelegenheiten. Sowohl 1849 wie auch im Jahr darauf erfolgten wieder Attentate auf Victoria, trotz anhaltender Unsicherheit wurde Irland endlich besucht, eine Ministerkrise stand bevor, und Albert steckte bis über die Ohren in den Vorbereitungen für seine Weltausstellung, die im Mai 1851 eröffnet werden sollte.

16. Kapitel

Die Weltausstellung 1851

Das Jahr 1849 brachte keine Beruhigung. Weder die revolutionären Bewegungen auf dem Kontinent noch die Kolonialkriege in Indien gönnten Alberts Nerven Erholung. Das Pandschab wurde annektiert, Victoria erhielt als Trophäe den Koh-i-noor-Diamanten. Palmerston pokerte mit hohem Einsatz: Nach einem diplomatischen Konflikt Rußlands und Österreichs mit der Türkei schickte er die Mittelmeerflotte an die Dardanellen, und zur allgemeinen Bestürzung hatte er auch den sizilianischen Aufstand heimlich unterstützt, der 1849 zusammenbrach. Vieles hatte der Prinz neben dem großen Projekt zu verkraften, das in diesem Jahr geboren wurde: die Great Exhibition, die «Weltausstellung», die 1851 in London stattfinden sollte. Die Visite in Irland war nicht länger zu umgehen, es waren nun 18 Jahre seit dem letzten königlichen Besuch vergangen (der in Erinnerung blieb, weil William IV. stockbetrunken gewesen war). Albert hatte in mehreren Memoranden versucht, angesichts der trostlosen irischen Verhältnisse das Gewissen der Regierung aufzurütteln – nach mehreren verheerenden Kartoffelernten starben in Irland eine Million Menschen, eine weitere Million wanderte aus. Deprimiert und lustlos traten die Königin und der Prinz die Reise an, doch entgegen vielen Erwartungen verlief sie ohne Zwischenfall. Im Gegenteil: überall Jubel und Herzlichkeit. «Obgleich Sie immer vorausgesagt haben, daß die Irländer große Loyalität zeigen würden, hätte die Intensität ihres Gefühlsausdrucks selbst Ihre Erwartungen übertroffen», schrieb Albert an Peel. Er kam voller Ideen zurück: wie zum Beispiel die Universität eine Klammer zwischen Katholiken und Protestanden schaffen könnte.

Dann griff in der nächsten Umgebung der Tod zu. Im November 1849 starb George Anson, der dem Prinzen in zehn Jahren ein loyaler Sekretär und treuer Freund geworden war; Albert weinte, war blaß und niedergeschlagen, notierte Lady Lyttelton.[1] Kurz darauf starb Victorias Tante Adelaide, die Witwe William IV., die ihr in Kindheit und Jugend oft Zuflucht in einer feindseligen Umgebung gewesen war. Im Juni wurde die Königin, als sie in ihren Wagen steigen wollte, von einem ehemaligen Offizier mit dem Stock geschlagen, sie war «tagelang grün und braun im Gesicht». Sir Robert Peel stürzte vom Pferd und starb am 2. Juli, «unser treuester Freund», klagte Albert. Er begann zu kränkeln, litt an Depressionen, verordnete Diät half nicht, Clark, der Leibarzt, konnte außer seelischen Ursachen kein Leiden entdecken. Im August verstarb in Claremont Exkönig Louis Philippe, zwei Monate später in Brüssel seine Tochter Louise, und so war Onkel Leopold zum zweiten Mal Witwer. «Der Prinz schläft wieder so schlecht wie je und sieht abends sehr schlimm aus», berichtete die Königin Stockmar. Albert war 30 Jahre alt.

Die «Große Ausstellung» ist, rückschauend, der Höhepunkt in seinem Leben geworden, der Zenit seines Wirkens und der Gipfel seiner bescheidenen Popularität. Ohne diesen Abschnitt ließe sich weder sein Charakter noch seine Vision einer Synthese von Kunst, Technik und Bildung, noch seine Bedeutung für England gebührend würdigen.

So ernst und formell der Prinz in der Öffentlichkeit auftrat – bei der Beschäftigung mit den schönen Künsten offenbarte sich eine andere Seite seines komplexen Wesens: Wärme, Heiterkeit und Lebensfreude, jene Eigenschaften, die seine Familie, die vertrauten Freunde und verwandte Geister an ihm kannten. Nicht nur Thomas Carlyle war überrascht, statt eines verklemmten deutschen Kleinstädters einen «sehr vergnügten und sympathischen Mann» kennenzulernen. Funktionen auf künstlerischem Gebiet hatte er gleich nach seiner Ankunft in England übernommen. Er war sofort Mitglied der Royal Society of Arts geworden, der Königlichen Gesellschaft der Künste; 1843 wurde er ihr Präsident und blieb es bis zu seinem Tode. Mangels wichtigerer Beschäftigung in der ersten Zeit hatte er die königliche Blaskapelle in ein Symphonieorchester umgewandelt, stellte – zeitlebens – die Konzertprogramme der Philharmonischen Gesellschaft zusammen und kümmerte sich um die völlig vernachlässigten Kunstschätze in den Schlössern. Auf Anregung Peels wurde er 1841 zum Vorsitzenden der Königlichen Kommission berufen, die Vorschläge für die künstlerische Ausgestaltung des wieder aufgebauten Parlamentsgebäudes machen sollte; der alte Westminster-Palast war 1834 abgebrannt. Peels Empfehlung überraschte allgemein; einmal, weil Albert gerade 22 Jahre alt und er erst ein gutes Jahr im Land war; zum anderen, weil sich der englische Hof schon lange nicht mehr durch Kunstverständnis ausgezeichnet hatte (und bis auf den heutigen Tag auch nie wieder ausgezeichnet hat). George IV. war in seiner Prinzregentenzeit der letzte gewesen, der als Bauherr etwas für die Architektur getan hatte. Albert empfand das als Aufgabe nicht nur von Monarchen. «Ich betrachte es als die Pflicht jedes gebildeten Menschen, die Zeit, in der er lebt, eingehend zu beobachten und zu studieren und, soweit er dazu in der Lage ist, sein bescheidenes Scherflein an persönlicher Mühe beizutragen, um die Vollendung zu erreichen, welche die Vorsehung seiner Meinung nach beabsichtigt hat.»[2] Da war sie wieder, diese alles abstrahierende deutsche Verstiegenheit, die der englischen Kaufmannsmentalität so suspekt war.

Bei all solcher moralischen Verpflichtung erkannte Albert allerdings auch, daß die Zeit privater Mäzene zu Ende ging. Der neuen London Library etwa konnte er neben seiner Schirmherrschaft und einem Grundstock deutscher Bücher nur 50 Pfund schenken. In einem Brief an den

Premierminister klagte er 1849 bitter darüber, daß die Königin schlechter gestellt sei als ihre Vorgänger und auch er selbst bei seinem Einkommen nicht viel für Kunst und Wissenschaft tun könne.[3] Er hielt es für unausweichlich, daß eines Tages der Staat die Mäzenatenrolle übernehmen müsse. Die Aristokratie opponierte zwar heftig gegen diese Vorstellung: das sei traditionsgemäß ihre Aufgabe; aber sie tat herzlich wenig dafür, weit weniger als in der Vergangenheit.

Elizabeth Longford meint in ihrer Victoria-Biographie, es habe nichts gegeben, was Albert nicht konnte, von der Anlage der Kanalisation in Osborne bis zum Entwurf für Winterhalters Porträts.[4] Er selbst schätzte seine künstlerischen Fähigkeiten nicht hoch ein, so talentiert er auch zeichnete und musizierte. Er war kein origineller Künstler. Zeichnen und malen konnte Victoria weit besser, und seine 37 Lieder, die er im Stil Schuberts komponierte, besitzen kein künstlerisches Gewicht. «Es ist eine liebliche Musik ohne Anmaßung», urteilte Yehudi Menuhin anläßlich Alberts 150. Geburtstag, «nicht bedeutend, nicht intellektuell anspruchsvoll, aber sie hat Charme.»[5] «Mir scheint», erklärte Albert bei einem Abendessen in Schloß Windsor, «daß Personen in unserer Stellung niemals wirkliche Künstler sein können... Es ist nicht so sehr unsere Aufgabe, kreativ zu schaffen, als die Schöpfungen anderer zu begreifen und anzuerkennen, und das können wir niemals, bevor wir nicht die Schwierigkeiten des Schöpfungsaktes nachfühlen können. Mit diesem Prinzip habe ich mich immer bemüht, wenigstens die Rudimente der Künste zu lernen. Ich habe zum Beispiel Ölmalerei, Aquarellieren, Radieren, die Lithographie gelernt und in der Musik Klavier, Orgel und Gesang – natürlich nicht, weil ich glaubte, irgend etwas erreichen zu können, was des Ansehens oder Anhörens wert wäre, sondern einfach, um die Werke anderer verstehen und beurteilen zu können.»[6]

Alberts künstlerische Bedeutung lag in seiner Rolle als Vermittler, Popularisierer und Organisator. Er legte sich dabei auf keine bestimmte Richtung oder Mode fest; es gab damals in England keinen vorherrschenden Geschmack wie im Jahrhundert davor, es gab viele, vorwiegend historisierende Geschmäcker, was G. M. Trevelyan als einen «jammervollen Zustand» beklagt. Dadurch wirkt heute vieles, was der Prinz an Kunst- und Bauwerken verantwortete, als stilistischer Mischmasch oder gar als Kitsch: indische Ornamente, florentinische Villen, dekorüberladene Innenarchitektur entsprachen dem, was die Gesellschaft jener Jahre liebte. Aber Albert entwarf auch die strenge, helle, neugotische Kirche von Whippingham auf der Insel Wight, und seine eigenen Räume waren zwar nicht ohne Dekor, aber in allererster Linie zweckmäßig eingerichtet.

Es war nicht der Stil eines Gegenstandes (Alberts Geschmack läßt sich kaum zutreffend konkretisieren), es war vielmehr die handwerkliche Arbeit, der seine Wertschätzung galt. Jedes Ding war ihm ein Stück Schöpfung. Auch Kunst mußte einen Zweck haben – das entsprach dem unermüdlichen Arbeiter, der er war, ebenso wie dem materialistisch orientierten Industriezeitalter. Er hatte Freude an gut gearbeiteten Gegenständen, denen man auch ansah, daß sie Arbeit und Mühe gekostet hatten. Er schätzte den Stolz des Handwerkers. In Abstraktem, Kunst nur um der Kunst willen, argwöhnte er Verantwortungslosigkeit; solche Kunstauffassung lag außerhalb seines Weltbildes. Richard Wagners Klage über die «Kunstunfähigkeit» des industriellen Zeitalters hätte er nicht verstanden, sowenig er Aristokraten wie den ehemaligen Schatzkanzler Lord Althorp begriff, der in einer Finanzdebatte äußerte, wenn es nach ihm gegangen wäre, hätte er die ganze Nationalgalerie verkauft. Gewiß, durch immer mehr Kohle, Schornsteine, immer mehr Ruß wurde die Welt immer grauer. Aber eben deswegen sah der Prinz die große aktuelle Aufgabe des Künstlers darin, eine Symbiose zu schaffen: nicht nur die Wissenschaft, sondern auch die Kunst auf die Industrie und ihre Produkte anzuwenden und dadurch dem Menschen Geschmack und letztlich Bildung zu vermitteln. Bei den Fabrikanten fand er da wenig Bereitschaft. Er glaubte, daß man guten Geschmack durch Vorbilder entwickeln könne – deshalb zeigte er im ART JOURNAL Beispiele aus den Königlichen Sammlungen; das führte immerhin in einigen Adelssitzen, die Victoria und er besuchten, zu Verbesserungen. Er wollte Kunsterziehung in die Lehrpläne der Universitäten aufnehmen lassen; überlegte, wie man auch einfache Leute an gute Musik heranführen könnte. Wie ein Schwamm sog der Prinz Eindrücke, Informationen, Wissen auf und hatte den unstillbaren Drang, weiterzuvermitteln, was er selbst gelernt hatte.

Seine erste praktische Erfahrung in England machte Albert, wie erwähnt, beim Wiederaufbau des Parlaments. Sir Charles Barry hatte 1836 mit seinem neugotischen Entwurf den Architektenwettbewerb gewonnen, und 1841 wurde die Königliche Kommission gegründet, die über die künstlerische Innenausstattung entscheiden sollte. Barry gehörte natürlich dazu, Charles Eastlake, der spätere Direktor der Nationalgalerie, Sir Robert Peel und eine Reihe von Parlamentsmitgliedern, die an künstlerischen Dingen interessiert waren. Als dem Prinzen der Vorsitz angetragen wurde, hatte man natürlich an ein Ehrenamt gedacht. Aber da war man an die falsche Adresse geraten. Albert erstaunte die Mitglieder durch seine Sach- und Materialkenntnis.[7] Er war gewohnt, methodisch zu arbeiten. Sein Gedächtnis und sein optisches Erinnerungsvermögen waren so vorzüglich, sein Verstand so geordnet, daß er leicht und schnell von einem Gebiet zum anderen wechseln konnte. Ihm entging nichts.

Die thematische Vorgabe, welche die Kommission erhalten hatte, war durchaus in seinem Sinn: Einerseits sollten die für das Parlament zu schaffenden Kunstwerke der Erbauung des Betrachters dienen, andererseits sollte dabei das Handwerk gefördert werden. Schwieriger war es mit den technischen Vorgaben. Barrys Architektur verlangte die Gestaltung großer Wandflächen; es galt als bereits abgemacht, daß im wesentlichen Freskomalerei neben einigen großen Ölgemälden benötigt würde. Mit der Freskotechnik hatten englische Maler keine Erfahrung, da kannten sich die Deutschen besser aus. Als aber Peter von Cornelius für kurze Zeit als Berater nach London kam, wurde Albert sofort verdächtigt, er wolle alle Aufträge seinen Landsleuten in die Hände spielen. Durch vielerlei Entwürfe und Wettbewerbe zog sich die Arbeit in die Länge, auch durch Schwierigkeiten mit der üblichen Freskotechnik; sie eignet sich für das englische Klima nicht besonders, der Prinz hatte in einem Gartenpavillon des Buckingham Palasts experimentieren lassen. Die Maler schwärmten von ihm und der Königin. «Sie besuchen uns zweimal täglich», schrieb Thomas Uwins an einen Freund, «ohne Gefolge, ohne alle Steifheit, Zeremonien und höfische Konversation. Sie wollen Argumente statt Gehorsam und haben damit unsere Bewunderung und unsere Liebe gewonnen.»[8] Erst 1848 waren im Parlament die ersten vier Fresken mit Szenen aus der englischen Geschichte fertig, erst 1850 bewilligte der Schatzkanzler weitere Gelder. Die Kommission verlor ihren Impetus, Albert hatte jetzt mehr und Wichtigeres zu tun. Abgeschlossen wurde das Projekt erst lange nach seinem Tod, und am Ende war niemand so recht mit dem Ergebnis zufrieden. Die Wiederbelebung der Freskenmalerei war fehlgeschlagen, die Schuld gab man Albert, der sie gefördert hatte.[9] Immerhin hatten in der Westminster Hall innerhalb von acht Wochen eine halbe Million Besucher die Entwürfe besichtigt, und das war praktische, geschmacksbildende Kunsterziehung, wie sie dem Prinzen vorschwebte.

Sein besonderer Liebling unter den Malern war Raffael. Für ihn begann er ein großes Unternehmen: eine Sammlung von Kopien, Stichen oder Fotografien aller Werke, auch aller Zeichnungen des Meisters, der bekanntlich einen ungeheueren Fleiß auf die Vorbereitung seiner Bilder verwandte. 1853 begonnen, ist diese Sammlung mit Hilfe seines Archivars Dr. Carl Ruland zwar weit gediehen, aber unvollständig geblieben, obwohl auch Victoria und ihre Nachfolger sie förderten. 1500 Blätter kamen zusammen, sie befinden sich heute im Britischen Museum; eine Sammlung Michelangelos hätte folgen sollen. Um die Royal Collection hatte der Prinz sich von Anfang an gekümmert, Ordnung in das Durcheinander bringen und einen Gesamtkatalog erarbeiten lassen, der aber erst 15 Jahre nach seinem Tod endlich abgeschlossen war und erscheinen konnte; in der Zwischenzeit benutzte er, wie erwähnt, das ART JOURNAL, um jeweils ein Objekt der Sammlungen der Öffentlichkeit vorzustellen und zu kommentieren. In Ludwig Gruner hatte er seit 1843 einen ständigen künstlerischen Berater; von dieser glücklichen Zusammenarbeit hat nicht nur die Royal Collection, sondern auch die Nationalgalerie profitiert. Gruner war Kupferstecher, wurde Direktor des Dresdener Kupferstichkabinetts; Albert hatte ihn vermutlich bei seinem Aufenthalt in Rom kennengelernt. Die frühen Italiener in der Königlichen Sammlung wie Fra Angelico, Duccio oder Gentile de Fabriano gehen ebenso auf Alberts Ankäufe zurück wie die Dürer, Cranach und Memling. Sie waren damals nicht sonderlich geschätzt, man liebte Dolci und Parmigianino, Teniers, Cuyp und Brouwer. Da war der Prinz der Zeit voraus. 1848 fand sich für die Sammlung des Prinzen Ludwig von Oettingen-Wallerstein, die auf Alberts Anregung in London ausgestellt und angeboten wurde, kein Käufer: die Kölner Schule, Van Eyck, Rogier van der Weyden waren nicht gefragt. Albert erwarb die ganze Sammlung und vermachte die besten Bilder der Nationalgalerie. 1854 setzte er sich für den Ankauf der Ralph-Bernal-Sammlung ein: 50000 Pfund Sterling wurden verlangt, der Schatzkanzler war höchstens zu 20000 bereit, und selbst das nannte der PUNCH schon eine Verrücktheit. Eine der sensationellsten Versteigerungen des 19. Jahrhunderts erbrachte dann 70000. Die 4300 Lose wurden zum Grundstock für manche neue Sammlung. Albert galt inzwischen als unbestrittene Autorität auf dem Kunstmarkt. Einen seiner großen Zeitgenossen verkannte er allerdings: Turner ignorierte er, obwohl der auch Coburg und die Rosenau gemalt und 1841 in der Royal Academy ausgestellt hatte.

Sonst wurden die zeitgenössischen Künstler fleißig gefördert, nach Meinung heutiger Kritiker einige über Gebühr: Sir Edwin Landseer zum Beispiel, der dem Ehepaar das Radieren beibrachte; er hatte Victoria schon als junges Mädchen gemalt; oder Franz Xaver Winterhalter, der von mehreren Höfen als Porträtmaler beschäftigt wurde. Albert war häufig in den Ateliers zu finden, die Künstler mochten ihn. «Er ist wirklich ein vollendeter Mann», schrieb Uwins 1842, «und zudem verfügt er über so viel gesunden Menschenverstand und Überlegung, daß er ... für eine gereifte und erfahrene Person gelten könnte statt für einen Jugendlichen von zwei- oder dreiundzwanzig.»[10] Die Königin und er beschäftigten einen ganzen Stab von Malern, einige für spezielle Sujets: da gab es einen für Marinebilder, einen für Victorias Hunde und Alberts Rinder, andere für Pferde, militärische Themen oder Hofbälle. Und in seinen öffentlichen Reden warb er um Verständnis für sie und nahm sie – wie zum Beispiel 1851 in der Royal Academy – gegen unberechtigte Kritik in Schutz, gegen Schreiber, die nur die Öffentlichkeit mit ihrem eigenen Kunstverständnis und Wissen beeindrucken wollen – da hätten es die Mönche, die in ihren Klöstern Madonnen malten, besser gehabt.[11]

Ähnlich hat er deutsche Musik in England populärer gemacht und den Künstlern zu besserem Ansehen verholfen. Carl Maria von Weber hatte 1826 noch geklagt, Musiker würden in London wie bessere Dienstboten behandelt – Mendelssohn wurde 1842 bei Hof empfangen. Mit der Auswahl der Programme für die Konzerte der Philharmonischen Gesellschaft gab sich der Prinz besondere Mühe. Auch hier sind englische Musikkritiker heute der Meinung, daß Alberts Geschmack für die interessierte Öffentlichkeit, besonders für den Adel, zu modern war. Er führte Unbekanntes von Gluck und Mozart, Schubert und Beethoven, Spohr und Marschner vor; er setzte alte Musik ins Programm: Palestrina, frühe Chorwerke. Dafür war das Publikum in England noch nicht bereit. Die alte Musik gab Albert 1848 wieder auf, doch um die Philharmonische Gesellschaft – nach Mendelssohn dirigierte 1855 auch Richard Wagner – kümmerte er sich bis zuletzt.

Nicht nur die Künstler betrachteten den Prinzen als ihren «speziellen Schutzherrn». Die technische Entwicklung in der Industrie überschlug sich in diesen Jahren, und Albert wollte alles genau wissen: er ging in die Vorlesung von Faraday, beobachtete die Handwerker beim Drillen, ließ sich Feuerschutzvorrichtungen erklären. Richard Cobden, Industrieller und Parlamentsmitglied, nannte ihn einen «richtigen Arbeitsmann» mit Respekt vor schwerer körperlicher Tätigkeit und Interesse für die Details. Robert Rawlinson, ein bedeutender Ingenieur, schrieb 1846: «Mit einem Architekten kann er wie ein Architekt sprechen, mit einem Ingenieur wie ein Ingenieur, mit einem Maler wie ein Maler, mit einem Bildhauer wie ein Bildhauer, mit einem Chemiker wie ein Chemiker, und so durch alle Zweige der Technik, Kunst und Wissenschaft.»[12] Es gibt einen ergötzlichen Bericht Professor Adam Sedgwicks von der Universität Cambridge über einen königlichen Besuch im Geologischen Museum, nachdem der Prinz wieder einmal einen Ehrendoktorhut empfangen hatte; Geologie interessierte damals ausschließlich die Gelehrten. «Ich verbeugte mich so tief, wie es die Anatomie meines Körpers gestattete», heißt es da, «und die Königin und der Prinz verneigten sich sehr gnädig. Die Königin ... war hingerissen von einigen meiner Ungeheuer, besonders von dem Plesiosaurus und dem Riesenhirsch. Der Gegenstand war ihr neu; aber der Prinz hatte offenbar gute allgemeine Kenntnisse vom früheren Zustand der Erde, er fragte nicht nur gut und hörte alles, was ich zu sagen hatte, mit großer Höflichkeit an, sondern half mir in ein paar Fällen, indem er auf die Seltenheiten meiner Sammlung ... aufmerksam machte ... Die Königin war ganz glücklich, ihren Gemahl über einen ihr neuen Gegenstand mit so viel Kenntnis und Geist reden zu hören.»[13]

Albert nannte sich selbst nur einen «schlichten Bewunderer und Möchtegern-Studenten der Wissenschaften». Auch auf diesem Feld lag seine Leistung vor allem in Anregung und Förderung, in dem Eifer, mit dem er Fächer wie Physik und Chemie, Mechanik und Volkswirtschaft, Physiologie und Psychologie als Lehrfächer einzuführen suchte. Auch beim Irland-Besuch waren ihm in Dublin und Belfast vor allem die Universität, die Museen und – die Viehausstellung in Dublin wichtig, wo er auch eine Rede vor der Landwirtschaftlichen Gesellschaft hielt. Das war ein besonderer kleiner Ehrgeiz; im Dezember 1850 berichtete er seiner Stiefmutter in einem sehr humorigen Brief über eine Viehausstellung: «Ich bin stolz auf eine dabei wegen meiner fetten Schweine gewonnene Silberne Medaille; über eine Kuh bin ich nur belobt, meine Schafe sind durchgefallen.»[14]

Kunst, Wissenschaft und Industrie – aus seinem Engagement für alle drei und aus der Bemühung um eine Symbiose ist die Weltausstellung von 1851 entstanden – so wird sie allgemein kurz genannt, der englische Titel «Great Exhibition» war bescheidener. Doch der Begriff «Weltausstellung» hat seine Berechtigung. Wenn auch nicht die ganze Welt vertreten war – es war die erste internationale Veranstaltung dieser Art, und sie war von großer Bedeutung.

An sich waren Industrieausstellungen nichts Neues; ursprünglich gehen sie wohl auf die Frankfurter Messe zurück, die seit Jahrhunderten internationalen Ruf genoß. Schon 1761 hatte eine solche Ausstellung in England stattgefunden, 1798 in Frankreich. Aber sie beschränkten sich allesamt auf lokale oder regionale Bereiche. Albert sah andere Dimensionen.

Dank neuer Verkehrsmittel schrumpften die Entfernungen zusammen, Sprachenkenntnisse verbreiteten sich, die Völker schienen näher zusammenzurücken. Der Prinz sah die Verwandlung der Umwelt, die Veränderung der Gesellschaftsstrukturen. «Die Wissenschaft entdeckt die Gesetze der Kraft und Bewegung», sagte er in einer seiner bedeutendsten Reden bei einem Bankett im Mansion House, «die Industrie wendet diese Gesetze auf das Rohmaterial an, das die Erde uns im Überfluß bietet . . . Die Kunst lehrt uns die unwandelbaren Gesetze der Schönheit und Symmetrie.»[15] Wenn der Erzbischof von Canterbury dem Allmächtigen für die Wohltaten dankte, die er den Menschen habe zukommen lassen, so tat der Prinz das auch, ging aber einen Schritt weiter: Solche Wohltaten könnten der Allgemeinheit nur in dem Maße zugute kommen, in dem einer dem anderen Hilfe zu leisten bereit sei, «also nur durch Frieden, Liebe und bereitwillige Unterstützung, nicht nur der Individuen, sondern auch der Nationen untereinander». Albert sah die Menschheit auf dem Wege, Gottes Schöpfungsauftrag zu vollenden und die große Einheit herzustellen. «Ich rede nicht von einer Einheit, welche die Schranken zwischen den Nationen niederreißen und deren charakteristische Eigenschaften nivellieren würde, sondern von einer Einheit, die das Ergebnis gerade dieser verschiedenen nationalen Eigenschaften wäre.» Es war die Vision eines Philosophen, eines Künstlers eher als die eines Politikers. Die «Große Ausstellung» von 1851 war ein Produkt dieser Vision.

Als in der Royal Society of Arts der Gedanke an eine neue Industrieausstellung auftauchte und Vorstandsmitglied Henry Cole nach der Besichtigung einer Pariser Ausstellung seinen Präsidenten Albert fragte, ob es eine nationale oder internationale werden solle, antwortete der Prinz mit Nachdruck: «Sie muß auch ausländische Erzeugnisse zeigen. International, ganz sicher.»[16] Sie sollte unternehmenden Geistern aller Nationen zeigen, was die anderen leisteten, welche Materialien benutzt, welche neuen Verfahren verwendet, welche neuen Märkte erschlossen werden konnten.

Henry Cole ist gelegentlich als «Prinzgemahl en miniature» bezeichnet worden. Er war ein vielseitiger Staatsbeamter von ungewöhnlicher Phantasie und Energie. Er teilte Alberts Enthusiasmus für Kunst, Architektur und Musik, schrieb Kinderbücher, assistierte bei der Einführung der Briefmarke und druckte die ersten Weihnachtskarten. Er wurde Alberts wichtigster Partner. Wenn nichts vorangehen wollte, sagte der Prinz: «Rufen Sie Cole, wir brauchen Dampf!» Am 15. Juni 1849 gab er der Society of Arts den Plan bekannt.

Zunächst mußte Aufklärungsarbeit geleistet werden. Die aktivsten Mitglieder der Gesellschaft gingen auf Reisen, fuhren auf den Kontinent, um für die Idee zu werben. Der Prinz hielt Reden. «Niemand, der den besonderen Kennzeichen unserer Epoche einige Aufmerksamkeit schenkt, wird für einen Augenblick zweifeln, daß wir in einer Zeit herrlichsten Übergangs leben, die schnell das große Ziel zu erreichen sich anschickt, auf das alle Geschichte hinstrebt: die Verwirklichung der menschlichen Eintracht. Gentlemen, die Ausstellung von 1851 wird uns die wahre Probe und ein lebendiges Bild des Punktes der Entwicklung bieten, an dem die Menschheit in diesem Bemühen angelangt ist, und einen neuen Ausgangspunkt, von dem aus alle Nationen gemeinsam ihre künftigen Bemühungen lenken werden.»[17] Er mußte stets das Grundsätzliche herausarbeiten und nach einem höheren Sinn suchen. Die LONDON NEWS betrachteten das, was da entstehen sollte, weit nüchterner: «Ein Tempel im Dienst des Handels.» Und Kritiker wie Charles Dickens oder der Kunstpapst John Ruskin erwarteten von der kommenden Veranstaltung ein interessantes Spektakel. England müsse die Initiative ergreifen und den anderen Nationen die Richtung weisen, drängte der Prinz. Wer im Außenhandel tätig war, stimmte zu.

Schwierigkeiten waren aus zwei Ecken von vornherein erwartet worden: von denen, die immer und grundsätzlich gegen alles Neue sind, und von denen, die Geld geben sollten. Auf Subskriptionsbasis tröpfelte dann das Geld auch nur herein, obwohl der Prinz auch dabei mit gutem Beispiel voranging. Doch erwies sich, daß die Royal Society mit der Organisation dieses Projekts überfordert war. Also rief das Parlament wieder eine Royal Commission ins Leben; prominent besetzt: Peel und Gladstone, Minister und Parlamentarier, Architekten und Akademiepräsidenten. Albert erhielt den Vorsitz. «Er mußte nun eine große Last auf seine Schultern nehmen», schrieb Lord Granville, der Führer der Whigs, der sein Stellvertreter wurde, «denn er schien der Einzige zu sein, der den ganzen Plan sowohl im Ganzen als auch in Einzelheiten durchdacht hatte.» Die Schwierigkeiten unterschätzten sie alle miteinander, und zwar erheblich.

Als die Kommission im Januar 1850 ihre Arbeit aufnimmt, hat sie noch

16 Monate Zeit. Die Große Ausstellung soll am 1. Mai 1851 eröffnet werden. Die ersten Schwierigkeiten kommen von ganz unerwarteter Seite. Die Kommission hatte als Ausstellungsgelände eine Ecke des Hyde-Parks vorgesehen, das Stück zwischen den heutigen Gardekasernen und der Serpentine, dem künstlichen See. Da fragt im Februar ein Abgeordneter im Unterhaus, ob es stimme, daß Bäume gefällt werden müßten. «Nur kleine», antwortet der Premierminister verlegen, der ahnt, was jetzt bevorsteht. Der erste Entrüstungssturm bricht los, angeführt von der TIMES. Die Bewohner der noblen Wohnviertel um den Park fürchten um ihre Ruhe, die Reiter um ihre Wege; die Arbeiter würden den Rasen zertrampeln, die Grundstückswerte würden sinken, die ganze Gegend würde verschandelt werden, das Parlament dürfe den Bauplatz nicht genehmigen. So ganz grundlos war die Sorge ja nicht, daß der Hyde-Park damit zu einem Rummelplatz verkommen würde. Im Unterhaus hält Oberst Charles Waldo Sibthorp den ganzen Plan für Humbug. Hatte man Napoleons Invasion verhindert, um jetzt Scharen von Ausländern freiwillig ins Land zu lassen?

Trotzdem wird der Bauplatz am 4. Juli vom Parlament genehmigt. Bis zur Eröffnung sind noch zehn Monate Zeit, und noch ist keine Entscheidung über das Ausstellungsgebäude gefallen. Dem Bauausschuß, dem zwei Architekten, zwei Ingenieure und zwei Lords angehören, sind 245 Entwürfe eingereicht worden. Keiner kommt mit den veranschlagten 100000 Pfund aus. Der Ausschuß empfiehlt schließlich eine solide Ziegelkonstruktion aus 19 Millionen Backsteinen. Das löst einen weiteren Entrüstungssturm aus: dieses Monstrum würde niemals mehr aus dem Hyde-Park verschwinden. PUNCH ulkt: «Eine Gurke zwischen zwei Schornsteinen.» In letzter Minute bringt Robert Stephenson, einer der beiden Ingenieure, wie ein deus ex machina einen Landschaftsgärtner an, der sich mit dem Bau von Treibhäusern einen Namen gemacht hat: Joseph Paxton. Während einer langweiligen Sitzung der Eisenbahnverwaltung hat Paxton auf seinen Notizblock die Skizze eines gigantischen Glasdomes gezeichnet (sie liegt heute, ein historisches Dokument, im Victoria and Albert-Museum). Albert sieht das Neuartige, erkennt die Vorzüge und stimmt zu. 200 Meter lang, zwei Quergebäude und ein Turm, 300000 Glasscheiben, 3300 Stützen, 2300 schmiedeeiserne Streben, Bauzeit sieben Monate, Kosten 80000 Pfund, nach der Ausstellung ebenso leicht wieder ab- wie jetzt aufzubauen. Am 16. Juli wird der »Kristallpalast« genehmigt – den Namen hat der PUNCH erfunden –, und der nächste Entrüstungssturm erhebt sich. «Paxton vobiscum», witzelt die Gesellschaft. «Der größte Schund, der dem Volke dieses Landes jemals zugemutet worden ist», zetert Oberst Sibthorp im Unterhaus. Hagel würde das Glas zerbrechen, Sturm den Bau einstürzen lassen, die Presse prophezeit einen formidablen Bankrott, nichts als Horrorvisionen. Es fehlt in diesen Monaten nichts, was die Menschen erschrecken kann.

Im PUNCH erscheint Albert als Bettler an der Straßenecke mit dem Zylinder in der Hand: «Habt Mitleid mit einem armen Prinzen», beginnt das lange Spottgedicht darunter. «Der Prinz ist überarbeitet», berichtet Victoria Stockmar. Der Arzt rät «vollständige Veränderung der Lebensweise, der Luft und der Umgebung als das einzige Mittel zu seiner Wiederherstellung».[18] Der Rat ist richtig, das begreift selbst ein Laie, aber völlig unrealistisch.

Die Finanzierung ist nach anfänglichen Komplikationen gesichert, ein paar Mäzene haben einen Garantiefonds zur Abdeckung der erwarteten Defizite gegründet. Nun will keiner Preise für die Wettbewerbe stiften, Künstler und Techniker wollen sich nicht dem Urteil von Laien aussetzen. «Wozu das alles?» schimpft Sibthorp. «England erhält seine Vormachtstellung nur, wenn es sich auf sich selbst konzentriert!» Im Oberhaus fragt Lord Brougham: «Wie können englische Kaufleute solche Narren sein, ihr Geld herzugeben, um der Konkurrenz aus allen Nationen die Möglichkeit zu bieten, herüberzukommen und sie auf ihrem eigenen Markt zu unterbieten! Wir werden nur die Ausländer mit unseren guten Ideen versorgen.»

Der Kristallpalast entsteht mit unglaublicher Schnelligkeit. Schon am 1. Januar 1851 wird er der Kommission übergeben, zwei große Ulmen, die nicht gefällt werden durften, sind eingeschlossen. Zur Generalprobe kommt ein ganzes Bataillon Pioniere und springt auf dem Boden auf und ab: das Gebäude hält stand. Sibthorp wünscht nun Blitz und Hagel herab, Thackeray dagegen dichtet eine lange Ode:

«Noch gestern wüst und öde lag
die Straße, die der muntern Schar
der Reiter Tummelplatz nur war.
Und seht! Mit einem Mal,
als wär's durch einen Zauberschlag,
erhebt ein Bogen sich von Glas
gleich einem Springquell aus dem Gras
und glänzt im Sonnenstrahl!»[19]

«Er ist wirklich eines der Weltwunder, auf das wir Engländer stolz sein dürfen», notiert die Königin im Tagebuch. «Trotz seiner immensen Größe ist das Bauwerk so licht und elegant!»

Die Exponate treffen ein. Transport, Auswahl und Arrangement für über 100000 Objekte sind ein logistisches Problem. Der Prinz ist dauernd auf dem Bauplatz, beantwortet geduldig Fragen, kümmert sich um zu viele Kleinigkeiten. Aber der Erfolg wird von Kleinigkeiten abhängen. Die Opposition konzentriert sich nun auf Panikmache. Sibthorp prophezeit Lebensmittelknappheit, Teuerung, Morde und Diebstähle, Menschen würden im Dunkeln erdolcht werden. Der englische Botschafter in Neapel warnt, die Ausstellung werde allen gewalttätigen Republikanern Europas den Vorwand bieten, sich in London zu versammeln. Die konservativen Regierungen auf dem Kontinent bleiben kühl, 1848 steckt den Herrschern noch in den Knochen, angesichts des englischen Liberalismus haben sie Berührungsängste. Tatsächlich wird dann auch kein gekröntes Haupt zur Eröffnung erscheinen, der König von Neapel traut sich nicht einmal, Ausstellungsstücke zu schicken. Der Zar verbietet seinen Untertanen die Reise, der preußische König seinem Thronfolger. Albert schreibt ihm einen für seine Maßstäbe groben Brief: «Mathematiker haben errechnet, daß der Kristallpalast beim ersten Sturm zusammenstürzen wird, Ingenieure, daß die Galerien runterstürzen und die Gäste unter sich begraben werden. Wirtschaftler sagen eine Lebensmittelknappheit in London voraus, Ärzte eine Pestepidemie, wenn so viele Völker und Rassen miteinander in Berührung kommen; Theologen, daß dieser zweite Turm zu Babel Gottes Vergeltung herausfordern wird. Ich kann keine Garantie gegen diese Gefahren geben, noch kann ich die Verantwortung für das möglicherweise bedrohte Leben Ihrer königlichen Verwandten übernehmen.»[20] So kühl und realitätsbezogen der Prinz in der Öffentlichkeit wirkt, so harmoniebedürftig und verletzbar ist er doch; Spannungen und Krisen haßt er, und die zahllosen kleinlichen Bedenken und Einwände verbittern ihn. In Berlin wird das Verbot widerrufen, Prinz Wilhelm darf mit seiner Familie kommen.

Die letzten sechs Wochen vor der Eröffnung sind wohl die mühevollsten in Alberts Leben, zumal er sich ja von seinen politischen Pflichten, seiner Verantwortung als Vater nicht beurlauben, seine Sorgen um die Entwicklung in Deutschland nicht einfach verdrängen kann; und die Trauer um seine Freunde Anson und Peel verursacht Depressionen. «Ich bin mehr tot als lebendig», schreibt er der Stiefmutter, «zum Überdruß beschäftigen sich die Gegner der Ausstellung damit, alle alten Weiber in Schreck zu setzen und mir auf den Hals zu jagen. Jetzt sollen die Fremden hier durchaus eine Revolution anfangen, Victoria und mich ermorden und die rote Republik in England erklären.»[21] Die Königin notiert zwei Wochen später: «Mein armer Albert ist entsetzlich abgehetzt.»[22]

Je näher der Termin rückt, desto hektischer wird es. Jede Woche finden Sicherheitskonferenzen mit den ausländischen Gesandtschaften statt. Auch in London wird nicht ausgeschlossen, daß die Eröffnung zum Signal für einen Volksaufstand werden könnte. Der Herzog von Wellington verlangt, daß die Straßen freigehalten werden, damit notfalls Truppen aufmarschieren können. Es liegen doppelt so viele Anmeldungen von Ausstellern vor, als Platz vorhanden ist. Die Kanonen, die Salut schießen sollen, müssen in den St.-James-Park umdirigiert werden, weil der Premierminister um die Fensterscheiben fürchtet. Die Bibelgesellschaft hat den Anmeldetermin versäumt. Das Diplomatische Corps wird der Königin keine Adresse überreichen, weil der russische Gesandte seine Zustimmung verweigert. Alberts

Tagebuch am Vorabend: «Entsetzliche Unruhe durch die Arrangements für die Eröffnung.»

Der 1. Mai 1851 ist ein strahlend schöner Tag. Ab ½10 rollt ein nicht abreißender Strom von Kutschen der Ausstellung entgegen. Bis 12 sind am Hyde-Park eingetroffen 1050 Equipagen, 800 Karossen, 600 Post- und Mietkutschen, 1500 Einspänner und 600 Wagen anderer Kategorien (die Statistik verdanken wir der Gewissenhaftigkeit der MORNING CHRONICLE). Die Menge auf den Anfahrtswegen wird auf 700000 Menschen geschätzt, im Kristallpalast warten 25000. Als letzte kommen die Königin und der Prinz mit den zwei ältesten Kindern. Trompetenschall, der Halleluja-Chor ertönt (so beschrieben die ILLUSTRATED LONDON NEWS die Eröffnung), Orgeln brausen auf, die Königin nimmt auf dem in Blau und Silber ausgeschlagenen Thron unter der Vierung Platz. Der Prinz verliest den Bericht der Royal Commission. Er in roter Gardeuniform, Victoria in rosa Seide und Brokat, der Prinz von Wales im Kilt. Die Ausstellung wird für eröffnet erklärt. Die Diplomaten treten vor, erweisen der Königin ihre Reverenz und formieren sich zum Zuge, der gleich zur ersten Besichtigung schreiten soll. Als letzter wirft sich ein in prächtige Gewänder gekleideter Chinese vor der Herrscherin zu Boden.

Keiner wußte, wo der hingehörte, es hatte allerlei Durcheinander mit dem Protokoll gegeben. Sir Lyon Playfair erzählt in seinen Memoiren: «Es mochte der Kaiser von China in höchsteigener Person sein, der inkognito zu dieser Zeremonie gekommen war. Wir wußten nicht, wohin wir Seine Himmlische Majestät placieren sollten. Der Lordkämmerer war ebenso verdutzt, er bat den Prinzen um Instruktionen. Uns wurde bedeutet, daß bezüglich seines Ranges kein Irrtum unterlaufen dürfe und daß es wohl das Unverfänglichste wäre, ihn zwischen den Erzbischof und den Herzog von Wellington einzuordnen. In dieser würdigen Gesellschaft marschierte er dann durch die Ausstellung zum Vergnügen und zur Verwunderung aller Anwesenden. Am nächsten Tag wurde festgestellt, daß der vornehme Chinese der Besitzer einer Dschunke war, die auf der Themse ankerte und für einen Shilling pro Person besichtigt werden konnte.»

Die Prozession war also unterwegs. Ein Flügel des Gebäudes war für das Vereinigte Königreich und seine Kolonien reserviert, die andere Hälfte für das Ausland. Zwölf Kilometer Galerien, 14000 Aussteller, über 100000 Exponate. Jedes Stück drei Minuten lang zu betrachten, würde über 36 Jahre dauern, errechneten die Statistiker. Lebensgroße Statuen: Rosamunde, der Knabe am Wasserfall. Mutter und Kind aus Porzellan. Dampfmaschinen. Aus Glasgow ein Omnibus, der 19 Personen befördert und dabei gut gelüftet ist. Eine Orgel mit 4500 Pfeifen, einige von der Höhe eines Hauses. Klaviere. Sattelzeug. Ein Messer für den Sportsmann mit 80 Klingen. Optische Instrumente. Möbel aus Tiergeweihen. Der Colt, silberbeschlagen. Ein Lüster für zwölf Dutzend Kerzen. Seidenschals. Glas aus Böhmen.

Blick ins Querschiff des ›Kristallpalastes‹, Weltausstellung 1851. Lithographie von Edmund Walker

Briefumschlag-Faltmaschinen. Goldstickerei aus Tunesien. Man könnte Seiten mit Aufzählungen füllen. Es war ein erster Blick in die hochmechanisierte Zukunft. Der Einfallsreichtum war oft größer als der Geschmack, und manche Aussteller wollten ihre Fähigkeiten durch ein möglichst großes Sortiment beweisen, wenngleich der Prinz immer wieder gepredigt hatte, es sei eine bessere Investition, die Qualität zu erhöhen. Aber am Ende des Tages schrieb er doch in sein Notizbuch: «Recht zufriedenstellend.»

Und nun kam die große Wende. Nachdem die ersten Besucher die Ausstellung gesehen hatten, wurden Kritik und Spott von überbordender Begeisterung abgelöst. «Wir finden kaum den Mut zu einer Beschreibung», gestand die TIMES am 2. Mai, «sie kann der Wirklichkeit überhaupt nicht gerecht werden. Das geschriebene Wort ist kraft- und machtlos angesichts dieses gewaltigen Beispiels internationaler Großartigkeit, dieser überwältigenden Huldigung an Industrie und friedliche Künste.» Seit Noahs Arche sei nichts so Umfassendes zusammengetragen worden, begeisterte sich die MORNING CHRONICLE. Thackeray dichtete eine neue lange Ode. Das ART JOURNAL gab eine Sondernummer mit 300 Seiten Illustrationen heraus. Statistiker schwelgten in Superlativen. Mit Hunderten von Informationen aus allen möglichen Quellen könnte man Seiten um Seiten füllen, die Literatur über die Ausstellung, die Berichte und Erinnerungen sind schier unerschöpflich. Ob Disraeli oder Macaulay, Lord Redesdale oder Lady Villiers, alle sind voller Begeisterung und Staunen. «Das Ausmaß des Kristallpalasts ist so ungeheuer», schrieb Lady Villiers. «daß die großen alten Ulmen darin wie Christbäume wirken.» Mit den Ulmen waren allerdings auch die Spatzen, die in den Zweigen nisteten, im Gebäude eingeschlossen worden, das Ergebnis war auf vielen Ausstellungsstücken deutlich zu sehen. Nach allerlei erfolglosen Experimenten folgte man dem Rat des alten Herzogs von Wellington: Jagdfalken wurden losgelassen, und in kürzester Zeit war das Problem beseitigt.

Nun waren alle ungeheuer stolz auf den Kristallpalast und auf das ganze Unternehmen, allen voran natürlich die Königin, die insgesamt 34mal dort war und ihr Tagebuch mit vielen Seiten farbiger Berichte füllte.[23] «Der Kristallpalast ... es ist ein vollständiger, herrlicher Triumph ... und mein geliebter Mann der Schöpfer all dessen ... so ruhmbedeckt sein Name ist, spricht er doch nie ein Wort darüber ... Gott schütze meinen liebsten Albert und mein geliebtes Land.»[24] Lord John Russell, der Premierminister, und Außenminister Palmerston gratulierten ihr zu dem großen Erfolg. «Diese große Konzeption meines geliebten Gatten ...», wehrte die Königin ab.[25] «Dies sind die Turniere unserer modernen Zeit», schrieb dem Prinzen sein alter Lehrer Quetelet aus Brüssel, «sie sind vielleicht weniger romantisch als die der alten Zeiten, aber sie haben auch ihr Großartiges. Ew. Königliche Hoheit haben die soziale Umwandlung, welche jetzt vor sich geht, vollkommen begriffen.»[26] Albert war noch keine 32 Jahre alt.

Beim Bankett der Royal Academy wurde er gefeiert. «Niemand hat auch nur halb so viel gearbeitet wie er», rühmte Henry Cole. Die Stadt veranstaltete einen großen Ball. «Eine Million Menschen blieb bis 3 Uhr morgens in den Straßen und war voller Enthusiasmus gegen uns», berichtete der Prinz dem Baron Stockmar. Die Landwirtschaftsgesellschaft veranstaltete ein

Bankett. «Wissenschaft und mechanische Fortschritte haben heutzutage traditionelle Bauernarbeit in ein industrielles Unternehmen umgestaltet», sagte der Prinz in seiner Rede. «Das verlangt Kapital und Maschinen, Industrie und Fachkenntnisse und Beharrlichkeit im Konkurrenzkampf. Wir müssen das als einen großen Fortschritt ansehen, weil es größere Anstrengungen und größere Intelligenz verlangt.»

Die Ausstellung machte deutlich, daß Großbritannien besser als andere Staaten in der Lage war, dauerhafte und preisgünstige Konsumgüter in großen Mengen herzustellen. Es war ein glückliches Zusammentreffen mit dem «viktorianischen Boom», der gerade eingesetzt hatte. «Wenn man Vergleiche zieht», stellte die TIMES fest, «dann hat England in der freien Konkurrenz nichts zu befürchten.» Die LONDON NEWS schlugen den gleichen Ton an: «Alles gibt einen Begriff von Englands Reichtum und der Prise Luxus, die sich eingebürgert hat.» Die bessere Kanone stellte allerdings Krupp aus: die erste Haubitze mit einem Geschützrohr aus Stahl statt aus Bronze.

Jetzt sollte dem Prinzen ein Denkmal gesetzt werden. Seine Popularität hatte ihren Gipfel erreicht. Albert lehnte ab: er wolle nicht in sein eigenes Gesicht starren, wenn er durch den Hyde-Park reite, schrieb er Lord Granville.[27] Und er sollte bald erfahren, wie wenig verläßlich Popularität und solche Gunstbezeugungen waren.

Als die Ausstellung am 15. Oktober 1851 die Tore schließt, hat sie jede einzelne der vielen Ängste und die ganze Schwarzmalerei widerlegt. Die ewigen Angriffe im Parlament und in der Presse, die bösen Karikaturen im PUNCH hatten die Menschen neugierig und die Ausstellung populär gemacht. Arrangements mit der Eisenbahn und Tage mit verbilligten Eintrittspreisen zu einem Shilling haben dazu beigetragen, daß nun nach 5½ Monaten eine Bilanz gezogen werden kann, die niemand für möglich gehalten hätte: Fast sieben Millionen Besucher, im Durchschnitt 40000 pro Tag, und ein Überschuß von 186000 Pfund Sterling, fast doppelt soviel wie im Garantiefonds lagen, der das Defizit hätte decken sollen. Konkurs gemacht hat nur Mr. Alexis Soyer, der neben dem Kristallpalast ein Restaurant aufgemacht hatte, das «Gastronomische Symposium aller Nationen». Engländer bevorzugen ihre eigene Küche.

Jetzt erwachte auch Ehrgeiz in der Provinz. Die Stadtverwaltung Birmingham, die als einziges Kunstwerk ein Stilleben mit einem toten Reh besaß, wollte eine Ausstellung haben. Manchester bat den Prinzen um Rat. Kein Land gebe mehr Geld aus für Kunstschätze und tue weniger für die Kunsterziehung, antwortete er. «Meiner Ansicht nach wird der Wert eines solchen Unternehmens in der Nützlichkeit liegen..., in der erzieherischen Richtung, die der Plan einschlagen wird.»[28] Nichts darf bei ihm nur Unterhaltung, nur Vergnügen sein. Kunsterziehung verbessert den kritischen Geschmack, und besserer Geschmack verbessert die Qualität der industriellen Erzeugnisse. Doch in dieser Philosophie wollten ihm nur wenige folgen.

Was sollte nun mit dem Kristallpalast geschehen? Jetzt wollten ihn die Kritiker von gestern im Hyde-Park stehenlassen, mit dem Überschuß könne er in einen Wintergarten mit Restauration verwandelt werden. Albert lehnte strikt ab: so viel Geld könne man nützlicher anlegen; und natürlich hatte er schon einen Plan. Stockmar riet ihm zwar dringend, angesichts der Arbeitslast der letzten Jahre auf neue große Unternehmungen zu verzichten, aber da hatte der Prinz bereits das South-Kensington-Projekt entworfen.

Woher stammte eigentlich Alberts Wissen in all den vielfältigen Bereichen, das ihn instand setzte, sogar ein Abwassersystem zu entwerfen? Die Antwort läßt sich in einem Memorandum finden, das er im Zusammenhang mit seiner neuen Idee der Royal Commission vorlegte.[29] Wie lasse sich das menschliche Wissen vermehren, fragt er. Auf vielerlei Weise: erstens durch das Studium von Büchern; zweitens durch mündliche Vermittlung derer, die Wissen besitzen, an jene, die es erwerben wollen; drittens durch Augenschein, Demonstration und Vergleich und viertens durch den Austausch von Informationen und Ideen in der Diskussion. (Wir müssen uns in Erinnerung rufen, daß es in England noch keine Schulpflicht gab und die Universitäten mit ihrem Lehrstoff weit hinter der Zeit zurück waren.) Auf diesen Wegen hatte der Prinz selbst seine Bildung vervollkommnet, und für diesen Zweck, das Wissen zu vermehren, sollte der Überschuß der Ausstellung verwendet werden.

Ein 280 Hektar großes Gelände, anschließend an den Hyde-Park, wurde gekauft, dafür legte die Regierung noch einmal die gleiche Summe dazu. Premierminister war jetzt Lord Derby, der selbst der Royal Commission angehörte. Schon als reine Grundstücksspekulation war das eine gute Geldanlage. Unter Coles Geschäftsführung entstanden um die Schule für Design herum Stück für Stück die Akademie für Wissenschaft und Kunst; das heutige Victoria-and-Albert-Museum, dessen Grundstock verwendbare Objekte der Ausstellung und Stiftungen aus königlichem Besitz bildeten; Institute, Akademien und Museen für Musik, Kunst und Naturwissenschaften, bis zu Beginn dieses Jahrhunderts das Museumsviertel von South Kensington so dastand, wie wir es heute kennen. «Albertopolis» taufte es der Volksmund. Alle diese Institute standen, Alberts Plan entsprechend, sowohl Studenten als auch Berufstätigen offen, für die ebenfalls Vorträge und Kurse veranstaltet wurden und auch heute veranstaltet werden. Nur dort, wo jetzt die Albert Hall steht – vom PUNCH als «Suppenterrine» charakterisiert –, hätte eigentlich die Nationalgalerie ihren Platz finden sollen; Albert hätte die Gemälde gern aus dem Rauch und Schmutz der Innenstadt in den damaligen Vorort herausgeholt. Aber das verhinderte die öffentliche Meinung. Die Opposition im Parlament wie auch die Presse standen dem ganzen Projekt äußerst kühl gegenüber – eine solche Zentralisierung von Bildungsstätten war ja ganz unenglisch. Wieder entwarf Albert Pläne, Grundrisse, Memoranden, kämpfte gegen Widerstände und Spott. Rückschläge in den mühseligen Verhandlungen besonders über den Grundstückskauf «raubten dem Prinzen Appetit und Schlaf».[30] Aber wieder gab es weitsichtige Politiker im Parlament. Disraeli prophezeite: «Die Schöpfung ... wird eine Epoche in der ästhetischen und wissenschaftlichen Erziehung des englischen Volkes formen», Premierminister Lord Derby nannte das Projekt «völlig ohne Beispiel in Anspruch und Entwurf» und «einen bleibenden Gewinn von höchster Bedeutung».[31] Historiker sprechen heute vom South-Kensington-Zentrum als Alberts größter Leistung von allen für seine Wahlheimat.[32]

Und der Kristallpalast? Er wurde an eine Privatgesellschaft verkauft, auseinandergenommen und, leicht verändert, in Sydenham am anderen Themse-Ufer wieder aufgebaut. Er beherbergte Blumenausstellungen, Hunderennen, alles mögliche, bis er 1936 abbrannte. Das Feuer begann kurz nach acht Uhr abends im Ägyptischen Hof. Es herrschte starker Wind, eine Gasleitung brach, innerhalb von 20 Minuten stürzte der riesige Mittelbau ein, der vollgestopft mit Möbeln war. 90 Löschzüge waren zur Stelle, aber es war nichts mehr zu retten. Ganz Südlondon schaute zu, als um 20 Uhr 55 alles zusammenfiel, der Feuerschein war bis nach Brighton zu sehen. Das war das Ende der «Viktorianischen Walhalla».

Im Juli 1851, als die Große Ausstellung Halbzeit hatte und der Erfolg abzusehen war, erholte sich der Prinz mit der Familie zwei Wochen in Osborne. «Ich habe die Zeit benutzt, meine vielen Papiere zu ordnen», berichtete er Stockmar, «habe ein Pamphlet von Gladstone über Italien gelesen ..., lese jetzt Radowitz' ‹Neue Gespräche aus der Gegenwart› ... habe auch eine Abhandlung von Owen über die Panthenogenesis gelesen und mir die Briefe Mirabeaus zurechtgelegt.»

17. Kapitel

Krieg und Frieden mit Lord Palmerston

«Albert, der so frisch und wohl gewesen war, als wir von Osborne zurückkehrten, sieht jetzt wieder bleich und erschöpft aus», berichtet Victoria im Sommer 1850 Onkel Leopold, «und ich fürchte zuweilen, er möchte sich überarbeiten.» Die Befürchtung kommt zu spät, er ist bereits überarbeitet. Er kann nichts delegieren, macht alles selbst. Er ist nun knapp über 30 und sieht mindestens zehn Jahre älter aus. Die Figur hat ihre Straffheit verloren, die Victoria so entzückt hatte. Er beginnt, korpulent zu werden, das Gesicht schwillt an, die Haare fallen aus – Albert sitzt zu viel am Schreibtisch, kommt zu wenig an die Luft und macht sich zu viel Sorgen. Entdeckt er etwa, daß die meisten Insassen eines Arbeitshauses ehemalige Dienstboten sind, ergreift er sofort die Initiative, um Hausangestellte vor der Willkür ihrer Herrschaft zu schützen. Depressionen überfallen ihn, er klagt über Rheumatismus in der rechten Schulter, schlechten Schlaf, in der Korrespondenz erscheinen immer häufiger Vermerke über seinen Gesundheitszustand. Die Last, die sein Gemüt in diesen Jahren am stärksten drückt, ist Außenminister Palmerstons Handhabung der europäischen Probleme. Palmerston wird zum Trauma: «der Mann, der unser ganzes Leben verbittert.»

Der Ärger mit ihm war in den letzten Jahren gewachsen. Auch in diesem Punkt folgte die Königin ihrem Prinzen. Ihre Abneigung saß zwar längst nicht so tief wie bei ihm, die patriotische Engländerin empfand bisweilen eher Sympathie für den Chauvinismus des Ministers, doch auch sie sprach von «ce terrible Palmerston». Anlässe für die Abneigung gab es viele, aber es gab nur eine Ursache: Albert und Palmerston waren in jeder Faser ihres Wesens grundverschieden. Der Prinz war in der schwächeren Position, und weil er verletzbar war, wurde er zuweilen bösartig. «Pilgerstein» entwickelte solche starken Gefühle gar nicht. Von unumgänglichen Formalitäten abgesehen, ignorierte er den Hof einfach.

Als Albert geboren wurde, war Viscount Palmerston bereits seit zehn Jahren Kriegsminister – ein junger, reicher Grundbesitzer aus Irland, in der Adelswelt des Ancien Régime verwurzelt, stets mit Außenpolitik beschäftigt, ohne feste politische Bindungen; bei Bedarf wechselte er das Lager. Ein bedenkenloser Opportunist und Populist: er hatte begriffen, daß sich die Engländer nicht eigentlich für die Außenpolitik interessieren, sondern für die Männer, die sie machen; und damit war er erfolgreich. Er war jetzt eine Macht im Staate, die niemand ungestraft verletzte. Um seine Kabinettskollegen kümmerte er sich herzlich wenig, Ratschläge schätzte er nicht: er führte sich auf, als sei er allein für Englands Ehre verantwortlich. Premierminister Russell litt unter ihm, aber mußte ihn ertragen, seine Regierung stand sonst auf schwachen Füßen. Und Palmerston genoß seine Rolle: er war der starke Mann der stärksten und reichsten Großmacht, das Parlament folgte ihm, die europäischen Staaten fürchteten ihn («Hat der Teufel einen Sohn, heißt er sicher Palmerston», wurde in Preußen gedichtet), er war «John Bull», der Verfechter des britischen Prestiges in der Welt. Die Engländer verfolgten seine unberechenbaren Aktionen mit sportlichem Vergnügen und nannten ihn liebevoll «Old Pam».

Diesem Mann wurde die ständige Flut von Briefen, Anfragen und Ermahnungen, die vom Hof an ihn und den Premierminister gelangten, immer lästiger. (Selbst Peel hatte über den schieren Zeitaufwand geklagt, den die Beantwortung erforderte.) Palmerston antwortete respektlos oder gar nicht.

In einer Denkschrift über die englische Verfassung hatte Stockmar zwei Punkte hervorgehoben, und Albert hatte sie in Form eines Briefes an den Premierminister weitergeleitet: daß die Königin zumindest das Recht habe, von den Ministern über deren Absichten informiert zu werden, damit sie wisse, was sie mit ihrer Unterschrift sanktioniere; und daß ein Minister einen Akt der Untreue gegenüber der Krone begehe, wenn er nach dem Royal Consent, der königlichen Zustimmung, die vereinbarte Maßnahme ändere. Im Falle eines solchen Verstoßes wolle die Königin die Ablösung des betreffenden Ministers fordern. «Lord Palmerston ist ein fähiger Politiker mit weitem Horizont und energischen Ansichten», schrieb der Prinz dem Premierminister, «ein unermüdlich tätiger Fachmann, ein guter Redner; aber vorschnell, impulsiv, ohne großes Ehrgefühl und ohne ein Körnchen Moral.»[1]

Palmerston versprach, die Wünsche der Königin zu erfüllen – und vergaß sie umgehend. Alberts Beurteilung traf zu: Palmerston schickte schon ein Ultimatum hierhin und ein Kanonenboot dorthin, während der Prinz noch an einem Memorandum für die Regierung formulierte. Palmerston liebte den Nervenkitzel, Albert sah zuerst die Gefahren. Der Minister suchte nach nutzbaren internationalen Chancen, der Prinz nach ethisch-moralischer Logik in der Außenpolitik. Palmerston war mit dem Verlauf der europäischen Ereignisse von 1848/49 zufrieden: die Monarchen von Gottes Gnaden in der Heiligen Allianz hatten wenigstens eins aufs Dach gekriegt; Albert war es nicht.

Für Victoria waren die Minister noch immer «ihre Minister», was diese höchstens noch als Floskel akzeptierten. Insofern war Alberts Brief an den Herzog von Wellington unklug gewesen, in dem er sich als der einzige vertraute Ratgeber der Königin, ihr Privatsekretär und «ihr ständiger Minister» bezeichnet hatte[2] – das konnte kein Politiker zugeben, diese Auffassung war verfassungswidrig. Palmerston sah jedenfalls keinerlei

Rechtfertigung für Alberts Einmischung in seine Außenpolitik, auch wenn sie formal im Namen der Königin erfolgte. Sie war ihm lästig – mehr aber auch nicht. (In seinem Briefwechsel mit Gladstone zum Beispiel wird das Thema nicht erwähnt, in anderem Schriftwechsel heißt es höchstens einmal «there was opposition in high quarters».[3]) Er bemühte sich, den Prinzen einfach nicht zur Kenntnis zu nehmen.

Wie Palmerston Außenpolitik zu treiben liebte, zeigte sich in der sogenannten «Orientalischen Frage», welche die europäischen Kabinette zunehmend beunruhigte. Der neuerliche Anlaß entstand Ende 1849. Freiheitskämpfer aus Ungarn und Polen waren in die Türkei geflüchtet, darunter Ludwig Kossuth. Rußland und Österreich verlangten diktatorisch die Auslieferung. Der Sultan lehnte ab, die Flüchtlinge achteten das Asylrecht. Die Botschafter drohten mit dem Abbruch der Beziehungen, mit weiteren Folgen, der Sultan wandte sich an England und Frankreich um Unterstützung, und die wurde postwendend gewährt: Palmerston schickte nicht nur eine Demarche nach St. Petersburg, sondern zu deren Akzentuierung auch gleich die Mittelmeerflotte in die Dardanellen. Das war eine Verletzung des Meerengen-Vertrags von 1841, das hätte Rußland einen Kriegsgrund abgeben können. Doch dazu fühlte sich der Zar nicht stark genug, er gab nach.

In diesem Fall stand die öffentliche Meinung in England auf seiten der Regierung. Kurz darauf wurde die Flotte schon wieder in Bewegung gesetzt, diesmal nach Piräus. Der Anlaß war grotesk: dem portugiesischen Konsul in Athen, Don Pacifico, war bei einer antijüdischen Ausschreitung das Haus geplündert worden. Die griechische Regierung war nicht willens, die weit überhöhte Forderung auf Schadenersatz zu begleichen. Nun war Don Pacifico als Sohn spanischer Eltern in Gibraltar geboren, dann in Portugal naturalisiert; Gibraltar war jetzt aber britisches Territorium, also besaß Don Pacifico einen englischen Paß. Er verlangte Hilfe von London – und Palmerston ließ den Hafen von Piräus blockieren. Ganz Europa war verblüfft, Griechenland wandte sich um Hilfe an Rußland und Frankreich. Palmerston lehnte Vermittlung ab: der Fall gehe nur Griechenland und England etwas an. Die Gesandten blieben dem Geburtstagsdiner für die Königin fern, der französische Gesandte wurde abberufen. «Es überrascht uns nicht», schrieb der Prinz dem Premierminister, «daß die sehr reizbare französische Regierung die Art und Weise Lord Palmerstons nicht mit derselben Nachsicht und demselben Gleichmut hinnimmt wie seine Kollegen.»[4] Die waren diesmal so nachsichtig jedoch nicht, alle Zeichen deuteten auf Palmerstons Sturz, die Königin und der Prinz frohlockten. Doch in der Parlamentsdebatte, die bis zum frühen Morgen dauerte, reklamierte der Außenminister in einer brillanten, fast fünfstündigen Rede den alten römischen Rechtstitel «Civis Romanus sum» auch für Großbritannien und setzte sich mit einer Mehrheit von 46 Stimmen durch. Die Rede sei ein Meisterstück gewesen, berichtete der Prinz Stockmar, «die Politik wird indessen darum nicht besser». Don Pacificos Ansprüche wurden übrigens Jahre später durch einen Schiedsspruch mit ganzen 6400 Pfund Sterling befriedigt.

Im September kam der österreichische General Haynau nach England. Der hatte sich in Italien und Ungarn einen schlimmen Ruf erworben: er habe die Frauen ungarischer Aufständischer auspeitschen lassen, lautete eine der Beschuldigungen. Als er in London eine Brauerei besuchte, wurde er von erbosten Arbeitern verprügelt. Palmerston sympathisierte wohl von Herzen mit den Leuten, doch von Amts wegen mußte er eine Entschuldigung nach Wien schicken. Die war so abgefaßt, daß der Regierungschef den Text für unvertretbar hielt und der Königin riet, sie nicht zu billigen. Doch Palmerston hatte sie bereits abgeschickt.

Der nächste umstrittene Besucher war Kossuth, der sich auf der Reise nach Amerika in London bedanken wollte. Palmerston hatte sich beim Sultan dafür eingesetzt, daß die Internierung der ungarischen und polnischen Flüchtlinge aufgehoben wurde – Rußland und Österreich hatten das mit allen Mitteln zu verhindern versucht. Wo Kossuth auftauchte, empfing ihn stürmischer Jubel. Wien protestierte, Russell untersagte seinem Außenminister, Kossuth zu empfangen. «Ich bin nicht gewohnt, mir vorschreiben zu lassen, wen ich in meinem Haus empfange», antwortete Palmerston. Diesmal mußte er sich jedoch einem Kabinettsbeschluß beugen. Dafür empfing er in seinem Amtssitz eine Delegation von Radikalen, die ihm zu seiner Ungarnpolitik gratulierten.

Kurz darauf jedoch «steckt er den Kopf in die Schlinge», wie Albert das nennt. Paris erlebt am 2. Dezember einen neuen Staatsstreich, Louis Napoleon stürzt die Republik, schafft die Verfassung ab, auf die er einen Eid geschworen hat. Was weiter geschehen wird, ist zunächst unklar (Napoleon läßt sich dann zum Kaiser proklamieren). Victoria und Albert erfahren die Nachricht in Osborne. Die Königin drängt den Premierminister, er möge den Gesandten in Paris anweisen, sich vorerst völlig passiv zu verhalten. «Jedes Wort von ihm könnte in diesem Augenblick falsch ausgelegt werden.» Lord John Russell und das Kabinett stimmen dieser Auffassung zu. Palmerston jedoch empfängt den französischen Gesandten und sagt ihm, daß er Napoleons Handlungsweise völlig verstehe und billige. Die Regierung hat sich in Paris lächerlich gemacht. Lord John Russell ist es müde, ewig der Prellbock zwischen dem Hof und seinem selbstherrlichen Minister zu sein. Er entläßt Palmerston, Nachfolger wird Lord Granville. Palmerston zieht sich still auf seine Besitzungen zurück.

Russell atmet auf, die Königin und der Prinz jubeln: endlich sind sie «Pilgerstein» los. «Ich kann Ihnen nur Glück wünschen», schreibt Albert dem Premierminister, «daß die Gelegenheit zum Bruch derartig war, daß Sie das Recht durchaus auf Ihrer Seite hatten.»[5] Er hält den Fall für erledigt und entwirft sofort ein Memorandum, nach welchen Grundsätzen die

Außenpolitik künftig gestaltet werden müßte. Doch er soll sich täuschen: die Schwierigkeiten mit Palmerston sind noch lange nicht zu Ende.

Indessen, Palmerston ist kein tagesfüllendes Thema, es sind die Monate, in denen die Weltausstellung vorbereitet wird. Dank der ständig besseren Verkehrsverbindungen, auch durch den alljährlichen Schottland-Aufenthalt, kommen die Königin und der Prinz nun weiter im Land herum. Sie erleben einen großen Empfang in Edinburgh, beziehen Schloß Holyrood, wo seit Maria Stuart kein Monarch mehr gewohnt hat. Albert legt den Grundstein für die schottische Nationalgalerie, besucht mit Victoria in Dublin die Große Industrie- und Kunstausstellung nach Londoner Vorbild, interessiert sich in Irland für neue Methoden der Lachszucht, inspiziert in Holyhead den Hafenumbau, eröffnet Eisenbahnbrücken über Tyne und Tweed, besucht Manchester und Liverpool. «Er hat noch nie bei irgendeiner öffentlichen Gelegenheit eine Rede gehalten», schreibt der SPECTATOR Ende Oktober 1850, «ohne darin Stoff zu nützlichen Gedanken zu bieten, und in seinen Reden verbindet sich immer der Ausdruck einer konservativen mit dem einer progressiven Gesinnung.»[6] PUNCH veralbert ihn, weil er zwanzig Rollen gleichzeitig spiele. «Ich bin überzeugt, daß ... die konstitutionelle Monarchie jetzt populärer ist wie früher», meint Stockmar.[7] «Albert engagiert sich täglich mehr in Politik und Geschäften», meldet Victoria König Leopold 1852, «und er ist so wundervoll geeignet für beide, solche Voraussicht und solche Courage – ich verabscheue beide täglich mehr. Wir Frauen sind nicht zum Regieren geschaffen – und wenn wir gute Frauen sind, müssen uns diese männlichen Beschäftigungen mißfallen.»[8] Doch in ihrem Tagebuch finden sich immer wieder Notizen wie «Von 1 Uhr nachts an war Albert sehr unwohl, ihm war sehr übel und elend zumute.»[9]

Er korrespondiert mit Lord Derby über Schulfragen, erstellt Analysen der innenpolitischen Lage, schreibt ein Memorandum zum Konflikt mit der katholischen Kirche. Disraeli ist beeindruckt. «Sonntag habe ich zwei Stunden mit dem Prinzen verbracht», schreibt er seiner Schwester, «er besitzt große Fähigkeiten und wunderbares Wissen, ich glaube, er ist der gebildetste Mann, dem ich je begegnet bin.»[10] Alberts Arbeitstag beginnt um 7 Uhr, weshalb er sich oft in den noch nicht durchwärmten Räumen von Schloß Windsor erkältet. Er liest die Regierungspapiere und die Zeitungen, entwirft Antworten oder Kommentare für die Königin, schreibt Memonranden zu Staatsangelegenheiten oder Themen, die ihn persönlich interessieren wie etwa die Gartenbaugesellschaft oder sein Mustergut. Dazu kommt die private Korrespondenz mit seiner großen Familie – der Papierberg, den er hinterlassen hat, ist enorm. Seine Entspannung besteht in einem Morgenspaziergang mit Victoria, gelegentlich in einem kurzen Jagdausflug. Viel Muße zur Lektüre hat er in diesen Jahren nicht mehr, jedoch die Stoffe sind ebenso vielfältig wie seine Arbeiten, 1852 reichen sie von

Samuel Pepys' Tagebüchern bis zu Montalemberts «Eglise Catholique», von einer Geschichte der Whigs bis zu Varnhagen von Ense und Strauss' «Leben Jesu» (Albert verzeichnet sorgfältig alle gelesenen Bücher am Schluß seiner Tagebücher).

Indessen hatte der Premierminister der Königin keinen guten Dienst erwiesen, als er im Parlament Palmerstons Entlassung damit begründete, der Minister habe seit Jahr und Tag die Wünsche der Krone mißachtet. Es war wohl jedermann klar, daß «die Wünsche der Krone» im wesentlichen die Wünsche des Prinzen waren. Auch Palmerston war natürlich davon überzeugt. «Der wirkliche Grund für meine Entlassung war eine schwächliche Fügsamkeit gegen die ausländischen Intrigen», argumentierte er in einem Brief an seinen Bruder, «... sie hatten seit langer Zeit die Meinung der Königin und des Prinzen erfolgreich gegen mich vergiftet.»[11]

Albert studiert derweil die Verteidigungsmaßnahmen, die angeborene Furcht der Engländer vor einer Invasion ist nach Napoleons Staatsstreich wieder aufgeflammt. Frankreich verfügt über 400000 Soldaten. Albert ist ziemlich entsetzt über Englands militärischen Zustand. Der alte Wellington mag keine Reformen mehr einführen, und die Generalität ist damit sehr zufrieden. «Wir reinigen unsere alten rostigen Kanonen und bauen Festungen», meldet Albert dem Bruder nach Coburg. Der Premierminister teilt die Sorge des Prinzen; er rät ihm, den alten Herzog öfter zu besuchen, seine Autorität könne vielleicht dessen «Indisposition für Veränderungen» überwinden. Wellington stirbt im September (Albert entwirft den Leichenwagen für den Trauerzug). Daß gegen den Wunsch der Generalität Lord Hardinge sein Nachfolger wird, kreidet sie dem Einfluß des Prinzen an.

Acht Wochen nach seiner Entlassung nimmt Palmerston an seinem ersten Gegner Rache: sein Anhang stürzt Lord John Russell. Lord Derby wird Premierminister, der starke Mann im Kabinett ist Disraeli. Auch dieses Kabinett ist nur von kurzer Dauer. Derby stolpert schon Monate später über das Budget. Eine neue Koalition bildet sich: der liberale Lord Aberdeen wird Premier, Lord Clarendon übernimmt das Außenministerium, Gladstone wird Schatzkanzler – und Palmerston ist wieder da: als Innenminister. Er selbst betrachtet das wohl als einen Übergang. Auf diesem Posten scheint er dem Hof unbedenklich, er kümmert sich pflichteifrig um die Säuberung der Themse und um eine bessere Kanalisation für London. Außerdem ist er so gichtleidend und hinfällig geworden, daß auch seine Kollegen damit rechnen, er werde demnächst ganz aus der Politik ausscheiden.

Derweil beschäftigt sich Albert weiter vorwiegend mit der Verteidigung, Küstenbefestigungen werden verstärkt – man muß sich nicht nur gegen mögliche französische Abenteuer schützen; auch die «Orientalische Frage» schwelt weiter, in den Hauptstädten wird offen diskutiert, wie das Osmanische Reich eines Tages aufgeteilt werden sollte. Der Prinz findet den

Ausbildungsstand der Truppe unzureichend, er schlägt schon wieder etwas Neues vor: die Armee soll ein Manöver abhalten. Der Premierminister und Lord Hardinge, der neue Oberbefehlshaber, finden das vernünftig, und so findet im Juni 1853 bei scheußlichem Wetter eine große Übung statt. Albert, Ehrenoberst verschiedener Regimenter (wegen damit verbundener Einnahmen von der Presse kritisiert),[12] nimmt als Kommandeur einer Gardebrigade daran teil, schläft auch nachts im Zelt und schreibt seiner Frau sofort den obligatorischen Brief, der mit dem Vers endet: «Du, Du liegst mir im Herzen, Du, Du liegst mir im Sinn...» Liebesbriefe waren seine Sache nicht. Er kommt mit einer schweren Erkältung zurück und bekommt dazu die Masern – der Prinz von Wales hat die gesamte Familie samt anwesender Coburger Verwandtschaft angesteckt. Das Manöver jedoch war so nützlich, daß Alberts weitergehender Plan sofort akzeptiert wird: in der Nähe von Aldershot entsteht ein ständiger Truppenübungsplatz, eine absolute Neuerung in der englischen Militärgeschichte. Inzwischen wird vor Spithead die Flotte inspiziert. «Die ungeheuren Kriegsschiffe, worunter der ‹Duke of Wellington› mit 131 Kanonen, ...gingen ohne Segel, nur durch die Hilfsschraube getrieben, 11 Meilen die Stunde! und dies gegen Wind und Flut!» meldet der Prinz begeistert an Stockmar. «Somit ist die größte Revolution in der Kriegsführung zur See vollendet.»[13] Dann fährt die königliche Familie in den Sommerurlaub nach Balmoral, wo sich der Prinz nun eingehend mit der »Orientalischen Frage» vertraut macht.

Der Anlaß, aus dem im folgenden Jahr der Krimkrieg entstand, war wieder einmal banal. Die Motive lagen anderswo. Ein uralter Disput zwischen Frankreich, Rußland und der Pforte über den Schutz der heiligen Stätten in Palästina wurde zum gefährlichen Konflikt aufgebauscht, als Rußland das Recht beanspruchte, die orthodoxe Kirche in allen türkischen Dominien zu beschützen. Hinter diesem scheinbar ehrenwerten Vorwand verbarg sich, wie man in England argwöhnte, der uralte Traum Peter des Großen: die Ausdehnung des Imperiums ans Mittelmeer und vielleicht sogar über Afghanistan nach Indien; Zar Nikolaus I. hatte wiederholt vom «kranken Mann am Bosporus» gesprochen, und die Umstände schienen ihm günstig: Österreich und Preußen mußten ihm dankbar sein, nachdem er den Kaiser in Wien gerade vor der Revolution gerettet hatte; England glaubte er nicht bereit und Frankreich nicht fähig, der Türkei zur Hilfe zu kommen. Als der Sultan das russische Ansinnen ablehnte, besetzte der Zar im Juli 1853 die Donaufürstentümer, das heutige Rumänien.

«Das Publikum hier ist wütend türkisch und antirussisch», unterrichtet der Prinz Stockmar,[14] und verfaßt für die Regierung eine ausführliche Analyse des Konflikts. Der Hof bricht die Zelte in Schottland ab und kehrt nach Windsor zurück. «Wir tun alles Mögliche, um den Frieden zu erhalten», schreibt Albert der Stiefmutter, «ein europäischer Krieg wäre ein entsetzliches Unglück.» Und an den Vetter Arthur Mensdorff: «Die armen

Soldaten tun immer ihre Schuldigkeit auf das Glänzendste, doch sobald die Angelegenheiten wieder in die Hände der Politiker und Diplomaten kommen, fängt das Pfuschen und Verwirren wieder an. Es wird Axel Oxenstiernas Wort zu seinem Sohn immer angeführt: Mein Sohn, wenn du die Dinge bei näherem Licht betrachten wirst, wirst du darüber staunen, mit wie wenig Verstand die Welt regiert wird. Ich möchte hinzufügen: mit wie wenig Moralität.»[15] In der Regierung ist Palmerston das Haupt der Kriegspartei, in Übereinstimmung mit Napoleon. England und Frankreich schikken ihre Flotten in die Dardanellen, der Sultan fühlt sich nun sicher, erklärt Rußland den Krieg und verlegt seine Flotte ins Schwarze Meer, was die Russen provoziert, wie Albert voraussieht. Die russische Flotte läuft aus und vernichtet die türkische am 30. November im Hafen von Sinope. «Unsere Vermittlungspolitik ist gescheitert», bekennt der Prinz Stockmar, «wir können die Pforte nicht von Rußland zerstören lassen.» Und zwei Wochen später: «Palmerstons Aktien sind außerordentlich gestiegen, weil man sich sagt, wäre er am Foreign Office gewesen, so hätte er durch seine Energie Rußland zur Vernunft gebracht.» Diese türkische Schlappe wird in England dem zögernden Premierminister Aberdeen angelastet. Es «hat die Leute hier ganz toll gemacht, sie schreien nach Verrat», berichtet Albert. Es beginnt eine Pressehetze gegen ihn. Die Ereignisse überstürzen sich und die Motive verwirren sich. Palmerston hat die Umstände seiner Entlassung nicht vergessen, und die Presse auch nicht. Die Zeitungen, die den Whigs nahestehen, sind ohnehin seine Parteigänger, wofür sie Geld von der Regierung und nützliche Informationen erhalten.[16] Mit den konservativen Blättern hat der Minister ebenso gute Kontakte. Für die MORNING POST schreibt er unter einem Pseudonym Artikel, der Chefredakteur der TIMES ist sein persönlicher Freund. Bei allen Reportern ist er beliebt, weil er ein stets bereitwilliger Gesprächspartner ist.[17]

Plötzlich tritt Palmerston am 16. Dezember zurück – nicht etwa wegen der außenpolitischen Lage, sondern weil sein Intimfeind Russell eine weitere Wahlrechtsreform im Parlament durchbringen will. «Der große liberale Bramarbas, der allen Ländern freie Institutionen aufzudrängen sucht, findet eine Reform-measure, die Aberdeen gutheißt, für zu liberal!!» höhnt Albert in einem Brief an den Bruder. «Was uns der Mann schon für Plage gemacht hat!!»[18]

Der Hof wird wiederum für Palmerstons Rücktritt verantwortlich gemacht, und nun fallen die Ultras auf beiden Seiten über den Prinzen her. Die Presse – mit wenigen Ausnahmen – ist voller Verdächtigungen, allen voran der MORNING ADVERTISER, der manchmal fünf oder sechs Artikel unter verschiedenen Rubriken zu dem Thema druckt. Albert sei «der Hauptagent der österreichisch-belgischen-coburgisch-orleanistischen Clique, der offenen Feinde Englands und der ergebenen Werkzeuge russischen Ehrgeizes.»[19] Die Altkonservativen sind ihm gram wegen seiner Freundschaft mit Peel, Leute wie Oberst Sibthorp verzeihen ihm den Erfolg der Großen Ausstellung nicht; daß der Londoner Bürgermeister ihm dafür ein Denkmal setzen will, ist eine herzliche Geste im falschen Augenblick. Die Generalität, die einen anderen Oberbefehlshaber haben wollte, betrachtet Lord Hardinge als Alberts Marionette. Auf der Straße werden Spottverse gesungen:

«Und Montagnacht, nicht sanft noch sacht
fiel Albert aus dem Bette,
der deutsche Tropf, ganz wirr im Kopf,
brummt wie ein Bär mit Kette.
Zu Vic er spricht: Ich bleibe nicht,
zum Zar geh ich noch heute,
worauf die Vic, mit Wut im Blick,
ihn mit der Nachtmütz' bläute.»[20]

Nun wird auch Alberts Teilnahme an den Ministeraudienzen der Königin als verfassungswidrig bezeichnet, seine Rolle als Privatsekretär kritisiert, sein lebhafter Briefwechsel mit ausländischen Höfen verdächtigt: da würden Staatsgeheimnisse weitergetragen. «Niemand redet von etwas anderem», notiert Greville, «und Leute, die aus der hintersten Provinz kommen, erzählen, es sei das Hauptgesprächsthema in den Landstädten und in der Eisenbahn.» Tag für Tag sind Zeitungsspalten mit beleidigenden Leserbriefen gefüllt, Flugblätter und Karikaturen finden reißenden Absatz, so daß es schließlich nicht nur den Tories, sondern auch Palmerston zu viel wird und er die MORNING POST erklären läßt, sein Rücktritt sei das Ergebnis von Mißverständnissen mit seinen Kabinettskollegen gewesen und hätte mit dem Hof nicht das Geringste zu tun gehabt.[21]

Auch Verteidigungsschriften für den Prinzen erscheinen, die in ihrer Aufzählung und Verherrlichung von Alberts Vorzügen nicht weniger peinlich zu lesen sind.[22] Charles Greville schreibt Leserbriefe, der oberste Lordrichter bestätigt, die Königin sei die verfassungstreueste aller Souveräne, die England bisher regiert hätten. «Der Prinz ist nicht lasterhaft genug», heißt es in einem Brief an die TIMES, «... die Leute ohne Prinzipien spüren das und können es nicht vergeben ... er wettet nicht, spielt nicht, redet keine Unanständigkeiten und unterhält keine Tänzerin.»[23] Selbst Gustav Freytag bemüht sich, seine englischen Presseverbindungen zu nutzen, um den Prinzen zu verteidigen.[24]

Die Verleumdungskampagne steigert sich ins Groteske. Der SPECTATOR ist eines der wenigen Blätter, die zum Prinzen halten. «Ein Geflüster, das anfänglich zu Parteizwecken insinuiert worden war, ist zu einem gewaltigen Tosen angewachsen, aus Unterstellungen wurden Fiktionen ... Eine vor wenigen Tagen in allen Teilen Englands erzählte und geglaubte Geschichte besagt, daß Prinz Albert sich des Hochverrats gegen seine

Königin schuldig gemacht habte, angeklagt, verhaftet und in den Tower gebracht sei.»[25] Und tatsächlich: «Tausende von Menschen umlagerten den Tower, um meine Einfahrt zu sehen», berichtet Albert nach Coburg.[26] «Der Prinz behandelt die Sache mit Verachtung», schreibt Victoria an Stockmar, «aber... er sieht schlimm aus.» Sie protestiert heftig bei Aberdeen, droht, das Parlament nicht zu eröffnen, deutet sogar Rücktrittsgedanken an. «Wenn die Königin annehmen müßte, daß diese beispiellosen und unmoralischen Unterstellungen nicht nur von einigen schlechten und verachtenswerten wenigen stammten, würde sie eine Position AUFGEBEN, die sie nur dank ihrem häuslichen Glück erträgt, und sich ins Privatleben zurückziehen – wonach sich das Land einen anderen Herrscher nach seinem GESCHMACK aussuchen könnte.»[27] Und sie verlangt, daß Albert nun endlich offiziell den Titel «Prinzgemahl» erhält, wie er ohnehin überall genannt wird, und daß er damit «als GATTE der REGIERENDEN KÖNIGIN ein für allemal» innerhalb wie außerhalb des Parlaments den Vorrang vor allen übrigen Prinzen der königlichen Familie erhält.

Lord Aberdeen, der Premierminister, stimmt ihr zu – nur nicht gerade jetzt! «Es ist nicht zu leugnen, daß die Stellung des Prinzen eine etwas anomale ist, für die unsere Verfassung keine hinreichende Vorkehrungen getroffen hat... Lord Aberdeen kann nur sagen, daß er es stets als einen unaussprechlichen Segen betrachtet hat, daß Ew. Majestät einen so fähigen, eifrigen, uneigennützigen Berater besitzt... Der Prinz hat jetzt so lange vor den Augen des ganzen Landes gestanden, er hat sich so unablässig dem öffentlichen Wohl gewidmet und sein Wandel ist so vollkommen unangreifbar, daß Lord Aberdeen nicht im mindesten besorgt ist, diese verächtlichen Äußerungen der Bosheit und Parteisucht könnten irgendwie ernste Folgen nach sich ziehen.»[28] Trotz der gelassenen Haltung nach außen ist Albert verbittert. «Es gibt keine Art von Landesverrat, die ich nicht begangen haben soll», heißt es in einem Brief an Stockmar. «Das muß alles ruhig getragen werden bis zum Zusammentreten des Parlaments, das am 31. stattfinden soll, wenn Aberdeen und John Russell bereit sind, die Verteidigung zu übernehmen.»[29]

Im Januar 1854 läßt die Pressekampagne etwas nach, das Kriegsfieber macht England «ein bißchen verrückt», nur der MORNING ADVERTISER schimpft weiter, er hat seine Auflage erheblich steigern können. Die Königin ist bereit, das Parlament zu eröffnen, und Aberdeen wird sofort eine Debatte über diese Hetze gegen den Prinzen ansetzen. Stockmar liefert in einem seitenlangen Essay über Verfassungsfragen der Königin Munition für die Redner.

Derweil hat es eine neue Überraschung gegeben: Palmerston hat es sich anders überlegt, hat seinen Rücktritt rückgängig gemacht und ist wieder als Innenminister im Parlament. Ohne ihn ist Aberdeen zu schwach. «Er ist ohne Zweifel der Populärste der gesamten Regierung», notiert Greville.

Den stärksten Beifall bei der Parlamentseröffnung erhielt zwar der türkische Gesandte, aber die Königin wurde mit der gewohnten Herzlichkeit begrüßt. Im House of Lords wie auch im Unterhaus drückten alle Redner ihre größte Bewunderung für den Prinzen, ihr volles Vertrauen in seinen Charakter aus; dann hackten die politischen Gegner aufeinander herum und beschuldigten sich wechselseitig, die Zeitungen für ihre schäbigen Zwecke mißbraucht zu haben. An Alberts Verhalten fand keiner Fehl oder Tadel.

«Das Gefühl ist in diesem Augenblick außerordentlich gut», bekennt er dem Bruder.[30] Er ist sehr zurückhaltend mit schriftlichen Äußerungen, wenn er seine Briefe nicht einem Kurier mitgeben kann, sondern mit der Post schicken muß – gelegentlich gerät ein Brief sogar den Franzosen in die Hände. Ebenso erleichtert ist die Königin. «Die Stellung meines geliebten Herrn und Meisters ist ein für allemal klar gemacht, und seine Verdienste sind von allen Seiten gebührend anerkannt worden», meldet sie Stockmar.[31] Doch «wir haben beide an Magen und Verdauung gelitten», gesteht ihm Albert, «ich habe heute das Bett hüten müssen.» Onkel Leopold findet auch eine positive Seite an der Geschichte. «Wie Albert mißhandelt wurde von einem Teil der englischen Presse, gereicht jenem Land nicht zur Ehre», heißt es in einem Brief an Herzog Ernst. «So wie es jetzt kam, hat es jedoch seine Stellung eher befestigt als geschwächt.»

Besorgt ist der König über die Lage im Nahen Osten. «Es ist schade, daß die Sache so geführt wurde», äußert er, «es war leicht, sie ursprünglich zu arrangieren. Jetzt wird vielleicht dieses Jahr für so manchen braven Mann das letzte sein.»[32] In der Theorie wäre ein Arrangement wohl leicht gewesen. Ursprünglich wollte keine der Kriegsparteien – mit Ausnahme Napoleons – den letzten Einsatz wagen. Deshalb hätte Alberts Rechnung aufgehen können (wieweit es sein eigenes, wieweit es ursprünglich Stockmars Konzept war, ist hier wie in manchen anderen Fällen nicht leicht festzustellen). England konnte die Zerstörung des Osmanischen Reiches und eine mögliche Dominanz Rußlands oder Frankreichs in dieser Region nicht hinnehmen – das hätte seinen Seeweg nach Indien ebenso bedroht wie das europäische Gleichgewicht. So vertrat Albert den Status quo ante. Der war aber nur wiederherzustellen, wenn die anderen beiden großen Kontinentalmächte, Preußen und Österreich, nicht neutral blieben, sondern sich auf Englands Seite stellten; nur dann bestand die Chance, daß der Zar nachgab, die Donaufürstentümer wieder räumte und den Kriegsparteien in Frankreich und England den Vorwand für eine militärische Expedition nahm. In seinen Briefen beschwor Albert den preußischen König wie auch den Thronfolger, Prinz Wilhelm, mit dem sich bei mehreren Besuchen ein freundschaftliches Verhältnis entwickelt hatte, in diesem Sinne zu wirken. «Der Kampf, der sich in wenigen Tagen entspinnen wird», schreibt er am 17. März 1854, «bewegt europäische und recht eigentlich deutsche Interessen. Preußen kann kein Zuschauer bleiben und am allerwenigsten hoffen, ohne Gefahr für sich als Prediger zwischen die im Kampfe erhitzten Parteien treten zu können. Wollte es das Schiedsrichteramt übernehmen, so gehörte dazu, daß es stärker sei als die streitenden Parteien zusammengenommen ... In kritischen Lagen wie die jetzige gibt es für mich nur eine Politik: ursprünglich klar sein über das Recht oder Unrecht in der Streitfrage und konsequent bei der Verfechtung des Rechtes beharren.»[33] Nach wie vor strebt Albert ein Bündnis Englands mit dem von einem liberalen Preußen geführten Deutschland an.[34]

Dem Prinzen war das plötzliche Zusammengehen mit Frankreich ungemütlich – im Jahr zuvor hatte man noch eine französische Invasion gefürchtet: «Eine Nuance ist, daß hier der Krieg außerordentlich populär ist, in Frankreich das Gegenteil», schreibt er dem Bruder. «Dort zöge das Publikum, wenn es einen haben muß, einen solchen am Rhein und in Italien dem im Orient vor. Ob ein solcher daraus werden kann oder nicht, hängt von den deutschen Mächten ab.»[35] Herzog Ernst fährt nach Paris, um die Stimmung zu erkunden. König Leopold hat dem Neffen geraten, dort den Eindruck zu mildern, in London sei Albert ganz besonders feindselig gegen Napoleon eingestellt.[36] Der sehr ausführliche Bericht, den Ernst anschließend dem Onkel schickt, trägt den Vermerk «An Albert nicht mitzuteilen»; er hätte die ohnehin vorhandenen Irritationen in London sicher verstärkt.[37] Zwar wolle Napoleon die Allianz mit England fortführen, berichtet Ernst, aber er habe ihm «ausdrücklich» gesagt, der Krieg müsse benutzt werden «pour régler la carte de l'Europe»: Wiederherstellung Polens mit russischen, nicht aber den preußischen und österreichischen Gebieten, Rückgabe Finnlands an Schweden, Vergrößerung Frankreichs; es sei ihm egal, ob er das linke Rheinufer oder Savoyen erhalte.

Albert fuhr im September auf Napoleons Einladung nach Boulogne, wo der Kaiser das französische Expeditionskorps versammelte. Des Prinzen erster Eindruck war verhalten positiv. «Der Kaiser war freundlich und herzlich», schrieb er Victoria, «sieht weniger alt und blaß als seine Bilder aus und ist viel lustiger, als man ihn sich vorzustellen pflegt.» Napoleon seinerseits schwärmte, er habe nie einen Menschen mit so vielfältigem, profundem Wissen getroffen, er habe niemals in so kurzer Zeit so viel gelernt.[38] Doch Albert blieb mißtrauisch.

Auch wenn ihm Ernsts Bericht an König Leopold vorenthalten wird, so zeigen doch seine Briefe an den Bruder, den Onkel und Stockmar, daß er über die innenpolitischen Hintergründe der Kontrahenten wohl informiert ist. Doch er steht mit seiner Einsicht allein. In Preußen dominiert die prorussische Partei, Österreich fühlt zwar seine Interessen auf dem Balkan bedroht, fürchtet aber im Kriegsfall einen russischen Einmarsch in Galizien und übt lieber bewaffnete Neutralität. Und in England sind die Leute «friedensmüde» und «bis zum Wahnsinn kriegslustig».[39] So beginnt «der törichtste Krieg unserer Geschichte, trotz der Fluten von pazifistischem

Gerede, mit dem die Leute drei Jahre zuvor während der Großen Ausstellung überschwemmt worden waren: eine schwachköpfige Expedition ohne jeden vernüftigen Grund».[40] Das Schlimmste dabei sei, «daß er sich garnicht gut führen läßt», schreibt Albert an Stockmar, «Rußland ist eine ungeheuere, schwere Masse, auf die Püffe von außen... keinen tiefen Eindruck machen werden».[41] Wenistens entsteht dank der Neutralität Preußens und Österreichs kein europäischer Krieg. Es bleibt beim Krimkrieg.

Nachdem der Zar ein Ultimatum zur Räumung der Donaufürstentümer abgelehnt hat, erfolgt am 28. März 1854 die Kriegserklärung. England ist plötzlich mit Napoleon verbündet, und nicht der Säbelraßler Palmerston hat den Krieg erklärt, sondern die friedliebenden Lords Clarendon und Aberdeen. 30000 Mann werden nach Osten geschickt und landen zusammen mit dem stärkeren französischen Kontingent im September auf der Krim: die Festung und Marinebasis Sewastopol soll erobert werden, die russischen Streitkräfte sind über das ganze Staatsgebiet verstreut, so rechnet jedermann mit einem schnellen und natürlich siegreichen Feldzug.

Sehr bald stellt sich heraus, daß Albert mit seinen Warnungen an den Oberbefehlshaber Lord Hardinge recht gehabt hatte, als er auf eine systematische Heeresreform gedrängt hatte: «Wir sind völlig unvorbereitet!» Die Napoleonischen Kriege lagen gut 40 Jahre zurück, kaum einer der Offiziere hatte noch Fronterfahrung. Die Organisation war chaotisch. Die entsandten Heeres- und Marineeinheiten hatten keinen gemeinsamen Oberkommandierenden, im Heer gab es verschiedene Zuständigkeiten. Verpflegung und Transport unterstanden einer Abteilung des Finanzministeriums, das Sanitätswesen war halb selbständig, für die Finanzierung des Feldzugs war das Kolonialamt zuständig – dementsprechend verlief der Feldzug. Auch der französische Oberkommandierende war inkompetent. Der direkte Angriff auf Sewastopol wurde vermieden, was den Russen Zeit ließ, Verstärkung heranzuholen. Englische leichte Kavallerie ritt in die falsche Richtung und wurde aufgerieben, die Schlacht von Balaklava war eine Katastrophe, Inkerman wäre beinahe auch eine geworden. Sewastopol mußte belagert werden, und der Winter stand vor der Tür. Im englischen Lager verursachten Dreck, Cholera und Ungeziefer mehr Ausfälle als die Kämpfe mit dem Gegner: die Krankenpflegerin Florence Nightingale wurde zur Heldin der Nation. Ständig gab es nur gesalzenes Schweinefleisch, kein Gemüse, keine Seife, keinen Tabak; die Franzosen waren weit besser organisiert. Der Vetter der Königin, der Herzog von Cambridge, verabschiedete sich vom Schlachtfeld in den Urlaub nach Konstantinopel (trotzdem wurde er 1856, gegen Alberts Rat, Hardinges Nachfolger). Die Königin erhielt nur rosige Berichte von der Lage an der Front, doch William H. Russell von der TIMES, Englands erster Kriegsberichterstatter, schickte erschreckende Reportagen nach Haus: die Zustände waren schlimm, und sie waren grotesk. Langsam schlug die Stimmung um.

Sündenböcke wurden gesucht – nicht nur im Inland. Albert schreibt an Prinz Wilhelm: «Die Erbitterung hier und in Frankreich gegen Preußen ist im Zunehmen, indem man es als den alleinigen Freund Rußlands auf dem Kontinent und die alleinige Ursache davon ansieht, daß ein vereinigtes Europa dem Kriege nicht ein schnelles Ende machen kann... Schon wird in Paris die Restitution Polens besprochen und findet ein Echo in England, und in Boulogne hoffte die Armee..., sich nächstes Jahr mit den Preußen zu schlagen... Je größer die Anstrengungen sind, die von Frankreich verlangt werden, desto größer werden die Ansprüche sein, die es am Ende des Krieges zu machen sich berechtigt fühlen wird, und je isolierter wir mit Frankreich als einzigem Alliierten dastehen werden, desto mehr werden wir genötigt sein, solchen Ansprüchen, sollten wir sie auch im Herzen garnicht billigen können, unsere volle Unterstützung zu leihen.»[42]

Albert, an einer Grippe laborierend und vom Rheumatismus geplagt, sitzt von früh bis spät hinter dem Schreibtisch, entwirft Verbesserungspläne, organisiert die Stiftung des Victoria-Kreuzes für persönliche Tapferkeit, verwaltet den «Patriotischen Fonds», in den jeder Arbeitnehmer am Wochenende einen Penny für die Kriegsopfer spendet; er gratuliert Kommandeuren seiner Regimenter zu Erfolgen, schlichtet Streitigkeiten über Beförderungen, plant die Bildung von Reserven auf Gibraltar und Malta, schlägt zur Verstärkung eine deutsche Fremdenlegion vor – und sofort kommt wieder Mißtrauen auf, das Offizierkorps ist gekränkt, die Tories auch: Warum schon wieder Deutsche! (Es werden dann 3400 Deutsche und Schweizer.) «Der Prinz ist geradezu prädisponiert dafür, das Odium jeglicher unpopulären Maßnahme auf sich zu ziehen», notiert Greville einmal. Der Schriftwechsel zwischen Hof und Regierung allein über die «Orientalische Frage» füllt 50 Foliobände. Albert verfolgt jede Einzelheit: den Mangel an Soldaten, an Schiffen und Seeleuten (der blühende Handel absorbiert alle Kräfte), die starke Auswanderung, die Notwendigkeit neuer Steuern, die riskante Entblößung Englands von Truppen.

Die Mängel der Kriegführung waren schließlich so augenscheinlich, daß im Parlament eine Untersuchung eingeleitet wurde. Im Februar 1855 stürzte die Regierung Aberdeen, der neue Premierminister hieß Palmerston, der «Mann des Volkes», wie Greville feststellte. Seine Energie mit 71 Jahren war ungebrochen, so gichtkrank er auch war. Er brachte Ordnung in Nachschub und Sanitätswesen, am Ende des Winters hatten die Truppen wenigstens in dieser Hinsicht nichts mehr zu klagen.

Mit den Beziehungen zwischen den alliierten Armeen auf der Krim stand es nicht zum besten. Zur Bekräftigung der Allianz kam das französische Kaiserpaar im Februar 1855 auf Besuch nach Windsor – ein Besuch voller historischer Merkwürdigkeiten, ebenso wie der Gegenbesuch in Paris, den Victoria und Albert im August abstatteten. Louis Napoleon hatte einst im

Exil in England gelebt und 1837 viel Geld für eine Opernkarte bezahlt, um die junge Königin in Augenschein nehmen zu können, erzählte er Victoria beim Diner. Zar Nikolaus, den sie jetzt gemeinsam bekriegten, war willkommener Gast in Windsor gewesen, ebenso wie König Louis Philippe, den Napoleon gestürzt hatte. Und in Paris war seit 1431 kein englischer Monarch mehr gewesen – damals war der neunjährige Heinrich VI. von England und Frankreich dort gekrönt worden. Im Spiegelsaal von Versailles wurde den englischen Gästen auch Herr von Bismarck vorgestellt; eigentümliche Verkettungen europäischer Geschichte. Albert empfand noch mehr Sonderbarkeiten. Sie besuchten gemeinsam mit dem Kaiserpaar das Grab Napoleon I. im Invalidendom, «während die Orgel . . . ‹God save the Queen› spielte, und 40 000 Mann auf dem Sande in Boulogne vor uns defilierten, von wo aus Napoleon seine Invasion unternehmen wollte, während unsere Flotte von dem Ankerplatze aus salutierte, auf dem Nelson kreuzte, um die Invasion zu verhindern. Viele der französischen Regimentsmusiken spielten ‹Rule Britannia› dazu.»[43] Albert schickte Onkel Leopold einen langen Bericht. Alles sei zum Besten gegangen, lautete sein Fazit, und er zweifle nicht, daß die politischen Folgen des Besuchs segensreich sein würden. Über seinen Eindruck von der Persönlichkeit Napoleons hat er sich allerdings nicht näher geäußert. Victoria dagegen war wieder Feuer und Flamme für ihren «nächsten und engsten Alliierten», ihren «persönlichen Freund». Ein Brief an Prinzessin Augusta von Preußen, die Frau des Thronfolgers, ist voller lobender Adjektive: bemerkenswert, würdig, geschmackvoll, taktvoll, unglaublich ruhig; und Kaiserin Eugenie sei eine «sehr charmante, liebenswerte Person, ebenfalls außerordentlich taktvoll, und doch natürlich im Auftreten . . . Albert ist natürlich viel ruhiger und viel weniger gleich eingenommen von Menschen, viel weniger unter PERSÖNLICHEM Einfluß als ich.» Lady Augusta Bruce, Mutter Victoires Hofdame, die lange in Frankreich gelebt hatte, wurde kurz nach der Rückkehr zum Essen eingeladen. Hoffentlich werde «der liebe Napoleon» die Königin nicht enttäuschen, meinte sie zu ihrer Schwester. «Der Prinz sagt weniger als er denkt und fühlt.»[44] Albert verfaßte ein ausführliches Protokoll für Premierminister Palmerston.

An der Front hatte sich die Lage nach dem Ende des Winters gebessert. Verstärkungen waren eingetroffen, Zar Nikolaus war gestorben, der mildere Alexander II. folgte ihm auf den Thron. Der russische Befehlshaber auf der Krim war auch keine strategische Leuchte, die alliierten Kommandeure wechselten. Alberts Reorganisationsplan für die Krim-Truppen war akzeptiert worden. «Ich und die übrigen Kabinettsmitglieder sind Ew. Königlichen Hoheit außerordentlich verbunden für eine Lösung, die keinem von uns eingefallen ist», bekannte Palmerston.[45] Am 8. September fiel Sewastopol, und nun hatten alle genug: die Russen ebenso wie der Sultan, die Engländer und schließlich auch Napoleon.

Der Prinz macht sich ausgiebige Gedanken über den Friedensvertrag; der kommt am 30. März 1856 in Paris zustande und verändert das europäische Gleichgewicht: Rußland verliert seine kontinentale Vormachtstellung an Frankreich, sein Gegner ist nun Österreich, seine guten Beziehungen zu Preußen bleiben erhalten. Englands Seewege bleiben gesichert. Der Krieg hat eine halbe Million Tote gekostet.

Lord Palmerston, einst als «Pilgerstein» verhöhnt, empfängt aus der Hand der Königin den Hosenbandorden. «Albert & ich sind der Meinung, daß Lord Palmerston von allen Premierministern, die wir gehabt haben, die wenigsten Schwierigkeiten macht», heißt es nun plötzlich. Und umgekehrt sagt Palmerston jemandem, der Napoleon für einen außerordentlichen Menschen erklärt: «Wir haben bei uns zu Hause einen noch viel größeren und außerordentlicheren Mann... Der Prinz würde es nicht für recht halten, einen Thron auf die Weise, wie es der Kaiser getan hat, zu erlangen; und sofern der Besitz des gesündesten Urteils, der größten Intelligenz und der höchsten geistigen Begabung in Betracht kommt, ist er dem Kaiser weit überlegen. Bis meine gegenwärtige Stellung mir so viel Gelegenheit gab, S. K. Hoheit zu sehen, hatte ich ich keine Vorstellung davon, daß er in so außerordentlichem Grade geistig begabt ist, und welches Glück es für das Land gewesen ist, daß die Königin einen solchen Prinzen geheiratet hat.»[46] Im Juni 1857 sorgt Palmerston schließlich für einen Beschluß des Kronrats (zum Kummer der Königin nicht des Parlaments), der Albert endlich einen englischen Titel zuerkennt, jenen, den Victoria immer verlangt hat und den längst alle Welt benutzt: Prinzgemahl! Und bei seinem nächsten offiziellen Auslandsaufenthalt rangiert er im Protokoll nun an zweiter Stelle hinter dem König der Belgier.

18. Kapitel

Vicky und der ungeratene Sohn

«Ich hoffe & bete, daß er seinem lieben Papa gleichen möge», hatte die Königin nach der Geburt des ersten Sohnes 1841 Onkel Leopold bekannt, «in *jeder, jeder* Beziehung.» Schon nach wenigen Jahren war zu erkennen, daß sie enttäuscht werden würde: Albert Edward, genannt Bertie, hatte alles von ihr und nichts vom Intellekt des Vaters. Nicht nur Stockmar sah in ihm «eine übertriebene Kopie Victorias» – und das ängstigte die Eltern, beide.

Beide waren sich der Versäumnisse ihrer eigenen Kindheit bewußt. So war es ganz natürlich, daß sie sehr früh darüber nachdachten, wie der künftige Thronfolger erzogen werden sollte. Es lag nahe, daß sie den alten Freund Stockmar um seine Meinung fragten, nicht nur um seinen medizinischen Rat. Stockmar verfaßte sein schon zitiertes Memorandum, das doch bei aller Schulmeisterei sein Bemühen verrät, etwas Vernünftiges vorzuschlagen; und er ist verständnisvoll und weitblickend genug, vor pädagogischen Übertreibungen und allzu hohen Erwartungen zu warnen.[1] Er will nicht der einzige Gutachter sein, er rät, auch andere zu befragen. Lord Melbourne meint in seiner gewohnten Nonchalance, die Königin solle sich nicht zuviel Sorgen um die Erziehung machen. «Sie mag viel erreichen, aber nicht so viel, wie gewöhnlich davon erwartet wird. Sie mag den Charakter formen und lenken, aber selten ändert sie ihn.» Der Bischof von Oxford andererseits empfand es als Aufgabe der königlichen Eltern, den «perfektesten Mann» aus dem kleinen Prinzen zu machen. So wurde Stockmars Erziehungsgrundsätzen gefolgt, unter denen ja auch Albert – wenigstens nach außen hin so erfolgreich – aufgewachsen war.

Diesmal griffen sie nicht. Bertie war ein warmherziges, zutrauliches Kind, das mit großer Liebe an seinen Eltern und Geschwistern hing; er besaß viel Charme. Andererseits war er nervös, leicht erregbar, besaß keine Ausdauer und konnte sich in Wutanfälle hineinsteigern, die ihn derart erschöpften, daß er anschließend «mit offenen Augen zu schlafen» schien, wie der besorgte Vater Stockmar berichtete. Der empfahl genau ausgewogene körperliche Betätigung für den Fünfjährigen: nicht zu viel, um ihn nicht durch Ermüdung zu schwächen, nicht zu wenig, um ihn langsam zu kräftigen. Das Programm funktionierte nicht. Der Junge stotterte und war in der Entwicklung weit hinter der nur ein Jahr älteren Schwester Vicky zurück. Das Programm wurde straffer. Für den Siebenjährigen wurde der Stundenplan minutiös festgelegt: Am Morgen 40 Minuten Rechnen, Diktat oder Schreiben (auf Schönschrift wurde größter Wert gelegt). Mittags eine

Stunde Französisch bei Mme. de la Sange, dann eine Stunde Deutsch mit Fräulein Grüner. Von 16 bis 17 Uhr Geographie, Lesen oder Schreiben, dann bis 18 Uhr Tanzunterricht abwechselnd mit dem Vorlesen von Gedichten und ausgewählten Geschichten. Er bekam Unterricht im Zeichnen und Malen, in Vortragskunst, er wurde ins Theater geführt.[2] Bertie las nicht gern. Er ließ sich leicht ablenken, wurde bestraft. Religiöse Unterweisung erhielten alle Kinder von der Mutter. Das erste Gebot, das sie lehrte, hieß: Der liebe Papa ist das Oberhaupt der Familie. Ordnung wurde verlangt, Gehorsam und Disziplin. Bertie war ein liebevoller, gefühlvoller Sohn – aber er weigerte sich, zu lernen. Ein Phrenologe wurde konsultiert, das führte nicht weiter. Der Hofarzt verordnete trockene, gute Luft und Diät. Bertie rebellierte und war dabei erkennbar unglücklich.

Mit acht Jahren bekam er einen eigenen Erzieher und Studienleiter. Albert hatte lange gesucht und herumgefragt und engagierte schließlich den 30jährigen Henry Birch von der Universität Cambridge, der sich nach den klassischen Studien auf den Priesterberuf vorbereitete. «Es ist ein schwerer Schritt, zu dem Gott seinen Segen geben möge», schrieb Albert seiner Stiefmutter nach Coburg, «auf die gute Erziehung der Prinzen und besonders der künftigen Regenten kommt jetzt ungeheuer viel für das Wohl der Welt an.»[3] Stockmar hatte geraten, den Erzieher gewähren zu lassen und sich nicht einzumischen. Die Eltern waren skeptisch, aber sie hielten sich daran. Zum ersten Mal begegnete Bertie einem «großen Freund», einem vertrauten Menschen außerhalb der Familie. Auch der beschrieb seinen Zögling als «außergewöhnlich ungehorsam, impertinent zu seinen Lehrern, unwillig, Disziplin zu üben».[4] Trotzdem schloß sich Bertie enger an Birch an, als den Eltern lieb war. In romantischer Schwärmerei schlich er sich in dessen Zimmer, legte ihm Briefchen und kleine Geschenke auf das Kopfkissen. Weit mehr noch widerstrebte den Eltern Birchs rigorose Religiosität. Nach zwei Jahren wurde er abgelöst und durch Frederick Gibbs ersetzt, einen jungen Juristen aus Cambridge. Bertie haßte ihn, schnitt ihm Grimassen, bewarf ihn mit Steinen und weigerte sich, zu lernen.

Albert war verzagt. Während Vicky, die Älteste, eine Abhandlung über römische Geschichte schrieb, starrte Bertie aus dem Fenster auf die Wiese, auf der er nicht spielen durfte. Wo lagen seine Interessen, welche Anreize brauchte er? Der Stundenplan wurde durch Gymnastik und Reiten, durch Klavierunterricht erweitert. Albert nahm den Sohn mit nach Eton zu Schülerdiskussionen – Bertie sah nur die anderen, die draußen Kricket und Fußball spielten. Albert begriff, daß dieser Sohn kein großes Kirchenlicht war. Er konnte sich ironische Kritik nicht immer verkneifen. Berties Deutschlehrer entgegnete, der Junge brauche Ermutigung, nicht Satire, ihm fehle das Selbstbewußtsein: er stand im Schatten seiner Schwester. Albert reagierte seinem Wesen gemäß: Mehr Arbeit, mehr Kontrolle, mehr Planung. Natürlich las er die Eintragungen im Tagebuch, das Bertie führen mußte, und mokierte sich über die Belanglosigkeiten, die er da fand. Je mehr Widerstand der Prinz seiner Ausbildung entgegensetzte, desto straffer zog der Vater die Zügel. Endlich erinnerte er sich, daß der Sohn gleichalterige Spielgefährten brauchte. So lud er gelegentlich zum Wochenende ein paar Schüler aus Eton ein. Daraus entwickelte sich nichts, weil er die ganze Zeit bei ihnen im Zimmer blieb, die Kinder konnten vor Hemmungen und Angst nicht spielen. Mit 14 wurde Bertie von seinem Lieblingsbruder, dem elfjährigen Alfred, Affie genannt, getrennt, weil er sich auf eine Prüfung vorbereiten sollte; Bertie weinte bitterlich. Hatte der Vater die gemeinsamen Jugendjahre mit seinem Bruder Ernst vergessen?

Warum versuchte der sonst so instinktsichere Albert, den Sohn so offenkundig gegen dessen Naturell zu erziehen?

Man muß vorausschicken, daß er den Ältesten nicht weniger liebte als die anderen (Vicky ausgenommen); daß er mehr Zeit, Gedanken und Geduld auf ihn verwendete als für die Nachgeborenen; daß er Bertie weit nachsichtiger beurteilte, als Victoria das tat. Bertie hat nie ein böses Wort über den Vater gesagt; Biographen behaupten, er habe zeit seines Lebens Liebe und Respekt für den Vater nie verloren. Er begriff später, daß er eine glücklichere Kindheit erlebt hätte, wäre er nicht als künftiger König von England geboren worden.

Albert bemühte sich, alle seine Kinder nach bestem Vermögen auf ihre voraussichtliche Lebensaufgabe vorzubereiten. Auf die beiden ältesten jedoch richteten sich besondere Hoffnungen der Eltern, und das war für den Prinzen von Wales eine schwere Bürde. Bei ihm verdrängte Albert mit Gewalt die Einsicht, daß da ein wohl schwieriger, aber normaler Junge aufwuchs, liebenswert, mit ganz individuellen Begabungen, wenn auch anderen, als man erhofft hatte; ein Junge, der auch alle Stadien der Pubertät zu durchlaufen hatte. Albert verdrängte das alles, weil er vor allem anderen, ausschließlich und ohne Zugeständnis den künftigen König in Bertie sah. Die Kette der Attentate auf Victoria machten die Erziehung für diese Aufgabe zusätzlich zu einer dringenden und beklemmenden Pflicht. Zudem waren es ja unsichere Zeiten für Königskinder; Lady Lyttelton, die erste Erzieherin, dachte im Revolutionsjahr 1848 darüber nach, ob wohl der kleine Prinz in zehn Jahren noch immer ein Prinz sein werde. Auf Bertie ruhten alle Hoffnungen für die Zukunft der englischen Monarchie.

Albert hatte es geschafft, dieser Monarchie nach Jahrzehnten größter Geringschätzung wieder zu Respekt zu verhelfen. Ihre Position im Rahmen der Verfassung war gesichert. Die königliche Familie galt in ganz Europa als Vorbild. Der Monarch war ein ernst zu nehmender Gesprächspartner und ein unumgänglicher Gegenpol des Parlaments. Doch der Prinzgemahl war sich auch über die Grenzen des königlichen Einflusses im klaren. Spätestens seit der Auseinandersetzung mit Palmerston wußte er, wie leicht die gerade errungene Position wieder verlorengehen konnte. Sollte der Thronerbe sie künftig halten und festigen, brauchte er nach Alberts Überzeugung Kenntnisse und Fähigkeiten, die den politischen Organen ebenbürtig, ja überlegen sein mußten. Bertie war sein Sohn – aber zu allererst war er der künftige König.

Der Monarch sollte nicht nur intellektuell überlegen, er mußte auch moralisch unantastbar sein. George II. hatte seinen Sohn «den größten Esel, den größten Schwindler, die größte Canaille und das größte Luder in der ganzen Welt» tituliert. George III. war in geistiger Umnachtung gestorben. George IV. war ein Liederjan, William IV. ein Trottel: Durch Schloß Windsor wehte der Geist der hannoverschen Ahnen. Was hatte Bertie aus Mutters Familie geerbt? Auch Albert hatte die Unmoral seines Vaters wie des Bruders als Hypothek eingebracht. Nach der musterhaften Ehe der Eltern durfte das Königshaus in der nächsten Generation nicht wieder in Mißkredit geraten. Es gab Anlaß, zu fürchten, daß der Erbe, statt dem Beispiel der Eltern nachzueifern, den Verlockungen des älteren Erbguts erliegen könnte.

So gab es keinen Freiraum für den Thronfolger. Originalität, Andersartigkeit, Unabhängigkeit wurden unterdrückt. Das Leben bestand aus ewigem Bücherstudium, aus pausenloser Überwachung durch den Erzieher und den Vater, Schelte von der Mutter, und die Favoritin der Eltern blieb doch die Schwester Vicky, die alles besaß, was Bertie fehlte, und die auf Alberts pädagogische Bemühungen bereitwilligst ansprach. «Ich wäre gern Ihr Sohn», sagte der 13jährige zu Kaiser Napoleon III.

«Bertie ist eine Karikatur von mir», klagte Victoria Jahre später der ältesten Tochter, «Du bist ganz Deines lieben, geliebten Papas Kind.»[5] So verallgemeinert trifft das jedoch nicht zu. Nicht nur äußerlich war die Princess Royal das Ebenbild der Mutter: klein, zäh, ungebärdig und voller Lebenslust. Auch sie war cholerisch und durchaus nicht das Muster einer Lady: sie lachte laut, schlang das Essen hinunter und watschelte wie eine Ente, rügte die Mutter. Es gab ständig Reibereien zwischen den beiden, Vicky ertrug mütterliche Kritik nur schwer, gab scharfe Antworten und verstand es, ihren Willen durchzusetzen. Gemeinsam mit der Mutter teilte sie auch die hemmungslose Liebe und Verehrung für den Vater. «Er war der verständnisvollste, unparteiischste und liebevollste Vater, er war zugleich der Freund und der Herr, immer ein Vorbild für die Lehren, die er einzuprägen suchte», urteilte sie später. Von ihm hatte sie den Verstand geerbt, sie lernte mit Fleiß und Vergnügen. Sie hatte von der Natur alles mitbekommen, was eine gute Herrscherin ausgemacht hätte. Doch zwischen ihr und dem Thron standen die Brüder, zuvorderst Bertie, bei dem ihre Überlegenheit zwar Minderwertigkeitskomplexe entwickelte, der ihr aber zeitlebens innig verbunden blieb.

Die Liebe zur ältesten Tochter ist einer der bewegendsten Züge in Alberts Leben. Schon an dem frühreifen Kind ließ sich erkennen, daß ihm hier eine kongeniale Partnerin heranwuchs. Stockmar hielt Vicky für ungewöhnlich begabt, in einigen Bereichen für fast genial. Sie brillierte auf beinahe jedem Gebiet. Als die Kinder während des Krimkriegs Zeichnungen für den «Patriotischen Fonds» anfertigen sollten, erzielte Vickys bei der Versteigerung 250 Guineen, die des Prinzen von Wales nur 55 – das war typisch. Als sie 14 war, durfte sie neben Alberts Schreibtisch sitzen und ihm helfen. «Was sie von ihrem lieben Vater lernt, macht auf sie einen viel tieferen Eindruck als alles andere», notierte die Königin. Vicky war verständig, sie begriff, was er wollte. «Sie hat den Kopf eines Mannes und das Herz eines Kindes», charakterisierte Albert sie. Mit ihr konnte er reden, konnte ihr gelegentlich sein Herz weiter öffnen als ihrer Mutter, sie verstand ihn, sie war sein anderes Ich. Die Tochter war die einzige Frau in Alberts Leben, die er tief geliebt hat.

Ihre Ehe mit Prinz Friedrich Wilhelm von Preußen schien eine gute Fee zu arrangieren, sie erweckte unter allen Aspekten die schönsten Hoffnungen. Seit bei Berties Taufe der preußische König Friedrich Wilhelm IV. Pate gestanden hatte, war zwischen beiden Familien ein enger Kontakt entstanden. Prinz Wilhelm, der Thronfolger, war mehrfach in England, er war von dem 22 Jahre jüngeren Albert und seinen Deutschland-Ideen so beeindruckt, daß sich daraus eine Freundschaft entwickelte, während die beiden Frauen eifrig miteinander korrespondierten. Ebenso angetan war Wilhelms Sohn Friedrich Wilhelm, kurz Fritz gerufen. (Es gebe dort eine ganze Legion von Fritzen, bemerkte Albert.) 19jährig besuchte er 1851 mit seinen Eltern die Londoner Weltausstellung und lernte dabei die erst zehnjährige Princess Royal kennen. Fritz, der spätere 99-Tage-Kaiser, war schüchtern; er sehe aus wie ein Teutone von Tacitus, sei aber ein Kavalier mit der Empfindsamkeit eines Hamlet, fand die französische Kaiserin Eugénie. Fritz war beeindruckt von der quicken, intelligenten und selbstbewußten Vicky, er bewunderte die Persönlichkeit ihres Vaters, und er war begeistert von England. Fritz und Vicky begannen einen Briefwechsel, und daraus entwikkelte sich ganz allmählich eine Romanze. Fritz gefiel dem Mädchen «ausnehmend gut».

Vier Jahre später, im September 1855, kommt der preußische Prinz nach Balmoral, um die Königin und den Prinzgemahl um die Hand ihrer Tochter zu bitten – mit Erlaubnis seiner Eltern und des Königs. Bei einem Ausritt erklärt er sich auch dem jungen Mädchen, es fließen viele Tränen auf allen Seiten, und Vicky ist mit 15 Jahren glückliche Braut. «Mit dem Augenblick Deiner Erklärung und Umarmung war das Kind in ihr entschwunden», schreibt Albert dem künftigen Schwiegersohn, als der wieder in Berlin ist.

Alberts Gefühle waren zwiespältig. Einerseits würde er nun schon sehr früh die Tochter verlieren, die Gesprächspartnerin, die Vertraute. Andrerseits hatten Victoria und er – auch Stockmar – diese Verbindung erhofft; und wie stets, hatten die Vernunftgründe bei Albert absoluten Vorrang. Fritz bot der Tochter in Berlin eine hohe Stellung, in der sie Macht und

Einfluß ausüben konnte – zudem liebten sie einander. Beide waren glühende Anhänger seiner Ideen, wie Deutschland unter Preußens Führung geeinigt werden müßte. «Möge Preußen in Deutschland aufgehen und nicht Deutschland in Preußen» schrieb er Fritz ins Poesiealbum.[6] Nach menschlichem Ermessen konnte es nicht mehr lange dauern, bis Fritz den Thron besteigen würde: der 60jährige Friedrich Wilhelm IV. verfiel geistig immer mehr, sein Bruder Wilhelm, der Thronfolger, war auch schon 58.

Es war vereinbart worden, die Verlobung erst nach Vickys Konfirmation im kommenden Jahr bekanntzugeben. Aber das ist nicht durchzuhalten, da werden zu viele glückliche Briefe an Verwandte und Freunde geschrieben. «Er (Fritz) hat mir recht wohl gefallen», bekennt Albert dem Baron Stockmar, «große Geradheit, Offenheit und Ehrlichkeit sind vorzüglich hervorstechende Eigenschaften.»[7] Die TIMES zählt zwei und zwei zusammen und veröffentlicht einen bösen Leitartikel, sie nennt das preußische Königshaus eine «erbärmliche deutsche Dynastie». In Berlin ist man empört, die Konservativen sind von der Verbindung mit England ohnehin nicht begeistert, Bismarck nennt die Coburger verächtlich «Europas Gestüt» und Victoria realisiert, «daß unser Kind nach Berlin mehr oder weniger ins feindliche Lager geht». Napoleon ist beleidigt, er hatte nach den gemeinsamen Festen in Windsor und Paris nicht ausgerechnet eine preußische Ehe erwartet. In England bricht die deutschfeindliche Stimmung wieder durch, nur Lord Palmerston beruhigt, die beabsichtigte Heirat werde von ungeheuerer Bedeutung für England und Europa sein.[8] Preußen verlangt, die Hochzeit müsse in Berlin stattfinden, was die Königin empört ablehnt. Es gibt Schwierigkeiten, weil sie der Tochter einen englischen Hofstaat mitgeben will (Albert hatte sie seinerzeit selbst einen deutschen Sekretär verweigert) – kurz, Vicky erlebt vieles, worunter ihr Vater einst ebenfalls gelitten hatte.

Der Prinzgemahl beginnt nun auch mit dem künftigen Schwiegersohn eine politische Korrespondenz, Fritz schüttet ihm sein Herz aus über die reaktionären Berliner Verhältnisse. Die sollen ja er und Vicky eines Tages ändern. Fritz will, wenn er den Thron besteigt, im Sinne von Alberts Ideen regieren. Jeden Abend bereitet Albert nun eine, zwei Stunden lang die Tochter auf ihre künftige Aufgabe vor. «Vom lieben Papa kann ich mehr lernen als von irgendjemand auf der Welt», schwärmt sie dem Bräutigam vor. «Er erklärt einem alles sehr gut und kann einem Dinge auseinandersetzen wie kein zweiter.» Die Verlobungsringe hat sie nach dem Ring des Vaters arbeiten lassen. Sie fürchtet sich schon jetzt vor der Trennung.

Den Eltern geht es nicht anders. Sie sind beide in einen schwierigen Lebensabschnitt geraten. Albert verfällt immer häufiger in Melancholie, von seinem ohnehin bescheidenen Humor ist nichts mehr geblieben, er verbringt schlaflose Nächte, der Rheumatismus «kriecht tiefer in den Körper» und «martert» ihn. Die Königin reagiert anders auf die plötzlich erwachsene Tochter. «Der Bräutigam ist täglich mehr verliebt, was Victoria ganz ungeduldig macht, weil sie sich nicht denken kann, daß das Kind solche Gefühle entzünden kann», schreibt Albert dem Bruder.[10] Victorias Schwierigkeiten haben allerdings nicht erst mit Vickys Verlobung begonnen. Leicht reizbar war sie stets. Seit Leopolds Geburt 1853 sind ihre Wallungen häufiger und heftiger geworden. Sie war 34, als das achte Kind kam. Sie wagte ihren ersten Versuch mit schmerzloser Geburt und entschied damit einen heftigen Streit, der seit Jahren im Gange war: die Entbindung mit Hilfe von Chloroform war nun hoffähig. Der kleine Leopold war ein Bluter – man mußte ständig aufpassen, weil die kleinste Verletzung gefährlich werden konnte (er starb denn auch schon mit 31 Jahren). Die Hämophilie, die von Frauen übertragen wird, aber nur bei Knaben aufbricht, war durch Victoria in die Familie gekommen und wurde durch ihre Töchter in anderen fürstlichen Familien verbreitet. Die Sorge darüber löste bei ihr neue Ängste aus: was sonst noch hatte sie an Erbe ihrer hannoverschen Vorfahren mitgebracht?

Die übrigen Kinder wuchsen ziemlich problemlos auf, und das Familienleben gestaltete sich auch weiterhin harmonisch. «Die Kinder wachsen und werden stärker und hübscher, wir Eltern älter und häßlicher, doch täglich weiser», schrieb Albert der Stiefmutter. Zu Festtagen studierten die Kinder eine französische, eine deutsche Komödie oder lebende Bilder ein: Alice stellte den Frühling dar und sagte entsprechende Verse auf, Vicky den Sommer, mit dem kleinen Arthur im Arm; Alfred, mit Weinlaub bekränzt, war der Herbst, Bertie, mit der kleinen Louise an der Hand, spielte den Winter (die Königin hatte übrigens angeordnet, daß alle männlichen Nachkommen Albert, alle weiblichen Victoria als letzte Vornamen führen sollten).[11] Gedichte wurden aufgesagt, die neuesten Künste auf Klavier und Geige vorgeführt. Albert lief Schlittschuh mit den Kinder, ließ Drachen steigen, brachte Bertie den Salto bei und spielte mit ihm und Vicky Verstecken wie ein kleiner Junge, berichtet Victorias Tagebuch. Zu Arthurs Geburtstag 1854 wurden 200 Buben und Mädel in den Buckingham Palast eingeladen. «Anders als die Königin bemühte sich der Prinzgemahl, seine Kinder wie Gleichberechtigte zu behandeln», stellt Sir Philip Magnus in seiner Biographie Edward VII. fest.[12] Alberts Bemühungen ließen auch nicht nach, als sich seine Sorge um Bertie langsam in Ungeduld und Enttäuschung verwandelte. Er lehrte ihn Schießen, Fischen, nahm ihn mit ins Theater, brachte ihn mit bedeutenden Persönlichkeiten zusammen.

Wie in anderen Ehen auch, entstanden Meinungsverschiedenheiten zwischen den Eltern oft wegen der Kinder. Trotz ihrer acht Geburten konnte die Königin mit Kindern nicht viel anfangen, von Schwangerschaft sprach sie nur als von «unglücklichen Umständen». Ihr Vorzugssohn war der 1850 geborene Arthur. Leopold war zu eigensinnig, da verzweifelte sie. Vielleicht sollte man ihn mal ordentlich verhauen, meinte sie zu ihrer

Mutter. Ach nein, erwiderte die Herzogin von Kent, es sei zu schmerzlich, ein Kind weinen zu hören. «Nicht wenn Du acht hast, Mama», entgegnete Victoria. «Das härtet ab. Man kann nicht jedesmal mitleiden, wenn eins heult.»[13] Solange sie klein waren, gestaltete sich der Umgang mit ihnen noch verhältnismäßig einfach, später bereitete er Schwierigkeiten, besonders eben mit Bertie. Naive Fragen und Aussprüche, die man bei gewöhnlichen Kindern voller entzücktem Stolz in der ganzen Verwandtschaft verbreitet, galten bei ihm als Zeichen von Beschränktheit. Nur wenn er sagte «Papa weiß, wie alle Dinge gemacht werden», fand er Mutters Beifall. Sie maß den Sohn ausschließlich am Vater, was seinen Minderwertigkeitskomplex nur förderte. «Die Königin mag den Jungen nicht sehr», beobachtete Greville. Auch mit Vicky gab es kein gutes Einvernehmen – die Tochter war ihr zu ähnlich, dabei intellektuell überlegen, und sie schob sich zwischen die Eltern: Victoria war eifersüchtig. «Ich sehe die Kinder viel weniger», schrieb sie 1856 an ihre Freundin Augusta von Preußen aus Balmoral, «und selbst hier, wo Albert oft den ganzen Tag fort ist, fühle ich kein besonderes Vergnügen oder Ausgleich in der Gesellschaft der älteren Kinder ... und nur selten finde ich das intime Zusammensein mit ihnen angenehm oder leicht ... Ich fühle mich nur entspannt und glücklich, wenn Albert bei mir ist.»[14] Im Jahr darauf bekannte sie Onkel Leopold: «All die zahlreichen Kinder sind nichts für mich, wenn er fern weilt.»[15]

Bis zu Leopolds Geburt hatten sich Victorias Gereiztheiten in Grenzen gehalten – jetzt nahmen sie zu. Die Ursachen waren vielfältig. Da war der Abscheu vor den ewigen Schwangerschaften, da waren ihre Schwierigkeiten mit den Kindern; da hatte sie Angst, ihre hysterischen Anfälle könnten mit dem Schwachsinn des Großvaters zusammenhängen – sie mochte Schloß Windsor nicht mehr und wollte auch nicht eines Tages dort begraben werden. Zudem fühlte sie sich wie die Frau eines überlasteten Managers: um die Staatsgeschäfte kümmerte sich Albert, die Akten trugen zwar ihre Unterschrift, aber der Text stammte von ihm. Victoria verfiel in Depressionen, sie fühlte sich vernachlässigt und einsam. «Es ist wirklich schade, daß Du keine Befriedigung in der Gesellschaft Deiner Kinder findest», bedauerte Albert. «Die Wurzel liegt in der falschen Vorstellung, daß es die Funktion der Mutter ist, ständig zu korrigieren, zu schelten, sie herumzukommandieren und ihre Aktivitäten zu organisieren.» Er scheute die Ausbrüche seiner Frau, die bei der leisesten Opposition gegen ihren Willen erfolgen konnten. Die Kinder hatten darunter zu leiden, und der Vater sollte sie dann strafen. (Als Bertie einmal heimlich geraucht hatte und es abstritt, bekam er drei Tage Stubenarrest und mußte den Vater für die Lüge schriftlich um Entschuldigung bitten.) Victoria könnte bessere Gesellschaft an den Kindern haben, argumentierte Albert, aber man könne keine Freundlichkeit von jemanden erwarten, den man gerade ausgezankt habe.[16]

Meist waren es Belanglosigkeiten, die eine Explosion auslösten, und dagegen hatte Albert vermutlich die falsche Waffe – aber es war die einzige, die seinem Temperament zur Verfügung stand: Nachdem er den Fall überschlafen hatte, verfaßte er einen Brief. «Liebes Kind», schrieb er ihr väterlich am 9. Mai 1853 – und so begannen alle diese Briefe bis zu seinem Tode.[17] Er sei immer wieder erstaunt, zu welchen Reaktionen ein beiläufiges, nebensächliches Wort von ihm führen könne, Ursache und Anlaß ihrer Beschwerde seien meistens ganz verschieden, und sicher verhalte er sich da oft nicht richtig. Aber was solle er tun? Er könne ihr zu beweisen versuchen, daß ihre Argumente nicht stichhaltig seien, aber das würde sie nur noch mehr aufbringen und deprimieren. Er könne sich zweitens taub stellen, aus dem Zimmer gehen, dann sei sie beleidigt und verlange nur noch stürmischer eine Antwort, laufe ihm nach und wolle den Disput «ausfechten». Vergesse er aber die Szene und tue, als wäre nichts geschehen, werfe sie ihm Gleichgültigkeit vor. Er könne ihr nur raten – und ein anderes Mittel wisse er nicht –, sich weniger mit ihren eigenen Gefühlen zu beschäftigen, mehr mit ihrer Umwelt. «Du verletzt mich und hilfst Dir doch dabei nicht selbst», heißt es in einem anderen Brief. Er endet stets versöhnlich. Je weniger sie über sich selbst nachdenke, desto weniger würde sie unter dieser «großen und törichten Nervosität» leiden.

Das war ja nun sicher nicht die Art von Zuspruch, die Victoria brauchte und erwartete, ein anderer Mann hätte da einfachere Mittel gewußt. Aber sie war immer bereit, ihre Unvollkommenheit einzugestehen. Zum Jahresanfang, zum Geburtstag faßte sie stets gute Vorsätze, mehr Selbstbeherrschung aufzubringen. «Ich habe große Fortschritte & energische Versuche gemacht, meine Fehler zu überwinden», resümiert sie Silvester. Und Albert verspricht: «Alles was unser Glück 1854 störte, soll vergessen sein, wir wollen das neue Jahr in Hoffnung und Vertrauen auf die Zukunft beginnen ... Deine Vorsätze sind ausgezeichnet, und Du sollst jede Hilfe von mir haben, sie in die Tat umzusetzen.» Alle paar Wochen schreibt er ihr ein Zeugnis: sie habe sich in den ersten vierzehn Tagen des Jahres vorbildlich zusammengenommen. Bis in seine letzten Wochen schreibt er ihr solche schulmeisterlichen Billets, spricht ihr Mut zu, lobt und beglückwünscht sie und bittet um ihr Vertrauen. Natürlich vertraut sie ihm und beklagt noch an ihrem Hochzeitstag 1859 «neue Augenblicke des Elends durch meine törichte Empfindsamkeit & Gereiztheit», sie sei «eine Plage für den besten Menschen, meinen vergötterten Mann! ... Aber ich bete ernstlich zu Gott, daß an diesem 10. Februar eine neue Epoche in meinem Leben anfängt & daß ich Fortschritte mache ...»[18]

Während die Königin im April 1857 mit Beatrice, ihrem neunten und letzten Kind niederkam – sie war nun 38 –, bereitete sich das älteste darauf vor, das Elternhaus zu verlassen. Vicky mußte viel lernen. Albert gab ihr täglich Unterricht in antiker und neuer europäischer Geschichte. «Du

Die königliche Familie in Osborne, Mai 1857. Von links nach rechts: Prinz Alfred, Prinzgemahl Albert, die Prinzessinnen Helena und Alice, Prinz Arthur, Königin Victoria mit Prinzessin Beatrice, Prinzessin Victoria und Prinzessin Louise, Prinz Leopold und Albert Edward, der Prince of Wales

kannst Dir denken, wie einem zumute ist beim Gedanken, sich von einem solchen Vater trennen zu müssen», schrieb sie ihrem Verlobten. In Balmoral war sie Florence Nightingale begegnet, die als Nationalheldin aus dem Krimkrieg zurückgekehrt war und Vickys dauerhaftes Interesse an Krankenpflege weckte. Als einzige Prinzessin interessierte sie sich für Karl Marx schon zu dessen Lebzeiten. Sie übersetzte deutsche Fachbücher ins Englische und schrieb Aufsätze über deutsche, speziell preußische Themen. Zu dieser

Zeit führte Preußens Anspruch auf den Kanton Neuenburg, der noch auf den Wiener Kongreß zurückging, fast zum Krieg mit der Schweizer Eidgenossenschaft. Der Wiener Kongreß – wie weit lag der zurück! «Der König von Preußen bombardiert uns mit Briefen zur Rettung seiner getreuen Neuenburger», berichtete der Prinzgemahl Stockmar. Aber London machte klar, daß Englands Sympathien bei der Eidgenossenschaft lagen, und Berlin gab schließlich nach. Statt neuer freundschaftlicher Gefühle gab es vorerst nur Spannungen zwischen den beiden Staaten.

Verstimmt war der preußische Hof auch, als bekannt wurde, daß der Sohn des alten Stockmar, Ernst, ein Finanzfachmann, die Princess Royal als Sekretär nach Berlin begleiten sollte. Victoria, die einst Albert jeden Einfluß auf die Zusammensetzung seines Haushalts verwehrt hatte, versuchte jetzt mit aller Macht, ihrer Tochter in Berlin eine Umgebung nach ihrem Gutdünken zu schaffen. «Die Princess Royal von England expatriiert sich», erklärte Albert dem künftigen Schwiegersohn. «Doch damit hört sie nicht auf, Princess Royal zu bleiben . . . Sie wird eine englische Mitgift haben (das Parlament hatte 40000 Pfund und 8000 Pfund Jahresrente bewilligt), die separat administriert wird, sie bedarf darum eines Geschäftsmannes.»[19] Die konservativen Kreise um Männer wie Bismarck fürchteten die «englische Invasion». In der Gräfin Valerie Hohenthal, die nun nach London kam, erhielt Vicky jedoch eine treue Hofdame und gute Gesellschafterin.

Der Gräfin verdanken wir eine gute Beschreibung der Princess Royal. «Die ganze kindliche Rundlichkeit war noch an ihr und ließ sie kleiner erscheinen, als sie wirklich war. Sie war in einer Weise gekleidet, die auf dem Kontinent lange nicht mehr in Mode war, nämlich in ein pflaumenfarbenes seidenes Kleid, das auf dem Rücken geschlossen wurde. Ihr Haar wurde aus der Stirn gekämmt. Am meisten berührten mich ihre Augen; die Iris schimmerte grün wie die See an einem sonnigen Tag, und das Weiße hatte einen besonderen Glanz, der zugleich mit ihrem Lächeln, das kleine und schöne Zähne zeigte, alle bezauberte, die sich ihr nahten. Die Nase war ungewöhnlich klein und leicht nach oben gewandt; ihr Teint war nicht allzu zart, erweckte aber den Eindruck völliger Gesundheit und Kraft. Der Fehler des Gesichts lag in der Viereckigkeit der unteren Züge; um das Kinn war sogar ein Zug von Entschlossenheit sichtbar. Die außerordentlich liebenswürdigen Manieren der Prinzessin hinderten indessen, daß man ihn sogleich bemerkte. Ihre Stimme war entzückend und verlor sich niemals in hohen Tönen, sondern verlieh dem leichten fremdländischen Akzent, mit dem die Prinzessin sowohl englisch wie deutsch sprach, einen besonderen Reiz.»

Nach außen hin wurde zwar Freude und Zufriedenheit über die bevorstehende Heirat bekundet, doch je näher der Termin rückte, desto gedämpfter wurde die Stimmung. Neben der genauen Schilderung der Vorbereitungen und Festlichkeiten drückte Victoria in ihrem Tagebuch natürlich die eigenen sentimentalen Empfindungen aus; auf Alberts Stimmung und sein Befinden kann man aus den vorhandenen Quellen nur Rückschlüsse ziehen: er hat sich in dem ganzen Trubel noch stiller verhalten als sonst. «Ich meine, der Abschied vom lieben Papa müßte mein Tod sein», äußerte Vicky zur Mutter. Ihm fehlte solche Impulsivität, um seine Liebe ausdrücken zu können; er war zu gehemmt, um sie durch Zärtlichkeit zu zeigen. Der Beweis seiner Liebe lag in der Anerkennung seiner Tochter, daß er sie für voll nahm, ihr sein Herz öffnete.

Die Hochzeit wurde am 25. Januar 1858 mit großem Pomp und vielen Tränen im St.-James-Palast gefeiert. «Der liebe Albert nahm sie bei der Hand, um sie ‹wegzugeben› – *mein* geliebter Albert, der, wie ich sah, so tief bewegt war», notierte die Königin.[20] Sie war deprimiert, weil sie die Tochter nicht «aufgeklärt», ihr nur am Hochzeitsmorgen ein Buch THE BRIDAL OFFERING (DIE BRAUTGABE) in die Hand gedrückt hatte. Zwei glückliche Briefe der Flitterwöchner aus Windsor beruhigten sie. Albert hatte in seinem verschollenen Tagebuch notiert: «Ganz London war illuminiert – große Freudenbezeigungen in den Straßen.»[21]

Am 2. Februar mußte Abschied genommen werden. Das letzte Foto der Eltern mit der Tochter ist verwackelt. «Ich zitterte so stark, daß mein Bild nur undeutlich herauskam», bekannte die Königin im Tagebuch. Albert und die beiden ältesten Söhne begleiteten das junge Paar zum Schiff nach Gravesend. Es schneite, jeder bemühte sich, über Belanglosigkeiten zu reden, und Vicky kam nicht mehr an Deck, als die königliche Yacht ablegte. «Um vier Uhr kam mein geliebter Albert mit den beiden Knaben zurück, sehr traurig.» Am nächsten Tag schrieb Albert der Tochter einen seiner bewegendsten Briefe. «Das Herz war mir recht angeschwollen, als Du gestern in der Kajüte Deine Stirne an meine Brust lehntest, um Deinen Tränen freien Lauf zu lassen. Ich bin keine demonstrative Natur und Du weißt darum kaum, wie lieb Du mir stets gewesen bist und welch eine Lücke Du in meinem Herzen hinterlassen hast.»[22] Vicky schrieb ihren ersten Brief noch während der Überfahrt. «Mein geliebter Papa, der Schmerz des Abschieds von Dir war größer, als ich beschreiben kann; ich dachte, mein Herz würde brechen, als Du die Kabinentür geschlossen hattest und gegangen warst.»[23] Albert antwortete am 6. Februar: «Was mir aber die allergrößte Freude verursachte, war Dein so überaus liebender Brief noch von der Yacht aus geschrieben. Poor child, ich fühlte wohl, daß Du bitteren Schmerz littest und hätte ihn so gern gelindert. Außer dem eigenen hatte ich aber nichts zu geben, und der konnte den Deinigen ja nur vermehren.» Und nach zwei weiteren Briefen schrieb er ihr am 24.: «So verändert sich das väterliche Haus sehr schnell und Du wirst nie mehr das alte antreffen. Was bleibt und allein Wert hienieden hat, ist die alte Liebe und Treue der Gesinnung; die wirst Du stets wiederfinden, obgleich sie Dich in die Ferne begleitet hat und auch dort um Dich ist.» Alberts Gefühle muß man immer zwischen den oft gestelzten Formulierungen herauszufinden versuchen. So schrieb er der Stiefmutter nach Coburg: «Ich bin also nun wirklicher Schwiegervater, unser Kind wirkliche Frau...» Und der Brief endet: «Gestern waren es 18 Jahre, daß ich die Heimat verlassen habe.» Vickys Übersiedlung nach Deutschland hat sein Heimweh wieder verstärkt.

Sie erlebt in Berlin einen triumphalen Empfang, die prorussische Partei hält sich vorübergehend zurück und Ernst Moritz Arndt, der Dichter der Freiheitskriege, hofft, daß «uns nun ein englischer Geist durchwehen möge». Vicky kann nun nachfühlen, was ihr Vater 18 Jahre zuvor erlebte, als er aus Coburg in London eintraf. «Die Engländerin» heißt sie bei den Konservativen nur. Auch sie wird stets eine Fremde in einem fremden Land bleiben. «Ihr Herz sehnt sich oft nach Hause», berichtet Victoria Onkel Leopold, «vor allem nach ihrem lieben Vater, für den sie eine Verehrung hat, die rührend und schön anzusehen ist.» Die Tochter verspricht, ihm alles mitzuteilen, was sie innerlich bewegt, und er verspricht ihr ein offenes Herz.

Langsam kehrt auch in der Familie der Alltag zurück. Victoria ist selig, daß sie ihren Albert wieder ganz für sich allein hat, und nun bricht die Mutterliebe aus. Sie schreibt der Tochter manchmal bis zu vier Briefe an einem Tag. Sie will jede Einzelheit aus Vickys Alltag wissen, allen Klatsch und Tratsch. Der Charme dieser Briefe – wie auch des Tagebuchs – liegt in ihrer unbekümmerten Spontaneität: Säuglinge sind gräßlich, Ausländer würden nicht krank werden, wenn sie Abführmittel nähmen, deutsche Ärzte sind unzuverlässig, deutsche Prinzessinnen rastlos, und überheizte Zimmer sind der schnellste Weg ins Grab. Ratschläge und Vorhaltungen, Kritik und orthographische Korrekturen prasseln auf Vicky nieder: appeal und appreciate schreibe man nicht mit einem, sondern mit zwei p. Eines der unzähligen Pakete nach Berlin enthält zwei Korsetts mit genauer Gebrauchsanweisung. Zur ersten Niederkunft will die Königin englische Ärzte schicken. Dieser Schwall macht schließlich nicht nur die Tochter, sondern auch die Berliner Politiker nervös, die nur die häufige Kommunikation beobachten und ohnehin ständig fürchten, ihre künftige Herrscherin werde auch weiterhin aus London gegängelt. Albert wagt nicht, bei seiner Frau Einspruch zu erheben, er fürchtet einen neuen Wutanfall. Schließlich interveniert Stockmar und verweist auf die politischen Konsequenzen solcher übergroßen Mutterliebe. So muß Victoria darauf verzichten, bei der ersten Geburt an Vickys Bett zu sitzen. Doch von nun an entwickelt sich eine Freundschaft zwischen den beiden Frauen, die 40 Jahre lang hält. Die Königin schreibt der Tochter im Durchschnitt zweimal wöchentlich, insgesamt 4100 Briefe; bis zu Alberts Tod sind es schon 13 Bände, und sie erhält acht Bände voll zurück, dazu häufige Pakete, zum Beispiel Pumpernickel oder Baumkuchen.

Politische Fragen dagegen erörtert Vicky mit dem Vater, die Briefe an ihn ergeben zum Schluß vier Bände. Auch er erteilt der Tochter, nachdem der erste Trennungsschmerz überwunden ist, wieder Ratschläge und Verhaltensregeln, aber sparsamer als seine Frau. «Das Publikum wird, gerade weil es entzückt und enthusiastisch war, nun zur schärfsten Kritik übergehen und Dich anatomisch zerlegen», warnt er sie. «Welche deutsche Zeitung liest Du?» fragt er an. «Laß es eine ordentliche sein, die Kölner zum Beispiel. Du mußt wissen, was das Volk, dem Du angehörst, denkt und fühlt.»[24]

Schon im Mai fährt er zu ihr, Albert kann mit weniger Aufsehen nach Deutschland reisen als die englische Königin. Er besucht den Bruder und die Verwandtschaft. Vicky sollte ebenfalls nach Coburg kommen, der Vater wollte ihr seine Heimat und die Stätten seiner Kindheit zeigen. Zu seiner großen Enttäuschung darf Vicky nicht mehr reisen, sie ist schwanger. So bleibt Albert nur drei Tage in Coburg, schreibt seiner Frau brav jeden Morgen und jeden Abend. «Im ganzen ist mein Eindruck ein höchst wehmütiger! Ich bin ganz fremd geworden, kenne fast gar niemanden ...»[25] Er ist mit Bruder und Schwägerin zusammen, besucht Stockmar, kämpft während einer Oper, die Ernst komponiert hat, heftig mit dem Schlaf, besichtigt das Naturmuseum und die jüngsten Bauwerke wie Bahnhof und Kaserne, klagt über Kopfweh und Magenschmerzen und schickt Victoria mit dem Kurier Rosen aus der Rosenau und Vergißmeinnicht vom Grab der Großmutter in Gotha. Dann fährt er nach Berlin, Vicky und Fritz holen ihn von der Bahn ab, er erledigt die nötigen Besuche beim König, der zeitweise völlig konfus redet, und dann hat er endlich Zeit für den Zweck seiner Reise: «Ich blieb den ganzen Tag ruhig im Hause mit Vicky.» Nach zwei Tagen muß er zurück, mehr Urlaub hat er nicht bekommen. «Ich werde demnach am Montag abends spät wahrscheinlich wieder in Deinen Armen sein, worauf ich mich natürlich herzlich freue.» Am Dienstag notiert er dann im Tagebuch: «Bleiben den Tag über ruhig.»

Er wird nun noch einsamer. Victoria vergöttert ihn, ihre Bekenntnisse gehen ins Peinliche. Vickys Ehe mag ja glücklich sein, schreibt sie ihr, ein so großes Glück wie ihr selbst mit dem liebsten Albert zuteil geworden ist, kann es auf der Welt gar nicht noch einmal geben. «Ich möchte mich oft und gern zu seinen Füßen werfen, denn ich fühle, wie unwürdig ich eines so großen & vollkommenen Mannes bin wie er es ist.» Doch Anbetung und Gehorsam waren nicht das, was Albert brauchte, und auch das Vertrauen der Minister war kein Ersatz für einen Freund wie Peel, eine Freundin wie Vicky. Zumal nun die Sorge um den 17jährigen Ältesten die Eltern immer stärker beunruhigte. Auch er mußte allabendlich beim Vater zur Fortbildung antreten. «In den Stunden mit ihm habe ich nicht dieselbe Freude, die ich an Dir hatte», bekannte Albert der Tochter. «Er hat nicht die gleiche Auffassungsgabe und denselben Eifer zur Sache, und ich habe nie die Genugtuung, zu wissen, ob meine Erklärungen auch wirklich von ihm verstanden worden sind; ein unaufhörliches und monotones yes, yes, yes auf meine Nachfragen läßt es mich mehr als bezweifeln.» Victoria drückt sich drastischer aus. «Er ist so faul & schwach, Gott gebe, daß er sich die Dinge mehr zu Herzen nimmt, ernster an die Zukunft denkt und kräftiger wird. Sein Herz ist gut, es ist warm & anschmiegsam. Wenn da nur mehr Überlegung, Selbstbeherrschung & Selbstzucht wäre!»[26] Oder sie berichtet: «Der liebe Papa ging gestern Abend mit Bertie (der kein Wort verstanden hat) zur Vorstellung der Westminster-Schüler, die eines ihrer (sehr unziemlichen) lateinischen Stücke aufführten.»[27]

Nichts, was die Eltern bisher versucht haben, zeitigte den Erfolg, den sie erwarteten. Mit 15 hatte er Taschengeld bekommen, um sich seine Hüte und Krawatten selbst kaufen zu können; die begleitenden Ermahnungen der Mutter über die Notwendigkeit ordentlicher Kleidung trafen auf so fruchtbaren Boden, daß er ein Modefex wurde – was ihm elterliche Kritik eintrug, daß er sich zu sehr auf Äußerlichkeiten konzentriere (dabei hatte auch Albert eine Schwäche für Modisches, wie Victoria in den ersten Jahren vergnügt vermerkte). Dann durfte Bertie zum ersten Mal das häusliche Nest verlassen, um mit zwei erwachsenen Begleitern durch Südengland zu wandern. Man übernachtete in gewöhnlichen Gasthäusern, Bertie als «Baron Renfrew» (einer seiner zahlreichen Titel). Sehr schnell wurde bekannt, wer er wirklich war, und die Tour wurde abgebrochen. Im nächsten Jahr durfte er in den Lake-Distrikt im Nordwesten Englands. Diesmal waren außer den beiden Erwachsenen – Gibbs, der Erzieher, und ein Adjutant Alberts – noch vier Etonschüler dabei. Entsetzt war Albert weniger darüber, daß sein 16jähriger Sohn eine Herde Schafe in den See trieb und dafür mit Prügeln bedroht wurde, als über die fade Monotonie der Tagebuch-Eintragungen: Bertie schien nicht nur die Fähigkeit zur Reflexion, sondern auch zum Betrachten und Erleben zu fehlen. Der nächste Versuch im selben Jahr war eine Bildungsreise ins Ausland, mit denselben Kameraden und erweiterter erwachsener Begleitung. Vier Monate waren sie unterwegs: erst in Bonn – wie einst der Vater – zu hautnäherer Beschäftigung mit deutscher Literatur, von dort aus in die Schweiz. Wiederum waren Menschen, denen er begegnete, sehr angetan vom Charme und der Warmherzigkeit des jungen Prinzen, zum Beispiel der alte Metternich. Doch der Vater stellte vor allem fest, daß die Tagebuchnotizen nichtssagend, grammatisch falsch und schlecht geschrieben waren.

Bertie hat seine große Schwester sehr vermißt. Ihre Beziehung war eng, sie schrieben einander einmal wöchentlich, Vicky schüttete ihm immer häufiger ihr Herz aus über ihre Schwierigkeiten am Berliner Hof, und er hat sie oft besucht. Seine Abneigung gegen Deutschland hat ganz sicher hier zwei Wurzeln: die Schulmeisterei, unter der er litt, und die schlechte Behandlung in Preußen, unter der seine Schwester litt.

Kurz nach Vickys Hochzeit wurde Bertie konfirmiert. Er sah nur eine Möglichkeit, dem ewigen Bücherstudium zu entfliehen: er wollte zum

Militär. Albert stimmte zögernd zu. Aber vorher mußte der Sohn eine umfassende Prüfung ablegen. Um sich darauf ungestört vorbereiten zu können, erhielt der Prinz eine eigene kleine Residenz: White Lodge im Richmond-Park, vor den Toren Londons. Aber hier war er unter noch strengerer, fast klösterlicher Aufsicht. Albert hatte dem Erzieher einen langen Katalog von Vorschriften mitgegeben, die bis in Kleinigkeiten reichten: daß Bertie lernen solle, ordentlich zu sitzen, nicht die Hände in die Hosentaschen zu stecken, auch über anderes als nur das Wetter und die Gesundheit Konversation zu machen. Auch war genau festgelegt, wer als Gesellschaft nach White Lodge einzuladen sei. Wissenschaftler, Offiziere. Verdienstvolle Männer. An Altersgenossen war nicht gedacht.

Als er in sein 18. Lebensjahr eintrat und nun bald in der Lage sein würde, den Thron einzunehmen, falls seiner Mutter etwas zustoßen sollte (sie war 14 Wochen nach ihrem 18. Geburtstag Königin geworden), überreichten ihm die Eltern am Geburtstagsmorgen ein langes Dokument, das sie beide unterschrieben hatten. Neben gewohnten moralischen Ermahnungen wie etwa der, daß das Leben aus Pflichten zusammengesetzt sei, wurde Bertie verbrieft, daß er künftig eine eigene Wohnung und mehr Taschengeld erhalten würde.[28] Doch das schönste Geburtstagsgeschenk neben der Verabschiedung des ungeliebten Erziehers Gibbs war für ihn seine Aufnahme in die Armee – als Oberst zur besonderen Verwendung.

19. Kapitel

«Ich hänge nicht am Leben»

Seit diesem Jahrzehnt sprach man vom «Viktorianischen Zeitalter». Der Fortschritt, den die Whigs einst auf ihre Fahne geschrieben hatten, war unverkennbar. Das nationale Selbstbewußtsein war gestiegen, das Gefälle zwischen der industrialisierten Mitte und den bukolisch verschlafenen Landsitzen im Norden und Süden begann sich soziologisch wie politisch einzuebnen, nicht zuletzt dank Eisenbahn, Post und Telegraph. Das Elend in den Großstädten, besonders in London, die Armut der unteren Klassen war entsetzlich; aber wenigstens regten sich das christlich-karitative Gewissen und das Empfinden für Gerechtigkeit und Fairneß. Wohlstand und Reichtum wuchsen, zumindest statistisch. In einer seiner bedeutendsten Reden konnte der Prinzgemahl 1858 vor der altehrwürdigen Gilde der Seefahrer (Corporation of Trinity House) auf die ungeheuere Ausdehnung hinweisen, die das britische Reich in den letzten Jahren erreicht hatte: 1850 Pandschab erobert, in Südafrika das Land zwischen Oranje und Vaal besetzt, dänische Besitzungen an der Goldküste gekauft; 1852 Burma erobert, 1853 war ganz Australien unter britischer Herrschaft; 1855 faßte England Fuß in Neuguinea, 1857 nach dem Aufstand und dem Sturz des Großmoguls fiel ganz Indien an die Krone, 1858 wurden Schutzverträge mit den malaiischen Staaten geschlossen – und das alles, während in Mitteleuropa um die Ansprüche auf Schleswig-Holstein gestritten wurde. Wer interessierte sich hier schon für Pazifik und Südsee? Europas Höfe hatten näherliegende Sorgen, und aus dieser Perspektive gesehen war auch das Viktorianische Zeitalter nicht so unbeschwert, wie sich das hinterher in der Erinnerung an angebliche «goldene Zeiten» gewöhnlich darstellt.

Der Störenfried dieser Epoche war Kaiser Napoleon III. Auch dieser Napoleon träumte von einer Neuordnung Europas. «Er ist zum Verschwörer geboren und erzogen und wird in seinem gegenwärtigen Alter nicht mehr aus dieser Gemütsverfassung herauskommen», äußerte der Prinzgemahl dem Außenminister gegenüber.[1] Nach einem Schiffszwischenfall erpreßte der Kaiser die portugiesische Regierung, mit Erfolg. «Die alte Napoleon'sche Art», bemerkte Albert. Nach Kämpfen zwischen Drusen und Maroniten im Libanon und Massakern an Christen besetzten französische Truppen Syrien – zwar auf der Basis einer Fünf-Mächte-Vereinbarung, aber in London war man sich klar darüber, daß der Kaiser nur im Nahen Osten Fuß fassen wollte. Es wurde geraunt, daß er Belgien annektieren und König Leopold mit einem neuen Königreich im Orient abfinden wolle. Ganz offen wurde in Paris über «Grenzberichtigungen» gesprochen, was nicht nur Preußen wegen des linken Rheinufers, sondern ebensosehr die Schweiz beunruhigte. «Gnade Gott dem, der so viel Unglück so leichtfertig zwischen Schlaf und Wachen über die Welt bringt», schrieb Albert an Bruder Ernst.[2]

Besonders gefährlich ist die Situation in Italien. Napoleon hat die Fronten gewechselt: Er unterstützt jetzt Rußlands im Krimkrieg gescheiterte Balkanpolitik, dafür läßt der Zar ihm freie Hand für einen Krieg gegen Österreich. Den vereinbart der Kaiser, angeblich um Italiens Unabhängigkeit besorgt, mit dem Grafen Cavour, dem Ministerpräsidenten von Sardinien. Sein Preis ist Savoyen mit Nizza, und als er das nach dem Sieg über die Österreicher bei Solferino besetzt hat, überläßt er die italienische Einigung sich selbst. (Dank Garibaldi und Cavour kommt sie im Laufe von zwei Jahren – fast vollständig – zustande: am 14. März 1861 wird mit Billigung des ersten Parlaments Viktor Emanuel II. von Sardinien König von Italien – nur Venetien ist noch ein Teil der k. u. k.-Monarchie.) Wird Napoleon nun seine Armeen an den Rhein marschieren lassen? Oder nach Belgien? Oder die Invasion Englands vorbereiten, die das Offizierskorps nach dem – erfolglosen – Attentat auf den Kaiser verlangt? Denn Felice Orsini war direkt aus England gekommen, wo er eine Zeitlang gelebt hatte, und die Londoner Regierung weigert sich, deswegen eine strikte Überwachung aller Ausländer einzuführen, sich zu entschuldigen oder Paris sonstwelche Zugeständnisse zu machen. Die alte Feindseligkeit bricht wieder auf. «Down with the French!» rufen 20000 Demonstranten im Londoner Hyde-Park, und das Kabinett Palmerston muß zurücktreten, weil es zu franzosenfreundlich ist. Napoleon beteuert zwar ständig seine friedlichen Absichten und beklagt sich, daß er überall mißverstanden werde, doch er rüstet weiter, und in England traut ihm niemand mehr, am wenigsten der Prinzgemahl. «Sire und lieber Bruder», schreibt Victoria dem Kaiser im Februar 1859 in einem langen Brief, «selten ist es einem Menschen in so hohem Grade gegeben gewesen wie Ew. Majestät, auf die Ruhe und das Glück Europas einen so persönlichen und so mächtigen Einfluß zu üben, und ich kann nicht verhehlen, wie sehr der große Zweck ... von dem Verhalten abhängen wird, welches zu beobachten Sie sich berufen fühlen werden ...» Napoleon antwortet sofort mit einem noch längeren Brief: «Madame und sehr liebe Schwester, ... was mich aber als Herrscher und Mann tief verletzt, ist, daß ein vages und unbestimmtes Kriegsgerücht genügt, Zweifel an meiner Mäßigung zu erwecken und mir die Beschuldigung des Ehrgeizes zuzuziehen, und daß angesichts der drohenden Verwicklungen jenseits der Alpen Frankreich im Voraus der Einfluß versagt zu werden scheint, zu welchem es sowohl durch seinen Rang unter den Nationen als durch seine Geschichte berechtigt ist.»[3]

Der Prinzgemahl ist zu gut informiert, um sich durch die Unschuldsbeteuerungen des Kaisers täuschen zu lassen, England muß Vorsorge treffen, die Veteranen der Kriege gegen den ersten Napoleon leben noch, die Erinnerungen sind wach. Albert arbeitet Pläne für die Küstenverteidigung aus, Anweisungen für deren Befehlshaber, Pläne für die Aufstellung freiwilliger Heimwehrverbände. Die zählen schon nach kurzer Zeit 130000 Mann und paradieren vor der Königin. Maßstab aller Rüstungen ist Frankreich. Panzerschiffe sind die modernste Waffe der Seekriegsführung; Albert beschwert sich beim Kabinett, daß «wir nichts weiter tun als hinter den Franzosen herhinken». Der Kaiser bildet sich zwar ein, König Leopold von Belgien arbeite an einer Allianz mit England, Preußen und Österreich gegen ihn (auch er überschätzt noch den Einfluß verwandtschaftlicher Beziehungen zwischen Herrscherhäusern). Doch keinesfalls will er es auf einen Bruch mit England ankommen lassen. So lädt er inmitten diplomatischer Noten und Pressefehden die Königin und den Prinzgemahl ein, (ausgerechnet) die Vollendung der Befestigungen Cherbourgs samt Flottenparade mitzufeiern. Victoria und Albert neigen zwar zur Absage, doch die Regierung hält den Besuch für nützlich – also fahren sie: mit elf Kriegsschiffen, voran die «Royal Albert» mit 131 Kanonen, und das Ganze wird als «Privatbesuch» deklariert. «Was die Franzosen für ständiges Salutschießen und Feuerwerk an Schießpulver aufwenden, spottet jeder Beschreibung», meldet der Korrespondent der TIMES. Der Besuch bewirkt nichts: man kann nicht sicher sein, was Napoleon als nächstes plant. Der Kaiser sei verstimmt über alles, was in England über ihn gesagt werde, notiert Albert in seinem Tagebuch. Er selbst kehrt mit der Überzeugung zurück: mehr und besser rüsten. «Der gegenwärtige Zustand der Armee ist ein kläglicher», beanstandet er beim Kabinett; von 105 Bataillonen sind nur noch 18 im Land, die anderen sind in Persien, China und Indien beschäftigt. Er rechnet vor, wie und zu welchen Kosten die Truppenstärke zu erhöhen wäre. Er macht sich in einem Brief an Palmerston, der inzwischen wieder Premierminister ist, Gedanken über die Flottenreserven, und man ist immer wieder verblüfft, wie genau er informiert ist über Seerecht und Schulschiffe, Arbeitsgesetze und Jahrgangsstärken.

Innenpolitisch war es eine unübersichtliche Periode. Die Königin und der Prinzgemahl waren klug genug, sich in die Auseinandersetzungen der Parteien nicht einzumischen und den Premierminister zu akzeptieren, den die Parlamentsmehrheit haben wollte. So war Albert der Gesprächspartner Palmerstons ebenso wie des Oppositionsführers Disraeli. Lord John Russell, jetzt Außenminister, bat um Hilfe zum Verständnis der deutschen Verhältnisse, und Albert gab ihm eine knappe, brillante Darstellung der Geschichte des Heiligen Römischen Reiches. Seinem Verfassungsverständnis von den Befugnissen der Krone entsprechend, konzentrierte er sich aktiv auf die internationalen und die Sicherheitsfragen und nahm zur Innenpolitik nur selten offiziell Stellung. Ob er seinem Bruder die ungeschickte Politik Österreichs erläutert, dem Prinzregenten Wilhelm in Berlin die englische

Ansicht über Italien darlegt, ob er Stockmar oder Vicky seine Sorge über die Entwicklung klagt – in allen Briefen wird deutlich, wie betroffen sich Albert bei jeder Beunruhigung der internationalen Beziehungen fühlte, wie sehr er unter den Kriegsahnungen litt, unter denen in diesen Jahren Nordamerika ebenso wie Europa lebten; und das galt ganz besonders, wenn das Verhältnis zwischen England und Preußen belastet wurde. Da deprimierte ihn jeder unfreundliche Zeitungsartikel, so wenig ihn sonst die ständigen persönlichen Angriffe, vor allem der TIMES, zu berühren schienen, die dauernd fürchtete, der Hof könnte mit seinen coburgischen Verbindungen die Regierungspolitik durchkreuzen. Auch dabei war Preußen ein zentrales Thema.

Albert hatte die Tochter schon kurz nach der Hochzeit wiedergesehen. Vicky war schwanger, die Königin wollte der Tochter wenigstens vor der Niederkunft noch einmal zur Seite stehen – also fuhren sie im August 1858 für zwei Wochen zu einem Privatbesuch nach Berlin; Victoria hielt im Tagebuch jede Einzelheit fest. Fritz und Wilhelm (noch nicht Prinzregent) fuhren ihnen entgegen, Vicky stand mit Blumen am Bahnhof. Festessen und Paraden, Dampferfahrten auf der Havel und ein Fest auf der Pfaueninsel wurden veranstaltet; Herzog Ernst und Stockmar waren aus Coburg gekommen. Albert besuchte Alexander von Humboldt, mußte zwischendurch an der Proklamation für Indien arbeiten, das nun ebenfalls zu Victorias Ländereien gehörte, und zu seinem Geburtstag hatte Vicky einen Kuchen mit 39 Kerzen bestellt. «Der Abschied sehr schmerzlich», war am Ende in Alberts Tagebuch vermerkt.

Doch so eng sich das Verhältnis zwischen den beiden Familien gestaltete – auf der politischen Ebene wollte sich die gleiche Herzlichkeit nicht einstellen. Zu Alberts Kummer wurden die grundsätzlichen Unterschiede immer deutlicher, und weder Vicky in Berlin noch er in London konnten daran etwas ändern. Seine vornehmste Bemühung wurde seine größte Enttäuschung: ein Zusammengehen Englands mit einem Deutschland, das von einem liberalen Preußen geführt wurde.

Als der kranke Friedrich Wilhelm IV. nicht mehr regieren konnte und Wilhelm im Oktober 1858 zum Prinzregenten ernannt wurde, sah Albert zunächst Licht am Horizont, sah einen «ersten Schritt zur Ordnung eines heillosen Chaos» und bemühte sich, dem Freund mit ausführlichen Briefen und Analysen den Rücken zu stärken. Albert überschätzte, was ein aufgeklärter Herrscher in einem Staat wie Preußen durchsetzen konnte, er überschätzte die dynastischen Möglichkeiten angesichts der selbst dort wachsenden Bedeutung der Volksvertretung. Und er verkannte den Charakter Wilhelms. Der Prinzregent war kein Liberaler, auch wenn er gleich Bismarck mit allen Ehren als Gesandten nach Petersburg abschob und einen Versuch mit einem liberalen Kabinett unternahm; der geriet sehr schnell in eine Sackgasse. Wilhelm war ein Ehrenmann altpreußischen Zuschnitts, schlicht, bieder und treu seinem gegebenen Wort. Daß Preußen die Vormachtstellung in Deutschland gebühre, darüber war er mit Albert einig. Nur sah er sich nicht als Vorsitzenden einer verfassungsgebundenen Monarchie, sondern er sah sich als gesalbter Gebieter, dem von Gott ein Erbe anvertraut war; er sah sich als Heerführer, verpflichtet, den Ruhm seines Vaterlandes zu mehren. Partiell stimmte Albert sogar darin mit ihm überein. «Möge die preußisch-deutsche Armee bald stark auf den Beinen und geordnet stehen», schrieb er ihm angesichts der ständigen Kriegsgefahr 1859, «und inzwischen es so wenig Noten, Proklamationen, Bundesbeschlüsse usw. usw. als nur möglich geben! Nur wenn Deutschland stark ist, kann es sicher geachtet und Herr seiner Entschlüsse sein.»[4] Doch kurz darauf wurde in ihrem Briefwechsel über Italien deutlich, wie stark die Auffassungen in Verfassungs- und daraus entstehenden Rechtsfragen auseinandergingen. Bald äußerte sich Albert zu bestimmten Problemen lieber Wilhelms Frau Augusta gegenüber, mit der sich eine ungewöhnlich ungezwungene und herzliche Korrespondenz entwickelt hatte.

Dann wurde das englisch-preußische Verhältnis ein Jahr lang durch eine Lappalie belastet, die zu einer Staatsaffäre aufgebläht wurde. Im September 1860 entstand nahe Bonn in der Eisenbahn ein Streit um einen Sitzplatz, und zwar mit einem britischen Reisenden, Captain Macdonald. Dieser Captain wurde schließlich mit Gewalt aus dem Zug entfernt, festgenommen und nach sechs Tagen Untersuchungshaft zu 20 Talern Geldstrafe und zur Übernahme der Kosten verurteilt. Was dabei in England am meisten erbitterte, war eine Bemerkung des Staatsanwalts: die englischen Reisenden seien bekannt für ihre Anmaßung, Unverschämtheit und «Lümmelei ihres Benehmens». Premierminister Palmerston wollte die diplomatischen Beziehungen abbrechen, der Prinzgemahl wiegelte ab: erst müsse man doch einmal feststellen, was eigentlich vorgefallen sei. Palmerston drohte im Parlament: Preußen tue gut daran, sich Englands Wohlwollen zu erhalten. Das brachte die Abgeordnetenkammer in Berlin auf: Preußen habe es nicht nötig, seine Unabhängigkeit für die Freundschaft *irgendeines* Landes zu opfern. Albert versuchte, mit Briefen zu beruhigen: In Preußen sei eben der Staat sakrosankt, in England das Individuum. Die TIMES schrieb wochenlang bewußt verletzende Leitartikel, der preußische Gesandte protestierte, die Antwort war: man habe nichts zurückzunehmen. Albert klagte Vicky über «die Bonner Geschichte, die fortwirkt und uns noch ganz auseinanderbringen kann ... *Gefühle* bilden die Basis für die Handlungen, und nicht die Argumente.» Die Bitterkeit auf beiden Seiten war schließlich von einer Dauer und Heftigkeit, die in keinem Verhältnis mehr zum Anlaß stand.

Animositäten waren schon im Jahr zuvor entstanden, als Vicky pünktlich einen Erben geboren hatte. Wilhelm, der spätere Kaiser, kam unter sehr komplizierten Umständen mit einem verkrüppelten Arm zu Welt, und sofort wurde darüber gerechtet, ob die englischen oder die deutschen Ärzte

Schuld daran trugen. Die jungen Großeltern waren glücklich, daß letztlich alles gut abgelaufen war. Albert berichtete der Wöchnerin, als nach dem Empfang der Nachricht «alle königlichen Kinder» in ihren Schulraum beordert wurden, habe die elfjährige Louise erbost gerufen: «Wir sind keine königlichen Kinder, wir sind Onkel und Tanten!»

Friedrich Wilhelm IV. starb im Januar 1861. Vicky hatte den Todeskampf des längst Bewußtlosen miterlebt und war tief erschüttert. «Je öfter Du die Leiche gesehen haben wirst», antwortete der Vater, «desto stärker wird in Dir das Bewußtsein erwacht sein, daß jene Hülle nicht der *Mensch* ist, ja es kaum denkbar ist, wie sie es gewesen sein kann. Indem Du den Tod hast kommen sehen und beobachten konntest, bist Du in Erfahrung älter geworden, als ich es bin. Ich habe noch nie jemanden sterben sehen.» Wilhelm war nun König, Fritz und Vicky das Kronprinzenpaar. Lord Clarendon sollte die Königin bei der Krönung vertreten. Albert erläuterte ihm ausführlich die Situation: «Ich fürchte, Sie werden die Stimmung in Deutschland sehr bitter gegen uns finden ... Die systematischen Angriffe und die Herabsetzung, denen alles Deutsche von seiten unserer Presse während des letzten Jahres ausgesetzt war, sind die Hauptursache ...» Clarendon bestätigte das nach seiner Rückkehr, Palmerston kam im Parlament darauf zu sprechen. Doch König Wilhelm hatte derweil durch seine Thronrede den Graben weiter vertieft. «Die preußischen Regenten erhalten ihre Krone von Gott», hatte er in Königsberg erklärt, «und darin liegt die Heiligkeit der Krone, welche unverletzlich ist.» Das waren nicht die Töne, auf die man in London gewartet hatte. «Die Reden ... haben hier einen üblen Eindruck gemacht», klagte der Prinzgemahl Stockmar. «Ein Zusammengehen ... wiederherzustellen, ist ... unendlich erschwert.» Trotzdem drängte er Wilhelm immer wieder, die Führung in Deutschland zu übernehmen, und hielt ihm die 1848 gebrochenen Versprechen der Fürsten vor. «Meine Hoffnung wie die der meisten deutschen Patrioten steht auf Preußen, steht auf Dir.»[5]

Ungewollt sorgte Vicky für eine weitere Trübung. Auf der Suche nach einer passenden Frau für ihren Bruder Bertie schlug sie ausgerechnet eine «dänische» Prinzessin vor, wo der Streit um Schleswig-Holstein gerade wieder von neuem entbrannt war.

Zwischen den kurzen Semestern, die der Prinz von Wales in Edinburgh, Oxford und dann in Cambridge durchbüffeln mußte, war er auf Bildungsreisen geschickt worden. «Er hat wenig Interesse für Dinge und ein unglaubliches für Menschen», informierte Albert seinen Bruder.[6] Bertie besuchte die Schwester in Berlin und den Onkel in Coburg. Er war nun 18, sein neuer Erzieher führte den Titel «Gouverneur» – sonst war da wenig Unterschied. Das nächste Ziel war Rom, mit ausgedehnter Hin- und Rückreise durch Südeuropa, sechs Monate lang. Bertie schrieb liebevolle, aber nichtssagende und unglaublich naive Berichte nach Haus. Angesichts der italienischen Wirren hatte Albert ihm lang und breit die europäische Interessenlage erläutert. Zurück kam ein Brief: «Vielen Dank für Deinen langen & interessanten Brief. Es ist sehr lieb von Dir, daß Du mir die Politik der verschiedenen Nationen erklärst, die sehr kompliziert zu sein scheint.»[7] Man hört förmlich Alberts Seufzer. «Gewöhnlich ist sein Verstand von keinem größeren Nutzen als eine Pistole unten im Reisekoffer, wenn man in den Appenin von Räubern überfallen wird», klagt er Vicky. Doch am Ende dieser Reise und nach der bedeutungsvollen nächsten Tour nach Kanada und den USA erkannte der Vater nun doch Fortschritte; sooft er sich bisher nur sorgenvoll zu seinen Briefpartnern geäußert hatte, sooft lobte er nun. Die Lehrer «geben ihm alle gutes Lob, und er scheint Eifer und guten Willen gezeigt zu haben», bekam Stockmar zu hören. Er verteidigte den Sohn gegen die Kritik Augustas von Preußen mit einer Studie über Psychologie und meldete König Wilhelm, daß Bertie seine militärische Ausbildung methodisch von unten bis hinauf zur Kompanieführung absolviert habe.

Das Verhältnis zwischen Mutter und Sohn war viel schwieriger. Auch Victoria erkennt an, daß er «sich entwickelt» hat. Aber ihre Urteile sind durchweg schroffer und abschätziger; sie mißt den Jungen stets an ihrem Albert. «Unglücklicherweise mangelt es ihm noch immer an Kinn», schreibt sie Vicky, «was sich mit dieser großen Nase und den sehr großen Lippen nicht sehr gut ausnimmt.» Sie rügt, daß ihr Vicky «alle seine höchst stupiden und albernen Bemerkungen (wie so oft, ohne nachzudenken)» wiederholt. «Er ist am Montag abgefahren. Seine Stimme hat mich so nervös gemacht, ich konnte es kaum noch ertragen.»[8]

Er war nach Kanada abgefahren, seine erste offizielle Mission als Prinz von Wales. Kanada hatte im Krimkrieg ein Infanterie-Regiment gestellt und als Belohnung einen Besuch der Königin erbeten. Die Königin konnte sich eine so lange Abwesenheit, verbunden mit einer noch nicht ungefährlichen Seereise, nicht leisten. Aber sie hatte den Kanadiern zu gegebener Zeit den Prinzen von Wales versprochen. So war Bertie mit dem Kolonialminister und entsprechender Begleitung abgereist. In vielen Kreisen wurde das zwar für unklug gehalten – *so* wichtig nahm man damals die Kolonien nun auch noch nicht. Doch Albert war der Meinung, daß die Prinzen für die Konsolidierung des Empire tätig werden müßten; Alfred befand sich zur selben Zeit in Südafrika. Auf Einladung des Präsidenten Buchanan besuchte Edward auch die Vereinigten Staaten. Albert hatte ihm Konzepte für alle denkbaren Reden und Tischsprüche ausgearbeitet. Die Reise wurde ein voller Erfolg. Ohne väterlichen Stundenplan und mütterliche Schelte lebte Bertie auf, er bewegte sich frei und ungezwungen, kam allen Menschen mit Sympathie entgegen, war umgänglich und überall beliebt. »Von Kanada haben wir die allerbesten Nachrichten», meldete der Prinzgemahl Stockmar. Bertie wurde dort wie auch in den USA begeistert gefeiert. Das letzte Körnchen der alten Zwietracht mit den Amerikanern sei nun beseitigt, schwärmte die TIMES. Aber das war ein vorschnelles Urteil, wie sich wenige Monate später zeigte, als dort der Bürgerkrieg ausbrach.

Die Eltern waren längst zu der Auffassung gelangt, daß es für Bertie das Beste wäre, bald zu heiraten – ihre Sorgen bezüglich seiner ungehemmten Kontaktfreudigkeit auch dem weiblichen Geschlecht gegenüber waren nicht unbegründet. Vicky und Onkel Leopold nahmen die Suche nach einer geeigneten Kandidatin in die Hand, und aus der Liste heiratsfähiger Prinzessinnen wurde die hübsche Alexandra von Sonderburg-Glücksburg als Favoritin ausgewählt. Bertie sah ihr Foto und erklärte, die würde er sofort heiraten. Daraufhin wurde er zu den preußischen Herbstmanövern am Rhein eingeladen, und Vicky arrangierte ein beiläufiges Treffen der jungen Leute in Speyer und Heidelberg.

In etwas Verwegeneres hätte sie sich nicht einlassen können. Alexandra war die älteste Tochter des Prinzen Christian, der im Londoner Vertrag von 1850 als Erbe der dänischen Krone und Schleswig-Holsteins anerkannt worden war. Natürlich bekamen die Gazetten Wind von dem Eheprojekt. Vicky wurde vorgeworfen, sie arbeite gegen die Interessen ihrer neuen Heimat; Albert wurde beschuldigt, er verrate seine deutschen Ideale; selbst Stockmar mißbilligte das Projekt, und mit Bruder Ernst kam es fast zum Bruch: er war Schirmherr des Deutschen Nationalvereins, der Schleswig-Holstein für den Augustenburger Prätendenten verlangte. Doch es blieb dabei. Albert hatte keine Sympathien für die «geheuchelten Gefühle» der preußischen Regierung, die in Schleswig-Holstein die Volksmeinung zu stützen vorgab, um die sie sich in den eigenen Grenzen herzlich wenig kümmerte.

Vicky hatte inzwischen nach dem Thronerben eine Prinzessin Charlotte zur Welt gebracht, und so konnte im Herbst 1860 ein Familientreffen in Coburg stattfinden, das für Victoria und Albert ein richtiger Urlaub wurde. Bruder Ernst und seine Frau waren zwar oft in England (es gab auch noch immer Erbauseinandersetzungen um Gothaischen Besitz, die Albert im Interesse seines Sohnes Alfred hartnäckig durchfocht). Doch der Prinzgemahl achtete darauf, daß nicht mehrere Coburger gleichzeitig in London waren, die Presse hätte sofort wieder eine «Coburger Konferenz» vermutet.

Alfred, auch mit jetzt 16 Jahren noch «Affie» gerufen, hatte sich prächtig entwickelt – nur in eine ganz andere Richtung, als die Eltern erwartet hatten. Herzog Ernsts Ehe blieb kinderlos, so war es klar, daß Alfred eines Tages in Coburg und Gotha regieren würde. Ernst hatte sich schon früh Gedanken über die Erziehung seines Nachfolgers gemacht,[9] die in gewissem Sinn noch problematischer war als Berties. Sollte dem Prinzen von Wales etwas zustoßen, würde Alfred eines Tages nicht den Coburger, sondern den englischen Thron besteigen, und sein jüngerer Bruder Arthur würde nach Coburg gehen. Alfreds Erziehung mußte also beide Möglichkeiten ins Auge fassen und durfte nicht nur auf Deutschland ausgerichtet sein. Nur hatte Alfred weder zu dem einen noch zu dem anderen Lust. Sein Traum war das Meer, er wollte zur Marine, und mit ihm war der Vater viel nachsichtiger als mit dem älteren Bruder. «Ich sah gestern Alfred als Volontär auf dem Mast des ‹Rollo› die obersten Segel in starkem Winde einziehen und allerhand Dinge in der schwindelnden Höhe mit gutem Geschick tun, die Ihnen wie mir den Odem versetzt haben würden», steht in einem Brief an Stockmar. Mit 14 bestand Alfred ein sehr schweres dreitägiges Examen und wurde als Seekadett angenommen. Er könne nur dankbar sein, schrieb der damalige Premierminister Lord Derby der Königin, «daß kein solches Examen nötig ist, um die Minister Ihrer Majestät für ihre Ämter zu qualifizieren, da das die Schwierigkeit, ein Kabinett zu bilden, sehr bedeutend vermehren würde». Gleich anschließend ging die erste Reise ins Mittelmeer, «das zweite Kind, das wir in demselben Jahr aus unserem Familienkreis verlieren», seufzte Albert. Alfreds Schiff ging nach Malta, in den Nahen Osten, nach Nordafrika. An Bord wurde der Prinz behandelt wie jeder andere Kadett auch – nur rauchen durfte er nicht, hatte der Prinzgemahl angeordnet. Der Sohn bewegte sich nun in einer Welt, die dem Vater fremd war, in die er nicht folgen konnte. Das Schreiben war nicht Alfreds Stärke, wie die Briefe an den Erbonkel in Coburg zeigen; doch der Vater war stolz auf ihn. «Er ist recht gescheit und unendlich ruhig und tätig», berichtete er Stockmar. Sein Kopf sei so beschaffen, «daß kein Vorurteil darin sich gegen schlichte Logik halten kann». Bruder Ernst war wenig angetan von der Ausbildung seines Erben; das sei nicht die richtige Vorbereitung für einen kleinen deutschen Hof. Albert mußte ihn mit einem langen Brief beruhigen: die Seefahrt sei bei Affie eine Leidenschaft, die zu unterdrücken Eltern kein Recht hätten. Mit dem Thronfolger für Coburg konnte man großzügiger verfahren als mit dem Thronfolger für London. Als die Eltern im September 1860 nach Coburg reisten, war Affie auf dem Weg nach Brasilien und Südafrika, Bertie war in Amerika.

Victoria und Albert nahmen die 17jährige Alice mit, die sich mit Prinz Ludwig von Hessen einig war, dazu den Außenminister und sechs Hofdamen und Adjutanten. Auf der Fahrt durch Belgien begleitete sie Onkel Leopold mit seinen Kindern. Sie übernachteten in Hotels wie gewöhnliche Urlauber, zum Beispiel in Mainz im «Rheinischen Hof», wo sie aus dem Fenster direkt auf die Bahnhofsmauer schauten. (Auch in Schottland reisten sie gern inkognito als Lord und Lady Churchill – kaum jemand hatte ohne Zeitungen und Fotografie eine Vorstellung, wie die Königin von England ausschaute.) In Coburg empfing sie Hoftrauer: die Herzoginwitwe Marie war gestorben, die Stiefmutter der beiden Brüder, sie fuhren sofort zur Trauerfeier nach Gotha.

Doch dann beginnen die Ferien, Victoria hält im Tagebuch jede Einzelheit fest, «es macht mich glücklich, meinen teuren Albert so glücklich zu sehen». Fritz und Vicky sind mit dem Sohn da. «Der liebe kleine Wilhelm war wie gewöhnlich vor Tisch bei mir – ein süßes Kind.» Es sind zwei Wochen voller Abwechslungen und Begegnungen mit Verwandten und Freunden. Der alte Florschütz wird besucht, Ernsts und Alberts erster Erzieher; sie haben ihm ein Haus bauen lassen. Man trifft sich mit Stockmar, der 1857 zum letzten Mal in England gewesen war und nun nicht mehr reisen will. «Es ist so angenehm, wir können überall in der Stadt umhergehen, man folgt uns nie, obgleich die Leute uns kennen & sehr höflich grüßen, ein Vergnügen, das ich in keiner Stadt sonst genießen kann.» Ausfahrten, Spaziergänge, allerdings ist Albert gelegentlich «zu beschäftigt, um auszugehen» – auch hier muß er mit den Regierungsangelegenheiten vertraut bleiben. Eine Treibjagd auf Eber wird veranstaltet, der Prinzgemahl erweist sich wieder als Meisterschütze. Nach einer anderen Jagd kommt es zu einem Unfall, der Victoria das Blut erstarren läßt.

Ernst vermerkt in seinem Tagebuch am 1. Oktober: «Bis 10 Uhr Regen, dann schön und mild. Mit den Prinzen Albert, Friedrich Wilhelm und Graf Mensdorff auf die Jagd gefahren. Bei der Rückfahrt von derselben gehen die Pferde des Prinzen Albert durch, er springt aus dem Wagen und verletzt sich leicht das Gesicht. Ich erlege 10 Hasen. Familiendiner. Alles sehr gestört.«[10] Die Pferde rannten gegen einen Schlagbaum, der Kutscher wurde schwer verletzt. Durch seinen schnellen Entschluß war Albert mit Schrammen und Prellungen davongekommen, nach zwei Tagen Ruhe nahm er sein gewohntes Leben wieder auf. «O Gott! Was empfand ich!» notierte die Königin. «Ich ließ & lasse nur die Gefühle der Dankbarkeit mein Gemüt erfüllen, nicht die des Entsetzens über das, was hätte geschehen können.» Sie veranlaßte eine Victoria-Stiftung: jedes Jahr am 1. Oktober erhielten je zwei förderungswürdige Coburger Mädchen und Jungen 100 Gulden.

Dieser Unfall hatte nicht nur äußere Blessuren zur Folge. Stockmar, der den Prinzgemahl sofort im Krankenzimmer aufgesucht hatte, erkannte das gleich. Alberts Nervensystem war erschüttert, eine tiefe Verzagtheit und Melancholie überfiel ihn. Ernst schildert in seinen Erinnerung den folgen Vorfall: «Am 10. Oktober, an welchem die Abreise der Herrschaften um 10 Uhr erfolgen sollte, holte mich mein Bruder morgens zu einem unverabredeten Spaziergang nach der Veste ab. An einem der schönsten Punkte blieb Albert stehen und griff plötzlich nach seinem Taschentuch. Ich meinte, daß seine Wunde neuerdings zu bluten begonnen hätte, trat näher zu ihm und bemerkte, daß ihm die Tränen herabliefen. Er hatte sich so in den Gedanken vertieft, er werde dies alles niemals wiedersehen, daß ihn die Rührung übermannte... Als ich ihn beschwichtigen wollte, blieb er bei seinem Ausspruch, daß er recht gut wisse, er sei zum letzten Mal in seinem Leben hier gewesen... Daß seine unglückliche Ahnung eine prophetische Wahrheit enthalten könnte, hatte ich damals freilich nicht entfernt zu glauben vermocht.»[11] Wieder war es ein schwerer Abschied. Schwager Ernst Hohenlohe ist gestorben, der Mann von Victorias Halbschwester Feodora;

Alice würde sich mit Ludwig von Hessen verloben und als nächste aus dem Hause gehen, Leopolds Gesundheit machte Sorgen – das Familienglück schrumpfte.

Was blieb, war die Arbeit. Albert stand jeden Morgen um 7 auf, ging in das gemeinsame Arbeitszimmer. Kurz nach 8 weckte er Victoria, und bis zum Frühstück hatte er einen großen Teil der eingetroffenen Regierungspapiere bereits gelesen, Entwürfe für die Antwort und Briefe geschrieben – so schilderte die Königin den Beginn seines Tageslaufs in einem 1862 verfaßten Memoir.[12] Seine englischen Manuskripte gab er ihr mit der Bitte: »Lies das aufmerksam, ob ein Fehler drin ist.» Oder er sagte: «Ich habe dir hier einen Entwurf gemacht, lies es mal, ich denke, es wäre recht so.» Neben seinem Platz im Frühstückszimmer stand ein Tisch mit den namhaften Zeitungen, gute oder wichtige Artikel las er laut vor. «Oft pflegte er nach beendetem Frühstück aufzustehen, eine Zeitung auf einem der Tische auszubreiten, sich darüber zu beugen und, taub gegen jede Frage, zu sagen: ‹Störe mich nicht, ich lese das fertig.›» Die kleine Beatrice schaute ihm besonders gern beim Ankleiden zu, und wenn er damit fertig war, sagte sie: «Wie schade!» Die früher üblichen gemeinsamen Spaziergänge wurden immer kürzer und seltener. «Aber für die Gartenbau-Gesellschaft hat er Zeit!» erboste sich Victoria gegenüber Vicky. «Du sagst, niemand sei perfekt außer Papa. Aber er hat auch seine Fehler. Er ist sehr oft sehr schwierig – in seinem Übereifer & seiner Arbeitswut.»

Die Londoner «Season» inmitten großer Gesellschaft bestand für sie aus zwei Bällen und zwei Galakonzerten. «Wir gehen kaum je später als um Mitternacht zu Bett, unsere einzige Ausschweifung besteht darin, daß wir drei- oder viermal die Woche ins Schauspiel oder in die Oper gehen, was für uns beide ein großes Vergnügen ist», steht in einem Brief an Onkel Leopold. Auch die Jagd war für Albert ein Vergnügen, das er sich nicht nehmen ließ, ein paarmal, aber nur wenige Stunden in der Woche. Er marschierte sehr schnell und war bald wieder zurück. «Er ging nie fort und kam nie nach Hause, ohne durch mein Zimmer zu gehen oder in mein Ankleidezimmer zu kommen und lächelnd zu sagen ‹Sehr schön› oder ‹Ich bin schrecklich naß› oder ‹schmutzig› . . .» Dann setzte er sich wieder an den Schreibtisch.

«Wir stecken Hals über Kopf in Geschäften aller Art, die das Eigentümliche haben, daß sie nie etwas Angenehmes enthalten», schreibt er dem Bruder. Mit Schatzkanzler Gladstone diskutiert er das Sparkassengesetz und die Finanzierung des Britischen Museums; er beschäftigt sich mit dem Kirchenbau in Whippingham, moniert das fehlerhafte Porträt der Königin auf einer neuen Münze und empfiehlt den Ankauf eines Duccio. «Ich erinnere mich nie so viel zu tun gehabt zu haben als in der letzten Zeit», schreibt er 1858 an Stockmar. «Der Regierungswechsel, die India Bill, die französischen Schwierigkeiten, Erziehungsanforderungen etc. etc.» Für

1862 ist eine zweite Große Ausstellung geplant, er ist Vorsitzender der Kommission wie auch – unter anderem – Präsident des St.-Martin-Vorsorgevereins oder des Wellington College. «Ich bin mit Papieren überhäuft und kann mich kaum durchschlagen» (Dezember 1859). In einer seiner besten Reden zur Eröffnung des Internationalen Statistiker-Kongresses bemüht er sich, durch eine populäre Darstellung die Vorurteile gegen diese noch nicht durchweg anerkannte Wissenschaft abzubauen. Reden halten muß er auch zum 200. Gründungsfest der Garde-Grenadiere, deren Oberst er ist, zur ersten Versammlung der Nationalen Schützen-Gesellschaft oder als Präsident der Gesellschaft zur Förderung der Wissenschaft; dazu muß er nach Aberdeen. «Ich lese dicke Bücher nach, schreibe, schwitze und zerreiße wieder in Unmut. Eine angenehme Zutat zu meinen gewöhnlichen Geschäften» (August 1859 an Vicky). Die Gastgeberpflichten während der Derby-Woche in Ascot, zu der stets viel hoher Besuch kommt, sind lästig; Kunstausstellungen zu eröffnen, lehnt er dagegen nie ab. Ein leichter Cholera-Anfall: «Ich glaube, Ärger über politische Sachen ...» Er inspiziert drei Tage lang die Befestigungen der Kanalinseln, eröffnet das neue Rathaus in Leeds.

Was er als Lohn für seine Mühe sucht, ist Befriedigung und Glück wenigstens in der Arbeit – aber das findet er auch dort nicht. «Der Esel in Carisbrook, dessen Du Dich erinnern wirst, ist mein wahres Vorbild», schreibt er der Tochter. «Er fräße auch lieber die Disteln im Schloßgraben als in dem Rade herumzugehen, und bekommt wenig Dank dafür, daß er es tut» (Mai 1860). Er wird in die Tuchmacher-Gilde aufgenommen, muß ein vierstündiges Essen über sich ergehen lassen, Reden halten und mitsingen, dabei hat er einen Katarrh. Aber er betrachtet solche Ehrungen als einen Ausdruck der Loyalität zur Krone, und dafür nimmt er Ungelegenheiten auf sich. Er setzt sich für die Verkürzung der Liturgie ein, weil die Gottesdienste ungebührlich lang sind; deckt die Schwächen des geplanten Handelsvertrags mit Frankreich auf; inspiziert trotz des ungewöhnlich kalten Winters im Januar 1861 Küstenbefestigungen und legt Grundsteine – und bemüht sich, ein guter Hausvater zu sein. Er gedenkt seines 21. Hochzeitstages auch in einem Brief an Stockmar: «Es ist mit den 21 Jahren wie mit den achtzig Lebensjahren der Bibel: Wenn's köstlich gewesen, so ist es Mühe und Arbeit gewesen.» Auch an die Schwiegermutter richtet er, wie jedes Jahr zu diesem Tag, ein paar dankbare Zeilen, und Victoria schreibt Onkel Leopold: «Wir haben unseren Eid for better and for worse treulich gehalten & nur Gott zu danken, daß Er uns so viel Glück hat angedeihen lassen.»

Das Land verlangt, daß die Krone sichtbar wird, teilnimmt, daß die Monarchie sich darstellt. Ständig sind Königin und Prinzgemahl den Pressionen der Öffentlichkeit, den Anliegen lokaler Autoritäten ausgesetzt. Die Last der Verpflichtungen wächst im gleichen Maße, in dem Alberts Gesundheit nachläßt. Er erstickt in der Routine, arbeitet sich in Nebensächlichem auf und lebt dabei doch ständig in Versäumnisangst: wenn er verreisen muß, drängen nicht nur die Geschäfte am Schreibtisch auf Heimkehr – Victoria will nicht allein bleiben. Eine «Überanstrengung von Geist und Körper» hatte Stockmar im Oktober 1859 diagnostiziert, als der Prinzgemahl mit Magenkrämpfen zwei Wochen lang das Zimmer nicht verlassen konnte; und wie alle Ärzte in solchen Fällen ganz richtig, aber unnütz raten, sollte «der Rekonvaleszent auf längere Zeit hin alle ursächlichen Schädlichkeiten vermeiden».[13] Der Allgemeinzustand war so, daß schon belanglose Erkrankungen, kleine Zufälligkeiten ernste Folgen haben konnten. Rheumatismus, Erkältungen, Magenschmerzen, Zahnweh – «das Frühjahr ist bis jetzt so ungesund und unangenehm gewesen, daß ich fast immer an etwas leidend gewesen bin», berichtete ihm Albert 1860. Morgens trägt er ein Toupet, um den kahlen Kopf zu schützen. Er ist verbraucht, ihm fehlen die Kraft und der Wille zum Widerstand.

Der Cholera-Anfall im Dezember mit heftiger Übelkeit und Schüttelfrost ist ernster als er ihn darstellt. «Ich war gestern zu miserabel, um die Feder halten zu können», schreibt er Vicky nur.

Die Schwelle war überschritten, die so häufig bei Männern einen Lebensabschnitt markiert: man sehnt sich nicht unbedingt nach dem Tod, aber man ist nicht mehr bereit, für die Erhaltung des Lebens Mühe aufzuwenden. «Ich hänge nicht am Leben», sagte er voller Gleichmut zu Victoria. «Du tust es, aber ich lege keinen Wert darauf. Wenn ich wüßte, daß für alle meine Lieben gut gesorgt ist, wäre ich ganz bereit, morgen zu sterben.» Nach seiner Überzeugung war der Tod nur die Pforte zu einem anderen Leben. Er überließ es dem Willen Gottes. «Ich bin überzeugt, daß ich, wenn ich eine schwere Krankheit bekäme, mich sofort ergeben und nicht mit dem Leben ringen würde. Ich besitze kein zähes Leben.»[14] Melancholie und Resignation drücken sich selbst in seiner Schrift aus: sie hat den energischen Auf- und Abstrich verloren, wird fahrig, verschwommen.

Das Jahr 1861 beginnt trübe. «Eine düstere, windige Nacht», lautet die erste Tagebucheintragung der Königin. Von den politischen Wolken ganz zu schweigen: es beginnt mit Todesfällen. Im Januar stirbt, wie schon erwähnt, König Friedrich Wilhelm IV. Bei einem Eisenbahnunglück kommt als einziger Reisender der neue Leibarzt Dr. William Baly ums Leben, der sich gerade mit der medizinischen Geschichte seines königlichen Patienten hinreichend vertraut gemacht hatte (der alte Sir James Clark hatte sich mit 73 Jahren zurückgezogen). Ihn gerade jetzt zu verlieren, wog für Albert schwerer, als er im Augenblick ermessen konnte. Auch seinen alten Kammerdiener Cart vermißte er sehr, der sich um ihn seit seinem siebten Lebensjahr gekümmert hatte. Im Februar windet er sich vor – scheinbarem – Zahnweh, trotzdem nimmt er an einer Sitzung der Kunstkommission teil. Victoria geht das ein wenig auf die Nerven. «Der liebe Papa bekennt nie,

Prinz Albert um 1860. Photo

daß es ihm besser geht oder daß er versuchen wird, darüber wegzukommen», schreibt sie Vicky, «sondern er macht ein so jämmerliches Gesicht, daß die Leute immer glauben, er sei schrecklich krank.»[15] Männer sind nun mal so. Aber es geht ihm nicht besser, trotz zweier Operationen, es ist eine Nervenentzündung, und ein Katarrh kommt hinzu.

Im März stirbt die Herzogin von Kent, 75 Jahre alt. Albert hat «Tante Kent» stets gemocht, und sie hat den Schwiegersohn angebetet, seit er sie – nach dem Verschwinden Conroys und der Lehzen – mit der Tochter versöhnt hatte. Von Windsor zu ihrem Schlößchen Frogmore war es ein kurzer Spaziergang. Ein neues Loch in der Familie. Victoria erleidet einen Nervenzusammenbruch, durch Europa geistert das Gerücht, sie haben den Verstand verloren. «Bösartige Gerüchte», versichert Albert dem Bruder. «Ich habe furchtbar viel zu tun, viel Trauriges, viel Wichtiges, viel zu trösten, viel zu ordnen.»[16] Stockmar berichtet er: «Am Körper ist sie wohl, obgleich entsetzlich nervös, und die Kinder werden ihr störend. Sie bleibt meist ganz allein. Sie können sich denken, daß es für mich nicht ganz leichte Arbeit war und ist.» Die Schwiegermutter hat ihn zum Testamentsvollstrecker bestimmt, er muß den Nachlaß ordnen, was um so schwieriger ist, als zwei Wochen zuvor Tante Kents Haushofmeister gestorben ist, der über alles Bescheid wußte. «Ich bin ganz rat- und hilflos», gesteht er Stockmar, «man muß nach und nach alles herauswickeln und suchen, was zum Verständnis nötig ist.» Selbst die vierjährige Beatrice wird von der Atmosphäre angesteckt. «Hab keine Zeit, muß Briefe schreiben», antwortet sie, wenn ihr etwas aufgetragen wird.

Zu Victorias Geburtstag im Mai ist man in Osborne, Vicky kommt aus Berlin und bringt den zweijährigen Wilhelm mit. Albert «gab sich viel mit seinem ältesten kleinen Enkel ab», erzählt der spätere Kaiser in seinen Jugenderinnerungen, «und pflegte mich gern in eine Serviette zu legen und darin zu schaukeln». Im Juni bekommt Albert plötzlich Fieber, aber er fährt zum Manöver nach Aldershot und muß die Gartenbauausstellung eröffnen. Stockmar klagt er über schlaflose Nächte. »Ich bin müde und matt.» Als Alfred im August aus Westindien zurückkommt, fahren sie gemeinsam mit ihm, Alice und Helene nach Irland, wo Bertie in einem Militärlager ausgebildet wird. Die Stimmung an Alberts Geburtstag ist trübsinnig. «Gott segne & schütze stets meinen geliebten Albert, den reinsten & besten Menschen», heißt es in Victorias Tagebuch, dann aber: «Ach, wie vieles ist dieses Jahr anders, nichts Festliches, & wir auf einer Reise & von vielen unserer Kinder getrennt & mein Gemüt trübe.» Nach Paraden, Besichtigungen und einer Tour durch das Land folgt der alljährliche Urlaub in Balmoral, bei Albert immer wieder von Magenkrämpfen gestört. Der Text der Predigt, die sie beim letzten Kirchgang hören, steht unter dem Wort: «Sei bereit, vor deinen Gott zu treten.» Ernst erhält den letzten Brief vom Bruder, die Schrift ist nur noch schwer lesbar. «Doch arbeite ich getrost in meiner Tretmühle (wie mir das Leben vorkommt) fort und weiß auch, daß ich keinen Augenblick anhalten und mich ausruhen darf.»[17]

Anfang November ist Schloß Windsor voller Gäste zu Berties 20. Geburtstag, auch Vicky mit Familie ist wieder da; Albert hatte Schloß Sandringham für den Sohn erworben. Dann inspiziert der Prinzgemahl verschiedene Bauten, präsidiert der Ackerbau-Gesellschaft, prüft die Erweiterung des Botanischen Gartens, besucht Cambridge, jagt Fasane, präsidiert dem Rat des Herzogtums Cornwall und dem Direktorium des Wellington College. «Er ist niedergeschlagen und traurig», berichtet die Königin Alberts Privatsekretär Sir Charles Phipps. Die Übersiedlung des 9jährigen Leopold muß organisiert werden: er hat Masern gehabt, der Zustand war ernst, nun soll er mit seinem Arzt den Winter in Cannes verbringen. Und die Einzelheiten für Berties nächste Reise nach Palästina müssen ausgearbeitet werden, anschließend soll er dann heiraten. Am 22. November fährt Albert nach Sandhurst, um die Militärakademie und die neue Schule für Stabsoffiziere zu besuchen. Nachmittags ist er zurück, klagt über Müdigkeit und das Wetter. «Entsetzlicher Regen», steht in seinem Tagebuch. Dieser Tag leitet das Ende ein.

Wenige Tage danach kommt der endgültige Schlag. In der portugiesischen Königsfamilie (auch sie Coburger Verwandte) war Typhus ausgebrochen. Drei starben – am tiefsten trifft in London der Tod des erst 25jährigen Königs Pedro, dem Albert besonders zugetan war. Am selben Tag, an dem sie das Telegramm mit der Todesnachricht erhalten, kommt ein Brief von Stockmar: Bertie habe in Irland eine Affäre mit einer Schauspielerin gehabt, werde in ausländischen Gazetten gemeldet.

Die Königin vergaß nie mehr, wie gramgebeugt Albert mit diesem Brief in der Hand zu ihr ins Zimmer kam. Es war vermutlich nicht die erste Eskapade des 20jährigen – schon während seiner Romreise war der Regierung berichtet worden, der Prinz von Wales habe in «angetrunkenem Zustand eine fremde Dame umarmt»; dem hatte man kein Gewicht beigelegt. Diesmal ist nichts geheimzuhalten. Nellie Clifden, die sogenannte Schauspielerin, sorgt selbst dafür, und der Londoner Gesellschaftsklatsch hat seinen Skandal. Hatten sich die Eltern dafür so viel Mühe mit ihrem Leben, mit der Kindererziehung gegeben? Es habe ihm den größten Schmerz verursacht, den er bisher im Leben verspürt habe, klagt Albert seiner Frau. Er überschläft den Fall vier Nächte. Am 16. schreibt er dem Sohn einen langen Brief, in dem er ihm die Gefahr einer Erpressung und die möglichen Folgen vor Augen führt – seinem eigenen Vater wie seinem Bruder war das ja passiert; unausdenkbar – der künftige König in ein Gerichtsverfahren verwickelt! (Und tatsächlich stand der Prinz von Wales Jahre später in einer Falschspieleraffäre als Zeuge vor Gericht.) Zudem geht es jetzt nicht nur um Moral, sondern auch um Politik: wie wird die Familie seiner künftigen Braut die Geschichte aufnehmen? Der Sohn ist offensichtlich erschrocken. Albert, von Rheumatismus und Schlaflosigkeit geplagt, kommt völlig durchnäßt aus Sandhurst zurück, übersteht mühsam ein Wochenende mit Gästen und fährt am 25. zu Bertie nach Cambridge, um die Sache aus der Welt zu schaffen. Der Sohn ist vernünftig, der Vater fährt am nächsten Tag zufrieden, aber von Schmerzen gepeinigt, zurück. Influenza, meint der Arzt. Victoria versucht, Albert und sich selbst Mut zu machen. Sie findet zwar, daß er entsetzlich aussieht, aber Dr. William Jenner, der neue Arzt, meint, es gehe ihm schon sehr viel besser.

Ausgerechnet jetzt wird England in den amerikanischen Bürgerkrieg verstrickt, der im Frühjahr ausgebrochen war. Die Südstaatler hatten zwei Gesandte mit ihren Ehefrauen auf dem englischen Postschiff «Trent» nach England geschickt. Die Nordstaatler schickten ein Schiff hinterher, stoppten die «Trent» in internationalem Gewässer und holten die beiden Gesandten von Bord. Palmerston erklärt der Königin, wenn die beiden nicht umgehend ihre Freiheit zurückerhielten, würden die diplomatischen Beziehungen abgebrochen werden, und das bedeute Krieg (Englands Sympathien lagen ohnehin nicht im Norden); und der Premierminister legt ein Ultimatum zur Unterschrift vor. Albert ist jetzt so elend beieinander, daß die Königin sich ernstlich Sorgen zu machen beginnt. Doch am 1. Dezember steht er wieder um 7 auf, schleppt sich an seinen Schreibtisch und formuliert den königlichen Kommentar zu diesem Ultimatum. Die Regierung der Vereinigten Staaten müsse doch wissen, heißt es nun, daß die britische Regierung eine Beleidigung ihrer Flagge und einen Eingriff in ihre Verkehrswege nicht dulden könne; sie wolle aber nicht glauben, daß die amerikanische Regierung sie mutwillig habe beleidigen und damit einen weiteren Konflikt vom Zaun brechen wollen; sie wolle deshalb annehmen, daß ein übereifriger Marineoffizier ohne Vollmacht seiner Regierung gehandelt habe. Doch könne der klare Bruch des Völkerrechts nur durch die Freilassung der beiden Passagiere und durch eine angemessene Entschuldigung wiedergutgemacht werden.

Palmerston denkt nach dem ersten Zorn jetzt nüchterner und sieht ein, daß diese Formulierung klüger ist. Die anderen Großmächte unterstützten die vernünftige englische Haltung, und die amerikanische Regierung betrat die goldene Brücke, die Albert ihr gebaut hatte – aber da war er bereits tot.

Am 2. Dezember kleidet sich Albert nicht mehr an, er liegt auf dem Sofa, ist ruhelos, läßt sich vorlesen. Er erscheint nicht bei Tisch, mag nichts mehr essen. Dr. Jenner kommt, auch der alte Sir James Clark, doch sie stellen nur fest, daß der Prinzgemahl kein Fieber habe, und das beruhigt die Königin – Fieber wäre gefährlich. Palmerston bittet, einen weiteren Arzt hinzuzuziehen, aber die beiden beruhigen wieder: es sei kein Grund zur Besorgnis. Doch der Zustand wird nicht besser. «Ich bin in großer Angst», steht nun in Victorias Tagebuch, «ich fühle mich ganz verloren, wenn er, dem ich alles vertraue, in einem solchen Zustand der Teilnahmslosigkeit ist & kaum lächelt.» Er liegt angekleidet mal auf diesem, mal auf jenem Sofa; Alice, die enge Vertraute seiner letzten Monate, liest vor, kein Buch gefällt ihm. Am 5. Dezember berichten die Ärzte, es gehe entschieden besser. «Ich fand meinen Albert sehr lieb & zärtlich & ganz wie sonst, als ich mit der kleinen Beatrice zu ihm kam, die er küßte. Er lachte herzlich über einige von ihren neuen französischen Versen; dann hielt er ihre kleine Hand eine Zeitlang in der seinigen, & sie stand still & sah ihn an. Dann schlummerte er wieder, wie er es einen großen Teil des Tages getan hatte & ich verließ ihn, um ihn nicht zu stören.»

Doch es wird wieder schlimmer. Nun ist das Fieber da, die Zunge ist stark belegt: «gastritisches und Unterleibsfieber» – das waren alles Bezeichnungen für Typhus, daran starb damals jeder Dritte, der Typhuserreger wurde erst 1880 entdeckt. Nun erklären die Ärzte, sie hätten von Anfang an so etwas vermutet, sie wollten die Königin nicht erschrecken, die jetzt auch noch die vermehrte Arbeitslast spürt. Einladungen und Termine werden abgesagt. Mal geht es etwas besser, mal schlechter. Palmerston, der selbst mit einem Gichtanfall im Bett liegt, und die Kabinettsmitglieder werden ständig informiert. Sie drängen, verweisen auf «die Wichtigkeit seines Lebens für die Nation»: nun werden doch zwei weitere Ärzte zugezogen. Nichts ändert sich. Albert beginnt zu phantasieren; läßt sich von Alice einen Choral vorspielen: «Ein feste Burg ist unser Gott». Ob sie Vicky benachrichtigt habe, fragt er. Ja, sie habe geschrieben, daß er ernstlich krank sei. «Du hättest ihr schreiben sollen, daß ich sterbe», sagt er. «Ja, ich sterbe.» Aber auch Vicky, die ihrer dritten Entbindung entgegensieht, muß geschont werden. «Sei nicht alarmiert über den angebeteten Papa», beruhigt Victoria am 7. Dezember. Am 8.: «Dem liebsten Papa geht es weiter so günstig wie wir nur wünschen können.» Am 10.: «Der geliebte Papa hatte wieder eine gute Nacht.» Am 11.: «Ich kann eine weitere gute Nacht melden.» Doch dann muß man ihr langsam reinen Wein einschenken.

Die Unruhe der Umgebung trägt nicht zu Alberts Wohlbefinden bei. Er wandert von einem Raum in den anderen und bleibt schließlich im «Blauen Zimmer» – eine makabre Wahl, hier sind sowohl George IV. als auch William IV. gestorben. Die Öffentlichkeit wird nun durch Bulletins informiert, sie reagiert teilnahmslos. Atembeschwerden setzen ein. Am 12. nimmt das Fieber zu, der Patient ist apathisch, dabei unruhig, phantasiert, spricht plötzlich französisch. «Du hast doch die wichtige Mitteilung an Nemours nicht vergessen?» fragt er die Königin. Zeitweise erkennt er sie nicht mehr. «Wer ist das?» fragt er einen Diener. Dann spricht er wieder deutsch, fragt nach Stockmar, hört Vögel singen und glaubt, in der Rosenau zu sein – die Gedanken schwimmen zurück in die Heimat. Am 13. nehmen die Atembeschwerden zu. Dr. Jenner setzt die Königin in Kenntnis, daß der Zustand bedenklich sei – Kollege Dr. Brown hatte ihr gerade versichert, die Krise sei überstanden. Dr. Watson verspricht, man gebe die Hoffnung nicht auf, und Sir James Clark ist vor allem bemüht, die Königin zu beruhigen. (Er würde ihnen keine kranke Katze zur Behandlung anvertrauen, schimpfte Lord Clarendon später.) Der Prinz von Wales wird heimgerufen.

Vom 13. Dezember an bleibt Victorias Tagebuch für einige Zeit leer. Die Kraft, Alberts Todestag zu schildern, hat sie nach mehreren Anläufen erst elf Jahre später gefunden.

«Es war ein sehr schöner, klarer Tag. Ich fragte, ob ich ausgehen könne, um etwas Luft zu schöpfen. Die Ärzte antworteten: Ja, ganz in der Nähe, auf eine Viertelstunde. Gegen zwölf Uhr ging ich mit Alice auf die Terrasse. Die Militärmusik spielte in der Ferne, ich brach in Tränen aus & ging wieder nach Hause. Ich eilte sofort zu ihm . . . sein Atem war höchst beunruhigend, er atmete so hastig. Sein Gesicht & seine Hände hatten etwas Fahles, was, wie ich wußte, kein gutes Zeichen war.» Die Königin ging rastlos von einem Zimmer ins andere, die Ärzte konnten sie nicht mehr täuschen. «Gegen halb sechs Uhr ging ich hinein & setzte mich an sein Bett . . . ‹Gutes Frauchen›, sagte er, küßte mich, stieß dann ein klägliches Stöhnen oder mehr einen Seufzer aus, nicht des Schmerzes, sondern als fühle er, daß er mich verlassen müsse, legte seinen Kopf auf meine Schulter, während ich meinen Arm unter den seinigen legte . . . Alice kam herein, küßte ihn, & er ergriff ihre Hand. Bertie, Helene, Louise und Arthur traten einer nach dem anderen herein, ergriffen seine Hand, Arthur küßte sie. Aber er schlummerte & bemerkte sie nicht. Dann schlug er seine lieben Augen auf & fragte nach Sir Charles Phipps, dieser trat ein & küßte ihm die Hand, aber dann schlossen sich seine Augen wieder. General Grey und Sir Thomas Biddulph kamen herein, küßten ihm beide die Hand & waren völlig überwältigt. Es war ein furchtbarer Augenblick.»

Die Königin ging ins Nebenzimmer, um sich einen Augenblick hinzulegen, lief wieder zurück, als Albert zu keuchen begann. Lief wieder hinaus und warf sich verzweifelt zu Boden. Alice holte sie – das Ende war da.

Im Sterbezimmer knieten Bertie, Alice und Helene, auch die engsten Vertrauten. In der Galerie waren die Herren des Hofstaats versammelt. Die Königin nahm Alberts schon kalte linke Hand in die ihre und kniete nieder. «Zwei oder drei lange, aber ganz sanfte Atemzüge, seine Hand umklammerte meine & (ach! es macht mich elend, das zu schreiben) *alles, alles* war vorüber.»[18]

20. Kapitel

Nachruhm

Vier Tage später wurde der Sarg mit Alberts Leichnam in der St.-Georgs-Kapelle von Schloß Windsor vorübergehend beigesetzt. Nur die männlichen Familienmitglieder und Herren des Haushalts waren anwesend. Die Königin war mit den Prinzessinnen auf Anraten Onkel Leopolds nach Osborne gefahren, wo sie sich zwei Monate lang verkroch; ein Staatsbegräbnis für den Prinzgemahl war ihr nicht zuzumuten. Ein Jahr darauf wurde der Sarg endgültig im Mausoleum von Frogmore, im Park unterhalb von Windsor, beigesetzt, das die Königin dicht neben der letzten Ruhestätte ihrer Mutter hatte errichten lassen. Auch ihr eigener Sarkophag war bereit; sie ließ jetzt schon eine Skulptur von sich selbst für die Grabplatte anfertigen, sie wollte nicht einst als ältere Frau neben ihrem schönen Gemahl dargestellt werden.

Alberts Tod verwandelte die Königin über Nacht von einer noch immer jungen, lebensfrohen Frau in eine ältliche, störrische, morbide Witwe. Sie überließ sich hemmungslos der Trauer. Sie sah auch ihr Leben am Ende, ihr Wunsch sei es, die Welt möglichst bald zu verlassen und sich wieder mit Albert zu vereinen, schrieb sie Palmerston; sie erwartete, innerhalb eines Jahres zu sterben. «Wie soll ich, die ich mich für alles & jedes auf ihn stützte, ohne den ich nichts tat, keinen Finger bewegte, kein Bild & keine Fotografie hinstellte, kein Kleid oder Häubchen anzog, wenn er nicht zustimmte, wie soll ich weitermachen, leben, mich bewegen & in schwierigen Momenten mir selbst helfen?» (An Vicky.) Sie schlief mit Alberts Nachthemd im Arm und einem Abguß seiner Hand in Reichweite. Totenkult wurde ihr Lebensinhalt. Alberts Utensilien wurden zu Reliquien. Jeden Abend wurden warmes Wasser und ein frisches Handtuch in sein Zimmer gebracht, Kamm, Bürste und Rasierzeug lagen bereit. «Welch entsetzliches Zu-Bett-Gehen!» klagte sie der Tochter. «Welch ein Kontrast zur Liebe dieses zärtlichsten Geliebten! Ganz allein!» Die Einsamkeit einer 42jährigen Frau wurde verstärkt durch die Einsamkeit einer Königin. Sie hatte keinen Freund mehr, der ihr beistehen konnte. Onkel Leopold war sehr alt geworden, Stockmar saß halb blind in Coburg. Daß Bertie, der älteste Sohn, in den Orient reiste, war ein Glück: die Mutter konnte seinen Anblick nicht ertragen, Palmerston und Clarendon konstatierten eine «unbezähmbare Aversion». «Er hat Papas Herz gebrochen», schrieb sie Vicky.[1] Erst nach seiner Rückkehr begann sich ihr Verhältnis allmählich zu entkrampfen.

Sie wollte keine Minister sehen, wollte jahrelang nichts von Staatsgeschäften wissen; als der Kronrat tagte, saß sie allein im Nebenzimmer bei offener Tür, und der Sekretär signalisierte ihre Zustimmung. Sie weigerte sich, öffentliche Pflichten zu erfüllen. «Ich halte alles, was Victoria jetzt versucht, für ein Provisorium», meinte Herzog Ernst zu Onkel Leopold. «Die Frage, wie weit sie die Kraft haben wird, sowohl körperliche wie moralische, kann auf einmal nicht beantwortet werden.»[2]

Sie verbarg sich, residierte kaum noch in London, erschien höchstens in der Öffentlichkeit, wenn ein Albert-Denkmal enthüllt wurde. Die Ärzte sprachen wieder von einem Nervenzusammenbruch; die Familie, die Minister, der Hof waren alarmiert, das Gespenst George III. tauchte wieder auf, in Europa ging erneut das Gerücht um, sie habe den Verstand verloren. Mitten in einer Ministeraudienz schlug sie sich an die Stirn: «Mein Verstand, mein Verstand!» Noch anderthalb Jahre nach Alberts Tod schrieb sie Augusta von Preußen: «Ich weiß, ich werde verrückt.»

Doch das ist schon Teil einer anderen Biographie. Victorias Leistung als Königin kann man jedenfalls erst aus den folgenden vierzig Jahren ihres langen Lebens beurteilen. Bis zu ihrer Heirat war sie ein Kind, dann unterwarf sie sich völlig der Leitung des geliebten Mannes – von diesen zwanzig Jahren spräche man besser als «albertinische» denn als «viktorianische Epoche». Von nun an mußte sie selbst Entscheidungen treffen.

Das Ausmaß der Bestürzung in England war nach allem Vorangegangenen überraschend. Palmerston brach in Tränen aus, Disraeli sagte: «Mit Prinz Albert haben wir unseren Souverän begraben; dieser deutsche Prinz hat England 21 Jahre lang mit einer Weisheit und Energie regiert, wie sie keiner unserer Könige jemals gezeigt hat.» Die TIMES, die den Prinzgemahl jahrelang angegriffen hatte, beklagte nun «den größten Verlust, welcher der Nation überhaupt zugefügt werden konnte», und der MORNING STAR bekannte schuldbewußt: «Was er bedeutete, haben wir erst begriffen, als er nicht mehr da war.» «Die Öffentlichkeit erwacht zur Erkenntnis des Wertes dieses guten und weisen Menschen», schrieb Lord Granville dem Generalgouverneur von Indien. Am Sonntag seien alle Kirchen überfüllt gewesen, berichtet die Schriftstellerin Elizabeth Gaskell ihrer Tochter; London wäre so still, als sei es von der Pest heimgesucht worden. «In diesem Jahr wünscht keiner dem anderen frohe Weihnachten.»[3] Die Londoner Hafenarbeiter nannten den Prinzgemahl als erste «Albert den Guten». Feldmarschall Lord Wolseley schrieb: «Wem haben wir es zu verdanken, daß wir mit Gewehren und nicht mit alten Musketen bewaffnet waren, als wir auf der Krim landeten? Wer hat sich für die Einschränkung der Prügelstrafe eingesetzt? Wer hat den Bau unserer großen Krankenhäuser durchgesetzt? ... Alle wissen jetzt, daß das Heer dem verewigten Prinzgemahl mehr verdankt als irgendeinem anderen General seit dem Tod des Herzogs von Wellington.»

Denkmäler, Statuen werden enthüllt von Manchester bis Kalkutta und von Glasgow bis Coburg: Albert zu Fuß und zu Pferde, im Kilt oder in

Ritterrüstung, in Uniform und Gehrock, in Silber als Tafelaufsatz, in Büsten und auf Teetassen. Eine Schwemme posthumer Gemälde und Fotopostkarten entstand, Gedenksteine wurden gesetzt: wo er in Schottland den letzten Hirsch erlegt, im Park von Windsor den letzten Schuß getan hatte: Wallfahrtsstätten. Selbst eine Walhalla im Stil von Regensburg war geplant. Der Prinzgemahl hätte wohl am liebsten eine Albert-Universität gehabt, bemerkte Sir Henry Cole, der Mitschöpfer der Großen Ausstellung von 1851.[4] Vieles entstand aus schlechtem Gewissen, vieles der Königin zuliebe – bis die Engländer schließlich der Vergötterung müde wurden. Nach den Pamphletisten und Dichtern befaßten sich schließlich die Historiker mit dem Prinzgemahl. Bis heute ist er in Großbritannien nach Königin Victoria und dem Herzog von Wellington die meistbeschriebene Persönlichkeit des 19. Jahrhunderts. Doch noch harrt der wissenschaftlichen Erforschung, welchen Einfluß seine zahllosen politischen Analysen und Memoranden auf die Entscheidungen der Regierungen in England und Deutschland gehabt haben.

Prinz Albert ist im wesentlichen ein Teil der britischen Geschichte – doch nicht ausschließlich. Als er nach England übersiedelte, hatte er versprochen, auch ein guter Deutscher, Coburger und Gothaner zu bleiben; das war es ja, was ihm viele Engländer nicht vergeben konnten. Daß er im Gegensatz zu ihnen darin keine Unvereinbarkeit sah, lag daran, daß er kein Nationalist war. Ihm lag das Wohlergehen der *Menschen* am Herzen, egal, zu welcher Klasse oder welchem Volk sie gehörten. Folgerichtig war er auch ein Pazifist, jedoch ein verteidigungsbereiter. Die beste Grundlage für friedliches Wohlergehen sah er im Konstitutionalismus, in einem geregelten Verfassungsleben mit einem angemessenen Einfluß des Volkes auf die Regierung. Sein Handicap war, daß er sich in der Verfolgung seiner Ideen nur auf einzelne Personen stützten konnte, die Schlüsselfiguren hätten sein sollen. Sie wurden es nicht; die Fürstenherrschaft war dabei, sich zu überleben. Albert hatte in den Gesellschaftssystemen seiner Zeit keine Alternative. Mit seinem und König Leopolds Tod 1865 bröckelte auch das Coburger Familienunternehmen ab. Victoria war nicht in der Lage, der Krone das Mitspracherecht zu bewahren, das Albert ihr erstritten hatte. Auf dem Kontinent gelangten die Nationalbewegungen zum Erfolg, in Preußen kam Bismarck zur Macht. «Hier sehe ich vor meinen Augen jenes Gebäude zusammenstürzen, für das ich zwanzig Jahre meines Lebens gegeben habe, getrieben von der Sehnsucht, etwas Großes und Gutes zu vollbringen», schrieb der alte Baron Stockmar, als er die Nachricht von Alberts Tod erhielt. Die Reichsgründung von 1871 war nicht das, was Albert und die 48er ersehnt hatten.

Er war seiner Zeit voraus. In einem Jahrhundert, in dem die industrielle Revolution den Menschen zu mechanisieren und damit wieder zu verdummen begann, war er überzeugt, daß sich Kunst und Technik, Staat und

Wissenschaft, Kapital und Arbeiter vereinen und ergänzen müßten. Solange er lebte, verkehrten Philosophen und Schriftsteller, Ingenieure und Musiker bei Hofe – nach seinem Tod war der Hof nur noch in formalem Sinn der Gipfel der Gesellschaft, und so ist es bis heute geblieben.

England hat er nie richtig verstanden. Auch er sah, wie alle Europäer, in England eine Insel, weil sie nicht zum Kontinent gehörte. Dabei war es in dieser Zeit das Zentrum eines Weltreichs, das immer noch wuchs und dessen politische und wirtschaftliche Interessen weit mehr jenseits der Weltmeere als in Mitteleuropa lagen.

So ist Albert mit den meisten seiner Ideale gescheitert. Weder hat er im Prinzen von Wales einen würdigen Träger der Krone in seinem Geist erziehen können, noch hat er eine deutsch-englische Partnerschaft zustande gebracht – dazu bedurfte es der Erfahrungen zweier Weltkriege; noch hat er in seinen Bemühungen zu Lebzeiten wenn schon nicht die Zuneigung, so doch wenigstens die Anerkennung seiner britischen Landsleute erwerben können – von der Ausnahme derer, die ihn näher kannten, abgesehen. Daß er die Monarchie wieder respektabel gemacht hatte, erkannten die meisten erst nach seinem Tod: da waren seine Verfassungsmaximen Allgemeingut geworden. Vorher waren die Könige Wüstlinge oder Ignoranten gewesen – man muß einmal die Albernheiten betrachten, über die sich Monarchen und Hof vor 1840 den Kopf zerbrachen. Die Maßstäbe, die er bei Hof einführte, zeigten dem Bürger, daß ein Monarch ebenso gebildet und ein ebenso respektabler Ehemann sein konnte wie er selbst.

Mit vielen Sozialreformern jener Jahre teilte er die Überzeugung, daß alle Menschen bildungs- und damit besserungsfähig seien, wenn sie nur fleißig genug an sich arbeiteten und die bereits Arrivierten ihnen dabei Hilfestellung leisteten. Selbst in der Erholung konnte man Nützliches tun: lesen, musizieren oder malen. Arbeit – das war seine Medizin für alle Übel, Pflichterfüllung war seine Religion. Und was er aufnahm, mußte er auch weitergeben; der Historiker Walter Bagehot verglich den Prinzgemahl mit einem Sämann, der nicht damit zufrieden sei, den Samen einfach fallen zu lassen, sondern der auch gleich zeigen wollte, wie man richtig sät. Doch viele seiner besten Absichten stießen auf Unverständnis und Mißdeutungen. Alberts Überzeugung, unpopulär zu sein, hatte sich nach den Beschimpfungen von 1853 zum Trauma verdichtet. Er registrierte nicht mehr, daß sich nicht nur Palmerstons Meinung änderte: Ernsthaftigkeit und Leistung sind dem Engländer ja nicht zuwider, sie verunsichern nur sein eigenes Selbstbewußtsein. Da er nie an sich selbst, immer nur an andere dachte, stärkte die Enttäuschung seine Anlage zu Depressionen und seine Gleichgültigkeit dem Leben gegenüber. Was er erreicht und geschaffen hatte, achtete er zu gering – er registrierte eher seine scheinbaren Mißerfolge.

Doch ein Mensch gewinnt nicht nur durch Erfolg seine Bedeutung. Auch seine Ideale, seine Absichten, sein Bemühen prägen sein Ansehen. Auch wenn Albert nicht der Gemahl der englischen Königin geworden wäre, wenn ihn das Schicksal irgendeiner deutschen Prinzessin zur Seite gestellt hätte – sein Leben hätte auf jeden Fall einen interessanten Verlauf genommen; sein Vetter Karl von Leiningen ist ein Beispiel dafür.

Vielleicht hätte er ein glücklicher Mensch werden und länger leben können, wenn Stockmar und König Leopold ihn nicht derart gedrillt, ihm nicht ständig den «Ernst des Lebens» vorgehalten hätten. Der Baron war für Alberts überentwickeltes Gewissen verantwortlich, das zu seinen Krankheiten und seinem Tod beitrug. Doch wie Winston Churchill einmal schrieb: «Berühmte Männer sind gewöhnlich das Produkt einer unglücklichen Kindheit.»

Alberts tiefste Befriedigung und größter Stolz wäre es, würde ihm das Jüngste Gericht einst bescheinigen, er habe seine Pflicht getan.

Anhang

Chronik

1819 Am 24. Mai Victoria geboren
Am 26. August Albert geboren
1823 Christoph Florschütz zum «Herzogl. Rat und Prinzen-Instructor» ernannt
1824 Trennung der Eltern
1826 Der Herzog von Coburg erwirbt Gotha
Scheidung der Eltern
1832 Besuch Ernst I. mit den Prinzen in Brüssel
Zweite Heirat des Vaters
1835 Am Palmsonntag Konfirmation der beiden Prinzen
Besuch in Mecklenburg, Reise über Berlin – Dresden – Prag – Wien
1836 Erster Besuch in England
Aufenthalt in Brüssel
1837 Studium in Bonn
Reise durch die Schweiz und Oberitalien
Thronbesteigung Victorias
1838 Trennung der Brüder
Stockmar lernt Albert kennen
Italien-Aufenthalt
1839 Beide Prinzen werden mündig erklärt
Zweiter Besuch in England
Verlobung mit Königin Victoria
1840 Hochzeit in London
Erstes Attentat auf Victoria
Regentschaftsgesetz
Geburt der Princess Royal
1841 Sturz des Kabinetts Melbourne, Peel wird Nachfolger
Albert Vorsitzender der Royal Arts Commission
Geburt des Prinzen von Wales
1842 Besuch des Königs von Preußen
Hochzeit des Bruders Ernst
Zwei weitere Attentate auf die Königin
Erster Besuch in Schottland
1843 Geburt der Prinzessin Alice
Besuch beim König der Franzosen in Chateau d'Eu
1844 Tod Herzog Ernst I.
Besuch Alberts in Coburg
Geburt des Prinzen Alfred
Besuch des Prinzen von Preußen und des französischen Königspaares in England
Erwerbung von Osborne auf der Isle of Wight
1845 Deutschland-Reise, zweiter Besuch in Chateau d'Eu
1846 Rücktritt Peels, Nachfolger Lord John Russell
Geburt der Prinzessin Helene
Konflikt um die spanischen Heiraten
1847 Albert zum Kanzler der Universität Cambridge gewählt
1848 Aufstände und Revolutionen auf dem Kontinent
Unruhen in England
Tod der Großmutter Karoline in Gotha
Geburt der Prinzessin Louise
Flucht Metternichs und König Louis Philipps nach England
Erster Besuch in Balmoral
Tod Lord Melbournes
1849 Neues Attentat auf die Königin
Erste Reise Victorias und Alberts nach Irland
Vorbereitungen für die Große Ausstellung von 1851
Tod Ansons
1850 Herzog von Wellington schlägt Albert zum Oberkommandierenden vor
Geburt des Prinzen Arthur
Wieder Attentat auf die Königin
Tod Sir Robert Peels
Andauernde Schwierigkeiten mit Außenminister Palmerston
Tod der belgischen Königin
1851 Eröffnung der Großen Ausstellung
Vorübergehende Entlassung Lord Palmerstons

1852 Rücktritt Lord Russells – Das Ministerium Lord Derby
Aufstände in Irland
Tod des Herzogs von Wellington
1853 Rücktritt des Kabinetts Derby – Lord Aberdeen Premierminister
Kaiserkrönung Napoleon III.
Geburt des Prinzen Leopold
Zweiter Besuch in Irland
Krieg im Orient
Verleumdungen über Albert
1854 Kriegserklärung Englands und Frankreichs an Rußland
Alberts Besuch bei Kaiser Napoleon III.
1855 Rücktritt Aberdeen – Kabinett Palmerston
Besuch Napoleons und der Kaiserin Eugenie in Windsor
Gegenbesuch Victorias und Alberts in Paris
Verlobung der Princess Royal mit Prinz Friedrich Wilhelm
1856 Konfirmation der Princess Royal
Krimkrieg mit Friedensvertrag beendet, Kriege mit Persien und China
1857 Albert eröffnet Manchester-Kunstausstellung
Geburt der Prinzessin Beatrice
Albert wird zum Prinzgemahl ernannt
Meuterei in Indien
Besuch Napoleons und Eugenies in Osborne
Gegenbesuch in Cherbourg
1858 Hochzeit der Princess Royal
Rücktritt Palmerstons, Kabinett Lord Derby
Spannungen mit Frankreich
Besuch Alberts in Coburg und Berlin
Prinz Wilhelm in Berlin zum Prinzregenten ernannt; setzt liberales Ministerium ein
1859 Unruhe über Napoleons Italien-Politik
Vicky von einem Sohn entbunden (der spätere Kaiser Wilhelm II.)
Rücktritt Derbys; Palmerston bildet neues Kabinett
1860 Prinz von Wales besucht Kanada und die USA
Albert und Victoria in Coburg und Brüssel
Prinz Alfred in Südafrika
Verlobung der Prinzessin Alice
Tod Lord Aberdeens
Ende des chinesischen Krieges
1861 Tod König Friedrich Wilhelm IV. von Preußen
Tod der Herzogin von Kent, Victorias Mutter
Bürgerkrieg in den Vereinigten Staaten
Victoria und Albert in Irland
Tod des Königs von Portugal
Der Trent-Fall
Krankheit und Tod Prinzgemahl Alberts

Quellenangaben

Für das 1. und 2. Kapitel benutzte Literatur:

Andreas, Willy – Das Zeitalter Napoleons und die Erhebung der Völker, Heidelberg 1955

Bergeron/Furet/Koselleck – Das Zeitalter der europäischen Revolution 1780–1848, Frankfurt 1969

Kellenbenz, Hermann – Deutsche Wirtschaftsgeschichte, Band II, München 1981

Mann, Golo – Deutsche Geschichte des 19. und 20. Jahrhunderts, Frankfurt 1958

Plat, Wolfgang – Attentate – eine Sozialgeschichte des politischen Mordes, Düsseldorf 1982

Pöls, Werner – Deutsche Sozialgeschichte, Band I, München 1973

Treue, Wilhelm – Kulturgeschichte des Alltags, München 1952

Bei den folgenden Hinweisen bezeichnet die erste Ziffer die in der anschließenden Aufstellung (siehe Seite 335) genannte Quelle, die zweite gegebenenfalls die Nummer oder Seite des betreffenden Dokuments.

3. Kapitel

1. 1 – IIa/Ia
2. 69
3. 95
4. 57
5. 26
6. 34
7. 67
8. 103
9. 102
10. 73
11. 103
12. 8
13. 74
14. 100
15. 52 – 5. und 12. 1. 1811
16. 100
17. 101 – 18. 10. 1914
18. 29 – Nr. 46 und 49
19. 68

4. Kapitel

1. 8
2. 34
3. 36 Anm. 2
4. 22
5. 19

5. Kapitel

1. 49
2. 126 und 9 Ar. 205
3. 3
4. 68
5. 92
6. 4 – 3
7. ebd. 3/23
8. 36 Anm. 2
9. 58
10. 11 – No. 2b
11. 20
12. 97
13. 42
14. 10 – No. 33 und 34
15. 11 – No. 5
16. 83
17. 17 – No. 1791
18. 17 – No. 4321
19. 11 – No. 1
20. 11 – No. 2b
21. 19
22. 11 – No. 2
23. 48
24. 66

6. Kapitel

1. 36
2. 69
3. 119
4. 31 – 13. 7. 1816
5. 37 – Heft 1/1921
6. 44
7. 49
8. 88
9. 31 – 4. 2. 1819
10. 8
11. 130 – Bd. IV/82
12. 31 – 18. 2. 1830
13. 71
14. 66
15. 115 – 74
16. 135
17. 31
18. 136

7. Kapitel

1. 119 – 309
2. 11 – No. 2b
3. 18 – I 11-84⁺
4. 11 – No. 2a
5. 119 – 308
6. 49 – 168
7. 54
8. 83
9. 49 – 112
10. 12 – No. 18
11. 13 – No. 1
12. 11 – No. 7
13. 11 – No. 16
14. 11 – No. 6
15. 83 – 22
16. 49 – 114
17. 11 – No. 6
18. 49 – 124–128
19. 49 – 118
20. 49 – 135
21. 83 – 328
22. 49 – 172
23. 16 – No. 6
24. 49 – 145
25. 95 – 345
26. 12 – No. 24
27. 49 – 153
28. ebd.
29 49 – 157
30. ebd.
31. 12 – No. 24
32. 44
33. 119 – 331
34. 12 – No. 24
35. 21 – I/215
36. 49 – 162

8. Kapitel

1. 124 – 244
2. 72 – 17
3. 106 – siehe 138 – 18
4. 108 – siehe 138 – 30
5. 81
6. 50 – II/143, 3. 7. 1820
7. 4 – 4
8. 108 – 7/67 in 79 – 69
9. 4 – 5
10. 24 – 21

9. Kapitel

1. 4 – 6
2. 51
3. 65 – 153
4. 4 – 7
5. 6 – 100
6. 6 – 76
7. 4 – 8
8. 4 – 9
9. 121
10. 4 – 10
11. 45 – 24
12. 122 – 13
13. 45 – 33
14. 6
15. 21
16. 129 – 18. 9. 1985
17. 54 – 7./8. 5.
18. 46 – 221
19. 79 – 139, Tagebuch 9. 5. 1839
20. 54 – 49, ebd.
21. 79 – 140, Tagebuch 11. 5. 1839
22. 54 – 50
23. 54 – 41
24. 54 – 42
25. 79 – 151
26. 79 – 150
27. 124 – 219
28. 79 – 150

10. Kapitel

Alle Brief- und Tagebuchstellen sind zitiert nach 54 und 64

1. 120 – 47
2. 116
3. 84 – 555
4. 79 – 106
5. 113
6. 49 – 173
7. 49 – 193
8. 59
9. 49 – 190
10. 20 – 36
11. ebd.
12. 119 – 343
13. 111 – 273
14. 53 – I/580
15. 91 – 11
16. 104 – 94
17. 111 – 273
18. 12 – No. 25, 15 – 2, 10 und 15
19. 53 – I/580
20. 119 – 339
21. 49 – 208
22. 49 – 243
23. 124 – 243
24. 124 – 239
25. 4 – 11

11. Kapitel

1. 41
2. 4 – 12
3. 134 – 247
4. 4 – 13
5. 4 – 14
6. 116
7. 4 – 15
8. 117
9. 133 – 231
10. 137 – 218
11. 89
12. 61
13. 39
14. 60 – 87
15. 41 – 64
16. 70 – 241
17. 116
18. 131 – IV/107
19. 116 – 88

12. Kapitel

1. 4 – 16
2. 83 – 112
3. 119 – 350
4. 24 – 93
5. 119 – 658, 56 – 200
6. 83 – 195
7. 110 – 54
8. 21 – 322
9. 12 – No. 25
10. 138 – 222
11. 83 – 95
12. 12 – No. 2
13. 21 – 283
14. 12 – No. 2
15. 83 – 96
16. 64 – 106
17. 83 – 96
18. 12 – No. 25
19. 83 – 189
20. 24 – 50
21. 83 – 202
22. 83 – 93
23. 138 – 271
24. 110 – 54/100, 26. 12. 1841
25. 56 – 196
26. 64 – 90
27. 110 – 54, 14. 6. 1841
28. 4 – 17
29. 119 – 352
30. 56 – 194
31. 116
32. 4 – 16
33. 4 – 18
34. 79 – 183
35. 12 – No. 99
36. 12 – No. 3
37. 83 – 131

13. Kapitel

1. 93
2. 56 – 92
3. 83 – 165
4. 64 – 205
5. 64 – 125
6. 24. 12. 1842
7. 112 – 105, 59 – 35
8. 27 – II/415
9. 24 – 81
10. 84 – 163
11. 122 – 362, 8. 10. 1847
12. 21 – II/4, 45
13. 64 – 110
14. 83 – 182
15. 83 – 377
16. 122 – V/288
17. 43 – 27. 12. 1845
18. 4 – 19
19. 64 – 112
20. 83 – 305
21. 2
22. 121 – VI/57
23. 28
24. 84 – 116
25. 83 – 76
26. 6 – 82
27. 6 – 97
28. 77
29. 23

14. Kapitel

1. 12 – No. 30
2. 79 – 293
3. 83 – 98
4. 64 – 111
5. 84 – 178
6. 84 – 187
7. 12 – No. 26
8. 82 – 19
9. 62
10. 83 – 594
11. 79 – 161
12. 48 – 24
13. 78 – 118
14. 12 – No. 3
15. 87 – 34
16. 12 – No. 25
17. 83 – 101
18. 83 – 98
19. 83 – 202
20. 12 – No. 32, 27
21. 122 – 208
22. 12 – No. 26, 30, 31
23. 80 – 334, 26. 11. 1842
24. 27 – III/33
25. 16 – No. 1
26. 16 – No. 2
27. 83 – 339
28. 80 – 305
29. 83 – 248
30. 63 – 11. 12. 1858
31. 121 – VI/186
32. 4 – 20
33. 84 – 233
34. ebd.
35. 119 – 376
36. 12 – No. 26
37. 119 – 37
38. 84 – 219
39. 12 – No. 25
40. ebd.
41. 12 – No. 3
42. 12 – No. 4, 27
43. 83 – 201
44. 96 – 292
45. 80 – 300
46. 12 – No. 11
47. 12 – No. 27
48. 16 – No. 47
49. 4 – 21

15. Kapitel

1. 12 – No. 26
2. 84 – 323
3. 16 – No. 24
4. 16 – No. 25
5. 16 – No. 3, 10, 27, 28
6. 103
7. 16 – No. 4, 5, 47
8. 12 – No. 5
9. 83 – 274
10. 83 – 430
11. 50 – 123
12. 132 – 146
13. 83 – 434
14. 83 – 449
15. 119 – 565
16. 119 – 466
17. 119 – 467
18. 83 – 441
19. 83 – 479
20. 106 – 24. 8. 1847
21. 12 – No. 29
22. 12 – No. 23
23. 38 – I/1827–1858
24. 12 – No. 5
25. 84 – 58, 64 – 179
26. 16 – No. 30
27. 21 – II/198, 1844–1853
28. 64 – 198
29. 64 – 224
30. 42 – 145
31. 12 – No. 30
32. 84 – 158, 323
33. 84 – 337
34. 64 – 229

16. Kapitel

1. 84 – 234
2. 4 – 22
3. 107 – 23/1, 104–193
4. 79 – 276
5. 129 – 24. 7. 1969
6. 86 – 15
7. 83 – 124
8. 83 – 168
9. 59 – 82
10. 104 – 72
11. 2 – 3. 5. 1851
12. 25 – 66
13. 83 – 187
14. 64 – 225
15. 2 – 21. 3. 1850
16. 30 – 138
17. 2 – 110
18. 84 – 247
19. 84 – 368
20. 64 – 233
21. 84 – 369
22. 84 – 372
23. 118 – 215
24. 84 – 375
25. 84 – 381
26. 84 – 248
27. 84 – 552
28. 118 – 221
29. 84 – 594
30. 84 – 460
31. 25 – 73
32. 59 – 110

17. Kapitel

1. 105 – 17/55, 104 – 170	17. 99 – 49	33. 64 – 276
2. 84 – 265	18. 64 – 268	34. 4 – 24
3. 5	19. 84 – 553	35. 12 – No. 31, 6. 2. 1854
4. 84 – 280	20. 121 – VII/5, 137 – 261	36. 12 – No. 12
5. 64 – 236	21. 5 – 204	37. 12 – No. 6
6. 84 – 342	22. 4 – 23	38. 114 – 99
7. 119 – 635	23. 119 – 661	39. 99 – 118
8. 54 – 89	24. 127	40. 131 – IV/164
9. 54 – 151	25. 84 – 555	41. 64 – 274
10. 35 – 8. 6. 1852	26. 64 – 273	42. 23. 10. 1854
11. 5 – II/316	27. 5 – 211	43. 64 – 298
12. 122 – 387	28. 84 – 557	44. 7
13. 64 – 253	29. 84 – 555	45. 24 – 162
14. 84 – 528	30. 12 – No. 31	46. 84 – 442
15. 49 – 45	31. 84 – 577	
16. 137 – 251	32. 12 – No. 12	

18. Kapitel

1. 108 – 12/40–43	11. 64 – 209	21. 86 – 167
2. 40	12. 82 – 20	22. 86 – 172
3. 84 – 177	13. 79 – 322	23. 25 – 31
4. 108 – 12	14. 54 – 100	24. 75 – 68
5. 55 – 148	15. 21 – III/240, 32 – 55	25. 86 – 240
6. 114 – 113	16. 111 – 140	26. 75 – 72
7. 85 – 385	17. ebd.	27. 55 – 152
8. 32 – 35	18. ebd.	28. 40 – 52
9. 75 – 38	19. 75 – 52	
10. 12 – No. 31	20. 86 – 165	

19. Kapitel

1. 86 – 361	7. 111 – 461/35, 86	13. 86 – 513
2. 12 – No. 33	8. 55 – 113, 119	14. 87 – 425
3. 86 – 373	9. 12 – No. 50	15. 55 – 117
4. 64 – 406	10. 10 – No. 5	16. 12 – No. 33
5. 87 – 322	11. 42 – 95	17. ebda.
6. 12 – No. 33	12. 87 – 282	18. 111 – 142

20. Kapitel

1. 76 – 15. u. 18. 1. 1862	3. 47 – 251
2. 12 – No. 7	4. 33

1. Abriß und Beschreibung der Fürstlichen Stadt Koburg, Kunstsammlungen der Veste Coburg
2. Albert – The principal Speeches and Addresses of HRH The Prince Consort, herausgeg. von Arthur Helps – London 1862
3. Ames, Winslow – Prince Albert and the Victorian Taste, London 1968
4. Anmerkungen – siehe Seite 340

5. Ashley, Evelyn – The Life of Henry John Temple, Viscount Palmerston with Selection from his Speeches and Correspondence – London 1876
6. Bagehot, Walter – Die englische Verfassung, deutsch Neuwied 1971
7. Baillie/Bolitho (Hrsg.) – Letters of Lady Augusta Stanley 1849–1863, London 1927
8. Bauer, Karoline – Aus dem Leben einer Verstorbenen, Berlin 1878
9. Bayerisches Staatsarchiv Coburg LA I 3
10. ebd. LA I 28b 16 A IIa
11. ebd. LA I 28b 17 A I
12. ebd. LA I 28b 17 A III
13. ebd. LA 28b 17 A V
14. ebd. LA I 28b 17 K II
15. ebd. LA I 28b 17 L I
16. ebd. LA I 28b 17 M
17. ebd. K
18. ebd. Bildsammlung
19. Beiträge zu Coburgs Annalen, Landesbibliothek Coburg Co Ze 3027[2]
20. Bennett, Daphne – King without a Crown, Philadelphia 1977
21. Benson/Esher (Hrsg.) – Girlhood of Queen Victoria; a Selection from Her Majesty's Diaries Between the Years 1832–1840 – London 1912
Letters of Queen Victoria – A Selection from Her Majesty's Correspondence, Band 1–3, 1837–1861
22. Beschreibung der Feierlichkeiten bey der hohen Vermählung Sr. Durchlaucht des Herzogs von Sachsen-Coburg und Saalfeld – Coburg 1817
23. Blake, Robert – The Prince Consort and the Prime Ministers, abgedruckt in Nr. 94
24. Bolitho, Hector – Albert Prince Consort, London 1970
25. Briggs, Asa – Prince Albert and the Arts and Sciences, abgedruckt in Nr. 94
26. de Bruyn, Günter – Das Leben des Jean Paul Friedrich Richter, Frankfurt 1978
27. Bunsen, Christian Carl – Aus seinen Briefen und nach eigener Erinnerung geschildert von seiner Witwe France Bunsen – Leipzig 1868
28. Chadwick, Owen – Prince Albert as Chancellor of the University of Cambridge – abgedruckt in Nr. 94
29. Coburger Leben vor hundert Jahren, Aufsatz in der Zeitschrift «Heimatglocken», Jahrg. 1916
30. Cole, Henry – Fifty Years of Public Work, London 1884
31. Corti, Egon Cäsar Conte – Leopold I. von Belgien, Wien 1922 – vergleiche Meran-Archiv 13. 7. 1816, 4. 2. 1819, 18. 2. 1830
32. Corti, Egon Cäsar Conte – Wenn... (Auf Grund des bisher unveröffentlichten Tagebuchs der Kaiserin Friedrich und ihres zum großen Teil ebenfalls unveröffentlichten Briefwechsels mit ihrer Mutter, der Königin von England) – Graz 1954
33. Darby, Elisabeth/Nicola Smith – The Cult of the Prince Consort, London 1983
34. Denkschrift des Königs Leopold über das Haus Coburg, abgedruckt in Nr. 49
35. Disraeli, Benjamin – Home Letters written by Lord Beaconsfield 1830–1852, London 1928
36. von Ebart, Paul – Louise, Herzogin von Sachsen-Coburg und Saalfeld, ein Lebensbild nach Briefen derselben – Minden 1903
37. von Ebart, Paul – Christian Freiherr von Stockmar, in Coburger Heimatblätter Heft 1/1921
38. Eberhardt, Christian – Beiträge zu Koburgs Annalen 1827–1858, Coburg 1860

39. Edwards, T. C. – They saw it Happen; Extracts from Evidence given before a Select Committee of the House of Commons in 1817 and a Royal Commission in 1864 – London 1958
40. Edwards, William H. – The Tragedy of Edward VII., London 1928
41. Engels, Friedrich – Die Lage der arbeitenden Klassen in England – Leipzig 1845
42. Ernst II. – Aus meinem Leben und aus meiner Zeit, 3 Bde., Berlin 1887
43. EXAMINER, Zeitung
44. Freytag, Gustav – Erfolgreiche Arbeit im stillen: C. F. Baron von Stockmar, in «Deutsche Lebensführung» – Leipzig 1912
45. Fulford, Roger – Hanover to Windsor, London 1960
46. Gash, Norman – Sir Robert Peel, London 1972
47. Gaskell – The Letters of Mrs. Gaskell (herausg. v. J. A. V. Chapple/Arthur Pollard) – Manchester 1966
48. Gloucester, The Duke of – The Legacy of Prince Albert, abgedruckt in Nr. 94
49. Grey, Charles – Die Jugendjahre des Prinzen Albert von Sachsen-Coburg-Gotha – Gotha 1868
50. HANSARD, Third Series, Vol. XCVII.
51. Henningsen, Manfred – Divine Right of Kings; in: Zwischen Revolution und Restauration, herausg. v. Eric Voegelin – München 1968
52. HERZOGL. SACHSEN-COBURG-SAALFELDISCHES REGIERUNGS- UND INTELLIGENZBLATT, Jahrgang 1811
53. Herzogliche Autographensammlung, Kunstsammlungen der Veste Coburg
54. Hibbert, Christopher (Hrsg.) – Queen Victoria in her Letters and Journals, London 1984
55. Fulford, Roger (Hrsg.) – Dearest Child; Private Correspondence of Queen Victoria and the Crown Princess of Prussia 1858–1861 – London 1964
56. Hibbert, Christopher – The Court at Windsor, London 1964
57. Hirschfeld, Gustav – Fürst Metternich und Herzog Ernst I. von Sachsen-Coburg und Gotha – Coburg 1929
58. Hirschfeld, Gustav – Die Errichtung des Herzogtums Sachsen-Coburg und Gotha im Jahre 1826 – Coburg 1927
59. Hobhouse, Hermione – Prince Albert, his Life and Work, London 1983
60. Hobsbawn, Eric John – The Age of Capital 1848–1875, London 1975
61. Hodder, Edwin – George Smith of Coalville, London 1896
62. Hodgins, John G. – Sketches and Anecdotes of Her Majesty the Queen, the late Prince Consort and other Members of the Royal Family, London 1868
63. ILLUSTRATED LONDON NEWS
64. Jagow, Kurt (Hrsg.) – Prinzgemahl Albert, ein Leben am Throne; Eigenhändige Briefe und Aufzeichnungen 1831–1861 – Berlin 1937
65. Jennings/Ritter – Das britische Regierungssystem, Köln 1958
66. Juste, Theodor – Leopold I., König der Belgier, Gotha 1869
67. Karche, P. C. G. – Jahrbücher der Herzogl. Sächsischen Residenzstadt Coburg – Coburg 1829
68. Keerl, Erich – Herzog Ernst I. zwischen Napoleon und Metternich, Diss. Erlangen 1973
69. Keßler, Agnes – Altfränkische Bilder und Geschichten, Coburg 1882
70. Kirsch, Hans-Christian – England aus erster Hand, Würzburg 1969
71. Kluxen, Kurt – Prinz Albert und Europa, abgedruckt in Nr. 94
72. Knollys Papers – siehe Nr. 79 S. 17

73. Krieg, Thilo – Herzog Ernst I. von Sachsen-Coburg-Gotha im preußischen Lager 1806/07 – Coburg 1903
74. Krieg, Thilo – Herzog Ernst I. von Sachsen-Coburg-Gotha am napoleonischen Kaiserhof 1807/08 – COBURGER ZEITUNG vom 29. 3. 1903
75. Kronberg-Archiv – zitiert in Nr. 32
76. Kronberg-Archiv – zitiert in Nr. 79
77. Lant, Jeffrey L. – Insubstantial Pageant, London 1979
78. Lee, Sir Sidney – Life of Queen Victoria, London 1902
79. Longford, Elizabeth – Victoria R. I., London 1964
80. Lyttelton – Correspondence of Sarah Spencer, Lady Lyttelton 1787–1871 (herausg. v. Mrs. Hugh Wyndham) – London 1912
81. Mackworth-Young, Sir Robin – Queen Victoria and Prince Albert in Coburg – abgedruckt in Nr. 94
82. Magnus, Sir Philip – King Edward VII., London 1964
83. Martin, Theodore – Das Leben des Prinzen Albert – Gotha 1876; Band 1
84. ebd. Band 2
85. ebd. Band 3
86. ebd. Band 4
87. ebd. Band 5
88. Martin, Theodore – Monographs, London 1906
89. Meurig, Evans R. – Children Working Underground, Cardiff 1979
90. Morley, John – The Life of William Gladstone, London 1903
91. Paine, Thomas – Common Sense, London 1776
92. Panam, Pauline – Memoiren einer jungen Griechin, Wels 1869
93. Peel, George (Hrsg.) – The Private Letters of Sir Robert Peel, London 1920
94. Phillips, John A. S. (Hrsg.) – Prince Albert and the Victorian Age, Cambridge 1980
95. Pöls, Werner – Deutsche Sozialgeschichte Band I, München 1973
96. Ponsonby, Arthur – English Diaries, London 1923
97. Ponsonby, Doris A. – The Lost Duchess, London 1958
98. Priestley, J. B. – The English, London 1973
99. Priestley, J. B. – Victoria's Heyday, London 1972
100. Quarck, Tobias – Bilder aus Alt-Coburg, Coburg 1918
101. Quarck, Tobias – Der 18. Oktober 1814, in HEIMATGLOCKEN, vom 18. 10. 1914
102. Rechtfertigung der Koburger Bürgerschaft gegen die Beschuldigung einer Rebellion – Coburg 1803
103. Reißenweber, Salomon – Das Rundauge, Coburg 1869
104. Rhodes-James, Robert – Albert Prince Consort, London 1983
105. Rose, Holland – Der jüngere Pitt, München 1948
106. Royal Archives Windsor (RA) C
107. RA L
108. RA M
109. RA U
110. RA Y
111. RA Z
112. RA RC
113. Sanders, Lloyd Charles (Hrsg.) – Lord Melbourne's Papers, London 1889
114. Scheele, Godfrey and Margaret – The Prince Consort, London 1977

115. Schoeps, H. J. – Bismarck über Zeitgenossen, Zeitgenossen über Bismarck, Berlin 1972
116. Sitwell, Edith – Victoria von England, Berlin 1936
117. Smith, Adam – Inquiry into the Nature and Causes of the Wealth of Nations – London 1776
118., Steegman, John – Consort of Taste, London 1950
119. Stockmar, C. F. – Denkwürdigkeiten aus den Papieren des Freiherrn Christian von Stockmar – Braunschweig 1872
120. Strachey, Lytton – Queen Victoria, London 1921
121. Strachey/Fulford (Hrsg.) – The Greville Memoirs 1814–1860, London 1938 – Band 1
122. ebd. Band 2
123. ebd. Band 3
124. ebd. Band 4
125. Taine, Hippolyte – Aufzeichnungen über England, Jena 1906 – abgedruckt in Nr. 70
126. Taufregister im Pfarrarchiv St. Moriz, Coburg
127. Tempeltey, Eduard (Hrsg.) – Gustav Freytag und Herzog Ernst von Coburg im Briefwechsel 1853–1893 – Leipzig 1904
128. Thompson, Francis M. L. – English Landed Society in the 19th Century, London 1971
129. TIMES
130. Treitschke, Heinrich von – Deutsche Geschichte Band IV, Leipzig 1908
131. Trevelyan, G. M. – English Social History, London 1944
132. Vitzthum, Karl Friedrich – St. Petersburg und London in den Jahren 1852–1864 – Leipzig 1886
133. Weerth, Georg – Vergessene Texte, Köln 1975
134. White, R. J. – Kurze Geschichte Englands, München 1970
135. Widmann, Werner – Das ist Coburg, Stuttgart 1983
136. Willequet, Jacques – Leopold I., abgedruckt in Nr. 94
137. Wocker, Karl-Heinz – Königin Victoria, Düsseldorf 1978

Hinweise und Kommentare zu den Quellen

1. ZUR QUELLENLAGE. Schwierigkeiten des Themas liegen weniger in einem Mangel an Informationen, sondern im Gegenteil, zunächst in einer Überfülle. Es war ja ein sehr schreibfreudiges Jahrhundert: Königin Victorias Tagebuch umfaßte 122 Bände, Lord Palmerstons Nachlaß enthielt ca. 50000 Papiere, von Gladstones Schriftwechsel mit der Königin sind «nur» 6000 erhalten. Albert hat Tausende Seiten Briefe und Memoranden geschrieben – leider hat er höchst selten etwas über sich selbst mitgeteilt. Vieles ist vernichtet worden – nicht nur von Archivaren, die in ihren Regalen keinen Platz mehr hatten und wegwarfen, was sie für unwichtig hielten. Aus Victorias Tagebüchern z. B. hat zunächst ihre Tochter Beatrice, später ihre Nichte Helena Auszüge angefertigt – dabei zum Teil die Texte verändert – und dann die Originale vernichtet. Bertie, später König Edward VII., hat zerstören lassen, was ihm oder seinen Beauftragten zur Aufbewahrung ungeeignet schien – z. B. seinen Schriftwechsel mit der Mutter. Diese Manipulationen wären eine eigene Darstellung wert. Ihnen ist auch ein Teil des schriftlichen Nachlasses Prinz Alberts zum Opfer gefallen, große Teile seiner Privatkorrespondenz, auch sein Tagebuch, das zwar – im Unterschied zu dem Victorias – keine Intimitäten bot, aber einen genauen Einblick in seine vielfältigen Verpflichtungen gab. Wir wissen also leider nicht einmal, *was* alles vernichtet worden ist.
Deshalb sind zwei Werke der Sekundärliteratur selbst als Originalquellen zu werten: das Buch von Charles Grey über Alberts Jugendjahre und Theodore Martins fünfbändiges Werk sind zwar nach 1861 «unter Anleitung Ihrer Majestät der Königin Victoria» entstandene Hofberichte, die Albert ein weiteres Denkmal setzen sollten; Kritisches oder gar Negatives war nicht zugelassen. Aber sie konnten andererseits manche Dokumente benutzen bzw. zitieren, die damals noch zur Verfügung standen und seither verschwunden sind.
Gleichwohl ist die Menge an Quellenmaterial beträchtlich. Im Staatsarchiv Coburg liegen z. B. die ungezählten Briefe, die Albert seinem Bruder Ernst geschrieben hat. Sicher ist vieles darin für eine Biographie unwesentlich, doch Albert hat, seinem Wesen gemäß, weniger über Personen als über Sachen geschrieben. Aus dieser großen, wenn auch torsohaften Materialfülle muß jeder Autor nolens volens auswählen. Die englischen Biographen konzentrieren sich natürlich auf Alberts Tätigkeit als Prinzgemahl der Königin; schon weil die in altdeutscher Schreibschrift verfaßten anderen Dokumente für die meisten kaum entzifferbar sind. Und andere Zeiten interessieren sich für andere Dinge: Benson/Esher wählten zum Teil anderes aus Victorias Briefen und Tagebüchern als 70 Jahre später Hibbert, und Jagow fand in Alberts Schriften manches andere als das, was Martin 70 Jahre früher publizieren durfte.
Mir ging es nicht um Alberts politische Wirkung – auch das wäre ein wichtiges und lohnendes Thema. Ich habe versucht, aus den vorhandenen Dokumenten, aus Alberts Herkunft und aus der gesellschaftlichen Umgebung ein Porträt eines Mannes herauszufiltern, dessen Wirken in England zunehmend gewürdigt wird, von dem die deutsche Historiographie bisher jedoch kaum Notiz genommen hat. Dieses Buch soll nicht mehr als eine Anregung sein.

2. Alle Briefzitate an Augusta von Studnitz sind dem unter Nr. 36 genannten Buch von Paul von Ebart entnommen.
3. Alle mit der Scheidung zusammenhängenden Dokumente im Bayerischen Staatsarchiv Coburg LA I A 28b 16 A IIa Nr. 20–30.
4. Die Hofdame, Mrs. Alaric Grant, hat das Hector Bolitho erzählt. Zitiert in Bolitho, Albert Prince Consort.
5. Das «Kensington-Quintett» setzte sich zusammen aus der Herzogin von Kent, ihrem Sohn Karl von Leiningen, Prinzessin Augusta Sophia, Edwards unverheirateter Schwester (1768–1840), Edwards unverheiratetem Bruder Augustus, Herzog von Sussex (1773–1843) und der Hofdame Flora Hastings. Auch hier blieb Sir John Conroy, die Graue Eminenz, im Hintergrund.
6. «Life of Queen Victoria», London 1902. Zitiert bei Elizabeth Longford, «Victoria I. R.», Seite 77. Sir Sidney Lee (1859–1926) war ein bedeutender Literat, unter anderem Biograph, Redakteur des «Dictionary of National Biography» und Professor für englische Literatur.
7. «Der letzte wirklich englische König war Richard III., ein Opfer der Tudor-Propaganda, Shakespeares und einer langen Reihe von Schauspielern. Die Tudors kamen aus Wales, die Stuarts aus Schottland, William III. aus Holland und die Georges aus Deutschland. Edward VII. muß ungefähr ebenso deutsch gewesen sein wie der Ring der Nibelungen.» J. B. Priestley, «The English».
8. Holland Rose («Der jüngere Pitt», München 1948) ist der Überzeugung, daß die «Kabalen, Skandale und Schulden sowie die nicht eben seltenen Streiche des Prinzen die Hauptursache für die Geistesstörungen des Vaters» gebildet haben (S. 93). In einem neueren Gutachten behaupten jedoch zwei britische Ärzte, Dr. Ida Macalpine, und Dr. Richard Hunter, George III. sei nicht schwachsinnig gewesen, sondern habe an akuter schubweiser Porphyrie gelitten, worunter eine Stoffwechsel- und Nervenstörung zu verstehen ist. (British Medical Journal vom 6. Januar 1966, zitiert bei Bolitho, «Albert Prince Consort».)
9. Mrs. Fitzherbert war eine wohlhabende Witwe, ihr zweiter Mann war 1781 gestorben. Die Ehe zur linken Hand mit George wurde 1785 durch einen Geistlichen der Church of England geschlossen. Nach der Trennung hat sich Mrs. Fitzherbert nach Brighton zurückgezogen und ist 1837 gestorben. William IV. wollte sie zur Herzogin erheben, sie hat das abgelehnt. Seit 1833 lag im Bankhaus Coutts ein versiegeltes Paket, das 1905 mit königlicher Erlaubnis geöffnet wurde. Darin befanden sich der Trauschein und ein Testament, das George 1796 zu ihren Gunsten gemacht und ihr 1799 übergeben hatte. Darin spricht er von «my wife». Außerdem wollte er mit ihrem Bild im Medaillon begraben werden, das er stets auf der Brust trug. Der Herzog von Wellington, der diesen Wunsch kannte, hat 1830 dafür gesorgt. (Encyclopaedia Britannica 1958.)
10. Thomas Creevey (1768–1838), Whig-Politiker, führte 36 Jahre lang Tagebuch. «Whig» und «Tory» waren ursprünglich Schimpfworte im erbitterten Streit um die Thronfolge 1679. Whigs wurden im Schottisch-Gälischen Viehdiebe genannt; das wurde dann auf diejenigen übertragen, die James, den Erben, von der Thronfolge ausschließen wollten. «Tory» war der irische Ausdruck für einen «gesetzlosen Papisten», der James' Thronfolge trotz seines römisch-katholischen Glaubens befürwortete. Später wechselten die Charakteristika sehr oft. «Toryism» wurde mit der Anglikanischen Kirche identifiziert (die Anglikanische Kirche sei die Konservative Partei im Gebet, spottete Disraeli), mit «Whiggism» meinte man die finanziellen Interessen der wohlhabenden Mittelklasse. «Tory» wird noch heute für orthodoxe Konservative benutzt. «Whig» hat jede Bedeutung verloren.

11. Bolitho erwähnt das in «Albert Prince Consort» auf Seite 48 und gibt als Quelle eine «private Information» an.
12. Danach wurde offiziell der Titel «United Kingdom of Great Britain and Ireland» eingeführt. Nach der Unabhängigkeit der Irischen Republik wurde er in «United Kingdom of Great Britain and Northern Ireland» geändert.
13. Im Jahr 1871 gehörte ein Viertel Englands 1200 Personen. Noch 1883 gab es 28 Mitglieder des Hochadels, die jeder über 400 Quadratkilometer Grund besaßen. (Francis M. L. Thompson, English Landed Society in the 19th Century.)
14. Bentham, Jeremy, 1748–1832, liberaler Philosph und Jurist;
Carlyle, Thomas, 1795–1881, Historiker und Philosoph;
Chadwick, Edwin, 1800–1890, Sozialreformer, Mitglied der königlichen Kommission für die Armengesetze, daraufhin Vorkämpfer für Volksgesundheit, Erziehung und Sozialreform;
Cobbett, William, 1762–1835, Politiker und Schriftsteller;
Owen, Robert, 1771–1858, Industrieller und Sozialist;
Shaftesbury, 7th Earl of, 1801–1885, konservativer Abgeordneter, der sich sehr für die Verbesserung der Lebensbedingungen der Arbeiterklasse engagierte;
Wilberforce, William, 1759–1833, Philanthrop, Kämpfer gegen den Sklavenhandel.
15. König Ernst August von Hannover, Victorias Onkel, lehnte die Genehmigung für den Bau der ersten Eisenbahn in seinem Land ab. «Ich will keine Eisenbahnen im Lande, ich will nicht, daß jeder Schuster und Schneider so rasch reisen kann wie ich.» (Werner Pöls, Deutsche Sozialgeschichte Band I, Seite 351.)
16. Die gesamte Korrespondenz von Mitgliedern des Hauses Coburg, die im Staatsarchiv dort vorhanden ist, trägt die Signatur LA A I 28b 17 A III.
Darunter finden sich die Briefe von

Ernst II. an König Leopold von Belgien	No. 1– 9a
Leopold an Ernst II.	10–17
Ernst an Albert (Abschriften, Originale in den Royal Archives)	23
Albert an Ernst	24–33
Korrespondenz Ernst mit Alfred	80, 81 und 96
Korrespondenz Ernst mit Victoria	34, 50, 51, 99 und 100

17. Der gesamte Schriftwechsel dieser Tage ist in den Royal Archives Windsor unter der Signatur Add. U 2 registriert.
18. Über Ernsts uneheliche Kinder Bayerisches Staatsarchiv Coburg A I 28b 17 K II No. 7 bis 25.
19. Über detaillierte Unterlagen verfügt das Scottish United Services Museum Edinburgh.
20. Lady Augusta Stanley, Briefe, 3. 9. 1852. Lady Augusta Bruce, später Stanley, war Hofdame und Vertraute der Herzogin von Kent.
21. Martin I/210 – Das Tagebuch ist nicht mehr vorhanden. Martin konnte noch Einsicht darin nehmen.
22. Zitiert von Prinz Philipp, Herzog von Edinburgh, im Vorwort zum Katalog der Albert-Ausstellung 1983, ohne genaue Quellenangabe.
23. Zum Beispiel eine anonyme Broschüre «Observations on the Character and Conduct of the Prince Consort in Reference to the Aspersions on His Royal Highness»; man weiß, daß der Autor George Croly hieß.
24. Dazu schreibt Bismarck in seinen «Gedanken und Erinnerungen», S. 131, über die Theorie eines Bündnisses mit England, von dem er nicht viel hält: «Von der angeblichen öffentlichen Meinung des englischen Volkes im Bunde bald mit dem

Prinzen Albert, welcher dem Könige und dem Prinzen von Preußen unerbetene Lektionen erteilte, bald mit Lord Palmerston, ... der in Flugschriften den Prinzen Albert als den gefährlichsten Gegner seiner befreienden Anstrengungen denunzieren ließ, von diesen Hilfen wurde die Gestaltung der deutschen Zustände ... vorhergesagt, welche später von der Armee des Königs Wilhelm auf den Schlachtfeldern erkämpft worden ist.»

25. Zur Schreibweise. Um der besseren Lesbarkeit willen habe ich bei allen Zitaten die Schreibweise unserer heutigen Rechtschreibung angepaßt, also k für c, i für ü gesetzt, auf das h nach dem t verzichtet oder hier und dort ein Komma eingefügt. Charakteristisches dagegen ist nicht verändert worden, also zum Beispiel Königin Victorias Angewohnheit, «und» oder «and» stets durch ein &-Zeichen zu ersetzen.

26. DANK möchte ich sagen für die Hilfe, die mir bei meinen Recherchen zuteil geworden ist. In Großbritannien muß ich besonders danken Miss Pamela Clark von den Royal Archives in Windsor Castle und den vielen freundlichen Damen und Herren der British Library und der Guildhall Library. Wichtige Hinweise haben mir Robert Rhodes James M. P. und Stephen Wood in Edinburgh gegeben. In Coburg bin ich vor allem Dr. Rainer Hambrecht und seinen Mitarbeitern im Bayerischen Staatsarchiv, Dr. Jürgen Erdmann und seinen Mitarbeitern in der Landesbibliothek zu Dank verpflichtet sowie Dr. Susanne Netzer von den Kunstsammlungen der Veste. Ich habe in Coburg viel Material entdecken können, das bisher nicht publiziert wurde. Manche Hinweise verdanke ich Klaus Paskuda; Herbert Appeltshauser hat freundlicherweise einen Teil meines Manuskripts begutachtet. Annemarie Burgstaller hat mir bei der Beschaffung von Literatur geholfen, Thilo Bode hat mir wichtige historische Werke zur Verfügung gestellt.

Bildnachweis

Die Bilder auf den Seiten 210, 227, 229 und 295 werden mit freundlicher Genehmigung Ihrer Majestät Königin Elizabeth II. veröffentlicht. Das Bild auf Seite 185 befindet sich im Museum of Rural Life, Reading. Die Bilder auf den Seiten 27, 44, 45, 53, 76, 87, 184 und 265 verdanken wir den Kunstsammlungen der Veste Coburg, die auf den Seiten 77, 91, 146, 147 und 315 dem Staatsarchiv Coburg.

Weitere benutzte Literatur

Albert – The University of Bonn, its Rise, Progress and Present State with a Concise Account of the College Life of HRH Prince Albert of Saxe-Coburg and Gotha, by a Member of the Middle Temple – London 1845

Albert – aus dem politischen Briefwechsel des deutschen Kaisers mit dem Prinzgemahl von England aus den Jahren 1854–1861 – Gotha 1881

Bachmann, Harald – Herzog Ernst I. und der Coburger Landtag – Coburg 1973

de Bertier de Sauvigny – Geschichte der Franzosen – Hamburg 1980

Blos, Wilhelm – Die deutsche Revolution – Berlin 1893

Bolitho, Hector – Victoria, the Widow and her Son – London 1934

Bolitho, Hector – The Prince Consort and his Brother – London 1933

Bolitho, Hector – A Biographer's Notebook – London 1950

Braubach, Max – Kleine Geschichte der Universität Bonn – Bonn 1968

Butler, James R. M. – Geschichte Englands 1815–1918 – Hamburg 1947

Cole, Sir Henry – Great Exhibition of the Works of Industry of All Nations; Official, Descriptive and Illustrated Catalogue – London 1851

Colson, Percy – Their Ruling Passions; A Study of Wire-Pulling – London 1949 (darin Essay über Stockmar)

Crabites, P. – Victoria's Guardian Angel; A Study of Baron Stockmar – London 1937

Creevey, Thomas – The Creevey Papers; A Selection from the Correspondence and Diaries of the late Thomas Creevey, M. P. – London 1903

Dangerfield, George – Victoria's Heir – London 1942

Ehrich, Sigrid – Die persönlichen und politischen Beziehungen zwischen Albert und Victoria – Diss. Leipzig 1935

Eyck, Frank – The Prince Consort – London 1959

Fischer-Aue, H. R. – Die Deutschlandpolitik des Prinzgemahls Albert von England 1848–1852 – Coburg 1953

Gillessen, Günther – Lord Palmerston und die Einigung Deutschlands; Historische Studien, Heft 384 – Lübeck 1961

Guedalla, Philip (Hrsg.) – The Queen and Mr. Gladstone ; Letters – London 1933

Guttmann, Herbert – England im Zeitalter der bürgerlichen Reform – Stuttgart 1923

Herbert, Lucian – Erinnerungen an Leopold I. – Leipzig 1866

Kenyon, Edith – Albert the Good – London 1890

Lee, Sir Sidney – King Edward VII. – London 1925

Leopold I. und Coburg; Jahresgabe 1982 der Historischen Gesellschaft Coburg e. V.

Lutz, Heinrich – Zwischen Habsburg und Preußen; Deutschland 1815–1866 – Berlin 1985

Lytton Bulwer, Sir Henry – The Life of Viscount Palmerston – London 1871

Marshall, Dorothy – The Life and Times of Queen Victoria – London 1972

Martin, Basil K. – The Triumph of Lord Palmerston – London 1924

Mast, Peter – Herzog Ernst II. – München 1971

Mendelssohn-Bartholdy, Felix – Briefe – Berlin 1968

Nathan, Alex – Graue Eminenzen – Hamburg 1967 (Beitrag über Stockmar)

Oelenheinz, Leopold – Ur-Coburg, die Altstadt und ihre Geschichte – Coburg 1927

Rimmer, Alfred – The Early Homes of Prince Albert – Edinburgh 1883

Schroeder, Ernst – Christian Friedrich von Stockmar – Essen 1950
Strachan, Hew – The Reform of the British Army 1830–54 – Manchester 1984
Taylor, A.J.P. – Essays in English History – London 1976
Verzeichnis der Professoren und Dozenten der rhein. Friedrich-Wilhelms-Universität zu Bonn 1818–1968 – Bonn 1968

Stammtafeln

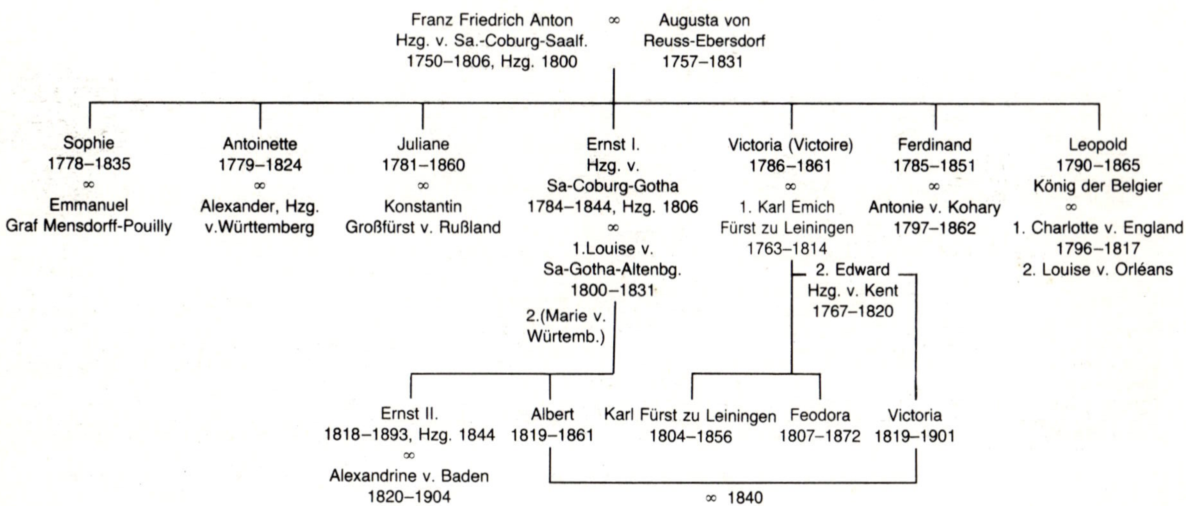

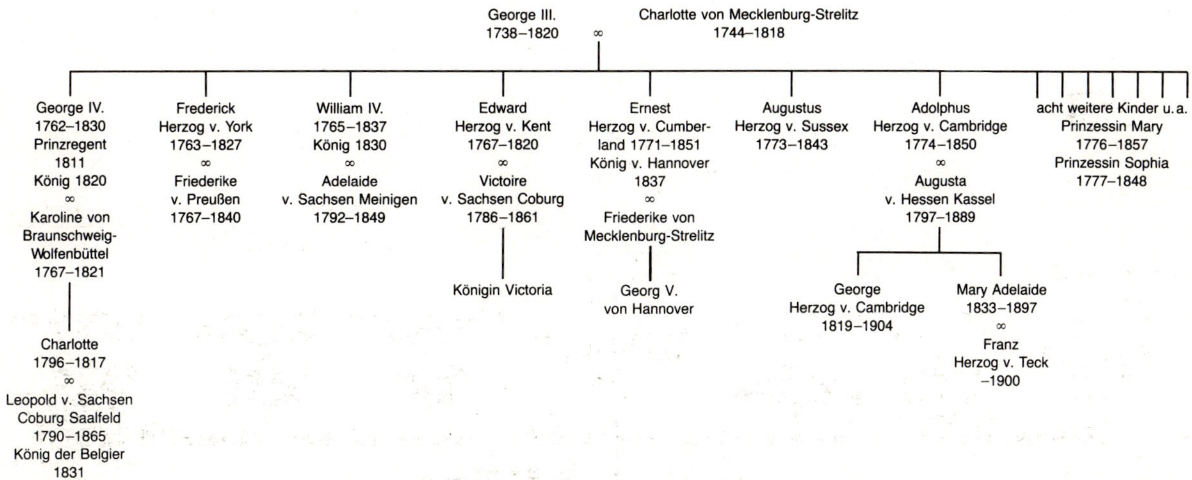
George III.
1738–1820
∞
Charlotte von Mecklenburg-Strelitz
1744–1818
George IV.
1762–1830
Prinzregent
1811
König 1820
∞
Karoline von
Braunschweig-
Wolfenbüttel
1767–1821
Charlotte
1796–1817
∞
Leopold v. Sachsen
Coburg Saalfeld
1790–1865
König der Belgier
1831
Frederick
Herzog v. York
1763–1827
∞
Friederike
v. Preußen
1767–1840
William IV.
1765–1837
König 1830
∞
Adelaide
v. Sachsen Meinigen
1792–1849
Edward
Herzog v. Kent
1767–1820
∞
Victoire
v. Sachsen Coburg
1786–1861
Königin Victoria
Ernest
Herzog v. Cumber-
land 1771–1851
König v. Hannover
1837
∞
Friederike von
Mecklenburg-Strelitz
Georg V.
von Hannover
Augustus
Herzog v. Sussex
1773–1843
Adolphus
Herzog v. Cambridge
1774–1850
∞
Augusta
v. Hessen Kassel
1797–1889
George
Herzog v. Cambridge
1819–1904
Mary Adelaide
1833–1897
∞
Franz
Herzog v. Teck
–1900
acht weitere Kinder u. a.
Prinzessin Mary
1776–1857
Prinzessin Sophia
1777–1848

Victoria 1819–1901 ∞ Albert v. Sachsen Coburg Gotha 1819–1861

- Victoria, Princess Royal, 1840–1901, Deutsche Kaiserin 1888 ∞ Friedrich, Prinz v. Preußen, 1831–1888, Deutscher Kaiser 1888
  - Wilhelm, Prinz v. Preußen, 1859–1941, Deutscher Kaiser 1888
  - Sophie, Prinzessin v. Preußen, 1870–1932 ∞ Konstantin, 1863–1923, König d. Hellenen 1913
- Albert Edward, Prinz v. Wales, König Edward VII., 1841–1910 ∞ Alexandra v. Dänemark, 1844–1925
  - Albert Victor, Herzog v. Clarence, 1864–1892
  - George, Herzog v. York, König George V., 1865–1936
  - Prinzessin Maud, 1869–1938 ∞ Karl, Prinz v. Dänemark, später König Haakon VII. v. Norwegen, 1872–1957
- Prinzessin Alice, 1843–1878, Großherzogin v. Hessen Darmstadt ∞ Ludwig IV., 1837–1892, Großherzog v. Hessen Darmstadt
  - Prinzessin Viktoria, 1863–1950 ∞ Ludwig Battenberg, 1854–1921, Marquess of Milford Haven
  - Prinzessin Alix, 1872–1918, Zarin v. Rußland ∞ Nikolaus II., 1868–1918, Zar v. Rußland 1894
- Alfred, Herzog v. Edinburgh, Herzog von Sachsen-Coburg und Gotha, 1844–1900 ∞ Marie v. Rußland, 1853–1920
  - Prinzessin Marie, 1875–1938 ∞ Ferdinand, 1865–1927, König v. Rumänien 1914
- Prinzessin Helene, 1846–1923 ∞ Christian, Prinz v. Schleswig-Holstein, 1833–1917
- Prinzessin Louise, 1848–1939 ∞ John Cambell, Marquess of Lorne, Duke of Argyll, 1845–1914
- Arthur, Herzog v. Connaught, 1850–1942 ∞ Louise, Prinzessin v. Preußen, 1860–1917
  - Prinzessin Margaret, 1882–1920 ∞ Prinz Gustav v. Schweden, 1882–1973, König 1950
- Leopold, Herzog v. Albany, 1853–1884 ∞ Helena v. Waldeck-Pyrmont, 1861–1922
  - Carl Eduard, Herzog von Sachsen-Coburg und Gotha, 1884–1954
- Prinzessin Beatrice, 1857–1944 ∞ Heinrich v. Battenberg, 1858–1896
  - Victoria Eugénie, 1887–1969, Königin v. Spanien ∞ Alfonso, 1886–1941, König v. Spanien 1906

Personenregister

Robert von Ranke Graves: Ich, Claudius, Kaiser und Gott

Claudius, jener Kaiser wider Willen, der im Herzen ein überzeugter Demokrat geblieben ist, der Gatte der berühmten Messalina, die er wegen Teilnahme an einer gegen ihn gerichteten Verschwörung hinrichten ließ, der schließlich – von seiner vierten Frau, Agrippinilla, der Mutter Neros, vergiftet – seinem Schicksal nicht entging: dieser Herrscher ist im Urteil der Zeitgenossen wie der Geschichtsforscher meist schlecht weggekommen. Robert von Ranke Graves unternimmt mit seiner Chronique scandaleuse der Claudier, in der die ganze bunte und abenteuerliche Welt des römischen Imperiums lebendig wird, eine Art historischer Ehrenrettung. Er würdigt Claudius als den besonnenen, klugen Monarchen, der, aus einer Laune heraus auf den Thron gesetzt, regieren mußte und konnte. (dtv 1300)

Marguerite Yourcenar: Ich zähmte die Wölfin

Die Erinnerungen des Kaisers Hadrian

Fasziniert von der Persönlichkeit des römischen Kaisers Hadrian faßte Marguerite Yourcenar bereits als Zwanzigjährige den Plan, eine Biographie dieses Mannes zu schreiben. Sie verlor ihr Ziel nie aus den Augen, studierte jahrelang historische Quellen, fuhr den Reiserouten nach, die Hadrian einst kreuz und quer durch sein Imperium geführt hatten; doch erst in den Jahren 1948 bis 1950 sollte in Amerika die endgültige Fassung der Lebensgeschichte dieses Mannes entstehen, der, in Spanien 76 nach Christus geboren, als Statthalter von Syrien 117 zum Kaiser proklamiert wurde, dessen ganze Liebe Griechenland galt und der sich neben den Staatsgeschäften mit allen Erkenntnissen, Kulturen und Kulten des Abendlandes und des angrenzenden Orients auseinandersetzte. (dtv 1394 / dtv großdruck 25017)

Kindheit im Kaiserreich

Erinnerungen an vergangene Zeiten · Herausgegeben von Rudolf Pörtner

Kindheit im Kaiserreich – heute leben nur noch wenige Menschen, deren erste Lebensjahre nachhaltig vom äußeren Glanz der Wilhelminischen Epoche geprägt waren. Rudolf Pörtner, Herausgeber dieses Buches, hat achtunddreißig namhafte Zeitgenossen und Zeitzeugen aufgespürt, die bereit waren, in ihren Erinnerungen an lange zurückliegende Zeiten zu graben. Sie erzählen von der glücklichen Unbeschwertheit ihrer Kindertage, mitunter verdunkelt von der Ahnung drohenden Unheils, von preußischen Tugenden und von Klassenunterschieden, vom Glanz und Schimmer des fernen Hofes und von »Kaisers Geburtstag« – jenes verehrten und verachteten Monarchen Wilhelm II., der den berühmten Satz geprägt hat: »Ich kenne keine Parteien mehr, ich kenne nur noch Deutsche.« Sie erzählen von der Kriegsbegeisterung am Vorabend des Ersten Weltkriegs und von den Blumen in den Gewehrläufen der Soldaten, von Entbehrung, Hunger und Leid während der Kriegsjahre und von der tiefen Enttäuschung, als der Kaiser am 9. November 1918 abdankt und nach Holland ins Exil geht: Eine Welt ist untergegangen. Die lebendigen und authentischen Erinnerungen dieser letzten Zeugen des Kaiserreichs lassen vor dem Leser jene »gute, alte Zeit« wiedererstehen, die längst europäische Geschichte geworden ist.

(dtv 11084)